Barbara Erdmann

Die Asche der Demokratie

AF382718

DENK·blog
umDENK·blog

Ich bin parteilos, aber nicht sprachlos!

Dieses Buch ergibt sich aus meiner Arbeit als Bloggerin. Es beschäftigt sich mit den politischen Ereignissen in der Zeit von März 2017 bis März 2018.

Mein Buch

„Die Asche der Demokratie"

ist entstanden, um die vielen Aussagen, Fragen, Kritiken, Erwartungen auch wortwörtlich „in der Hand" halten zu können. Und natürlich, damit auch „Nicht-Internetter" die Möglichkeit haben, meine Beiträge zu lesen. Naturgemäß beziehen sich die Recherchen in einem Internet-Blog überwiegend auf das Internet. Deshalb verweisen die Quellenangaben in den Fußnoten dieses Buches auf die entsprechenden Internet-Adressen. Falls ein Leser selber weiter recherchieren oder meine Angaben überprüfen möchte, dienen ihm die Fußnoten als Quellen.

Mein umDenk-Blog berichtet, kritisiert, fordert, provoziert, analysiert, zürnt, tröstet und ruft dir zu:

„Mensch, wach auf!"

Barbara Erdmann

Die Asche der Demokratie

Theatersaison 2017/18

Bibliografische Information der Deutschen Nationalbibliothek

Die Deutsche Nationalbibliothek verzeichnet diese Publikation in der Deutschen Nationalbibliografie; detaillierte bibliografische Daten sind im Internet über www.dnb.de abrufbar.

Zeichnungen:
Zeichnungen und Coverzeichnungen: Ulrike Holzer, Leipzig
Seite 22: Friedrich Freiburg (FF), Rönkhausen
Seiten 207, 257: Justyna Kołodziejczuk, Hamm
Buchsatz, Layout, Umschlaggestaltung: Barbara und Walter Erdmann

Copyright © 2018 Barbara Erdmann, Gladbeck
Alle Rechte vorbehalten
Kein Teil dieses Werkes darf ohne schriftliche Einwilligung der Rechteinhaber in irgendeiner Form reproduziert oder unter Verwendung elektronischer Systeme verarbeitet, vervielfältigt oder verbreitet werden.

Herstellung und Verlag:

BoD – Books on Demand, Norderstedt
ISBN 9 783746 076751

Widmung

Dieses Buch widme ich den schon wachen Bürgern, den Kämpfern, die sich öffentlich in Wort, Bild und Schrift für ein Europa der Bürger und für die Erhaltung unserer demokratischen Werte, vorrangig der Meinungsfreiheit, einsetzen.
Ich widme es denjenigen, die ihre „kleine" Meinung dem „großen" Mainstream entgegensetzen und der Political Correctness ihre Stirn bieten, wenn diese als Meinungszensur daherkommt.

Danksagung

Bei der Gestaltung dieses Buches haben mehrere Personen geholfen. Ich bedanke mich bei meinem Ehemann Walter Erdmann für seine Zeit, Geduld und seine unermüdlichen Sitzungen am Computer, ebenso bei den Künstlerkollegen und Künstlerkolleginnen Friedrich Freiburg (FF), Ulrike Holzer und Justyna Kołodziejczuk.

Inhalt

Vorwort 10

Was kann schöner sein auf Erden als Politiker zu werden 12

Leider keine Aprilscherze 14

Die Teilung Deutschlands in Arm und Reich 15

Präsident Trump bombt sich auf die Weltbühne 18

Auf Wiedersehen, Türkei! 21

Köln im Ausnahmezustand wegen Parteitag der AfD 24

Merkel mal wieder abgetaucht und weggeduckt 26

Rede des AfD-Parteisprechers Jörg Meuthen 27

Die deutsche Justiz und ihre Fehler 37

Grüne gehen für Wahlkampf von Haus zu Haus 39

Die Bundeswehr – so bunt und so quer 42

Benjamin Netanyahu – ein empfindlicher Freund 44

Mit Leitkultur Bürger ins Wahllokal leiten 47

NRW hat gewählt und abgewählt 52

Der tödliche Feind 55

Polens Baby-Liebesgarten Tuli Luli 59

Der türkische Komödienstadl 62

Die Wahlprogramme von SPD und CDU 2017 64

Der Retter Europas kommt aus Frankreich und heißt Macron 74

Ein erster Wind, der durch die Schulpolitik NRWs weht 77

G20 in Hamburg – Medienspektakel teuerster Güte 81

Das BGE setzt seinen Siegeszug fort 84

Die „christliche" Ehe für alle 86

Früher war alles besser 87

Regierungsprogramm CDU/CSU 2017 91

Trumps Rede in Warschau 94

ARD-Gesprächsrunde: „G20-Bilanz: War es das wert?" 104

Herr Minister Gröhe, werden Sie endlich tätig! 107

Merkels inhaltslose Worte: „Wohlstand für alle" 112

Die deutsche Zwangsehe Merkel/Seehofer 115

Europäischer Gerichtshof vom 27. Juli zur Dublin-Regel 118

Das Glück ist ein Rindvieh und sucht seinesgleichen 121

„Made in Germany" – politisch abgeschafft 124

Demokratie, Bürger und Wahrheit 127

Merkelstrategisch direkt in den Wahlsieg 131

Das Volk muss gesteuert werden, ohne dass es das weiß 134

Präsident Recep Tayyip Erdogan in Hochform 138

Der Terror nimmt kein Ende 141

Bundespräsidenten – abgehoben und überflüssig 142

Deutsche und europäische Geldgeschenke an Erdogan 146

Der Fall Gauland – Özoguz 149

TV-Duell Merkel/Schulz, Teil 1 152

TV-Duell der Kanzlerkandidaten Merkel und Schulz, Teil 2 153

Blamage für Slomka und das ZDF 155

Partei der Grünen im Verwelken begriffen 156

Was man von Forschungsergebnissen halten muss 161

Polens Regierung hat mit Deutschland nichts am Hut 164

Das Ding mit den Wahlplakaten 169

Ex-CDU-Mitglied Erika Steinbach unterstützt AfD 172

Überlebensplan SPD 187

Das Heulen und Zähneknirschen der Mächtigen 189

Die Christian-Lindner-Partei, ehemals FDP 193

Einzug der AfD in den Bundestag 195

Wahlausgang der Bundestagswahl 2017 199

Besser wird's nimmer, höchstens noch schlimmer 201

Weckrufe im Berliner Regierungsviertel 204

Altkanzler Gerhard Schröder in Putins Diensten 206

Der französische Sonnenkönig und sein Europa 209

Merkels vierte Spielzeit, wieder ohne Spielplan? 212

Macht endlich mit Erdogan Nägel mit Köpfen! 214

Russlanddeutsche verlassen Deutschland 218

SPD soll als Opposition genesen 222

Merkels Fehler – gestern, heute und morgen 225

Der Zusammenbruch unseres Ökosystems 231

Pflanzenschutzmittel Glyphosat – verantwortungslose Politik 234

Merkelland ist Feminismus-Genderland 236

Raubtierkapitalismus aus der Gier geboren 240

Weltklimakonferenz in Bonn 244

Bottroper Krebsmittel-Panscher vor Gericht 248

Potsdamer Appell der DPG 251

Die Kanzlerin bestimmt die Richtlinien der Politik 255

Die FDP beendet Jamaika-Verhandlungen 258

SPD auf der Resterampe 260

Die gekaufte Welt und ihre Player 263

Glyphosat weitere fünf Jahre verlängert 267

Das Schwinden christlicher Kirchen in Deutschland 268

„Zensurminister" Heiko Maas erhält Toleranzpreis 274

Wie ungebremster Lobbyismus die Demokratie gefährdet 277

Folgen von TRUMPs Jerusalem-Entscheidung 283

Mein politisches Halleluja 285

Mein schönstes Weihnachtsgeschenk 2017 289

Neujahrsansprache der Kanzlerin 2017/18.....................................291

Klage gegen Polen ... .296

GroKo Sondierung – zweiter Versuch Regierungsbil-dung............300

Sprechen Sie etwa noch nicht Arabisch?..302

Offener Brief an alle SPD-Mitglieder...304

Schlagzeilen aus einem anderen Deutschland.................................307

Österreichischer Kanzler Kurz zu Besuch in Deutschland...........309

Totengesänge auf SPD-Bundesparteitag...313

Die Zeit ist reif ... .316

Weltwirtschaftsgipfel 2018 in Davos 319

Ein wenig Zynismus über Sexismus...328

Fragen über Fragen 330

Was bist du? Gutmensch oder Schlechtmensch? 335

Ein neuer Aufbruch für Europa..339

Der GroKo-Machtkampf hat begonnen 342

Honeckers ewige Rache 344

(Un)Sicherheitskonferenz in München..350

Es geht rund im deutschen Bundestag 353

Essener Tafel nimmt nur noch Deutsche auf...................................358

Wir sind das historisch einzigartige Experiment...........................360

Statt eines Nachwortes: Günter Eich „Wacht auf!" 363

Vorwort

Das erste Buch dieser Buchreihe (Die Asche der Demokratie –
Theatersaison 2016/17) endete mit der Prognose, dass die
deutsche Bundeskanzlerin Angela Merkel einer Prostitution
gleich alles dafür tun werde, um ihre vierte Amtsperiode als
Bundeskanzlerin Deutschlands durchzusetzen.
Dankenswerterweise hat das die FDP erkannt und sich mit dem
Satz Christian Lindners „Besser nicht regieren als schlecht
regieren" von einer Regierungsbildung mit den Grünen und der
CDU/CSU zurückgezogen.

Es begann daraufhin die alleinige Theatersaison der SPD unter
dem „Produzenten" Frank Walter Steinmeier, der den Regisseur
Martin Schulz anwies, ein anderes Programm aufzulegen als
das von ihm vorher veröffentlichte.
Nach der Pfeife Steinmeiers und dem Gesang Merkels, nicht in
eine Minderheitsregierung einwilligen zu wollen, will sich nun
die nächsten vier Jahre die SPD die Füße wund tanzen.

Merkel verzockte die letzten Erkennungsmerkmale Ihrer Partei
und begnügte sich mit der einzigen Forderung nach einer
schnellen „stabilen Regierung" mit dem Hinweis: „Die Welt
wartet nicht auf uns."

Heute, am 4. März 2018 endet die Chronik meines zweiten
Buches dieser Buchreihe unter dem Titel „Die Asche der
Demokratie". 177 Seiten Koalitionsvertrag werden auch dieses
Mal nicht das Papier wert sein, auf das sie geschrieben wurden.

Den Zustand dieser Republik … die Spaltung der Gesellschaft
… die rechtlich fragwürdigen Einschränkungen von Meinungs-
und Versammlungsfreiheit … das Erstarken der AfD … das
Flüchtlingschaos … die Reduzierung von Wort und Schrift in
Politik und Gesellschaft auf die „Political Correctness" … die
Zunahme menschenverachtender, krimineller und terroristischer
Taten … den Gender-Irrsinn … den desolaten Bildungs-,
Pflege- und Infrastrukturzustand … die skandalöse Ausstattung
und Darstellung der Bundeswehr … das Gesundheitssystem
usw. usw. verdanken wir den Kanzler-Richtlinien der Politik,

also dem Schlafmodus von Kanzlerin und Regierungsmannschaft über Jahre.

„Man kann sich nicht darauf verlassen, dass das, was vor den
Wahlen gesagt wird, auch wirklich nach den Wahlen gilt."
(Originalton Merkel)[1]
Und so wird auch die nächste Legislatur von Merkel und ihrer
CDU durchgeblubbert werden, während sich die SPD neben
Merkel „erneuert".

Dass sich nichts ändern wird in den Reihen der CDU, haben
Laschet und die von Merkel als Zaubertrick aus dem Ärmel ge-
zogene neue Generalsekretärin der CDU, Kramp-Karrenbauer,
uns schon jetzt mit auf den Weg gegeben: „Wir müssen deutlich
machen, dass der Markenkern der CDU eben nicht das
Konservative ist, sondern dass das christliche Menschenbild
über allem steht." (Armin Laschet 18. 2. 2018)

Stehen wir auf und wehren wir uns gegen den weiteren
Untergang der Demokratie und gegen die Transformation dieser
Republik. Schauen wir nicht zu, sondern wecken wir die
Dornröschenschläfer, die in den Mainstream von Politik und
Medien Eingelullten, die Ahnungslosen und Harmonie-
süchtigen.

Rechte und linke Kräfte sind in diesem Land nicht schwarz und
weiß, nicht Feind und Freund. Die Transformierung der
Republik trägt einen deutlich linken Stempel und hat den Boden
für Widerstand und Wehrhaftigkeit, auch für das Erstarken der
AfD erst gedüngt.

---

[1] www.youtube.com – Man kann sich nicht …

Was kann schöner sein auf Erden als Politiker zu werden[1]

Weil man mich zu Recht für einen Trottel hält,
Weil man mir die Mannequin-Karriere verstellt,
Weil das Mambotanzen sich nun auch nicht mehr lohnt,
Weil auf dem Mambokönigthron bereits ein anderer thront,
Weil ich pleite, faul, gefräßig bin, entscheide ich prompt,
Daß für mich nur ein erholsamer Beruf in Frage kommt.
So komm' ich um die Erkenntnis nicht umhin,
Daß ich wohl zum Staatsmann geboren bin,
Denn wie sagte doch beim Vorbild Fred Kasulzke einmal
Nach seinem elften dicken Immobilienskandal:
Wer die Noten liebt, der mache Musik,
Doch wer die Banknoten liebt, der mache Politik.

__Was kann schöner sein auf Erden__
Als Politiker zu werden.
Vom Überfluß der Diäten
Platzen dir die Taschen aus den Nähten.
Du kannst dir auf leisen Sohlen
Dein Schäfchen ins Trock'ne holen.
Prost! Es lebe die Partei!
Frisch und fromm und steuerfrei!

Etwas Anständiges hab' ich Gott sei Dank nicht gelernt,
Hielt mich stets vom rechten Pfad der Tugend entfernt,
Und so steht, wenn ich mir meine Fähigkeiten überleg',
Einer Laufbahn als Politiker schon gar nichts mehr im Weg.
Außerdem hab' ich noch ein paar Trümpfe auf der Hand.
Mir sind von 'nem Minister ein paar Dinge bekannt,
Durch Kasulzkes Immobilien-Firma ist er mir vertraut,
Denn der hat dessen Maitresse einen Swimmingpool gebaut,
Und zum Dank und dafür, daß die Frau Minister nichts erfährt,
Hat er ihm den Auftrag für eine Sozialsiedlung beschert.
Dabei fiel für den Minister noch ein Bungalow mit an,
Und Kasulzke baut noch achtzig Kilometer Autobahn.

---

[1] Lied von Reinhard Mey, zu hören auf: www.youtube.com – Reinhard Mey – Was kann schöner sein auf Erden als Politiker zu werden

Was kann schöner sein auf Erden …

Der Minister, der sich während jeder Sitzung schlafend stellt,
Tut als ob er, wie die andern, nur sein Mittagsschläfchen hält,
Hat dabei die Ohren offen und verdingt sich als Spion
Bei der Rechten, bei der Linken, bei der Opposition.
Dieses Wissen bringt mir mehr als ein Hochschulstudium ein
Und beschleunigt die Beamtenlaufbahn ungemein.
Wenn dem Mann an seinem Amt liegt, und es liegt ihm sehr daran,
Dann versteht er, daß er auf mich nicht verzichten kann.
Wenn ich dann die schwere Bürde meines hohen Amtes trag',
Dann erlaub' ich mir den ersten Beratervertrag,
Kassier' von jedem Rüstungsauftrag Provision
Und beginn' eine Kampagne gegen Korruption.

Was kann schöner sein auf Erden …

Früher hatte ich vor Wahlen noch Gewissensqualen,
Heute wähl' ich die, die am meisten dafür zahlen.
Und geht irgendwann die Fraktion baden dabei,
Dann hör' ich auf mein Gewissen und wechsle die Partei.
Unter meinesgleichen habe ich mich bestens bewährt,
Darum wird mir nächstens das Verdienstkreuz beschert,
Und ich werd' vom Papst empfangen, geadelt und geehrt,
Nach der alten Devise: Wer gut schmiert, der gut fährt.
Die Zukunft seh' ich rosig, die Kollegen schweigen still,
Weil von denen keiner vor den Untersuchungsausschuß will.
Und platzt der ganze Schwindel eines Tages, na wenn schon,
Dann geh' ich krankheitshalber frühzeitig in Pension.

Was kann schöner sein auf Erden …

Leider keine Aprilscherze

05. April 2017

Aprilscherze sind für Politiker eine der leichtesten Übungen. Schade nur, dass sich bei den meisten von ihnen kein Lachmuskel aktivieren lässt. Das Kopfschütteln gelingt allerdings mühelos.

Aus dem politischen Ideenreichtum

Der 1. April diente immer dazu, sich Scherze auszudenken, um damit sein Gegenüber in de0n April zu schicken. Leider kommen all solche Rituale und Traditionen immer mehr aus der Mode. Der einzige Ort, an dem die Scherzkiste jährlich termingerecht geöffnet wird, ist die Politik. Und so geschehen auch in diesem Jahr.

Die SPD fordert „Ehe für alle" mit dem Recht der Adoption von Kindern ebenfalls für alle. Welch eine Überheblichkeit, der Natur derart ins Handwerk zu pfuschen! Selber keine Kinder gebären können, sie sich aber machen lassen, um sie haben zu können! Und was wird aus der leiblichen Mutter? **April, April!**

Lammert von der CDU schlug vor, die Ernennung des Alterspräsidenten[1] zukünftig nicht mehr nach den Lebensjahren zu richten, sondern nach der Dauer der Zugehörigkeit zum Parlament. Jedem war klar, dass dieser Vorschlag als Verhinderungstaktik eines AfD-Präsidenten zu deuten ist. **April, April!**

Auch in NRW wurde ein Aprilscherz verkündet, nämlich das kommunale Wahlrecht für alle Ausländer.[2] **April, April!**

Die FDP hat sich auch mit einem eigenen Humorbeitrag zu Wort gemeldet. Ihr einziges Ziel sei es derzeit, im Bundestag wieder vertreten zu sein, um liberale Politik umzusetzen. Sie sei für das Land dringend notwendig. Ampel-Koalitionen seien

---

[1] www.zeit.de - bundestag-afd-norbert-lammert-alterpraesidentschaft-regelung
[2] www.wz.de - auslaender-aus-drittstaaten-sollen-waehlen-duerfen

nicht von Belang. Wer Angela Merkel wolle, müsse CDU wählen. Wer für Martin Schulz einträte, müsse sich für die SPD entscheiden. "Wer eine vernünftige Politik[1] will, muss FDP wählen." Worte des Europa-Abgeordneten Lambsdorff und des FDP-Vorsitzenden Kubicki. **April, April!**

Den Vogel abgeschossen haben wie immer die Grünen. Sie wollen den Text der deutschen Nationalhymne „gendern", d.h. geschlechtlich neutralisieren und geschlechtergerecht[2] anpassen. Konkret stören sich die Grünen an den Begriffen „Vaterland" und „brüderlich". **April, April!**

Ich schlage als Langzeit-Aprilscherz eine spezielle Hymnen-Strophe für die Grünen vor:

Wir, die Grünen in dem Lande
sind das Beste, was es gibt.
Wir, die große Genderbande
haben alle Kinder lieb.
Wir, wir hassen Nationales,
Hymne, Flagge, Vaterland.
Hast du eine andere Meinung,
wirst du Nazi und Rassist genannt.
April, April!

Die Teilung Deutschlands in Arm und Reich

10. April 2017

In keinem anderen Land Europas klafft die Schere zwischen Arm und Reich so weit auseinander wie in Deutschland. Ob Null-Zins-Politik, Schäubles Schwarze Null, Steuerpolitik – die Enteignung und Verarmung der Bürger schreitet voran. Beweise für eine skandalöse Politik!

---

[1] www.wallstreet-online.de - lambsdorff-haelt-debatte-ampelkoalition-aprilscherz
[2] www.jungefreiheit.de - gruene-wollen-nationalhymne-gendern

Schäuble – die Schwarze Null

 Jedes Jahr veröffentlicht die Bundesregierung ihren Armuts- und Reichtumsbericht, der seit Jahren beweist, dass die Schere zwischen Arm und Reich weiter und weiter auseinanderklafft. Trotz boomender Wirtschaft, die ein Ergebnis der Null-Zinspolitik ist, steigt die Zahl armer und bedürftiger Menschen in Deutschland. So wurde dem deutschen Staat vom Paritätischen Wohlfahrtsverband für 2016[1] ein Armutsanteil von 15,4 % attestiert. Das Schlusslicht bei den Bundesländern nimmt Bremen mit 24,1 % ein. NRW liegt mit 17,5 % Menschen unter der Armutsgrenze an 8. Stelle. Derweil brüstet sich der große Finanz-Guru Schäuble mit seiner Schwarzen Null, die auch nur möglich ist, weil die Zinsen bei Null sind und Millionen Sparer um Milliarden an Zinseinnahmen geprellt werden. Zusätzlich presst der Staat Rekord-Steuereinnahmen von seinen Untertanen ab.

Wer annimmt, dass nur Arbeitslose, Minijobber und Menschen im Niedriglohnsektor von Armut betroffen sind, irrt gewaltig. 1,2 Millionen Aufstocker arbeiten zum Teil 40 Stunden wöchentlich, ohne von ihrem Lohn leben zu können. Das ist einer der Skandale in <u>Deutschland</u>.[2]

Reichtum gegen Hungerlohn

Seit Jahren machen sich Regierung und Politiker einen schlanken Fuß, regieren sehenden Auges immer weiter in die Arm-Reich-Falle und reden alles schön, was ihnen als Misserfolg so vor die Füße fällt.

Der Paritätische Wohlfahrtsverband hat daher mit anderen Organisationen das Bündnis „Reichtum umverteilen – Ein gerechtes Land für alle!" initiiert, um den Schlafmodus der Unfähigen zu durchbrechen.

---

[1] www.rp-online.de - verteilung-der-armut-in-nrw
[2] www.youtube.com – Volker Pispers über Armut verursacht durch SPD und Angela Merkel in Deutschland

In der Berechnung[1] der jährlichen Armutsquote durch die Bundesregierung befinden sich nur solche Bürger, die in Haushalten leben. Damit fallen alle Menschen aus Gemeinschaftsunterkünften aus der Quote heraus. Die nicht befragten 185.000 Studenten, 335.000 Obdachlose, 764.000 Pflegebedürftige in Heimen, 200.000 Behinderte in Einrichtungen und alle Flüchtlinge in Gemeinschaftsunterkünften dürften die Armutsquote um etliche Prozentpunkte erhöhen.

Die ständig in Medien heruntergebeteten Nachrichten, dass die Arbeitslosenzahlen wieder gesunken seien und es schon Jahre nicht mehr so viele Menschen in Arbeit gegeben habe, dürfen als aus Regierungskreisen ins Volk geworfene Beruhigungspille gedeutet werden. Was nützt es, wenn immer mehr Menschen arbeiten und trotzdem nicht wissen, wie sie von ihrem Hungerlohn[2] leben sollen.

Wer sich bewusst macht, dass der Lohn und die Kaufkraft des arbeitenden Menschen heute geringer sind als in den neunziger Jahren, versteht, dass die Volksparteien ihren Namen nicht mehr verdienen. Sie sind Skandalparteien, die das erarbeitete Geld ihrer Bürger zur Bereicherung der Reichen nutzten.

Als Geschenk ein Angebot von Millionären

Den größten Skandal und damit eine schallende Ohrfeige für den politischen Einheitsbrei aus CDUCSUSPDFDPGrüne erzeugen inzwischen unsere ansässigen Millionäre.

„Reichtum verpflichtet" heißt es in unserem Grundgesetz und dieser Aussage folgend hat der Millionär Michael Horbach eine Initiative gegründet. Er fordert für Menschen mit einem Verdienst über 500.000 Euro eine höhere Besteuerung. 64 Millionäre haben sich dieser Initiative angeschlossen. Sie sehen die Demokratie gefährdet und die Gefahr eines Bürgerkriegs steigen. Der würde auch ihnen, den Reichen, das Leben erschweren und ihnen Freiheiten nehmen. „Ich möchte auch weiterhin unbehelligt und gefahrlos durch Köln radeln", äußert

---

[1] www.armutskongress.de – AK_armutsbericht-2017.pdf
[2] www.finanzen100.de - erschreckend-die-loehne-in-deutschland

sich Horbach in einer TV-Doku über seine Motivation für eine solche Initiative.

Man mag staunen über die Idee der Millionäre. Man sollte wüten über die Politik der Unfähigen und man sollte sich schämen, diesen Skandalparteien weiterhin seine Stimme zu geben, die die Spaltung dieser Gesellschaft zu verantworten haben. Heißt es nicht in unserer Verfassung: „Die Menschenwürde ist unantastbar?" Wie aber kann Menschenwürde hergestellt werden, wenn sich 60 % des Reichtums in Deutschland in den Händen von 10% seiner Bürger befinden? Allein das reichste Prozent besitzt ein Drittel des gesamten Privatvermögens.

Wer nun allerdings glaubt, dass eine gerechtere Verteilung allein durch eine Vermögenssteuer von 5% ab der zweiten Million erreicht würde, ist ein Illusionist. Es bedarf einer kompletten Umverteilung im großen Stil.

Da sind Vorschläge wie die Einführung des Bedingungslosen Grundeinkommens[1] oder das Pflüger-Modell[2] schon sinnvoller. Gernot Pflüger zahlt allen Mitarbeitern denselben Lohn. Er sagt: „Viele Hierarchiestufen sind ein Krebsgeschwür." Basisdemokratie sollte in der Arbeitswelt gelebt werden. Er habe gute Erfahrungen mit seinem Modell gemacht. Ob wohl auch die Putzfrau den gleichen Lohn wie die anderen erhält?

Präsident Trump bombt sich auf die Weltbühne

13. April 2017

400.000 Menschen hat der Syrien-Krieg bisher das Leben gekostet. Seit Jahren schaut die Welt nicht nur ratlos zu, sondern hilft auch per Waffenlieferung und Einmischung

---

[1] www.nrw.buendnis-grundeinkommen.de
[2] www.op-online.de - offenbach-unternehmen-studios-setzt-basisdemokratie

kräftig mit. Trump hat nun seine Visitenkarte auch in Syrien hinterlegt.

... und Merkel findet es nachvollziehbar.

Als Reaktion auf den Giftgas-Angriff im Syrien-Krieg hat Donald Trump den Befehl erteilt, den Luftwaffenstützpunkt von Homs zu zerstören. So hat auch der neue Präsident der Vereinigten Staaten wie seine Vorgänger ganz im Stil des Gewohnten seine Visitenkarte per Rakete auf die Weltbühne transportiert. Wollte er Amerika nicht von der Rolle der Weltpolizei befreien? Hatte er sich nicht als Gegner von Militärschlägen geoutet und wollte er sich nicht allein auf sein Land konzentrieren?
Ja, aber wo sollen die Arbeitsplätze in der Waffenindustrie herkommen, wenn man die Vorräte und die Berge von Waffen, auf denen man sitzt, nicht gewinn- oder machtbringend aufbraucht?

Amerikanische und westeuropäische Länder[1] sind zusammen für mehr als 80 Prozent der Waffenverkäufe der 100 weltweit größten Rüstungskonzerne verantwortlich, wie das Friedenforschungsinstitut Sipri berichtete. Und auch an der Herstellung der chemischen Waffe Sarin, die jetzt eingesetzt wurde, hat Deutschland seinen Anteil gehabt. Deutsche Firmen wie Heraeus, Schott, Kolb und andere haben 300 Tonnen Vorprodukte wie Natriumfluorid und Phosphor geliefert, aus denen Sarin problemlos hergestellt werden kann. Jan van Aken (Die Linke)[2] hat sich jahrelang mit Deutschlands Historie „Sarin" beschäftigt und kämpft gegen deutsche Waffenexporte.

Chemische Abrüstung durch OPCW

Darf nachgefragt werden, welche Sicherheit hinter der Behauptung steckt, dass Assad für den Giftgasangriff verantwortlich ist und er den Angriff auf die Zivilisten bewusst geplant hat? Das Regime war auf Vermittlung Russlands der Chemiewaffen-konvention beigetreten und hatte die Vernichtung seines Arse-

---

[1] www.heise.de - Amerikanische-und-westeuropaeische-Ruestungskonzerne-dominieren-den-Markt
[2] www.spiegel.de - Waffenexporte Was geht die das an?

nals zugesagt, um unmittelbar bevorstehende Angriffe der USA auf syrische Militäreinrichtungen abzuwenden. Im Januar 2016 hatte die OPCW (Organisation für das Verbot chemischer Waffen) erklärt, dass alle Kampfstoff-Arsenale der syrischen Armee unschädlich gemacht wurden. 2013 wurde die OPCW für ihr Engagement bei der chemischen Abrüstung Syriens mit dem Friedensnobelpreis ausgezeichnet.

Was ist also schief gelaufen seitens der weiteren Kontrolle durch die OPCW? Eigentlich sollte man doch davon ausgehen dürfen, dass der syrischen Regierung keine chemischen Waffen mehr zur Verfügung stehen und wie dreist kann man alternativlos behaupten, dass nur Assad, dem man heute die Waffen abnahm, schon morgen wieder mit den „nicht mehr vorhandenen Waffen" seine eigenen Leute umbringt?

Erste Einigung zwischen Trump und Merkel

Die syrische Armee wies die Vorwürfe zurück. Nach syrischen und russischen Angaben traf die syrische Luftwaffe bei einem Angriff auf die Terrormiliz al-Nusra-Front in Chan Scheichun ein von Terroristen genutztes Lager mit Giftstoffen. Nach Angaben der syrischen Regierung bekommen die Terrorgruppen al-Nusra und Daesh (auch Islamischer Staat) chemische Giftstoffe aus der Türkei.

Alle Vermutungen, die nach anderen möglichen Schuldigen suchen oder Beweise für Assads Schuld fordern, dürfen öffentlich gar nicht geäußert werden, wie uns alle Medien täglich verkünden. Ob Anne Will, ob Plasberg, ob Bild, ob Süddeutsche Zeitung – den Beweis für Baschar al Assads Schuld haben Trumps Raketen für die Welt gleich mitgeliefert. Ihre Detonation auf syrischem Boden ist für Merkel, die ja für Deutschland spricht, „nachvollziehbar".

Nein, keine Bombe, keine Rakete, kein Aufklärungsflug deutscher Flugzeuge zur späteren Bombardierung ausgespähter Ziele ist nachvollziehbar. Dieser Krieg und die Millionen Toten[1] sind eine Schande für alle dort Involvierten, speziell für die Großmächte Russland und USA. Skandalös ist der Um-

---

[1] www.youtube.com – Der Syrien-Konflikt rasch erklärt – extra3 NDR

stand, dass sich der gesamte Westen darin einig ist, dass Trumps Raketen eigentlich an die Adresse Putins gerichtet sind[1].

Mitspieler Türkei

Wie man den Bock zum Gärtner macht, darf die Türkei durch Obduktionen der in Syrien Getöteten beweisen, obwohl an Erdogan längst auch der Makel klebt, bei Kämpfen in Ostanatolien[2] kurdische Rebellen mit Chemiewaffen getötet zu haben. Gisela Penteker, Türkei-Beauftragte der Organisation Internationale Ärzte für die Verhütung des Atomkriegs, wies derzeit darauf hin, dass der Verdacht, die Türkei setze Chemiewaffen ein, seit vielen Jahren bestehe. „Die Menschen vor Ort sagen das immer wieder."

Ein einzelner Politiker der CDU, Roderich Kiesewetter, ruft nach Beweisen für Assads Schuld. Die Antwort bekam er von Trump: „Es gibt keinen Zweifel, dass Assad für den Giftgasanschlag verantwortlich ist!"

Auf Wiedersehen, Türkei!

14. April 2017

Der türkische Präsident steht kurz vor der Erfüllung seiner Träume. Sein Präsidialsystem, das er ab Sonntag in seinem Land installiert, wird ihn zum Demokrator Europas machen. Ein Sieg für den Islam auf ganzer Linie.

---

[1] www.youtube.com – Klaas Butenschön fragt Bundestagsabgeordnete: Was machen wir eigentlich in Syrien? – extra3 NDR
[2] www.spiegel.de - tuerkei-soll-kurden-mit-chemiewaffen-getoetet-haben

Hayir-Sager (Nein-Sager) dürfen noch einen Tag lang träumen

Buckeln am Bosporus

„Die Welt erlaubt keine schwachen Regierungen!" sagt ein Erdogan-Anhänger mit voller Überzeugung. Das Referendum, das Erdogan alle Macht zusichert, steht unter einem guten Stern. Alle Vorbereitungen sind im Sinne Erdogans abgeschlossen dank des Putsches, der, egal ob wirklich stattgefunden oder inszeniert, dem angehenden Demokrator alle Tore öffnete in Richtung Referendum.

Erdogan agierte wie am Fließband. In kurzer Zeit entließ er 100.000 Menschen und inhaftierte 7.000. Es wurden weit über 100 Journalisten verhaftet, rund 150 Medien geschlossen und mehr als 700 Presseausweise annulliert.

Erdogans Vorbereitungen für sein ersehntes Präsidialsystem[1] wurden mit den Verhaftungen, Verfolgungen und Repressalien seiner Landsleute so weit getrieben, dass nur mutige Menschen dem über Monate aufgebauten Druck standhalten konnten. Die wenigsten trauten sich in der Türkei, mit ihrem Nein die Öffentlichkeit zu behelligen. Selbst hier in Deutschland gab und gibt es Bespitzelungen durch den türkischen Geheimdienst und die Imame, die bis in die deutschen Schulen reichen.

---

[1] www.br.de - report-muenchen - videos-und-manuskripte - wahlen-referendum

Wer glauben möchte, dass die Einführung des Präsidialsystems per Wahl am Sonntag abgelehnt werden könnte, glaubt auch, dass Erdogan ein Demokrat ist. Niemals wird es ein Diktator erlauben, dass ihn sein Volk mehrheitlich abwählt. Jede Wahl ist manipulierbar und erst recht unter diktatorischer Führung. Da wird eben gelogen, bestochen, erpresst und es werden Methoden erfunden, die den gewünschten Wahlausgang hervorbringen. Allein der Gedanke, dass Erdogan vor sein Volk tritt und ihm mitteilt, dass sein Traum von einem Präsidialsystem geplatzt sei, ist unvorstellbar.

Wer die schreckliche deutsche Geschichte des letzten Jahrhunderts kennt, wird schon heute Parallelen zur Entwicklung in der Türkei erkennen. Wer nicht spurt, Kritik äußert oder wie im Fall des Journalisten Deniz Yücel[1] kriminelle Wahrheiten aufdeckt, hat verspielt, erhält den Titel Terrorist oder Agent und verliert seine Bürgerrechte. Yücels Anklageschrift ist 400 Seiten stark und niemand glaubt noch daran, dass dieser Mann mit einem fairen Verfahren zu rechnen hat.
Die Türkei unter Erdogan wird ein Unrechtsstaat bleiben und das Volk wird wie damals in Deutschland seinem Führer Huldigung und Verehrung zollen. An Feindbildern mangelt es ihm nicht. Die Türkei befindet sich schon heute mit allen prokurdischen Gruppierungen im Krieg, egal ob diese mit oder gegen den IS kämpfen.

Und was macht Deutschland? Es verhängt bei Demonstrationen der Kurden gegen Erdogan ein Flaggenverbot, um den Demokrator nicht zu provozieren. Zugeständnisse an Erdogan[2] und unsere türkischen Mitbürger sind inzwischen das gängige Procedere, das sich Deutschland und Europa seit Jahren leisten – von Waffengeschäften mit diesem Land ganz zu schweigen. Aber wenn es um Geld geht, sind Menschenleben unwichtig. Das deutsche Rüstungsunternehmen Rheinmetall in Düsseldorf plant eine Tochterfirma in Istanbul, da die Bundesregierung wohl augenblicklich bei Waffengeschäften Zurückhaltung übt.

---

[1] www.welt.de - Erdogan-schliesst-Auslieferung-von-Yuecel-an-Deutschland-aus
[2] www.tichyseinblick.de - sultan-erdogan-fordert-tribut-von-merkel-und-sie-zahlt

Auf den Bau einer Panzerfabrik von Grundstein auf hat die Regierung keinen Einfluss.

Gegenüber der Rüstungsindustrie braucht es stärkere Kontrollen und neue gesetzliche Maßnahmen.

Aber auch in Deutschland macht sich die Demokratie schleichend vom Acker. Sowohl in einem Land, wo der Präsident stündlich präsent ist als auch bei uns, wo die Kanzlerin vollständig abgetaucht ist, hält das Volk seinen Dornröschenschlaf in der Wartestellung auf weiterhin gute Zeiten. Merkel und Erdogan werden unsere Länder schon (zugrunde)richten – der eine früher, der andere später.

Köln im Ausnahmezustand wegen Parteitag der AfD

21. April 2017

Man muss sich wirklich schämen, ein Bürger NRWs zu sein, wo Brücken und Schulgebäude zusammenbrechen, Erdogan seine Diktatur predigen darf, aber der Parteitag einer 10-Prozent-Partei zum Ausnahmezustand einer ganzen Stadt führt. Höchste Zeit, die „Kraft"meierei zu beenden!

Im Kraft-Land NRW ist kein Ding unmöglich!

Ja, Nordrhein-Westfalen, das größte und unmöglichste Bundesland der Republik mit der Landeshauptstadt Dusseldorf (Schreibweise ist Absicht) und der Alaaf-Stadt Köln!
Dieses Land befindet sich ständig im Ausnahmezustand. Kein Wunder, es hat ja auch eine Ausnahme-Regierung, nämlich das karnevalistische Dreigestirn und „Kraft"-Paket, bestehend aus Mutter Hannelore, Papa Rolf Jäger und der schulpflichtigen Sylvia Löhrmann.

Denen ist in keinster Weise mehr zu helfen. Erst lassen sie eine der seltensten Silvesterfeiern in Köln geschehen, dann hat der Terrorist Amri dank Innenminister Jäger in NRW freies Geleit und nun inszenieren sie mit einer zusammengewürfelten Karnevalstruppe einen kommunalen „Bürgerkrieg" mit 50.000 Statisten, 4.000 Polizisten und einer Flugverbotszone über der Kölner Innenstadt.[1] Das Flugverbot tritt am Donnerstag (20. April) um 12 Uhr in Kraft und bleibt bis Montag (24. April) 12 Uhr morgens bestehen. (Tusch: Tätä Tätä Tätä)

Der Innenminister, der sonst gerne mit seinen Polizeibeamten wie jedes Jahr am Blitzermarathon teilgenommen hätte, verzichtete dieses Mal natürlich darauf. Schließlich hat er, wie man liest, mit der Verteidigung der Demokratie Wichtigeres zu tun. Außerdem – woher all die Beamten nehmen, die ja sowieso schon Tausende von Überstunden auf ihren Buckeln haben? (Tusch: Tätä Tätä Tätä)

Wer, sollten sich die Wähler mal fragen, wird wohl die Mehrzahl an Demonstranten sein? AfD-Mitglieder, die ja sonst den Medien zufolge als „Nazis" und „Rassisten" durch die Straßen ziehen, werden doch wohl in Köln mit ihrem eigenen Parteitag beschäftigt sein! Erstaunlich nur, dass trotzdem so viele Demonstranten und Protestler auf den Straßen erwartet werden. Frage: Sind das wohl Herr Müller und Frau Meier von nebenan oder die Verkäuferin und Frisörin von gegenüber oder vielleicht doch eher rot-grüne Flamingos, die sich auf ihren linken Beinen besonders wohl fühlen? (Tusch: Tätä Tätä Tätä)

Die Panik und die Angst vor Hass, Gewalt und Terror, die sich immer wieder durch die AfD, deren Auftreten und ihren morgigen Parteitag zeigen, haben Politiker und Medien mit zu verantworten. Muss wirklich das Volk ausgetauscht werden, um die Demokratie und die Meinungsfreiheit zu retten oder sollten wir uns zukünftig Politiker leisten, die eine Streitkultur besitzen und wieder lernen, ihrem Volk zu dienen?

Mitbürger aus NRW oder von sonstwo!

Bleibt zu Hause, lasst die AfD ihren Parteitag abhalten und zeigt dem „Kraft"-vollen Dreigestirn und all den politisch aktiven Scheindemokraten, die als Krakeeler, Beleidiger und als Hass-Schürer unterwegs sind mit dem Ziel, Euch zu instrumentalisieren, euern Stinkefinger! Macht euch einen

---

[1] www.welt.de - Vier-Tage-Flugverbot-ueber-Koeln-wegen-AfD-Parteitag

schönen Tag ohne Geschrei, Gepolter und Getöse! Oder sind eure Tage nur schön, wenn ihr auf Krawall gebürstet seid? Dann allerdings kann ich nur noch sagen … (Tusch: Tätä Tätä Tätä)

Merkel mal wieder abgetaucht und weggeduckt

23. April 2017

Heute dürfen sich die Bürger nach einem langen Verschwinden von der Bildfläche auf ein öffentliches Auftreten Angela Merkels in Hannover zusammen mit der polnischen Ministerpräsidentin Szydlo freuen. Repräsentation statt Regieren – gefahrlos und aussagefrei.

Das Regieren hat Sendepause

Es ist traurig und schrecklich, dass der IS-Terror schon wieder in Paris ein Menschenleben gefordert hat und die Beileidsfloskeln von Regierenden nur noch hin- und hergereicht werden. Aber genau einer solchen Beileidsfloskel verdanken wir nach längerer Abstinenz das Lebenszeichen der deutschen Kanzlerin Angela Merkel. Sie sprach nämlich dem französischen Präsidenten Hollande ihr Mitgefühl aus.
Die große Europäerin und mächtigste Frau der Welt war tagelang untergetaucht, in den Tiefen der Richtlinien ihrer Politik verlorengegangen. Vielleicht unterwegs zu Erdogan, um bei ihm den Lehrgang zu absolvieren „Wie baue ich mir mein Präsidialsystem"?
Oder in NRW herumreisend, um sich in Duisburg Marxloh davon zu überzeugen, dass ihr Besuch dort vor Jahren aus dem runtergekommenen Stadtteil eine blühende Landschaft gemacht hat?

Planloses Schweigen

An allen Ecken der Welt tanzt der Bär … nur Deutschland befindet sich im Regierungsstillstand. Erdogan führt ganz

Europa seine türkischen Wahlbetrugsvariationen vor, in Großbritannien ruft Teresa May Neuwahlen aus, Trump bombt ein bisschen in Syrien und Afghanistan herum und der Jüngste und Verrückteste aller Waffenbrüder, der Nordkoreaner Kim Jong-un wetzt die Messer gegen die USA und ist mit Trump wohl auf den Richtigen gestoßen. Das alles sind ja nun auch genügend Sender, die ihr Programm abspulen … da leistet sich Merkel einfach mal einen Sendeausfall.

Merkel ausgemer(g)kelt?

Bei aller Ironie darf nicht übersehen werden, dass Erdogan ihr eine Art Todesstoß[1] versetzt hat, der nun keine Entschuldigung für ihre falsche Politik mit diesem Despoten mehr zulässt. Was kann sie in diesem Weltgeschehen des Irrsinns nun noch für Deutschland und Europa tun? Hat sie überhaupt einen Plan, den sie vor der erhofften Wiederwahl im September noch verfolgen will? Hilfreich und notwendig wäre es, würde sie sich noch einmal ihr Parteiprogramm von 2013 zu Gemüte führen. In den Kapiteln „Familie", „Sicherheit" und „Bildung" wäre noch genug Spielraum für eine turbomäßige Programmgestaltung. Aber da sie nach eigenen Worten immer eine längere Zeit für Entscheidungen braucht, muss man sich keine Hoffnung mehr machen, dass sie morgen aus den Tiefen der Versenkung frisch, fromm, fröhlich, frei emporsteigt.

Rede des AfD-Parteisprechers Jörg Meuthen

24. April 2017

Die Bundesrepublik will eine Demokratie sein, ist aber so gut wie oppositionslos. Die einzige Partei, die diesen Platz beansprucht, ist die AfD. Linksradikale schrecken nicht davor zurück, Häuser und Autos von AfD-lern zu beschädigen. Das Spektakel um ihren Parteitag in Köln macht nachdenklich und

---

[1] www.faz.net - referendum-in-der-tuerkei-merkels-dilemma

wirft die Frage auf: Tut eigentlich linke Gewalt weniger weh als rechte?

... *zur Eröffnung des Parteitags am 22. April 2017 in Köln:*

Meine sehr geehrten Damen und Herren,[1]

hochverehrte anwesende Gäste ausländischer Vertretungen, geschätzte anwesende Pressevertreter, liebe weitere Gäste, liebe Parteifreunde!

In den Tagen vor diesem Bundesparteitag habe ich in allerlei Dingen ein Déjà-vu-Erlebnis gehabt: Wieder einmal schlagen die Wogen in unserer Partei hoch. Wieder einmal ist viel von Streit und Zerwürfnis die Rede gewesen. Wieder einmal hat es sehr viele Gespräche und allerlei Hektik im Vorfeld des Parteitages gegeben. Wieder einmal bemühten sich unsere zahlreichen politischen Gegner und Feinde, uns das Totenglöcklein zu läuten. Wieder einmal konfrontiert man uns mit echt oder vorgeblich sinkenden Umfragewerten. Und wieder einmal erlebe ich, wie sich viele Parteimitglieder in durchaus nachvollziehbarer Sorge um unsere Partei und unser politisches Projekt befinden, einige in fast schon panikartigen Reaktionen.

Wieder einmal, das sage ich Ihnen aber auch, habe ich mich – mit Erfolg! – bemüht, mich selbst von alledem nicht anstecken zu lassen und mir meine Gelassenheit zu bewahren.

Und ich bin mir jetzt im Moment, zu Beginn dieses in der Tat sehr wichtigen Parteitages, sehr sicher, dass ich in den nächsten Stunden und Tagen noch ein paar weitere Déjà-vus haben werde. Wenn man sich nämlich die noch recht junge und gar nicht so zahlreiche Geschichte unserer Bundesparteitage anschaut, dann waren sie zwar erstens nahezu alle von mehr oder minder großen Aufgeregtheiten insbesondere vor deren Beginn, manche auch noch im frühen Verlauf gekennzeichnet. Vor allem aber waren sie zweitens – allen vorangehenden

---

[1] www.epochtimes.de - kartext-rede-von-afd-parteisprecher-joerg-meuthen

Aufgeregtheiten und Befindlichkeiten zum Trotz – in ihrem schließlichen Ergebnis praktisch immer zielführend und erfolgreich. Und ich gehe felsenfest davon aus, dass das auch bei diesem Kölner Parteitag der Fall sein wird. Ich wage die Prognose:

- Am Sonntagabend werden wir ein hochkompetentes Spitzenkandidatenteam haben, das den Kopf und die Gesichter unseres Bundestagswahlkampfes bilden wird.
- Am Sonntagabend werden wir ausgezeichnete neue Richter und Ersatzrichter für das Bundesschiedsgericht haben.
- Und vor allem: Am Sonntagabend werden wir in großer Eintracht ein überzeugendes Programm zur Bundestagswahl verabschiedet haben, in dem sich unsere Parteimitglieder wiederfinden und mit dem wir Bürger mit gesundem Menschen-verstand in sehr großer Zahl werden überzeugen können, uns, der Alternative für Deutschland, am 24. September ihre Stimme zu geben!

Liebe Freunde, dafür sind wir hier – unter zum Teil nicht ganz einfachen Bedingungen, da draußen sind viele unterwegs, die haben es nicht so mit der Demokratie und dem Pluralismus der Meinungen – nach Köln gekommen, dafür haben sich Hunderte von Parteimitgliedern in oft aufopferungsvoller Arbeit über viele Monate in den zahlreichen Ausschüssen engagiert, dafür haben wir alle beträchtliche Kosten an Zeit und oft auch Geld auf uns genommen. Und ich bin bereit, mit jedem im Saal zu wetten: Am Sonntagabend werden wir es wieder einmal geschafft haben. Ich muss dazu nicht einmal den dem hiesigen Rheinländer eigenen Optimismus bemühen, aber vielleicht ist der ja auch ganz hilfreich. Das Rheinland rund um Köln hat nämlich ein ganz eigenes Grundgesetz, eben das Rheinische Grundgesetz, das aus sage und schreibe nur 11 Artikeln besteht. Ich erlaube mir in diesem Zusammenhang, Artikel 3 zu zitieren. Der lautet so knapp wie klar: „Et hätt noch immer joot jejange." Und so, liebe Freunde, ist es und wird es am Ende dieses Parteitages sein.

Liebe Parteifreunde, da schreibt die Journalistin Melanie Amann nach langer Recherche ein ganzes Buch über uns, die

Alternative für Deutschland, das unlängst erschienen ist, und betitelt es allen Ernstes mit „Angst für Deutschland". Es wird darin wortreich insinuiert, wir, die AfDler, seien Angstbürger. Angst sei quasi die uns einende Klammer, die uns zur Partei zusammenschweiße. Doch diese Analyse ist, bei aller bei mir durchaus vorhandener Wertschätzung für Frau Amann, ich sage es klar und deutlich, schlicht falsch. Meine Damen und Herren, wer sich in diesem Land zur AfD bekennt, wer für sie kämpft und im Kreisverband am Straßenstand oder wo auch immer Politik macht, darf eines ganz gewiss nicht sein, und ist es auch nicht: ängstlich. Sondern dazu braucht es Mut, manchmal sogar ziemlich viel davon, und den haben wir auch. Ohne Mut geht das nicht, was wir machen. Gute Politik, liebe Freunde, wird aus Mut gemacht, nicht aus Angst! Und gute Politik machen wir bereits in elf Landtagen unseres Vaterlandes, und in wenigen Wochen werden es dreizehn Landtage sein und im September dann auch der Bundestag!

Ja, ich weiß, auch in unseren Reihen gibt es einige notorische Nörgler und Pessimisten, die über den ja tatsächlich bestehenden innerparteilichen Streit fast in Panik geraten und in jedem kleinen Rückgang von Umfragewerten unserer Partei deren bevorstehenden Niedergang beklagen. Das sind die Zaghaften, denen eine gewisse Angst womöglich tatsächlich nicht ganz fremd ist.

Die aber frage ich: Vor was habt Ihr denn eigentlich Angst? Vor Streit? Im Ernst? Wo würden wir denn angekommen sein, wenn wir jeden Streit vermeiden und womöglich minutenlangen vorbestellten Dauerapplaus wie die Duracell-Klatschhäschen auf CDU-Parteitagen zelebrierten für eine Kanzlerin mit erbärmlichen Reden. Was für eine Partei würden wir denn sein, wenn wir uns Kandidaten oder Vorsitzende mit einer Zustimmung von 100% wählen, wie man es außer bei der SPD – für einen Martin Schulz noch dazu, man stelle sich das vor! – sonst nur noch in Nordkorea kennt (nicht einmal in der DDR war das üblich). Wollt Ihr womöglich dahin? Ich nicht, um das ganz deutlich zu sagen. Offener Diskurs, ja auch Streit, gehört in einer jungen und vitalen politischen Partei, die noch nicht in Apparatschiktum erstarrt ist, dazu, darf sein, ja, muss sogar sein. Kein Grund zur Panik, übrigens auch dann nicht, wenn dabei einmal dies oder das öffentlich wird. Geschadet hat uns das noch nie, wenn es darauf ankam. Erst wenn es Richtung Wahlen geht, dann muss der Streit ruhen, dann müssen die Reihen geschlossen sein, dann muss man gemeinsam in den politischen Kampf gegen die Gegner ziehen. Das aber haben wir noch immer geschafft, erfolgreicher übrigens als jede andere neue Partei in Deutschland vor uns. Und das wird auch in diesem Wahlkampf wieder so sein. Kein Grund zur Angst, wahrlich nicht.

Angst vor sinkenden Umfragewerten? Noch verrückter! Haben denn die Meinungsumfragen zum Wahlverhalten unsere Partei betreffend bislang je gestimmt? Nahezu nie. Fast immer lagen unsere tatsächlichen Wahlergebnisse zum Teil sehr deutlich über den Umfragewerten. Warum sollten wir darauf schauen wie das Kaninchen auf die Schlange? Umfragen sind keine Wahlergebnisse, und es ist auch gar nicht so wichtig, wo man wenige Monate vor einer Wahl steht. Wollen wir am Ende womöglich Manfred Güllner von Forsa etwa Glauben schenken? Ja geht's denn noch? Ich sage es einmal sehr salopp: Es ist mir schlicht scheißegal, was etwa ein Alt-Sozi Manfred Güllner von Forsa, der sowieso nur unseren Untergang herbeiprognostizieren will, in diesen Wochen für schreckliche Zahlen über uns in die Medienwelt setzt. Soll er, sollen sie doch. Erstens weiß ich, dass wir ein sehr solides Wählerpotential haben, das bundesweit mit starken regionalen Differenzierungen bei mindestens 10 Prozent liegt. Zweitens kenne ich den Unterschied zwischen Umfragen und Wahlergebnissen nur zu gut. Nicht einmal den in diesen Wochen vielzitierten Wählerpotentialumfragen schenke ich Vertrauen, und ich wüsste zu benennen, warum nicht. Hochbezahlte Kaffeesatzleserei mit viel Wunschpotential ist das, kaum mehr.

Nein, ich habe keine Angst. Ich sehe auch keinen Grund dazu. Im Gegenteil: Ich habe große Zuversicht, insbesondere im Hinblick auf die Bundestagswahl. Liebe Freunde, es gibt auch allen Grund dazu, und hier in Köln fügen wir mit unserem Wahlprogramm einen weiteren guten Grund hinzu. Die Sehnsucht der Menschen nach einer echten, einer lebendigen und vitalen Opposition im Parlament ist so riesengroß, und das Bewusstsein dafür, dass nur wir diese Opposition liefern können, ist inzwischen so ausgeprägt. Allein das wird uns schon absolut sicher in den Bundestag transportieren.

Also AfD als Kürzel für Angst für Deutschland? Aber ganz sicher nicht. Es bleibt dabei: Wir sind die Alternative für Deutschland, und zwar derzeit ganz sicher die einzige.
Und weil wir alle das wissen und dieses Wissen uns schließlich allen Differenzen zum Trotz doch immer eint, werden wir gemeinsam einen fulminanten und erfolgreichen Bundestagswahlkampf veranstalten, zu dem dieser Parteitag den Startschuss liefert. Ein jeder von uns ist gehalten, das ihm je mögliche dazu beizusteuern. Da dürfen keine eigenen Karriereambitionen irgendeine Rolle spielen, ebenso wenig wie persönliche Sym- oder Antipathien. Wir werden nur dann richtig erfolgreich sein, wenn ein jeder sich selbst und sein Ego zurückzunehmen und sich in den Dienst der gemeinsamen Sache zu stellen bereit ist. Ich selbst zum Beispiel, daraus mache ich ja gar kein Geheimnis, hätte durchaus gerne auch für den Bundestag kandidiert. Ich konnte das aber für diese Bundestagswahl nicht tun, weil ich gegenüber meinem Landesverband und meiner Landtagsfraktion im Wort stand und weiter stehe. Das bricht man nicht einfach. Familiäre Gründe kamen dazu. Aber so wird es mir nun Verpflichtung und Ehre zugleich sein, meinen Einsatz für die Partei und die auf die Landeslisten gewählten Kandidaten zu erbringen und intensiv und deutschlandweit im Wahlkampf für ein optimales Ergebnis unserer AfD zu arbeiten. Wie Tausende andere engagierte Parteimitglieder auch. Die sind unser Kapital und unsere Stärke. Wir sind eben keine Partei von Karteileichen, sondern eine echte Graswurzelbewegung mit Mitgliedern, die für ihre Sache glühen und dafür eigene Opfer zu erbringen bereit sind. Darum fürchten uns unsere so müden politischen Gegner so sehr, und sie fürchten uns aus gutem Grund.

Angst also, um darauf zurückzukommen, haben wir nicht, weder in dem, was wir da tun, noch gar als Leitmotiv unserer politischen Arbeit. Was wir aber sehr wohl haben, meine Damen und Herren, ist Sorge um unser Vaterland Deutschland.

Die geht tief und ist nur zu begründet. Diese Sorge ist unsere zentrale Motivation. Es ist ganz sicher kein Zufall, dass es in unseren Reihen eine besonders hohe Zahl an Menschen mit in der Regel mehreren Kindern gibt (anders als etwa bei den Grünen). Wir haben das, was Wissenschaftler eine hohe Zukunftspräferenz nennen. Einfacher ausgedrückt: Wir wollen unser Land in einem guten, einem lebenswerten, einem unserer Kultur gerecht werdenden Zustand an die kommenden Generationen, das sind die unserer Kinder und Enkel, übergeben. Eine Angela Merkel braucht das nicht, eine Claudia Roth ebenfalls nicht. Und das merkt man.

Anders gewendet: Man kann Leuten wie Merkel oder Schulz vieles vorwerfen, aber ganz sicher nicht, dass sie keine nachhaltige Politik betreiben. Doch, das tun sie, liebe Freunde, das tun sie seit vielen Jahren. Sie betreiben seit vielen Jahren, Merkel von Berlin aus, Schulz bis vor kurzem aus Brüssel, eine Politik zum sogar sehr nachhaltigen Schaden des deutschen Volkes. In Form einer absurden Migrationspolitik, die letztlich gar keine aktive und gestaltende Politik ist, wie es ihre Aufgabe wäre, sondern sogar das Gegenteil dessen. In Gestalt einer kopf- und hirnlosen Umwelt- und Energiepolitik. In Form einer vermeintlichen Euro-Rettungspolitik, die de facto eine gigantische und völlig ungerechtfertigte, erzwungene Umverteilungspolitik von verantwortungsbewusst wirtschaftenden Menschen zu verantwortungslos agierenden Menschen ist. In Gestalt multipler Rechtsbrüche, die sie nicht weiter bekümmern. Ich brauche das unter uns nicht weiter auszuführen. Sie alle kennen das zur Genüge. So also sieht Nachhaltigkeit Marke Merkel und Schulz aus.

Liebe Freunde, da sind unsere Gegner, deren Agieren wir so entschlossen bekämpfen müssen, wie mir mancher Kampf in den eigenen Reihen zuweilen geführt zu werden scheint. Wissen Sie, ich sage es einmal ganz ehrlich: Ich habe es selbst erst lernen und verstehen müssen, in welch ungeheure Gefahr diese komplett verantwortungslosen Deutschland-Abschaffer unser Land bringen bzw. bereits gebracht haben. Ich habe das, ich gebe es zu, lange Zeit gar nicht gesehen. Gerade in jüngster Zeit aber gehe ich aber sehr bewusst durch die Straßen meines

Landes, meiner Stadt. Und wenn ich an einem Samstagmittag im Zentrum meiner Stadt unterwegs bin, mit offenen Augen, wissen Sie, was ich dann sehe? Ich sage das wirklich ohne jede Übertreibung: Ich sehe noch vereinzelt Deutsche. Und wenn ich darüber erschrecke, nicht aus irgendeiner Ausländerfeindlichkeit, die mir völlig fremd ist, sondern weil dieses ungeheure Maß an wie auch immer in unser Land gekommenen Migranten, offensichtlich mehrheitlich aus anderen Kulturkreisen stammend, mein Land zwangsläufig und unwiderruflich in ein ganz anderes verwandelt, das kaum mehr etwas mit dem Land zu tun hat, in dem ich groß geworden bin, und wenn einer meiner Söhne inzwischen fest in Melbourne lebend mir sagt, dass und warum er trotz seines ausgeprägten Familiensinns ganz sicher nie mehr nach Deutschland zurückkommt, weil er dieses Land aus Gründen, denen ich nichts mehr entgegenzusetzen habe, am Abgrund sieht, dann bin ich für die Leute da draußen, und für unsere ganzen politischen Gegner, die die Augen vor alldem entweder verschließen oder wie Linke, Grüne und weite Teile der SPD das sogar gezielt und aktiv betreiben, dann bin ich für diese Leute also ein Ausländerfeind, ein Rassist gar? Nein, meine Freunde, das bin ich ganz sicher nicht, nicht einmal ansatzweise, das bin ich nie gewesen und werde ich aufgrund all meiner Überzeugungen niemals sein, ebenso wenig wie irgendjemand in diesem Saal. Ich bin nur elementar vernünftig, und ich sehe, was hier geschieht. Und weiß meine tiefe Sorge, nicht etwa plumpe Angst, sehr präzise zu begründen.

Wir wollen nicht zur Minderheit im eigenen Land werden, und sind es doch zu Teilen bereits. Und dass die eindeutige Mehrheit etwa der hier lebenden Türken (nicht etwa alle, nein keineswegs) keine Freunde der freiheitlichen Gesellschaft sind, deren Privilegien sie gleichwohl nur zu gerne für sich in Anspruch nehmen, das haben wir spätestens seit dem vergangenen Sonntag sogar schriftlich: Zwei Drittel der hier leben-den Türken mit Wahlberechtigung haben bei dem türkischen Verfassungsreferendum mit Ja gestimmt. Gehen wir davon aus, dass wohl alle Aleviten und Kurden unter ihnen ganz sicher mit Nein gestimmt haben dürften, sind es sogar deutlich über 80 %.

Es steht nicht weniger auf dem Spiel als unsere freiheitliche Gesellschaft. Wenn wir den Hebel nicht jetzt und sehr entschlossen umlegen, dann ist die unwiderrufliche Veränderung unserer Heimat in ein in gar nicht vielen Jahren muslimisch geprägtes Land eine mathematische Gewissheit. Manchmal drängt sich mir der Vergleich zum Untergang der Titanic auf: Alle sind noch froh gelaunt, es ist eine entspannte Partystimmung wie unter Deck, aber die zwingend notwendige Kurskorrektur auf dem riesigen Schiff ist schon kaum mehr machbar, die Kollision mit einem Eisberg ist nichts, was man sich vorstellen kann oder will, dabei ist sie bereits unvermeidbar.

Wem das zu düster ist: Ich weiß nicht sicher, ob die Entwicklung bereits unumkehrbar ist. Wir wissen alle nicht, wo der „point of no return" exakt liegt. Gerade deshalb aber sage ich, ach was, rufe ich es so laut ich kann:
Dieses Land Deutschland ist unser Land. Es ist das Land unserer Großeltern und Eltern, und es ist unsere Bürgerpflicht, es auch noch das Land unserer Kinder und Enkel sein zu lassen. Dazu müssen wir es uns inzwischen schon zurückerobern. Wild entschlossen, aber friedlich. Kämpferisch, aber mit demokratischen und rechtsstaatlichen Mitteln. Mit ganzem Herzen, aber auch mit Klugheit und klarem Verstand.
Die Menschen sollen es spüren und wissen: Wir sind die, die Deutschland nicht abschaffen wollen. Und unsere politischen Konkurrenten sollen das bitter zu spüren bekommen. Wir sind die, die Deutschland nicht preisgeben werden! Liebe Freunde: Wir können und werden nicht sehenden Auges akzeptieren, wie wir mit jedem Monat mehr zur Minderheit im eigenen Land werden. Es reicht. Das Maß ist voll!

Zu diesen Überzeugungen müssen wir gemeinsam stehen, egal wie stark der Widerstand ist. Wir dürfen da nicht weichen. Und diese kleine, ganz gewiss nicht spalterisch gemeinte Nebenbemerkung gestatten Sie mir bitte auch: Wir müssen da restlos geschlossen stehen. Debatten über einen vermeintlichen realpolitischen und einen vermeintlichen fundamentaloppositionellen Flügel, aus meiner Sicht sowieso eine komplett trügerische Wahrnehmung, helfen uns da keinen Jota weiter, ganz im Gegenteil. Lassen wir das, ich bitte Sie alle! Unsere Gegner stehen draußen, und sie richten unser geliebtes Vaterland (jawohl, denn wir sind Patrioten) Schritt für Schritt auf eine perfide Weise zugrunde. Sie heißen, Merkel, Schulz, Maas, Stegner, Roth, Göring-Eckardt usw. Sie öffnen die Grenzen wiederrechtlich für jedermann – wie Frau Merkel -, oder sie reden uns ein, die vermeintlichen Flüchtlinge seien für unser Land „wertvoller als Gold" – so Herr Schulz, der zugleich unser Gold auf europäischem Altar verschleudert – oder wir bräuchten auch Zuwanderer, die sich in unseren Sozialsystemen wohl und zuhause fühlen – so Frau Göring-Eckardt – oder sie laufen wie die amtierende Vizepräsidentin des Deutschen Bundestages, Claudia Roth, man stelle sich diese Schande für unser Land einmal vor, in einem Demonstrationszug mit, der „Deutschland verrecke" skandiert.

Es wird wirklich allerhöchste Zeit, dass die „schon länger hier Lebenden" die schon länger hier Regierenden aus ihren Ämtern im Dienste des deutschen Volkes verabschieden, und das nachhaltig, liebe Freunde!

Ja, wir können diese Gestalten nicht mehr ertragen.

Und nein, das ist keineswegs Fundamentalopposition.

Sondern ja, das ist die Liebe zu unsrer Heimat und zu unserem Vaterland.

Und nein, um daran keinen Zweifel zu lassen, mit diesen Figuren werden wir keine Koalitionen eingehen. Nicht heute, nicht morgen, NIEMALS!

Und ja, wir werden auf diese Weise der Verantwortung für unser Land sehr wohl gerecht werden. Und zwar als BÄRENSTARKE OPPOSITIONSpartei, im Bund wie bereits in den Ländern.

Und schließlich nein, das ist keineswegs mangelnde Realpolitik.

Sondern es ist das kluge und notwendige Zuwarten, bis unsere Positionen endgültig mehrheitsfähig sein werden.

Ja, liebe Freunde, SO machen wir das. SO und nicht anders!

Und auf diesem Parteitag hier in Köln fällt der Startschuss dazu.

Glückauf Deutschland, Glückauf AfD!

Die deutsche Justiz und ihre Fehler

26. April 2017

Ist Deutschland ein Rechtsstaat und hat es eine funktionierende Justiz? Es fehlen im Land 2000 Richter, um Recht zu sprechen. Bagatellfälle warten oft ein bis zwei Jahre auf Erledigung und jedes vierte Urteil ist ein Fehlurteil, hinter dem sich immer eine menschliche Tragödie verbirgt.

Jedes vierte Urteil ein Fehlurteil!

 Alles begann 2004 mit einer Justizministerin Zypris (SPD) und ihrem auch vom Bundesrat gebilligten Justizmodernisierungsgesetz, das eine Verschlankung der Justiz vorsah. Es zielte auf eine Vereinfachung, Übersichtlichkeit, Kostenersparnis und Verfahrensbeschleunigung.

Insgesamt sollte die Justiz entlastet werden. Es stellte sich in den folgenden Jahren heraus, dass das Gegenteil der Fall war. Durch die Neuregelung der Unterbrechungsfristen konnten sich Verfahren „kaugummiartig" in die Länge ziehen. Und der Verzicht auf Urkundsbeamte während einer Hauptverhandlung sorgte zwar für eine Einsparung an Arbeitskräften, belastete allerdings die ohnehin schon völlig überlasteten Strafrichter mit noch mehr Arbeit. Diese Systemschwäche und natürlich Geldmangel führen zu Tragödien und 25% Fehlurteilen.

„Im Zweifel für den Angeklagten" gilt bei der Mehrzahl der Richter nicht mehr, weil trotz der enorm zunehmenden Justizfälle, die zu bearbeiten sind, die Zahl der Richter konstant bleibt. Rund 3,5 Millionen Straftaten,[1] die jedes Jahr von der Polizei aufgeklärt werden, müssen von rund 5200 Staatsanwälten erledigt werden. Es fehlen 2000 Richter in Deutschland und wie gewohnt in NRW die meisten, nämlich rund 500 Richter und 200 Staatsanwälte.

---

[1] www.focus.de - deutschem-rechtsstaat-droht-kollaps

Einspruch!

Der Spardruck gefährdet das Recht massiv. Deutschland lässt damit auch Unschuldige in Gerichten sitzen. Bücher wie „Unrecht im Namen des Volkes" von Sabine Rückert und „Halbgötter in Schwarz" von Jürgen Bossi sowie das Buch des ehemaligen Arbeitsministers Norbert Blüm mit dem Titel „Einspruch!" lassen am deutschen Rechtssystem kein gutes Haar. Blüm wittert eine „Verlotterung der dritten Gewalt in unserem Land". Die Justiz in Deutschland nennt er ein „System der Willkür und Arroganz".

Tatsache ist, dass die Gewaltenteilung in der BRD nicht stimmt, weil die Justiz mit der Exekutive verwoben ist – ein Überbleibsel aus den 70er Jahren des 19. Jahrhunderts. Der Justizminister hat das Sagen über Staatsanwaltschaft und Richter. Der Europarat empfiehlt einen unabhängigen Richterrat, Deutschland aber hat das abgelehnt. Ein selbstverwalteter Richterrat ist hier nicht erwünscht, weil damit das Parlament Macht abgeben müsste. Aus der Erfahrung aber weiß man, dass Menschen, die Macht haben, Diese immer weiter ausdehnen. Daher ist die Gewaltenteilung von enormer Wichtigkeit. Die Beschränkung der Macht ist erforderlich. Die Beeinflussung der Justiz durch die Politik in Deutschland ist deshalb ein Fehler. Danach befragt weist Justizminister Heiko Maas auf die Länder mit dem Argument, Justiz sei Ländersache – ein skandalöser Zustand wie auch der in der Bildungs- und Schulpolitik.

Kein Wunder, dass sich hinter der Überbelastung der Richter das Tabuthema „Burnout" verbirgt. Jeder 5. Richter ist inzwischen burnout-gefährdet. In Berlin dauern schon Bagatellfälle ein bis zwei Jahre. Gerichte in ländlichen Gegenden wurden geschlossen und so mancher Richter hat Amtsfahrzeiten bis zu zwei Stunden. Die Digitalisierung der Justiz steht zusätzlich auf dem Programm und erfordert richterliche Mehrarbeit.

Nichts als die Wahrheit

Wer also in die Fänge der Justiz gerät, darf beten, nicht einer von vier Angeklagten zu werden, dem ein Fehlurteil blüht. In dem Fall darf er jeden gestohlenen Tag seines Lebens mit 25 Euro Tagegeld in Rechnung stellen. Letztlich entscheidet ein 45-minütiger Vortrag darüber, ob der angebliche Täter unschuldig im Gefängnis sitzt. In Bayern saßen in einem Jahr 110 Menschen unschuldig im Gefängnis.

„Es gab auf deutschem Boden noch nie einen Rechtsstaat![1] In der Kaiserzeit hatte Deutschland eine Klassenjustiz. In der Weimarer Republik war es eine diese Republik zutiefst verachtende Justiz, im III. Reich hatte Deutschland eine Verbrecherjustiz, in der Nachkriegszeit eine Wendehalsjustiz und heute eine von den Politikern gegängelte Justiz."

Eine Befragung der Bürger nach ihrer Zufriedenheit mit der deutschen Justiz sah so aus:

bei 684 Abstimmungen[2]
Nein, die Kleinen hängt man, die Großen lässt man laufen. (43,13%)
Nein, das Justizsystem ist völlig korrupt. (40,79%)
Ja, aber es werden trotzdem zu viele Fehler gemacht. (11,55%)
Ja, es wird überwiegend gerecht geurteilt. (3,80%)
Kann ich nicht beurteilen. (0,73%)

Grüne gehen für Wahlkampf von Haus zu Haus

29. April 2017

Die Grünen in NRW sind in der Wählergunst bei 7%. Mit aller Macht und allen Mitteln müssen sie ihre uninteressanten Inhalte ausgleichen und wählen in ihrer Not den Haustürwahlkampf.

---

[1] www.freitag.de - deutschland-ist-kein-rechtsstaat
[2] http://www.deutschland-stimmt-ab.de/index.asp?frage=586

Wir Wähler sollten ihnen eine erholsame Regierungspause gönnen!

... Klingelfrauchen machen.

Ich kann nur hoffen, dass beim Klingeln an meiner Haustür der Paketbote, der Eismann oder der Nachbar ein Treffen mit mir wünscht. Auf keinen Fall möchte ich per Klingelton in den Wahlkampf der Grünen hineingezogen werden und vor der Tür „Roth" sehen.

Und einer Katastrophe sähe ich ins Auge, müsste ich nach dem Öffnen der Haustür die grüne Bildungsexpertin Sylvia Löhrmann auf der Matte stehen sehen. Ihr Hauptziel sei es in NRW, die Linke aus dem Landtag rauszuhalten, wird sie zu vermelden haben. Und ... dass sie unbedingt weiter mitregieren wolle.

Bei aller Abneigung, die ich empfände, wäre es aber wohl trotzdem eine gute Gelegenheit, den Damen meine geballten Argumente entgegenzuschmettern für ein längst überfälliges und endgültiges Aus ihrer Regierungsverantwortung in NRW und Berlin.

Meine Argumente für ein „Nein danke, nie wieder Grün!"

– ihr Umgang mit der Kinderehe[1]
– ihre Fixierung auf die Zerstörung der Familie
– ihre pädophilen Entgleisungen[2]
– ihre Dauerfixierung nur auf Minderheiten[3]
– ihre Hasstiraden gegen alle Fremdmeinungen[4]
– ihr sexueller Irrsinn (Gender-Mainstream)[5]
– ihre damit einhergehende Frühsexualisierung der Kinder[6]
– ihre Türkeipolitik (Roth), die heute in Scherben liegt
– ihr Messen mit zweierlei Maß in Sachen Frauenpolitik
  (Rechte der Frauen und Gleichberechtigung werden bei

---

[1] www.nwzonline.de - gruene-verteidigt-kinderehe
[2] www.epochtimes.de - trotz-paedophiler-vergangenheit-gruenen-politiker-cohn-bendit-haelt-rede-bei-tag-der-deutschen-einheit
[3] www.tichyseinblick.de - die-minderheitenpolitik-der-gruenen-und-das-selektive-vertuschen-von-straftaten
[4] www.cicero.de – Die Grünen auf dem falschen Fuß
[5] www.politikversagen.net - Genderwahnsinn
[6] www.katholisches.info – Grüne im Pädophilen-Skandal – doch staatliche Frühsexualisierung ... geht weiter

Muslimas nicht eingefordert)
– ihr Zukunftsziel: Wahlrecht für alle
– ihre Absicht zur Abschaffung der Ehe[1]
– ihr Hass auf Deutschland[2] mit dem Ziel, es abzuschaffen
– ihre Drogenpolitik
– ihre Absicht, die Türkei trotz des Referendums zu einem
  Mitglied in der EU zu machen
– ihre EU-Erweiterungsbestrebungen zum Ziel einer sozialen
  Weltordnung
– ihre Ausweitung der Flüchtlingspolitik mit der Begründung
  von hochqualifizierten Arbeitskräften[3]
– ihr neues Einwanderungsgesetz, das noch mehr Menschen die
  Möglichkeit gibt, einzuwandern
– ihre Forderung nach einem sofortigen
  Kommunalwahlrecht für Migranten[4]
– ihr Gender-Bildungssystem[5] der Inklusion und Integration
  und
  was sonst noch alles auf die dafür nicht ausgebildeten
  Pädagogen wartet
– ihre großzügige Bleiberechtsregelung
– ihre Ausweitung feministischer Vernetzungen[6]
– die Nicht-Abschiebung von Kriminellen[7]
– usw. usw…

zusammengefasst … ihr gesamtes ideologisch gefärbtes groß-
angelegtes Zerstörungswerk dieses Landes, seiner Tradition,
Kultur und seiner ansässigen Menschen.

Für einige Seiten ihres Parteiprogramms haben Bündnis 90/Die
Grünen glücklicherweise schon den Entsorgungsmechanismus,
das von ihnen so genannte Unisex-WC[8] entwickelt, das sich in
Berlin gerade in der Testphase befindet.

---

[1] www.gruene-jugend.de - ja-wir-wollen-die-ehe-abschaffen
[2] www.zukunftskinder.org – Zitate und Aussagen deutscher Politiker und
Persönlichkeiten … die jeder kennen sollte
[3] www.gruene.de – Wir sorgen für ein friedliches Zusammenleben und …
[4] www.welt.de - Gruene-fordern-Auslaender-Wahlrecht-im-Grundgesetz
[5] www.freiewelt.net - hauptsache-ideologie-gruene-und-rote-bildungspolitik
[6] www.youtube.com – B'90/Grüne Rede von Claudia Roth auf der
Bundesdelegiertenkonferenz am 12.11.2016
[7] www.zeit.de - boris-palmer-abschiebung-kriminelle-syrer-gruenen
[8] www.tagesspiegel.de - berlin-gruene-planen-unisex-wcs

Die Bundeswehr – so bunt und so quer

07. Mai 2017

Das Image der Bundeswehr ist auf dem Nullpunkt. Jahrelang wurden Gelder für nicht funktionierende Rüstungsgüter ausgegeben, nun haben notwendige Kontrollmechanismen versagt und die Frage stellt sich: Wer verteidigt jetzt eigentlich wen?

Was ist das für eine Truppe?

Wer glaubt daran, dass diese deutsche Bundeswehr in der Lage wäre, dieses Land zu verteidigen? Selbst ihre oberste Dienstherrin macht nicht den Eindruck, mit ihrer Truppe einen anständigen Start machen zu wollen. Ursula von der Leyen ist Oberbefehlshaberin von gut 178.000 Soldaten im Land.[1] Im Jahr 2016 waren die Verteidigungsministerin und ihre Bundeswehr Dauerthema in den Medien. Gleich zu Beginn des letzten Jahres legte sie dem Bundestag ihre Aufrüstungspläne vor. Sie beantragte eine Investition von 130 Milliarden Euro, die nach Aussage von Haushaltsexperten eine Steigerung der Rüstungsausgaben bis 2030 um 50 Milliarden Euro bedeuten würde. Im Haushalt waren 2016 gut 34 Milliarden Euro für das Verteidigungsministerium[2] eingeplant.

Schrotthaufen Bundeswehr?

Verständlich, wenn in einem von der Verteidigungsministerin 2015 in Auftrag gegebenen Bericht 140 „Probleme und Risiken" am Gerät der Bundeswehr aufgelistet wurden. Die Presse spricht bei all der veralteten und mit Mängeln behafteten Ausrüstung vom „Schrotthaufen Bundeswehr"[3] In einem Kommentar an die Adresse der Oberbefehlshaberin hieß es dazu: „Es ist an der Zeit, dass die Ministerin ihren Teil dazu beiträgt, dass sie Politik betreibt,[4] statt sie nur zu inszenieren. Vor allem hat von der Leyen für einen ihren Ankündigungen genügenden Etat zu sorgen. Derzeit, das ist die bittere Wahrheit,

---

[1] www.pressreader.com - Skandal hinter Kasernenmauern
[2] http://www.n-tv.de - Von-der-Leyen-will-140-neue-Panzer
[3] www.zeit.de - bundeswehr-ruestung-pannen-projekte
[4] www.welt.de-Immerhin-von-der-Leyen-schaffte-es-in-den-Irak

gelingt es dem Ministerium aber nicht einmal, vom Parlament bewilligte Finanzmittel auch auszugeben.

Modern heißt nicht automatisch besser

Das groß angelegte Truppen-Modernisierungsprogramm der Verteidigungsministerin scheint ebenfalls komplett fehlgeschlagen zu sein. Ihr 2014 geplantes Aktionsprogramm „Gute Führung gestalten", das stärker auf die Soldaten und ihre Bedürfnisse eingehen sollte, war für 2015 vorgesehen. Zivile und militärische Führungskräfte sollten für eine neue Führungskultur geschult werden. Alles stand unter dem Thema: Vereinbarkeit von Familie und Dienst,[1] was sie ja auch schon als Arbeitsministerin für alle sonstigen Berufsgruppen hervorragend hingekriegt hatte (?!) Von der Leyen versprach, die Unterkünfte unter anderem mit Flachbildschirm-Fernsehern und Mini-Kühlschränken auszustatten und das Mobiliar zu erneuern. Flexible Arbeitszeiten und das „Führen in Teilzeit" sollten gefördert werden. Und damit das Verteidigen zusammen mit dem Wohlfühlen zu einer Einheit werde, lud die Ministerin dann Anfang des Jahres ihre Männer und Frauen zu einem Sexseminar ein.

Verfehlungen aller Art

Alles fragt sich, warum Kinder aus wohlsituierten Familien in den IS ziehen, warum die bei uns in der Demokratie schon lange lebenden türkischstämmigen Mitbürger für ihr Land die Diktatur wählen und warum die über Jahre weich- und sanftgespülte Bundeswehr jetzt mit Sexskandalen, Aufnahmeritualen, Mobbing, Körperverletzungen, Nötigung, Freiheitsberaubung, betrunkenen Soldaten, die den Hitlergruß zeigen usw. usw. von sich reden macht. Skandale über Skandale, ob Pfullendorf oder Bad Reichenhall, von mafiösen Strukturen ist gar die Rede.

Kontrolle – Fehlanzeige

Und nicht genug ... jetzt sorgte der Oberleutnant Franco A. für den größten Skandal. Als Rechtsradikaler schaffte er seine Karriere in der Bundeswehr, belegte Arabischkurse, gab sich

---

[1] www.focus.de - wie-viel-luxus-braucht-die-bundeswehr

gleichzeitig als Asylant und besaß gleich zwei oder mehr Identitäten. Auch eine Liste mit Anschlagsopfern wurde bei ihm gefunden. Der eigentliche Skandal ist allerdings der Tatbestand, wie einfach es ist, in Deutschland sich als Asylant bzw. Flüchtling auszugeben, mehrere Identitäten zu besitzen und noch Leutnant bei der Bundeswehr sein zu können.

Freiheit statt Führung

Die Ministerin und oberste Befehlshaberin der Bundeswehr hat nun die Rolle der Oberaufklärerin übernommen. Sie reiste unter großem Medienspektakel nach Illkirch, um sich in der Kaserne des Franco A. ein Bild zu machen. Was immer sie auch dort fand oder findet … diese Verweichlichungspädagogik der Bundeswehr über Jahre hinweg ging einher mit einem Autoritäts- und Führungsverlust der Verantwortlichen und dem sich parallel dazu entwickelnden Schlendrian der Untergebenen.

Autoritätsverlust und Schlendrian

Dieses Problem erweist sich als ein Problem der gesamten Bildungs- und Ausbildungsebene und hat eine schon 50-jährige Entwicklungsgeschichte. Es handelt sich um die Zerstörung und den Verlust der Autorität auf allen Ebenen, sei es Schule, Ausbildungsbetrieb oder Bundeswehr. Man kann es auch wie von der Leyen formulieren: „Es gibt ein Haltungsproblem…" (ich ergänze Schüler, Auszubildende, Soldaten) …"und eine Führungsschwäche." (ich ergänze Lehrer, Ausbilder, Offiziere).

In der Schule flüstert man dazu unschön hinter der Hand: „Wie der Herr, so's Gescherr!"

Benjamin Netanyahu – ein empfindlicher Freund

08. Mai 2017

Sigmar Gabriel reist als deutscher Außenminister nach Israel. Netanyahu sagt das gemeinsame Treffen ab, weil sich Gabriel auch mit Oppositionellen trifft. Der Außenminister bleibt gelassen.

Mutig, Herr Gabriel!

 Sigmar Gabriel hat sich nach vielen Pleiten, Pech und Pannen als Parteivorsitzender und Wirtschaftsminister endlich einmal als jetzt Außenminister Respekt verschafft. Er hat die Weigerung des israelischen Ministerpräsidenten Netanyahu, ihn zu empfangen, weil er sich mit Organisationen treffen wollte, die sich mit Menschenrechtsverletzungen in den besetzten Gebieten befassen, mit Gelassenheit hingenommen.

Das im letzten Sommer verabschiedete Transparenz-Gesetz der Netanyahu-Regierung[1] gegen die Menschenrechtsgruppen, die jetzt Gabriel getroffen hat, erinnert stark an die Ausschaltungsmechanismen von Kritikern und Oppositionellen, wie schon aus anderen Ländern bekannt. Autokraten kennen und nutzen solche Schutzmechanismen gerne zum eigenen Machterhalt.

Die Politik unter der Regierung von Benjamin Netanyahu hat nicht dazu beigetragen, dem Frieden in dieser Region ein gutes Stück näher zu kommen. Die Besatzungspolitik der einzigen Demokratie im Nahen Osten, wie Netanyahu zu prahlen weiß, hat Spuren russischer und türkischer Demokratievorstellungen, die mit denen der Europäer nur wenig Berührungspunkte haben. „Während in Israel die religiöse Rechte stärker und stärker wurde und ein Ausgleich mit den Palästinensern in immer weitere Ferne rückte,[2] sandten die Europäer immer deutlichere Signale: Schweden erkannte Palästina als Staat an … Deutschland übte scharfe Kritik an einem Gesetz, das die Arbeit regierungskritischer Organisationen erschweren soll und Frankreich und England unterstützten eine Resolution des UN-Sicherheitsrats, in der die israelische Siedlungspolitik scharf kritisiert wird."

---

[1] www.israelnetz.com - nach-verabschiedung-kritik-an-transparenzgesetz-haelt-an
[2] www.spiegel.de - benjamin-netanyahu-wende-in-der-deutschen-israel-politik

Der Harmoniepräsident glättet die Wogen

Nun, da Sigmar Gabriel scheinbar den Stein des Anstoßes losgetreten hat, wünschte man sich, dass unser Harmonie-Präsident Steinmeier seine Reise nach Israel dazu nutzt, um Gabriels Entscheidung zu unterstützen. Das übliche und von vielen Seiten erwartete deutsche Kratzfuß-Gescharre mit gesenktem Kopf sollte endlich der Vergangenheit angehören. Zumindest bedarf es keiner Entschuldigung für Gabriel von deutscher Seite ... wofür auch?

Aber genau das sind die politischen Spielereien der Mächtigen in einer Welt, die uns doch allen gehört. Vielleicht ist aber der Mensch darin die Fehlkonstruktion. Zwar hält er sich schon immer für die Krone der Schöpfung oder den Endpunkt der Evolution, beweist aber selbst im Informations- und Atomzeitalter, dass ihn Macht, Besitz und Geld die Verantwortung für die Welt und ihren Erhalt vergessen machen. Die „**Ich**ler" regieren die Welt. Ihre Schutzschilde sind Bomben und Waffen – glauben sie.

Unschuldige gibt es nicht

Nie mehr Krieg – hieß es 1945. Wer sich die Liste der Kriege anschaut, wird auch bei Israel fündig.

Palästinakrieg (1948), Sinaikrieg (1956), Sechstagekrieg (1967), Jom-Kippur-Krieg (1973), Libanonkrieg (1982), Libanonkrieg (2006).

In Israel leisten Frauen mindestens zwei Jahre, Männer mindestens drei Jahre Militärdienst. Vision of Humanity führt Israel in ihrem Global Peace Index (GPi/Weltfriedensindex) seit Jahren unter den friedlosesten Ländern der Welt auf.
Überlassen wir dem israelischen Schriftsteller und Friedenspreisträger des deutschen Buchhandels David Grossmann das Wort: „Ich wünsche mir, dass mein Land Israel die Kraft finden wird, seine Geschichte noch einmal neu zu schreiben. Dass es lernen wird, seiner Geschichte und seiner Tragödie auf eine neue Art und Weise zu begegnen und sich aus ihr heraus noch einmal neu zu erschaffen. Nur Frieden wird Israel ein Zuhause und eine Zukunft geben. Und nur Frieden wird es uns, den

Israelis, ermöglichen, etwas zu erleben, was wir überhaupt nicht kennen: Das Gefühl einer stabilen Existenz."

Grossman verwies auch auf die Situation der Palästinenser, die nach vielen Jahren der Unterdrückung durch Türken, Araber, Engländer und Israelis nach einem Leben in Souveränität, Freiheit und Demokratie hungerten. Das Schicksal beider Staaten sei miteinander verbunden, nur im Frieden könnten sich beide Völker erhalten.

Jubiläumskongress der Zionisten mit Netanyahu

Ob Benjamin Netanyahu diese Worte hören möchte, bleibt fraglich. Er plant erst einmal eine Reise in die Schweiz zum Jubiläumskongress der Zionisten in Basel.[1] 1897 wurde genau dort der Grundstein zur späteren Gründung Israels gelegt. Die Schweizer Regierung hält sich mit ihrer Begeisterung für eine Feier des Zionistischen Weltkongresses stark zurück. Sie fürchtet die Kosten für die Sicherheit, die schnell einmal 10 Millionen Franken betragen könnten – mehr als jeweils für den Schutz des Weltwirtschaftsforums in Davos ausgegeben wird. Der Frieden kann da ruhig noch etwas warten!

Mit Leitkultur Bürger ins Wahllokal leiten

11. Mai 2017

Es muss der CDU schon an den Kragen gehen, wenn sie nach den langen Redeverboten für Patrioten nun wahltaktisch die Erlaubnis erteilt, Deutschland wieder lieben zu dürfen. Ein netter Versuch, mit einem Griff ins Eingemachte der AfD, abhandengekommene Wähler wieder einzusammeln.

---

[1] www.nzzas.nzz.ch - netanyahu-kuendigt-sein-kommen-an

Darf's vor der Wahl mal wieder ein bisschen „alte CDU" sein?

Friedrich Merz:

„Das Zusammenleben zwischen Deutschen und Ausländern ist trotz Rückschlägen in vielen Teilen problemlos, ja selbstverständlich. Doch entstehen auch Probleme dort, wo beispielsweise Deutsche in ihrer Stadt in die Minderheit geraten und um die eigene Identität bangen. Das Grundgesetz ist (...) wichtigster Ausdruck unserer Werteordnung und so Teil der deutschen kulturellen Identität, die den inneren Zusammenhalt unserer Gesellschaft erst möglich macht. Zur Identität unserer Freiheitsordnung gehört die in Jahren und Jahrzehnten erkämpfte Stellung der Frau in unserer Gesellschaft. Sie muß auch von denen akzeptiert werden, die ganz überwiegend aus religiösen Gründen ein ganz anderes Verständnis mitbringen. Wir können und dürfen auch im Hinblick auf den Religionsunterricht und vieles andere die Entstehung von Parallelgesellschaft nicht dulden. Eine erfolgreiche Einwanderungs- und Integrationspolitik muß darüber hinaus darauf bestehen, daß die deutsche Sprache verstanden und gesprochen wird. Dies ist nicht nationaler Sprachchauvinismus, sondern Grundvoraussetzung eines friedlichen Miteinanders in unserem Land, es ist die kulturelle Basis auch dann, wenn das Grundgesetz dazu schweigt... "

So schreibt Friedrich Merz im Jahr 2000[1] in einem Artikel in der „Welt" ausführlich über das Erfordernis einer „Leitkultur". Es ging ihm da um den Einstieg in eine längst überfällige Diskussion über Integration durch Sprachkompetenz, Kultur und Werte des Landes, in welchem die zu uns Kommenden lernen, leben, arbeiten oder auch nicht arbeiten.

So sieht stets „Grüne" Meinungsfreiheit aus

Die älteren Leser wissen, wie diese Diskussion und andere, die Merz damals anstieß, endeten. Friedrich Merz landete in der Versenkung, nachdem die Grünen seinen Mut als „rassistische

---

[1] www.welt.de - Einwanderung-und-Identitaet

Kampagne" bezeichnet hatten. Das ist in Deutschland bis heute immer der richtige Weg, Meinungen niederzuknüppeln, Leute mundtot zu machen und eine Diskussion zu beenden. „Rassistisch" und „ausländerfeindlich", „antisemitisch" oder „rechts" – diese Worte verfehlen ihr Ziel nie, denn diese Worte treffen ins deutsche Herz mit der bei vielen noch kranken Herzkammer deutscher Geschichte.

Wer heute unter gebildeten Menschen zu derartigen Wortwaffen der Vernichtung greift, predigt für sich die Demokratie, ist aber kein Demokrat, weil er das Grundgesetz missachtet, das die Meinungsfreiheit garantiert.

De Maizière fischt mit „Leitkultur" in alten Gewässern

Nun hat der Innenminister de Maizière[1] im Auftrag oder zur Rettung Merkels das alte Thema wieder aufs Parkett geschoben, auf dem es nun von allen Seiten hin- und hergeschubst wird. Ein kluger Schachzug wie all die vorangegangenen Schachzüge, bei denen Merkel immer eine Kelle voll Inhalt aus den Suppenschüsseln anderer Parteien geschöpft hat. Nachdem Grüne und SPD schon abgeschöpft wurden, wird die Kelle nun – natürlich nicht von Merkel, sondern von ihrem „Hilfssheriff" de Maizière– in den heißen Topf der AfD gesteckt, um sich auch dort zu bedienen. Worte und Sätze, die keinem Bürger mehr seit Merkels Einladung an die Welt über die Lippen kamen, weil sie auf dem Index der Political Correctness standen, werden jetzt zur Leitkultur erhoben. „Wir geben uns zur Begrüßung die Hand … Wir sind nicht Burka … Unser Land ist christlich geprägt. Wir leben im religiösen Frieden. Und die Grundlage dafür ist der unbedingte Vorrang des Rechts über alle religiösen Regeln im staatlichen und gesellschaftlichen Zusammenleben … Wir verknüpfen Vorstellungen von Ehre nicht mit Gewalt … Wir sind aufgeklärte Patrioten. Ein aufgeklärter Patriot liebt sein Land und hasst nicht andere … Unsere Nationalfahne[2] und unsere Nationalhymne sind selbstverständlicher Teil unseres Patriotismus … Die heimatliche Verwurzelung, die Marktplätze unserer Städte … Die Verbun-

---

[1] www.bmi.bund.de - namensartikel-bild
[2] www.youtube.com – Merkel wirft BRD-Fahne weg!

denheit mit Orten, Gerüchen und Traditionen … Lands-
mannschaftliche Mentalitäten, die am Klang der Sprache jeder
erkennt, gehören zu uns und prägen unser Land."

Die AfD wird staunen über so viel Geschöpftes aus ihrem Topf.
Staunen reicht aber nicht, denn dieser Inhalt ist jetzt futsch! So
wie Atomkraft und Energie urplötzlich futsch von den Grünen
und Mindestlohn, Rentenerhöhung, Bildungspolitik futsch von
der SPD sind. Frau Merkel sammelt seit Jahren fleißig Inhalte,
die sie aus so manchem Parteiprogramm kriegen kann in der
Hoffnung, dass an den Inhalten auch der eine oder andere
Wähler hängt.

Nach Merkel jetzt das „Wir-Spiel", Teil 2

Ob auch das zur Leitkultur gehört, was de Maizières Indok-
trinations- und Wunschliste entstammt, kann gerne diskutiert
werden. Vor seine 10 Thesen schiebt de Maizière erst einmal
seine „Wir-Sicht".

„Wir sind ein demokratischer Rechtsstaat … Wer ist ‚Wir'?
Wer gehört dazu? Wir – das sind zunächst einmal die
Bürgerinnen und Bürger unseres Landes. [erinnern wir uns an
Merkels Zitat: „Wir schaffen das."] Wenn ich von ‚wir' spre-
che, dann meine ich zuerst und zunächst die Staatsbürgerinnen
und Staatsbürger unseres Landes." So de Maizières Einleitung
in seine 10 Thesen, die er im Luther-Jahr 2017 hoffentlich an
keine Kirchentür schlägt.
Folgerichtig beginnen nun alle Thesen zur Leitkultur mit dem
Wort „Wir".

Und da ich damit persönlich angesprochen bin, erlaube ich mir,
auf einiges zu antworten.

– de Maizière: „Wir stören uns daran, dass da einiges ins
Rutschen geraten ist."
– Nein, ich störe mich nicht daran, dass da endlich etwas ins
Rutschen geraten ist. Das musste passieren, nachdem die Politik
die Rutschbahn gebaut hat.
– de Maizière: „Wir sind aufgeklärte Patrioten. Ja, wir hatten
Probleme mit unserem Patriotismus. Mal wurde er zum
Nationalismus, mal trauten sich viele nicht, sich zu Deutschland

zu bekennen. All das ist vorbei, vor allem in der jüngeren Generation.“

– Wenn die Politik den Patriotismus für „rechts“ hält, bin ich Nazi, wenn sie mir den Titel „aufgeklärter Patriot“ verleiht, darf ich mich zu Deutschland bekennen. Danke, nein! Ich lasse mich weder von dem Dilettantismus Ihrer Kanzlerin für ihr „Wir“ instrumentalisieren noch für Ihren „aufgeklärten Pariotismus“, Herr de Maizière.

– de Maizière: „Wir sind Teil des Westens. Kulturell, geistig und politisch. Die NATO schützt unsere Freiheit. Sie verbindet uns mit den USA, unserem wichtigsten außereuropäischen Freund und Partner.“

– Wenn das so ist, warum dann die Spielchen mit der Türkei? Nein, ich bin nicht Teil des Westens. Ich bin Teil der Welt, denn wir haben nur eine davon. Und dass die NATO heute unsere Freiheit schützt, ist nach den NATO-Ereignissen der letzten Jahre wohl Ihr Wunschdenken, nicht aber mehr meine Überzeugung. Und Ihr Verbundenheitsgefühl mit dem wichtigsten außereuropäischen Freund USA muss als Abhängigkeit bezeichnet werden.

– de Maizière: „Deutsche Interessen sind oft am besten durch Europa zu vertreten und zu verwirklichen.“

– Dazu bitte den letzten Armutsbericht lesen, die Null-Zinspolitik für den Bürger bewerten, die Altersarmut einbeziehen, die Infrastruktur der BRD anschauen, Energie-, Gesundheits- und Bildungspolitik aus Sicht des Bürgers beurteilen usw. usw.

– de Maizière: „Wer sich seiner Leitkultur sicher ist, ist stark.“

– Ach, auf einmal? Auf Ihr Kommando hin? Bisher galt: „Wer sich seiner Leitkultur sicher ist, ist rechts und sollte den Mund halten.“

– de Maizière: „In unserem Umgang mit diesen Menschen sollte uns eine Unterscheidung leiten: Die Unterscheidung zwischen dem Unverhandelbaren und dem Aushaltbaren. Das Unverhandelbare werden wir nicht aufgeben, wir müssen auf deren Einhalten bestehen.“

– Bisher habe ich beruflich und privat nur Bekanntschaft mit dem Aushaltbaren gemacht. Und das, was ich in Verbindung mit dem Despoten Erdogan und seinen Demokraten in Deutschland sehe, gehört ebenfalls dazu. Was war denn bisher für Ihre Kanzlerin das Unverhandelbare?

Die Frage, wie es sich mit der Leitkultur in Schulen verhielt und teilweise noch verhält, dem dort Aushaltbaren und Unverhandelbaren, ist in meinen Büchern bereits 2003[1] und 2005[2] nachzulesen.

Herr de Maizière

Ein kluger und wunderbarer Versuch, sich so vor Ihre aus wahltaktischen Gründen in der Versenkung verschwundene Kanzlerin zu stellen und Ihre Partei zum Erfolg zu führen. Auch ein großartiger Köder für die im Tiefschlaf sich befindenden und hilflosen Bürger, die schon lange auf der Suche nach einer zu wählenden Partei sind und vor lauter Not mit der AfD liebäugelten. Mein Schlusszitat in „Wir-Format" lautet: „Wir wollen andere Köpfe, neue Ideen, ein direktes Mitspracherecht bei allen wichtigen politischen Entscheidungen und authentische Politiker, die vor der Wahl[3] nur das predigen, was sie auch nach der Wahl umsetzen. Das garantiert Frau Merkel nicht."

Aber was rede ich da?

NRW hat gewählt und abgewählt

16. Mai 2017

Die Demokratie in NRW hat mal wieder ihren Höhepunkt erreicht. Der Wähler hatte ein Kreuz mit seinem Kreuz und der

---

[1] B.Erdmann „Deutschlands kaputte Kinder" - Aufschrei einer Lehrerin und Mutter ISBN 3-8330-1013-4
[2] B.Erdmann „Kinder wieder ganz machen" - Bauanleitung für ein Deutschland mit Kindern ISBN 3-8334-2774-4
[3] www.youtube.com – Angela Merkel: „Man kann sich nicht darauf verlassen, daß das, was vor den Wahlen …"

Machtapparat in NRW beginnt mit seinen internen Verteilungsspielchen. Auf ein Neues!

Wer die Wahl hat, sollte seine Stimme erheben statt seine Stimme abzugeben.

Das gilt aber kaum für die so demokratischen Bürger der Republik. Sie haben ihr Kreuzchen gemacht, ihre Stimme abgegeben und lehnen sich jetzt entweder selbstzufrieden zurück oder beginnen schon heute wieder mit ihrem Zornesgesang.

Dabei war diese Wahl fast einmal voraussehbar, nachdem auch dem letzten Nordrheinwestfalen das Licht aufgegangen war, dass dieses Land verdient hat, aus der Asche, die das Ende der Kohle hinterlassen hat, wieder aufzuerstehen. Und das mit Macht, Geld, Einsatz und Ideenreichtum. Stattdessen hieß man in der Hochburg des Integrationsdesasters Ruhrgebiet freiwillig noch mehr Flüchtlinge willkommen als alle anderen Bundesländer. Ob Schulen, Brücken, Straßen, ob No-go-Areas, Einbruchbanden oder aggressive Clans ohne Respekt vor Polizei und Justiz, ob fehlende öffentliche Verkehrsanbindungen und Staurouten … was wurde unter Hannelore Kraft erledigt? Das Gestrampel in der Schulpolitik mit den Problemen von Inklusion und Integration, G8/G9, Unterrichtsausfall und fehlender Doppelbesetzung in Klassen mit Inklusion sind nur einige Gründe für das Versagen und das Ende rot-grüner Bildungspolitik.

Bildung ist ein zentrales Thema

Die Abwahl der rot-grünen Landesregierung ist aus obigen Gesichtspunkten klug und verständlich – doch die Hoffnung, dass die CDU-Bildungspolitik das Dilemma beseitigen kann und wird, könnte trügerisch sein. Ein Blick nach Baden-Württemberg, wo eine grün-schwarze Regierung am Ruder sitzt, beweist nichts Gutes. Dort wurde der neue Bildungsplan im April 2016 von der neuen Regierung veröffentlicht als Rücknahme eines kurz vorher noch von der SPD als letzte

Amtshandlung[1] in Kraft gesetzten Plans. Dieser hatte wegen seiner enormen Gender-Lastigkeit Tausende auf die Straße gebracht, die gegen eine Frühsexualisierung ihrer Kinder[2] protestierten.

Auch in Hessen[3] tanzt der Gender-Bär in allen Schulen. Den neuen Lehrplan können sich die Grünen als Erfolg auf die Fahnen schreiben, auch wenn ihn ein Christdemokrat durchgedrückt hat. Denn in deren Wahlprogramm hatte es bereits geheißen, dass in hessischen Lehrplänen „die angemessene Darstellung von sexueller Orientierung und queeren Lebensweisen" gesichert werden müsse.

CDU genehmigte Gender-Bildungsplan in Hessen und Baden-Württemberg

Zitat aus dem Bildungsplan: „Indem Schülerinnen und Schüler sich mit anderen Identitäten befassen, sich in diese hineinversetzen und sich mit diesen auseinandersetzen, schärfen sie ihr Bewusstsein für ihre eigene Identität." Der Kritiker Mathias von Gersdorff[4] stellt zu recht fest, dass daraus nichts anderes spricht als das Programm des Praxisbuches „Sexualpädagogik der Vielfalt: Praxismethoden zu Identitäten, Beziehungen, Körper und Prävention für Schule und Jugendarbeit" von Elisabeth Tuider. Die Schüler sollen Charade spielen und sich vorstellen, sie seien transsexuell, bisexuell oder was auch immer. So kam zustande, dass Schüler eines Gymnasiums in der Kleidung des anderen Geschlechts erschienen,[5] also die Jungen die Strumpfhose und das Kleid ihrer Schwester anzogen und die Mädchen sich Schnurrbärte anklebten.

Es gilt also, die Augen auch in NRW offen zu halten. Da, wo „C" draufsteht, muss nicht auch „C" drin sein!

---

[1] www.welt.de - Im-Suedwesten-kocht-die-Wut-auf-Gender-Ideologie

[2] www.youtube.com – Demo in Frankfurt a.M.: Kein Frühsexualisierungszwang für unsere Kinder 21.06.2014

[3] www.welt.de - In-Hessen-stehen-nun-Genderidentitaeten-im-Lehrplan

[4] www.freiewelt.net - gender-im-bildungsplan-baden-wuerttemberg-keine-entwarnung

[5] www.youtube.com – Das Gender-Toleranz-Experiment

Der tödliche Feind

20. Mai 2017

Es gab Zeiten, da kam man aus dem Krankenhaus nach einer Operation und einer guten Betreuung durch das Pflegepersonal gestärkt und gesünder nach Hause. Die Zeiten sind vorbei. Heute schon ist dank der Untätigkeit der Verantwortlichen und der Profitgier der Pharmaindustrie jeder Gang ins Krankenhaus mit einem lebensgefährlichen Risiko verbunden. Das trägt den Namen „Multiresistente Keime".

Pharmaindustrie sorgt für nächste Epidemie

Eine Story im 1. Programm der ARD[1] zu später Stunde am 8. Mai 2017, in die ich zufällig geriet, erweckte meine Aufmerksamkeit und verhinderte in dieser Nacht meinen regulären Schlaf.

Thema der Story: Der multiresistente Keim, der nicht nur Deutschland in Atem hält. Eine kleine Wunde kann reichen, um sich mit einem multiresistenten Keim zu infizieren. Angerissen wurden einige Patientenschicksale, bei denen in einem Fall durch eine Wunde am Fuß letztlich das Bein bis zum Knie amputiert werden musste. Ein junger Mann war von einer Reise zurückgekommen und hatte sich einen solchen Keim eingefangen. Nach drei Wochen auf der Intensivstation war er tot.

Es sind inzwischen Millionen Tote zu beklagen. Die Presse prognostiziert, dass es schon bald mehr Tote durch Keime geben wird als durch Krebs. 2014 veröffentlichte ein von der britischen Regierung beauftragtes Gremium seinen Bericht „Review on Antimicrobial Resistance".[2] Die Kommission sagte voraus, dass ab 2050 weltweit jedes Jahr rund zehn Millionen Menschen an resistenten Erregern sterben können.

Der Tagesspiegel[3] hielt die Prognose der Kommission für unseriös, was er ebenfalls 2014 in einem Artikel begründete.

---

[1] www.youtube.com – Der unsichtbare Feind – Tödliche Supererreger aus Pharmafabriken – Die Story im Ersten

[2] www.tagesspiegel.de - antibiotikaresistenzen-die-maer-von-den-zehn-millionen-toten

[3] www.tagesspiegel.de – Die Mär von den zehn Millionen Toten

Dr. Lübbert, Leipzig

Spätestens jetzt gibt es nichts mehr herunterzuspielen. Im Gegenteil, es ist bitter ernst. Der Infektionsmediziner Christoph Lübbert, Leipzig, stellte fest, dass viele touristische Heimkehrer aus Indien[1] mit gefährlichen, zum Teil resistenten Darmkeimen befallen sind und er begann, sich mit diesem Phänomen zu beschäftigen. Er stellte sich die Frage: Woher kommen die Keime und gibt es einen Zusammenhang mit der Tatsache, dass in Indien die meisten Antibiotika hergestellt werden, die auch die Menschen in Deutschland einnehmen?

Alle Wasserproben kontaminiert

Die Situation in Indien ist alarmierend. Es sterben jährlich sechzigtausend Babys in Indien[2] an Keimen. Die Risiken der Kontamination sind dort viel höher als woanders. Dabei werden dort in Indien die meisten Antibiotika hergestellt. Alle deutschen Pharmafirmen kaufen ihre Antibiotika in Hyderabad/Indien. Dorthin richtete sich die Aufmerksamkeit des Lübbert-Teams, das sich, ausgerüstet mit Hunderten von Proberöhrchen, auf den anderen Kontinent begab, um dort mit der Forschung zu beginnen. Sie entnahmen Wasserproben überall in der Stadt, in dem Industriegebiet, im Fluss und im Umfeld der Pharmafabriken.[3] Es stank selbst am Fluss, der früher Trinkwasser führte, nach Fäulnis, Kot und Chemie. Die Vermutung und Befürchtung war, dass die Abwässer der Pharmafirmen in den Fluss geleitet werden. Das wäre dann eine Brut- und Verteilungsstätte der multiresistenten Keime.
Ein Besuch im Krankenhaus von Hyderabad bestätigt eine hohe Anzahl Patienten mit resistenten Keimen und der verantwortliche Arzt bestätigt die Befürchtungen der deutschen Gäste: Er glaubt an einen Zusammenhang mit den Pharma-Fabriken

---

[1] www.youtube.com – Der unsichtbare Feind – Tödliche Supererreger …
[2] www.tagesspiegel.de – Multiresistente Bakterien töten zehntausende Babys
[3] www.youtube.com – (Video nicht mehr verfügbar /Zensur!) – stattdessen:
www.youtube.com – Lebensbedrohliche Infektion – ganzer Film

und befürchtet eine in einigen Jahren weltweite Epidemie, die über den Wasserkreislauf, Touristen, auch Zugvögel zu den Patienten in allen Krankenhäusern gelangt. Die gegen die Keime unwirksamen Antibiotika können der entstehenden Blutvergiftung nichts anhaben und der Arzt muss machtlos und ratlos zusehen, wie ihm seine Patienten unter seinen Händen versterben.

Der Firma MSN widmet das deutsche Lübbert-Team besondere Aufmerksamkeit. Es deutet vieles darauf hin, dass das mit Keimen kontaminierte Wasser von dort stammt. Es werden stets zwei Proben genommen. Eine soll in Deutschland auf Antibiotika hin untersucht werden, die zweite auf Keime.
Fragt man sich, warum eine derartige Hygiene- und Umweltschlamperei möglich ist, so erfährt man, dass die Zertifizierung für die Firma zur Antibiotikaherstellung mit dem fehlenden Recht für Kontrolleure verknüpft wurde, außerhalb der Firmengebäude kontrollieren zu dürfen. So schickt die EU, selbst Hamburg, zwar Kontrolleure dorthin, die sich allerdings mit der Innenbesichtigung der Pharmafirmen im Keim-Zentrum Indiens zufriedengeben.

Die Untersuchungen der Lübbert-Proben in Deutschland haben stattgefunden und wie erwartet, enthielten alle Proben resistente Keime. In allen Proben fand man hohe Konzentrationen von Antibiotika. Im Abwasser der Pharmafirma MSN sogar eine 5.000 mal höhere Konzentration.

Joakkim Larsson von der Uni Göteborg warnt schon lange vor der Verlagerung von Pharmaproduktion nach Asien und Indien. In Deutschland hat inzwischen das letzte Werk aus Kostengründen seine Produktion eingestellt und seine Pforten geschlossen. Ausgelagert wurde nach China, wo ebenfalls Umweltskandale an der Tagesordnung sind. Auch dort entsorgt „Pharma" die Abwässer illegal.

Die tickende Zeitbombe

Was interessiert den Pharmariesen schon, was er in der Welt anstellt, wenn doch die Kasse stimmt? Ob Contergan und Duogynon mit der Folge missgebildeter Babys, ob der

Cholesterinsenker Lipobay oder das Antidepressivum Zoloft – allein Schering und Bayer haben da beim Sterben kräftig mitgeholfen. „Wer rücksichtslos mit dem Auto fährt und dadurch den Tod eines Menschen am Zebrastreifen verursacht, kommt ins Gefängnis. Wer als rücksichtsloser Pharma-Manager wissentlich ein schädigendes Medikament auf den Markt bringt und damit den Tod Tausender Menschen in Kauf nimmt, bekommt einen Bonus in Millionenhöhe und wird von der Politik hofiert: ‚Wenn es um kriminelle Strukturen[1] geht, stehen Pharmakonzerne der Mafia um nichts nach‘, erklärt der profilierte Pharmakritiker Peter C. Gøtzsche"

Reduzierung der Menschheit ohne Verantwortliche

Kriege, Waffen und Bomben tragen Namen der Hersteller, der Befehlsgeber und des Landes. So sind die Verantwortlichen auszumachen. Bei der Billigung der Tötung von Teilen der Bevölkerung durch die Verlagerung von Pharmaherstellern nach Indien und China ohne die kontrollierte Sicherheit einer Innen- und Außenhygiene sind keine Verantwortlichen auszumachen – und es gibt auch keine, denn: Wo kein Richter, da kein Täter.

Die Täter-Firma MSM, bei der Pharma-Messe „Pharmaweek India" angesprochen, bestreitet ihre Verantwortlichkeit. Es sei alles sauber.
Von den Fabriken gehe das Wasser ins Klärwerk, behaupten die dortigen Funktionäre. Sie warnen sogar die deutschen Probenentnehmer vor der Verleumdung ihrer Firmen.

Fazit: Verantwortliche für die Gefahr einer weltweiten Epidemie gibt es nicht. Bei der Suche nach kompetenten Gesprächspartnern war niemand zu einem Interview bereit. Die Pharmaindustrie bleibt tatenlos und schiebt das Problem weiter. Der Preis ist hoch, die Politik muss sich darum kümmern, sagt die Pharmaindustrie. Der deutsche Gesundheitsminister, auf diesen Missstand hin angesprochen, schiebt seine Verantwortung weiter ins Umweltministerium und bleibt deshalb bis heute bei dem hier geschilderten Problem untätig. Sein kleiner

---

[1] www.zeitschriften.com – Die organisierte Kriminalität der Pharmaindustrie

„10 Punkte Kuschelplan" aus dem Jahr 2015 erwähnt nicht einmal den „Bioreaktor unter freiem Himmel", wie der Infektionsforscher Christoph Lübbert die Kloake in Hyderabad bezeichnet.

Jeder Mensch hat wahrscheinlich schon das eine oder andere Mal Antibiotika schlucken müssen ohne zu wissen, wo sie seit Jahren und Jahrzehnten hergestellt werden und vor allem unter welchen schrecklichen Bedingungen.

Ein gründlicher Blick auf das deutsche Gesundheitssystem lässt zornig werden. Krankenhäuser werden geschlossen, Pflegepersonal bis zur physischen und psychischen Grenze bei einem lächerlichen Verdienst ausgenutzt, Notfallambulanzen mit Bagatellfällen überlastet, Patienten mit multiresistenten Keimen infiziert, das Outsourcing (Ausgliedern) von Putz- und Küchendiensten zwecks Kostenersparnis mit seinen Hygienerisiken usw. usw.

Du, Bürger, wirst alt!
Du, Bürger, wirst krank!
Du, Bürger, kommst ins Krankenhaus!
Du, Bürger, wirst der Gefahr ausgesetzt,
Dich mit multiresistenten Keimen zu infizieren!
Und Du, Bürger, im tiefsten Dornröschenschlaf?!

Polens Baby-Liebesgarten Tuli Luli

24. Mai 2017

Tuli Luli heißt Schmusewiege

Polen ist immer für eine Überraschung gut, obwohl es politisch mal wieder die ultra-konservativen Schuhe trägt. Aber ganz gleich, wer regiert: Die Familie ist den Polen bis heute heilig, was sich natürlich auch aus dem das Land prägenden Katholizismus ergibt.

Dieses Land gebar nun eine wunderbare Idee, die den Babys zugutekommt, die einen schwierigen Start ins Leben haben,

weil ihre Eltern sie nicht halten konnten oder wollten und zur Adoption freigegeben haben. Aufgrund einer Stiftung kam eine Initiative zustande, die sich den allein gelassenen Babys widmet und unter dem Namen Tuli Luli[1] das sehr kinderfreundliche, aber auch antibabypillenfeindliche Polen zu Ehren kommen lässt. Tuli Luli heißt übersetzt Schmusewiege und ist die beste Erfindung für mutter- und/oder vaterlose Babys.

Statt einer sonst üblichen Betreuungseinrichtung mit dem eher traurigen Namen „Kinderheim" kamen vor einem Jahr Menschen zu der Überzeugung, dass eine ausgegliederte Betreuungseinrichtung für die Allerjüngsten einen besseren Start ins Leben bietet als das bisher Praktizierte. Und so beteiligten sich Land und Stadt an den Kosten für das Betreuungspersonal in der Stadt Lodz, während genügend Finanz- und Sachspenden für die Ausstattung sorgten. Inzwischen ist aus der Idee eine gut organisierte Einrichtung geworden, in der es den Babys an nichts fehlt und bei der Transparenz über Nöte und Kosten großgeschrieben wird. Viele Menschen waren derart angetan von der Idee, dass sie sich die Zeit nahmen, als Liebkoser und Streichler der Babys Stunden ihrer Freizeit zu opfern, denn ohne Kontrolle ihrer Person und einer Einführung in ihre neue schöne Tätigkeit durfte mit dem Streicheln nicht begonnen werden. Ein Jahr lang genießen nun die Babys das Tuli Luli und warten so freudvoll auf ihre Adoptiveltern, die das Streicheln dann fortsetzen.

Jolanta Kaluszna ist die Leiterin des Tuli Luli-Babygartens in Lodz und weiß den Unterschied zwischen Heim und ihrem „Baby-Streichel-Zoo" zu benennen. Über Facebook erfuhren viele Frauen von dieser Einrichtung und sind seitdem dort streichelnd tätig.

---

[1] www.ndr.de – Polen: Streicheleinheiten für verlassene Babys

Polen tickt gerade ganz anders

Das Kind in den Mittelpunkt von Gesellschaft und Politik zu rücken, lag den Polen immer schon mehr am Herzen als den Deutschen. Auch Senioren genießen dort einen etwas anderen Status. Öffentliche Verkehrsmittel, Taxifahrten, auch Eintrittskarten für kulturelle Veranstaltungen sind verbilligt zu haben. Die Wertschätzung ist dabei das Eine, die finanzielle Absicherung das Andere. Da lag auch in Polen lange letzteres im Argen.

Seit einem Jahr wird Polen nun von der nationalkonservativen PiS regiert. Das Parteiprogramm sah nun andere Inhalte vor, die zum Teil schon umgesetzt sind:
a) Die Schaffung eines großzügigen Kindergeldes,
b) die Mindestlohnerhöhung von rund acht Prozent
c) die teilweise Einführung kostenloser Medikamente für Senioren.

So wunderbar der Bürger diese Sozial- und Familienpolitik auch finden und annehmen mag, hat diese „Goldmedaille" für das polnische Volk leider auch eine zweite nicht so glänzende Seite. Das Land steht nämlich wegen seiner Eingriffe in demokratische Strukturen und der Ablehnung, Flüchtlinge islamischen Glaubens aufzunehmen, bei der EU und auch speziell bei der deutschen Kanzlerin in der Kritik. Unter der Federführung Kaczynskis, der die Fäden im Hintergrund zieht, fand in Polen zum wiederholten Mal eine Gleichschaltung der öffentlich-rechtlichen Medien statt mit einer faktischen Lahmlegung des Verfassungsgerichts. Auch im Bildungsbereich finden Umbauten statt, die nicht mehr nach Realitäten polnischer Geschichte fragen, sondern nach der Wunschgeschichte, geschrieben von der Regierungspartei PiS (Recht und Gerechtigkeit).

Aber zurück zur polnischen Familie. Diese darf sich freuen, wahrgenommen und fürs Kinderbekommen und Kindererziehen belohnt zu werden.
Und wir Deutschen, die wir gerne unsere moralische Nase hoch in den Wind halten, sollten einmal bereit sein, gute Dinge von anderen zu lernen und ebenfalls anzuwenden. Ein Lilalu-Baby-

Streichelgarten wäre doch ein netter Liebesbeweis für deutsche Babys mit Mutter- oder Vater-Handicap. Es werden allerdings unsere voll ausgebildeten Feministinnen Sturm laufen gegen die Vermütterlichung der Frau. Da doch besser auf der kinderlosen Genderleiter emporsteigen oder bei den Babys nachfragen, ob sie denn mal ein Junge oder Mädchen werden wollen. Schließlich macht eine Schwalbe (ein „Piepmatz") noch keinen Sommer (Jungen).

Der türkische Komödienstadl

28. Mai 2017

Es wird zur Zeit über die Privatisierung der deutschen Autobahn diskutiert. Vielleicht sollte man dem türkischen Präsidenten Erdogan ein Angebot machen, um seinen Wählern in Deutschland und denen, die es noch werden möchten, einen öffentlichen Feierraum zu schenken.

… mit Aufführungen in Deutschland und USA

In Deutschland werden nicht nur Dramen und Tragödien unter der Regie entsprechender Politiker aufgeführt mit zumeist Bürgern in der Hauptrolle, nein, es gibt auch Komödien, über die nicht selten das Lachen zur Qual wird.

So geschehen vor kurzem, auf des Deutschen Lieblingsbühne, seiner geliebten Autobahn, konkret auf der A2 in Hannover. 13 Autos mit einer türkischen Hochzeitsgesellschaft ließen da am  Sonntagnachmittag die Sau raus, hupten, tanzten, fotografierten, filmten und feierten ausgelassen, ohne sich um den Stau, die gefährlichen Brems-manöver nachfolgender Autofahrer oder gar um die Straßenverkehrsordnung zu scheren. Die Polizisten, die später die Komödianten zur Rede stellten, wurden so aggressiv angegangen, dass sie sich zunächst erst einmal zurückzogen und Verstärkung anforderten.[1] Das Ende der Komödie liest sich dann so: „Am Ende schaffte es die Polizei doch noch, die Personalien der Feiermannschaft aufzunehmen. Im Anschluss daran setzte die Hochzeitsgesellschaft ihre Fahrt ungehindert fort."

Die ersten Versuche von Hochzeitsfeiern und -tänzen fanden schon vor Monaten auf deutschen Straßenkreuzungen statt, wie eine Zeugin aus Alsdorf[2] auf Facebook berichtete. Dabei reichte den Akteuren die Autohupe nicht – es mussten Schüsse sein, die für genügend Aufmerksamkeit sorgten. Das Ereignis einer 20-minütigen Fahrzeugblockade durch eine türkische Hochzeit mitten in Wiesbaden im September 2016[3] „kabarettierte" eine Zeitung so: „Polizei tauchte erst auf, als die Hochzeitsgesellschaft bereits verschwunden war."

Es fragt sich natürlich jeder, was passieren würde, wenn demnächst jede türkische Hochzeit für Verkehrschaos sorgte. Noch interessanter wäre allerdings die Frage, ob nicht auch die Bürger, die schon länger hier leben (wie Merkel uns Deutsche zu nennen pflegt), in dem Komödienstadel mitwirken sollten. Einen Versuch wäre es doch wert zwecks Erkundung, was mit den Fahrern, die schon länger hier leben und deren PKW, die schon länger hier fahren, innerhalb einer Stunde passieren würde. Ich tippe da auf die Ruck-Zuck-Methode, die in Verbindung mit türkischem Migrationshintergrund bei Polizei und Justiz doch eher mit Zartheit zur Anwendung kommt.

Wie der Herr, so's Gescherr

Aber was regen sich hier Autofahrer über türkische Hochzeitsfeiern auf Autobahnen und Kreuzungen auf? In den USA besuchte der Boss vom Bosporus den amerikanischen Präsidenten. Seine Leibwächter hinterließen dann ihre türkischen Visitenkarten,[4] indem sie auf amerikanische Staats-bürger, die demonstrierten, eindroschen. Da sich Erdogan das Spektakel

---

[1] www.huffingtonpost.de – Bei Hannover: Hochzeitsgesellschaft tanzt mitten auf der …
[2] www.facebook.com – mein alsdorf/videos
[3] www.wiesbadener-kurier.de – Straßenblockade durch türkische Hochzeitsgesellschaft:
[4] www.welt.de – Erdogan beobachtet Prügelei in Washington

ansah, kam der Verdacht auf, er habe das Spektakel nicht nur billigend in Kauf genommen, sondern eventuell sogar angeordnet. Videos zeigen,[1] dass zwei von Erdogans Leibwächtern einem auf dem Boden liegenden verletzten Demonstranten ins Gesicht traten. Der Mann wurde schwer verletzt.

Neun Menschen wurden bei der Auseinandersetzung verletzt. Schon im vergangenen Jahr waren Erdogans Leibwächter in Washington gewaltsam gegen Demonstranten vorgegangen und boten jetzt lediglich die Fortsetzung der Serie: „Erdogan erklärt der Welt den Islam."

Die Wahlprogramme von SPD und CDU 2017

04. Juni 2017

Das Wahlprogramm 2017 der CDU ist kurz gefasst und lautet „Angela Merkel macht weiter so". Wünschenswert wäre noch die Präambel: „Die CDU verwirklicht in ihrer kommenden Amtszeit die nicht erledigten Wahlversprechen der letzten 12 Jahre." Eine weitere Betrachtung neuer Wahlversprechen scheint daher überflüssig.

... nein, danke!

Nach einer terminlichen Panne stellte die SPD nun mit Ausnahme der Bereiche Finanzen/Steuern/Rente am 22. Mai ihr

---

[1] www.youtube.com – Brutaler Angriff: Amerikaner empört über Erdogans Leibwächter

Wahlprogramm vor. Das allerdings offenbarte gleich die nächste Panne und man muss sich schon fragen, welche Könner da am Werk sind. Wie sich bei der Wahl in NRW ein Wahlplakat der SPD mit einem fatalen Fehler („seid" statt „seit") der Öffentlichkeit präsentierte, prangt auf dem Deckblatt

Wahlplakat NRW 2017

des 71-seitigen Werks des SPD-Wahlprogramms anstelle des Schulz-Slogans „Zeit für mehr Gerechtigkeit" der Wort- und Inhaltsverdreher „Mehr Zeit für Gerechtigkeit".

ZUM WAHLPROGRAMM 2017 DER SPD:

Es ist Zeit für mehr Familie, beste Schulen und gute Pflege

- Ein friedliches Zusammenleben funktioniert nur mit der Anerkennung von Werten und Regeln, die für alle gleichermaßen gelten. Das trifft für Deutschland ebenso zu wie für Europa. (Kommentar[1] dazu)
- Das Recht von Kindern und Jugendlichen, ohne sexualisierte Gewalt aufzuwachsen, ist ein elementares Kinderrecht. Der Schutz von Kindern und Jugendlichen vor sexualisierter Gewalt muss ausgeweitet und weiter verstärkt werden.
- Wir wollen das Wahlalter bei Bundestagswahlen auf 16 Jahre absenken. (Kommentar[2] dazu)
- Egal wo gelernt wird: Schulen müssen strahlen – die Gebäude, aber auch ihre Ausstattung. Und wir brauchen die besten Lehrerinnen und Lehrer. (Kommentar[3] dazu)

Es ist Zeit für moderne Ausbildung und sichere Arbeit

- Unsere Bildungspolitik schafft gleiche Chancen für alle. Denn noch entscheidet hier zu oft der Geldbeutel der Eltern. Deshalb machen wir die Bildung gebührenfrei. Und zwar von der Kita über die Ausbildung und das

---

[1] www.compact-online.de – Özoguz (SPD): Es gibt keine deutsche Kultur – also auch keine Leitkultur
[2] www.cicero.de – Mehrheit der Deutschen gegen Wahlrecht ab 16
[3] www.gew.de – Marode Schulen sind eine Schande

Erststudium bis zum Master und zur Meisterprüfung. (Kommentar[1] dazu)
- Wir sorgen für sichere Arbeit. Und für Vollbeschäftigung in Deutschland. (Kommentar[2] dazu)
- Wir setzen uns für einen Frauenanteil von mindestens 40 Prozent in Führungspositionen in der Wissenschaft ein. Wir wollen, dass Frauen und Männer im Berufsleben gleichgestellt sind und die Lohnungleichheit zwischen Frauen und Männern beendet wird. Führungsgremien sollen jeweils zu 50 Prozent mit Frauen und Männern besetzt sein. (Kommentar[3] dazu)
- Menschen, die in Gesundheits-, Erziehungs-, Sozial- und Bildungsberufen arbeiten, verdienen mehr Anerkennung. *(Warum nicht schon längst?)*
- Wir streben einen inklusiven Arbeitsmarkt an, der allen Menschen eine Beschäftigung entsprechend ihren Fähigkeiten ermöglicht und ihnen die dafür notwendige Unterstützung bietet. Alle Menschen sollen auf dem allgemeinen Arbeitsmarkt faire Perspektiven haben. *(Altbundeskanzler Helmut Schmidt: „Wer Visionen hat, sollte zum Arzt gehen.")*

Es ist Zeit für eine starke Wirtschaft und Innovation

Die Realwirtschaft, die Bürgerinnen und Bürger und auch der Staat brauchen ein Finanz- und Bankensystem, das sicher und verlässlich ist. Wir wollen international die treibende Kraft bei der Kontrolle und Aufsicht der Finanzmärkte werden. Kein Finanzmarkt, kein Finanzprodukt und kein Finanzakteur darf zukünftig ohne Regulierung und ohne Kontrolle sein. *(SPD für Finanztransaktionssteuer)*

- Wir wollen in Deutschland modernste Elektroautos entwickeln und produzieren. (Kommentar[4] dazu)
- Die soziale Marktwirtschaft, die in Deutschland erfolgreich Arbeitgeber und Gewerkschaften zu Sozialpartnern ge-

---

[1] www.faz.net – Warum Studiengebühren?
[2] www.sueddeutsche.de – Millionen Minijobber werden mit illegalen Minigehältern abgespeist
[3] www.welt.de – perverse Effekte einer gesetzlichen Frauenquote
[4] www.spd.de – Regierung fördert E-Autos

macht hat, ist auch unsere Leitlinie für Europa. (Kommentar[1] dazu)

- Wir haben beschlossen, die LKW-Maut für Fahrzeuge über 7,5 Tonnen auf alle Bundesstraßen auszudehnen. Wir lehnen jedoch eine Mautpflicht für Fahrzeuge unter 7,5 Tonnen ab, weil sie vor allem Handwerksbetriebe belasten würde.
- 2022 wird das letzte deutsche Atomkraftwerk abgeschaltet. Mit dem hinterlassenen Atommüll müssen wir gesamtgesellschaftlich verantwortungsvoll umgehen. Das gilt nicht zuletzt für die Konzerne, die mit Atom-kraftwerken jahrzehntelang viel Geld verdient haben. Die Endlagerung des Atommülls muss nach menschlichen Maßstäben auf ewig sicher sein. (Kommentar[2] dazu)

Es ist Zeit für einen starken Sozialstaat

- Pflegebedürftigkeit soll kein Grund sein, die vertraute Wohnung verlassen zu müssen. (siehe[3] dazu)
- Wir schaffen eine Bürgerversicherung, in die alle einzahlen und durch die alle die notwendigen medizinischen Leistungen bekommen. Eine Zwei-Klassen-Medizin soll es nicht länger geben. Dazu zählen auch Beamtinnen und Beamte, für die in der Bürgerversicherung ein beihilfefähiger Tarif geschaffen wird. (Kommentar[4] dazu)
- Pflege ist keine Privatsache. Diejenigen, die sich um andere kümmern, lassen wir nicht alleine. (*großartig!*)
- Darüber hinaus ist es unser Ziel, Menschen mit chronischen Erkrankungen von Zuzahlungen zu entlasten. Auch in der Pflege soll es die Bürgerversicherung geben. (siehe[5] auch)
- Wir setzen uns für mehr und besser bezahltes Pflegepersonal in Krankenhäusern ein. *(Das ist schon lange überfällig.)*

---

[1] www.faz.net – Ungleichheit und die soziale Marktwirtschaft
[2] www.nuklearia.de – Vortrag „Wohin mit dem Atommüll?"
[3] www.spd-eu.de – lieber zu Hause alt werden, als im Heim gepflegt zu werden
[4] www.faz.net – Bürgerversicherung kostet 100.000 Arbeitsplätze
[5] www.berliner-zeitung.de – Bürgerversicherung 4.0 SPD will private Krankenversicherung beibehalten

- Wir werden ein Sofortprogramm für mehr Personal in der Altenpflege umsetzen, um kurzfristig Entlastung für die Beschäftigten zu schaffen. *(Warum erst nach der Wahl?)*

Es ist Zeit für gerechte Steuern und Abgaben

- Zu Renten und Steuern noch keine Aussagen vorhanden.

Es ist Zeit für ein gutes Leben – in der Stadt und auf dem Land

- Wir schaffen „Breitband für alle", auch um die digitale Spaltung zwischen städtischen Ballungszentren und ländlichen Räumen zu überwinden. *(begrüßenswert)*
- Wir werden die Mietpreisbremse verbessern. Wir werden die zulässige Mieterhöhung nach einer Modernisierung begrenzen. (Kommentar[1] dazu)
- Wir brauchen außerdem mehr Pflanzen in der Stadt in Wohngebieten, in den Parks und auf den Dächern. *(Eine Studienreise in die polnischen Großstädte ist empfehlenswert.)*

Es ist Zeit für eine gesunde und saubere Zukunft

- In Deutschland wollen wir bis 2020 den Ausstoß von CO_2 im Vergleich zu 1990 um mindestens 40 Prozent senken, bis 2050 um 80 bis 95 Prozent. Das bedeutet, vollständig von fossilen Energien auf erneuerbare Energien umzusteigen. (Kommentar[2] dazu)
- Wir reduzieren die Verschmutzung von Nord- und Ostsee mit Plastik, Fischereimüll und Nährstoffeinträgen sowie durch Lärm. (siehe[3] auch)
- Wir unterstützen Betriebe, die eine artgerechte Tierhaltung betreiben und wollen eine Kennzeichnung von Lebensmitteln aus artgerechter Haltung. Dafür werden wir ein staatliches Tierschutzlabel auf Grundlage der Kriterien des Deutschen Tierschutzbundes einführen. *(wäre hilfreich)*

---

[1] www.ndr.de – Die Mietpreisbremse ist ein Fake!
[2] www.taz.de – Klimakiller Deutschland
[3] www.augsburger-allgemeine.de – Plastikmüll im Meer: „Eines der größten Probleme"

- Die Landwirtschaft erhält mehr als jeder andere Wirtschaftsbereich Unterstützung aus Steuermitteln. Wir wollen, dass der Grundsatz „öffentliches Geld nur für öffentliche Aufgaben" gilt. Wir lehnen eine landwirtschaftliche Produktion ab, die sich lediglich am Export auf den Weltmarkt ausrichtet. (Kommentar[1] dazu)
- Gentechnisch veränderte Organismen lehnen wir ab. (siehe[2] hier)
- Spätestens 2050 müssen wir Energie nahezu vollständig treibhausgasneutral erzeugen. (*Träumen erlaubt*)

Es ist Zeit für mehr Sicherheit im Alltag

- Wir wollen 15.000 neuen Stellen bei der Polizei in Bund und Ländern schaffen. (und dann das?[3])
- Eine Militarisierung der öffentlichen Sicherheit lehnen wir ab. Mit uns wird es über das bereits zulässige Maß hinaus keinen Einsatz der Bundeswehr als Hilfspolizei im Inland geben.
- Ausländerinnen und Ausländer, die schwere Straftaten begehen, sollen nach Verbüßung ihrer Strafe unverzüglich abgeschoben werden. (*kurz im falschen Parteiprogramm gelandet?*)
- Wir setzen uns dafür ein, dass Straftaten mit rechtsextremem Hintergrund in Zukunft besser erfasst und statistisch ausgewertet werden. (*gut, dass es „Linksextreme" gar nicht gibt!*)

Es ist Zeit für eine geordnete Migrationspolitik

- Wir wollen das breite ehrenamtliche Engagement erhalten. (*verständlich, nachdem es das Merkel-Flüchtlings-Chaos bis zur Erschöpfung beackerte*)
- Wir wollen für alle Menschen Zeit schaffen, damit sie sich auch einbringen können. Es ist wichtig, dass Frauen im Ehrenamt in allen Bereichen und auf allen Ebenen gleichberechtigt vertreten sind. (*Blödsinn: 2/3 der Ehrenamtler sind Frauen*)

---

[1] www.fnp.de – Hendricks will Agrarsubventionen umverteilen
[2] www.ohnegentechnik.org – Genfood – das Verbraucherthema Nummer 1
[3] www.metropolico.org – SPD-Abgeordneter verhöhnt Polizeibeamte

- Wir müssen die Fluchtursachen in den Heimatländern bekämpfen, die Außengrenzen Europas sichern und die Flüchtlinge innerhalb Europas solidarisch verteilen. ... Und wir brauchen ein Einwanderungsgesetz, das transparent und verständlich regelt, wer aus wirtschaftlichen Gründen nach Deutschland einwandern kann und wer nicht. *(Ein Einwanderungsland ohne ein vernünftiges Einwanderungsgesetz ist unverzeihlich)*
- Wir wollen ein flexibles und an der Nachfrage nach Fachkräften orientiertes Punktesystem nach kanadischem Modell einführen. (siehe[1] auch)
- Deutschland ist seit langem ein Einwanderungsland. Das verlangt eine umfassende Integrationspolitik. *(Welch eine Erleuchtung!)*
- Teilhabe heißt auch Beteiligung am politischen, kulturellen und gesellschaftlichen Leben. Auch an politischen Entscheidungsprozessen! Das schließt insbesondere das Recht ein, uneingeschränkt an demokratischen Wahlen teilnehmen zu können. (Kommentar[2] dazu)
- Wir unterstützen die organisatorische Entwicklung von muslimischen Gemeinden und Organisationen, wenn sie sich in Deutschland nach deutschem Recht gründen und wenn sie die freiheitlich-demokratische Grundordnung achten. *(also alles wie gehabt)*
- In unserem Land haben rund 20 Prozent der Menschen einen Migrationshintergrund. Wir wollen, dass sich das auch in der Zusammensetzung des Öffentlichen Dienstes niederschlägt. Wir setzen uns weiterhin für die Akzeptanz von Mehrstaatlichkeit auch bei Einbürgerungen ein. *(fragwürdige Geschenke verteilen – und dafür Stimmen einkassieren)*
- Für in Deutschland geborene Kinder ausländischer Eltern wollen wir den Doppelpass ermöglichen und die Optionspflicht komplett abschaffen. *(Der Doppelpass ist ein Anti-Integrationsinstrument)*

---

[1] www.welt.de – SPD will Einwanderungsgesetz nach kanadischem Vorbild
[2] www.faz.net – Auflösung des Staatsvolkes?

- Menschenrechte werden geachtet und die Genfer Flücht-
lingskonvention eingehalten. (Kommentar[1] dazu)
- Wir machen die repräsentative Demokratie wieder
attraktiver und verteidigen sie mit Leidenschaft gegen
rechte Antidemokratinnen und Antidemokraten. (Kommentar[2] dazu)

Es ist Zeit für eine offene und moderne Gesellschaft

- Für uns ist Familie dort, wo Menschen füreinander
Verantwortung übernehmen – von der klassischen Ehe
zwischen Mann und Frau, über alleinerziehende Mütter
und Väter, Patchworkfamilien, bis zum gleichgeschlechtlichen Paar. (erinnern[3] wir uns)
- Tagtäglich werden wir mit überkommenen Rollenbildern,
mit Sexismus in Sprache, Medien und Werbung konfrontiert. Wir werden dem Sexismus den Kampf ansagen.
Die Gleichheitsrechte in Artikel 3 Abs. 3 Grundgesetz
müssen um die sexuelle Identität erweitert werden. (*Ja toll!
Es lebe die Gender-Gemeinde!*)
- Wir werden die Ehe für gleichgeschlechtliche Paare öffnen
und wollen die Ehe für alle. Das schließt das Adoptionsrecht ausdrücklich mit ein. (Kommentar[4] dazu)
- Das Wohl der Kinder muss immer im Mittelpunkt stehen.
Wir wollen das gemeinsame Erziehen nach Trennung oder
Scheidung im Interesse der Kinder stärken. Deshalb
werden wir das Unterhaltsrecht reformieren.

Es ist Zeit für ein besseres Europa – sozialer und demokratischer

- Wir wollen einen mutigen Aufbruch für ein selbst-
bewusstes Europa. Ein Europa, das die Menschen und ihre
Alltagssorgen in den Blick nimmt. Ein Europa, das massiv
in Ausbildung, Arbeit, wirtschaftliches Wachstum und
Umweltschutz investiert. Ein Europa, in dem große

---

[1] www.freiewelt.net – UN-Menschenrechtskonvention versus Scharia – Wie islamische
Länder sich von der internationalen Wertegemeinschaft entfernt haben
[2] www.freitag.de – Wie werden Meinung und Demokratie gesteuert
[3] www.welt.de – Lufthoheit über Kinderbetten
[4] www.dijg.de – Kultur, Kindeswohl und homosexuelle Fortpflanzung

Konzerne ihre Steuern zahlen. Ein Europa, das den Nationalismus überwindet, solidarisch handelt und den Menschen Sicherheit gibt. (*und was habt ihr in den letzten 35 Jahren gemacht?*)

- Die EU-Erweiterungspolitik bleibt wichtig, um Frieden, Stabilität und Zusammenarbeit zu fördern.
- Die Stärkung der demokratischen Kräfte der Türkei ist in unserem besonderen Interesse. Sollte die Türkei die Todesstrafe einführen, entscheidet sie sich offen gegen die Mitgliedschaft in der Europäischen Union! Dann müssen die Beitrittsverhandlungen beendet werden. Wahlkampf und eine Abstimmung über die Einführung der Todesstrafe in der Türkei wird es auf deutschem Boden nicht geben. (*Diese Erkenntnis haben die Bürger schon längst*)
- Die EU braucht starke Institutionen, allen voran ein starkes Europäisches Parlament und eine handlungsfähige Europäische Kommission. Statt nationaler Egoismen setzen wir auf die Gemeinschaftsmethode. (*wie bei der erfolglosen Flüchtlings-verteilung beispielsweise*)
- Ziel ist eine europäische Verfassung, die sicherstellt, dass wirtschaftliche Integration mit sozialem Fortschritt und mehr Demokratie verbunden wird. (*alle paar Jahre ein Kreuzchen machen*)
- Mit aller Entschiedenheit wenden wir uns gegen verantwortungslose Gedankenspiele über die Schaffung einer europäischen Atomwaffenmacht oder gar eine atomare Bewaffnung Deutschlands. (*und was ist mit den modernisierten USA-Atomraketen in Büchel?*)
- Die Kompetenzen des Europäischen Parlamentes müssen ausgeweitet werden, um das demokratische Defizit der EU zu beseitigen und die neue Wirtschaftsregierung demokratisch kontrollieren zu können. Dazu wollen wir dem Europäischen Parlament die vollständige Mitwirkung an der Wirtschafts- und Währungspolitik, das vollständige Budgetrecht, das Recht zur Wahl der einzelnen Kommissionsmitglieder und das Recht zur Gesetzesinitiative übertragen. (*Dieser Koloss „Europa" wird nie effektiv handeln können – der Beweis liegt vor uns*)

Es ist Zeit für mehr Frieden und Stabilität in der Welt

- Wir brauchen daher starke und handlungsfähige Vereinte Nationen. Dies gilt umso mehr vor dem Hintergrund angekündigter Mittelkürzungen für Entwicklungshilfe und internationale Organisationen durch die neue US-Administration.
- Die USA sind und bleiben der engste Partner Deutschlands außerhalb Europas – dies gilt unabhängig davon, wer in den USA regiert. Die aktuellen Herausforderungen und die Unsicherheit in der Welt sind zu groß, als dass es sich die USA und Europa leisten könnten, nicht gemeinsam zu handeln. Syrien, Irak, Libyen, Ukraine, das Verhältnis zu Russland, der Kampf gegen den internationalen Terrorismus, die Gestaltung der künftigen globalen Wirtschafts- und Handelsordnung sind einige der Herausforderungen, bei denen es auf eine handlungsfähige transatlantische Partnerschaft ankommt. (*Es muss ja schließlich Aufräumer geben für das, was die USA in der Welt so anrichten)*
- Wir sind jedoch davon überzeugt, dass Frieden und Sicherheit in Europa nur mit, nicht ohne oder gar gegen Russland möglich sind. Dafür bedarf es der Deeskalation, der Rückkehr zum politischen Dialog und der intelligenten Anwendung von Sanktionsmechanismen. (Kommentar[1] dazu)
- Die Zukunft Deutschlands und Europas wird das sein, was wir alle gemeinsam aus ihr machen. *(schon wieder WIR?)*
- Was den Friedensprozess zwischen Israel und Palästina betrifft, fordern wir, dass einseitige Schritte, egal von welcher Seite, die einer endgültigen Friedenslösung entgegenstehen – wie der illegale Siedlungsbau – sofort beendet werden. *(ein Standpunkt ohne Lösungsansatz)*
- Die reichen Länder haben eine besondere Verantwortung, um eine sozial-ökologische Transformation voranzubringen – in ihren eigenen Wirtschafts-, Finanz- und Gesellschaftssystemen, in der internationalen Politik und zusam-

---

[1] www.youtube.com – Wir werden auf einen KRIEG gegen RUSSLAND vorbereitet

men mit den Ländern des globalen Südens. Daher setzen wir uns für eine ambitionierte Verwirklichung der Agenda 2030 ein. (*Transformation und die nächste Agenda in Aussicht – was will der Bürger mehr?*)
- Friedensabkommen werden nur dann wirksam und nachhaltig sein, wenn Frauen aktiv beteiligt sind.
  (*Diese Aussage kommentiere ich mit „Kölle Alaaf"*)

Der Retter Europas kommt aus Frankreich und heißt Macron

07. Juni 2017

Frankreich hat gewählt – Europa atmet auf. Emmanuel Macron ist jung, frisch, modern und selbstbewusst und hat sich vorgenommen, Frankreich und Europa zu erneuern. Vielleicht endlich jemand mit klaren Zielen!

Jung, frech, selbstbewusst mit dem Zusatz „linksliberal"

Die Wahlen in Frankreich sind gelaufen. Sie waren spannend wie ein Krimi und Europa atmet auf. Wenn schon in Amerika mit Donald Trumps Wahl alles schiefgelaufen ist, sich Großbritannien gerade den Staub des „schmutzigen" Europas vom Revers streift, hat es jetzt wenigstens Frankreich geschafft, die europäischen Erwartungen zu erfüllen.

Frankreich ist nun an *der* Stelle angekommen, an der sich Merkel nach ihrer Wahl zur Bundeskanzlerin befand: Ihre Euphorie für Europa schien größer als die nationale Verantwortung. Der einzige Unterschied zwischen damals Merkel und heute Macron liegt darin, dass Merkel einen Parteiapparat hinter sich wusste, aus dem niemand mehr die Erlaubnis bekam, eigene Ideen oder Meinungen zu verkünden. Die CDU wurde ab sofort zu einer Monarchie-Partei mit Merkel als Souverän.

Macron hingegen hatte keine Partei hinter sich, an deren Spitze er sich wie damals Merkel nun automatisch stellen könnte. Er hat sich nach seiner Wahl erst seine Mannschaft zusammengesucht, die zum großen Teil aus einer Elite ohne Parteihintergrund besteht und ohne politische Erfahrung an den Start geht. Diesem Umstand, den Macron natürlich in seinem Wahlkampf nutzte, verdankt er seinen Wahlerfolg. Bei vielen seiner Wähler war nämlich die Hoffnung aufgekeimt, dass Macrons Regierungsteam das französische Volk besser repräsentieren würde als es bei seinem Vorgänger Hollande der Fall war. Das hatte Macron schließlich versprochen. „Doch der Präsident hat ein Kabinett nach seinem Ebenbild geschaffen“, schreibt Annika Joeres in Zeit online. Hatte es aber nicht jeder wissen müssen, dass ein ehemaliger Wirtschaftsminister aus der Regierungsmannschaft Hollandes, der gesellschaftlich aus der Elite kommt, keine nationale Politik fürs arbeitende Volk plant, sondern eher die Bühne Europas mit einer neuen Aufführung beglücken will. Zwar gehörte zu seinem Wahlversprechen auch die Modernisierung der Sozialsysteme und des Parlaments, doch dafür hat er ja hochgradig intelligente Wissenschaftler und Wirtschaftsfachleute rekrutiert, die nun beweisen müssen, dass sie das können.

„Sein Kabinett ist[1] – würde man es auf Deutschland übertragen – eine Art schwarz-gelbe Koalition mit einigen sozialdemokratischen Ministern und einem grünen Umweltminister. Neoliberal in der Wirtschaft und gesellschaftlich offen, etwa bei Fragen der Homoehe.“

Merkel, die Einäugige unter den Blinden, hat in Macron ihr perfektes zweites Auge gefunden. Beide werden sie nach dem Brexit als europäisches Traumpaar einen zweiten Anlauf in und für Europa wagen, koste es in ihren Ländern, was es wolle.

---

[1] www.zeit.de – Macrons Elite

Ein erster Wind, der durch die Schulpolitik NRWs weht

12. Juni 2017

Nach der Wahl in NRW gibt es die ersten Bewegungen in der Bildungspolitik. Eine positive davon ist der Stopp zu weiteren Schließungen von Förderschulen. Fragwürdig scheint aber die Forderung nach einem Schulfach „Wirtschaft".

„Wirtschaft" soll hinein in die Schulen

Die erste große Diskussion haben CDU/FDP nach der Landtagswahl angestochen. Es solle doch das Fach „Wirtschaft" als Pflichtfach eingeführt werden, damit die Erziehung zur Demokratie an die Bildung über Kapital und Wirtschaft gekoppelt wird. „Wie soll ein Schüler seine zukünftige Lebenswirklichkeit, das System Marktwirtschaft beurteilen, wenn er diese gar nicht kennt", argumentieren die Befürworter. Richtig argumentiert, wenn das, was der Schüler als seine Lebenswirklichkeit vorfindet, auch tatsächlich eine Marktwirtschaft ist. Nein, ein rein auf die Wirtschaft fokussiertes Fach halte ich für gefährlich und lehne es deshalb ab. Meine Schulwirklichkeit als Pädagogin an Grund- und Hauptschulen war damit vollständig ausgefüllt, den Schülern die Grundtechniken lebensbewältigend beizubringen und ihnen eine gute Grundlage der englischen Sprache zu vermitteln.

Die Erziehung zu Toleranz und Demokratie, wie sie ja schon in den Bildungsplänen verankert ist, bedarf keiner Infiltration auf Systeme hin, erst recht nicht in einem Deutschland, in welchem sich die Lobbyisten aller Couleur an den Türen der Staatlichkeit – und dazu gehören auch Schultüren – die Klinke in die Hand geben. Abhängigkeiten durch Geld- und Sachspenden, Lehrerausbildung, Arbeitsmaterialien und Schulbuchinhalte bieten diesbezüglich gute Einflussschleusen.

Lernziele: Geld, Gier und Korruption?

Wenn Schule auf das Leben vorbereiten soll, was sie ja bis heute nicht leistet, vermittelt die neue, irgendwann vielleicht einmal gelingende Schule ihren Schülern Kenntnisse und

Kompetenzen zur eigenen Lebensbewältigung, wozu auch die Persönlichkeitsentwicklung durch die Förderung von emotionaler Bildung, Reife und Intelligenz gehört. Was derartige Lernziele allerdings mit Wirtschaft zu tun haben, beweisen uns Wirtschaftsbosse fast täglich. Laut einer Spiegel-Umfrage haben Deutschlands Wirtschafts-, Banken- und Firmenmanager bei den Bürgern einen katastrophalen Ruf. Mehr als ein Drittel der Befragten hält die meisten deutschen Führungskräfte für korrupt. So schlecht denkt sonst kein anderes EU-Land über seine Wirtschaftselite.

Im Jahr 2014 verzeichnete das Bundeskriminalamt (BKA) fast 20.300 Korruptionsstraftaten.[1] Dabei wurden laut dem Bundeslagebild Korruption die sogenannten Nehmer im Wert von 140.000.000 Euro geschmiert, fast immer mit Bargeld. Der ehemalige Staatsanwalt Wolfgang Schaupensteiner ist heute spezialisiert auf Korruptionsprävention, er ist sich sicher: „Es gibt wohl kaum eine Branche, die frei ist von Korruption. Das gibt es überall, in der Privatwirtschaft genauso wie bei der öffentlichen Hand. Die Bestechungssysteme funktionieren ungestört über Jahrzehnte."

Bildungsrevolution statt Wundpflaster

Wer das Fach „Wirtschaft" zum Pflichtfach in Schulen macht, transportiert auch gleichzeitig die auffälligste damit verbundene Emotion ins Klassenzimmer – die (Macht)Gier. Nein, es braucht kein Pflichtfach „Wirtschaft" in deutschen Schulen! Es braucht eine Bildungsrevolution in Deutschland ohne das Klein-Klein jedes einzelnen Bundeslandes. Im Rahmen einer Untersuchung vor 15 Jahren zum Thema „Wege zur gelingenden Schule" konnte schon derzeit bewiesen werden, dass sich die Schule selbst zu einem kleinen Wirtschaftsunternehmen mausern kann. Eine Realschule in Neunkirchen erbrachte dafür den Beweis.

Alles dort begann mit einem Schulvertrag, geschlossen zwischen Eltern, Schülern und Lehrern. „Unsere Schulen müssen ähnlich wie Einkaufszentren, in denen man Bildung und

---

[1] www.zdf.de – zdfzeit Wie korrupt ist Deutschland? Der große Check

Kompetenzen aller Art erwerben kann, zu Kommunikations- und Informationszentren mit Serviceleistungen ausgebaut und eingerichtet werden. In diese Zentren müssen alle Bildungseinrichtungen integriert werden. Klassenräume werden durch Lernlandschaften ersetzt und die Zentren sind von morgens bis abends geöffnet. Jahrgangsklassen werden durch Lerngruppen ersetzt, verbindliche Unterrichtszeiten durch Anwesenheitszeiten abgelöst. Statt der üblichen Zeugnisnoten oder Punktesysteme werden nach Gesprächen und Diagnosen konkrete Schülerbewertungen zu einzelnen Fächern, Kompetenzen und Persönlichkeitsmerkmalen erstellt." So schilderte der Schulleiter seine schon im Bau befindliche Schulwirklichkeit.

Schule als Wirtschaftsunternehmen

Diese etwas futuristisch anmutende Vorstellung von Schule zeichnet sich durch Netzwerke aus, die jede Schule in ihre Umgebung und damit auch in die Gesellschaft einbindet. So stehen die Ressourcen dieser Zentren allen Bürgern/Firmen der Stadt oder Gemeinde zur Verfügung. Bildungseinrichtungen wie Bibliotheken, VHS, Sport- und andere Vereine, Musik- und Kunstschulen sowie andere Schulen, Hochschulen und Unis sind ebenso integraler Bestandteil des schulischen Lebens wie auch Gesundheitszentren und soziale Einrichtungen. Ziel ist die Bildung und Kompetenzvermittlung für Körper, Geist und Seele. Über ein Netz von Schülerfirmen haben Schüler durch unterschiedliche Interessenlagen die Möglichkeit, nicht nur Dienstleistungen zu empfangen, sondern auch zu bieten. So zeichnete sich diese Realschule durch die Gründung folgender Schülerfirmen aus: Computer-Know-how, Paper-Shop, Rund ums Fahrrad, Ton-und Filmschmiede, Börsenverein, Restaurantbetrieb einmal monatlich, Partyservice, Nähstübchen, Schülerbibliothek. Unter Mithilfe und Einbringung vieler Kompetenzen von Eltern und Lehrern entsteht so eine schulische Wirklichkeit, in der das Fach „Wirtschaft" durch praktisches Tun erfahrbar wird.

Schule in Verwesung und Erlebnisarmut

Mein damaliger Besuch in Neunkirchen hat mich davon überzeugt, dass Schule völlig anders aussehen und funktionieren kann als das bisher Bekannte. Wenn wir Erfolgserlebnisse, Freude, Spaß, Neugier, Staunen und die Möglichkeiten, unseren individuellen Lerntyp zu berücksichtigen, in den Unterricht einbauen wollen, wenn wir also das Lernen mit dem Menschen und nicht gegen ihn gestalten, dürfen die äußere und innere Wohlfühlatmosphäre keinesfalls übersehen werden. Wer im Ruhrgebiet Schulen betreten hat, hat mit Sicherheit auch das Gefühl gehabt, hier nicht verweilen zu wollen. Sie strotzen nur so vor Verwesung und Erlebnisarmut. Dabei sind wir von Architekten umgeben, die nicht müde werden, sich an Bauweisen, Strukturen, Gestaltungen, Farben und Formen zu erproben und sich kleine Denkmäler zu setzen. Welche Lobby Schulkinder haben, kann an fast jedem Schulgebäude äußerlich und innerlich erfahren werden.

Gerne würde ich die Repräsentationszentren der Macht wie Banken, Sparkassen, Anwaltskanzleien, Regierungsgebäude und Chefetagen gegen die maroden Bildungsgebäude eintauschen.

Heute dürfen sich Pädagogen mit Multikulti, Integration und Inklusion herumschlagen. Dazu gibt es weder genügend Fachpersonal noch Ideenreichtum. Die Politik hat auf ganzer Ebene versagt und glaubt, mit einem Pflichtfach „Wirtschaft" punkten zu können.

Schule für Politiker

So wie Schulen und Bildung eine grundlegende Reform benötigen, sollten wir unsere Politikern jedes Jahr von ihrer stressigen Aufgabe befreien und ihnen abverlangen, einen Monat lang in Schulen, Krankenhäusern, Frauenhäusern, Altenheimen und Handwerksbetrieben für das dort bezahlte Geld Arbeit zu verrichten. Vielleicht wäre das eine sinnvolle Möglichkeit, ihren Realitätsschwund zu therapieren.

G20 in Hamburg – Medienspektakel teuerster Güte

16. Juni 2017

Die Machtelite in Hamburg und die Hamburger Bürger als Zuschauer der „Weltphilharmonie". In den Hauptrollen der Bösewichte Putin, Trump und Erdogan – in der Rolle der Guten Merkel und Macron, die Weltenretter. Lauschen wir mal wieder Merkels teuren leeren Versprechungen.

Überflüssig und reine Wichtigtuerei … und doch bester Wahlkampf!

Ein offener Wutbrief,[1] den ein Polizist im Internet veröffentlicht hat, weil auch er seine Knochen mal wieder zu Markte tragen darf, rückt zu Recht die Großinszenierung von Staatsoberhäuptern in den Fokus der Öffentlichkeit und lässt einmal mehr die Frage zu: Mit welchem Recht und zu welchem Zweck werden Bürger, Polizei, Demonstranten in Gefahr gebracht und die gesamte Nation zur Kasse gebeten?

Seit Jahren finden diese „G-Treffen" unter riesigem Aufwand statt mit letztlich minimalen Ergebnissen. Und das im Zeitalter der Digitalisierung, in welchem Autos führerlos fahren und Treffen und Austausch großer Banken, Firmen und Unternehmen quer über die ganze Welt als Video-Konferenzen zum Unternehmensalltag gehören. Stattdessen werden Milli-arden an Steuergeldern in den Sand gesetzt dafür, dass fürstlich gewohnt und gespeist wird und das gesamte Sicherheitsregister eines Staates gezogen wird, damit den Herrschaften auch kein Haar gekrümmt wird und ihnen kein Geschrei der Demonstranten ans Ohr dringt.

50 Millionen Euro dürfen die Steuerzahler allein für die Sicherheitsmaßnahmen zahlen, die am 7. und 8. Juli für das Spektakel ausgegeben werden. Das ist die Zahl für die Öffentlichkeit, die aus Erfahrung weiß, dass in den Macht-, Bau- und Finanzkreisen immer tiefgestapelt wird, damit der Bürger nicht unnütz aus dem Dornröschenschlaf erwacht. Die offiziell genannte Zahl lautete inzwischen 130 Millionen, die Schätzungen in den

---

[1] www.neues-deutschland.de – Polizist empfindet G-20-Gipfel als bodenlose Frechheit

Medien reichten bis 400 Millionen, was wohl eher der Aus-
gabenlage entsprechen wird.

Wer einmal nachschaut, was 2015 die Inszenierung im
bayrischen Elmau gekostet hat, kann sich nur noch seinen
Wecker stellen, um endlich hellwach zu werden: Fast 360
Millionen Euro – so viel wird laut Bund der Steuerzahler der
G-7-Gipfel auf Schloss Elmau kosten, hieß es damals im
Handelsblatt. Der Verband der Steuerzahler machte Bundes-
kanzlerin Angela Merkel für die Ortswahl verantwortlich.
Elmau sei auf „persönlichen Wunsch der Bundeskanzlerin"
ausgewählt worden. Dabei hätten Kosten und Durchführbarkeit
keine Rolle gespielt. Wie heißt es noch so treffend? Was juckt
es eine deutsche Eiche, wenn sich ein Wildschwein an ihr reibt?
Nach der Durchführung hieß die offizielle Zahl der Kosten 135
Millionen, der Bund der Steuerzahler kam auf 359 Millionen.

Die Erfinder dieser Gipfeltreffen sind Kanzler Helmut Schmidt[1]
und der französische Präsident Valery Giscard d'Estaing. Man
traf sich als G6-Gipfel in privater Atmosphäre in einem
Schlösschen im französischen Rambouillet. Anfänglich handelte es sich um einen Krisengipfel, Grund waren die Öl- und
Weltwirtschaftskrise.

Dieser Mann Helmut Schmidt, ein absoluter Macher, der mit
Sicherheit die Notwendigkeit von Absprachen, Gemeinsamkeiten und Problemlösungsverfahren unter Regierenden anerkennt,
hat sich 2010 zu den heutigen Gipfeltreffen geäußert. Sie seien
zu Medien-Events verkommen. „Überflüssig" seien die Gipfel
und „reine Wichtigtuerei", sagte der Altkanzler 2010 in einem
Interview. Kurz gesagt: Ein riesiger Aufwand für fast nichts.
Der einzige sinnvolle Gipfel, der auch seine Ziele umsetzte, war
der G7-Gipfel im Jahre 1978 in Bonn. Alle heutigen begnügen
sich eher mit Absichtserklärungen, Statements und schwam-
migen Vereinbarungen. In Anbetracht der vielschichtigen und
lebensbedrohlichen Probleme der Welt eine skandalöse
Inszenierung mit Geldern, die in der Welt sinnvoller ausgegeben werden sollten!

---

[1] www.faz.net – Ergebnisse der G-8-Gipfel Viel beschlossen wenig passiert?

Einen bombastischen Eindruck vermittelt da die Wikipedia-Eintragung über den Gipfel 2007 in Heiligendamm,[1] der für den größten Polizeieinsatz in der Geschichte der BRD sorgte.

Zum Schutz des Gipfels wurde seit Januar 2007 unter anderem ein zwölf Kilometer langer und 2,50 Meter hoher Zaun mit Stacheldraht, Kameraüberwachung und Bewegungsmeldern rund um den Tagungsort errichtet. Die Kosten dafür betrugen laut medialer Veröffentlichung 12,5 Mio. Euro.

Die gesamte Anlage umschloss die sogenannte Verbotszone I, in die nur Anwohner und Lieferanten Zutritt hatten. In einem Korridor von 200 Meter Breite um den Sperrzaun herum galt vom 30. Mai bis zum 8. Juni 2007 ein Versammlungsverbot. Für den Schutz dieses Bereiches war die Polizei Mecklenburg-Vorpommern zuständig. Zusätzlich wurde die Verbotszone I mit einem zweiten Sicherungsbereich, der sogenannten Verbotszone II, gesichert. Diese umfasste einen der Verbotszone I nochmals um mehrere Kilometer vorgelagerten Bereich. Für die Absicherung der Ostsee um Heiligendamm wurde das umliegende Seegebiet komplett gesperrt. Zur Durchsetzung der Sperrzone und zur Überwachung der See sollte neben der Polizei auch die deutsche Marine eingesetzt werden. Auch der Luftraum war teilweise gesperrt: Im sogenannten „Flugbeschränkungsgebiet Heiligendamm" war die zivile Luftfahrt bis FL100 (etwa 3 km Höhe) im Umkreis von 30 nautischen Meilen (55 km) untersagt, daneben wurde im Umkreis des Flughafens Parchim ein weiteres Sperrgebiet eingerichtet.
Der Flughafen Rostock-Laage war während des Gipfels für den kommerziellen Flugbetrieb gesperrt. Die Flüge wurden zum Flughafen Neubrandenburg umgeleitet. Auch im Umkreis des Rostocker Flughafens wurde ein Versammlungsverbot erlassen, hier vom 2. bis 8. Juli 2007.

Zur Sicherung des Gipfels wurden 17.000 Polizisten sowie zur logistischen Unterstützung und der Sicherung der See und des Luftraums mit militärischem Gerät wie Tornado-Kampfflugzeugen 1.100 Soldaten der Bundeswehr eingesetzt. Für die Koordination der Polizeikräfte im Zusammenhang mit dem

---

[1] www.wikipedia.org – G8-Gipfel in Heiligendamm 2007

Gipfel wurde unter dem Namen „Kavala" eine besondere Organisationseinheit gebildet.

Für die Zeit des Gipfels ordnete Bundesinnenminister Wolfgang Schäuble die Anwendung von Grenzkontrollen an den Schengen-Binnengrenzen Deutschlands an. (An was erinnert das denn? Grenzkontrollen und Schengen sollten 2015 noch einmal ganz groß rauskommen)

Diesen gesamten politischen Irrsinn beweisen die Kosten, die in keiner Relation zu den Ergebnissen stehen! Ein wunderbares Negativ-Beispiel für Demokratie und Verhältnismäßigkeit!!!

Das BGE setzt seinen Siegeszug fort

28. Juni 2017

Das Bedingungslose Grundeinkommen schlängelt sich weiter durchs Volk und endlich auch in die Landesparlamente. Das ist das Verdienst der neuen Grundeinkommenspartei, die das Unmögliche möglich gemacht hat.

Auf nach Schleswig-Holstein

„Dass ich das noch erleben darf!" wird so mancher Befürworter und Kämpfer bei dieser Zeitungsmeldung,[1] betreffend Schleswig-Holstein, gedacht haben. Lange und intensiv haben Menschen aus allen Schichten der Bevölkerung für das Bedingungslose Grundeinkommen ihre Stimme erhoben. Es hat

---

[1] www.focus.de – Bundesland will das bedingunslose Grundeinkommen als erstes testen

sich selbst eine Partei gegründet, die mit enormem Einsatz Unterschriften gesammelt hat, um in den Bundesländern und auch zur Bundestagswahl auf den Wahlzetteln zu erscheinen. Und es ist ihr gelungen! Damit geht der Wunsch von 75% der Bürger[1] in Erfüllung, die sich für ein Grundeinkommen aussprechen. Nun müssen sie nur noch dieser Partei ihre Zweitstimme schenken.

Dass sich gerade jetzt das genannte Bundesland mit einer schwarz-gelb-grünen Regierungsmannschaft (Jamaika-Koalition) für die Einführung des BGE, vielleicht auch nur für ein Bürgergeld starkmacht, kann aber muss nicht gleich überschwänglich gefeiert werden. Vielleicht haben die Parteien dort nach der Wahl begriffen, dass die Zeit der Volksparteien und der großen Wahlversprechen vorbei ist und es inzwischen genügend Bürger gibt, die trotz Arbeit, Kindergeld und Rente nicht mehr leicht über die Runden kommen und sich vor ihrer Zukunft fürchten.

Ein Schelm, der Böses dabei denkt, dass uns diese Meldung über eine doch revolutionäre Idee kurz vor der Bundestagswahl ereilt. Sollten sich Inhaltslosigkeit, Orientierungslosigkeit und Hilflosigkeit von Politik in dieser Idee des BGE bündeln und das Überleben dieser drei Parteien sichern? Befürchtet die Crème de la Crème den zukünftigen Wahlerfolg der neuen Partei BGE, der nicht mehr lange auf sich warten lässt? Der Hintergrund dieses Ereignisses wird bald beleuchtet sein, die Absichten verständlich werden. Wichtig und erfreulich bleibt die Tatsache, dass das Bedingungslose Grundeinkommen im Diskussionspool aller angekommen ist (bei der Piraten-Partei war es schon vorhanden) und bei Gegnern für einen Aufschrei sorgt, der nicht mehr ohne stichhaltige Argumente auskommt.
Die ersten Vertreter der Altparteien haben begriffen, wohin die Fahrt der Altersarmut, der Digitalisierung und Kinderarmut in Deutschland führt. Hoffen wir, dass sich das BGE epidemisch in Deutschland ausbreitet.

---

[1] www.absatzwirtschaft.de – 75 Prozent der Deutschen wollen das bedingungslose …

Die „christliche" Ehe für alle

29. Juni 2017

Merkels Machtbesessenheit kennt keine Grenzen. Nach Atomausstieg, Wehrpflicht, Mindestlohn, Frauenquote und Grenzöffnung für Flüchtlinge ruft sie nun die Ehe für alle aus.

Die „gleichgeschlechtliche Ehe" zwischen Merkel und CDU?

Wie in der Werbung stellt sich auch bei der CDU schon länger die Frage, ob das, was draufsteht, auch tatsächlich drin ist. Die Kanzlerin selber gab nun die endgültige Antwort darauf, die von vielen schon erwartet und befürchtet wurde. Es ging um die Ehe für alle, also um eine Ehe auch für gleichgeschlechtliche Partner. Da hatte die SPD endlich einmal das Rennen gewonnen, für das gar nicht angepfiffen worden war. Prompt reagierte die Zeitschrift „Brigitte" auf das Thema und fragte Merkel in einem aktuellen Interview vom 27. 06. nach ihrer Meinung. Und siehe da: Nachdem es aus ihrem Munde noch 2013 bei einer Bürgerbefragung so klang[1] wie die erwartete Meinung einer Christdemokratin, ist sie jetzt offen für eine Ehe für alle. Sie selbst leite „seit vielen Jahren die Überzeugung, dass in gleichgeschlechtlichen Lebenspartnerschaften die gleichen Werte wie in der Ehe von Mann und Frau gelebt werden: Liebe, Fürsorge und Verantwortung füreinander und für ihre Kinder".

Hat jemand etwas anderes erwartet? Ihrem Slogan aus dem Mund von Adenauer „was interessiert mich mein Geschwätz von gestern" bleibt sie bis in alle Ewigkeit treu. Und ruck zuck ist sie mit dem Thema durch, indem sie den Fraktionszwang auflöst und damit den Schwarzen Peter weiterreicht. So wird also jetzt im Schweinsgallop der Bundestag über die Ehe für alle abstimmen, was meines Erachtens nach einer Volksabstimmung bedarf.

Der Präsident des Zentralkomitees der deutschen Katholiken (ZdK), Thomas Sternberg, erklärte in der „Passauer Neuen Presse": „Die Väter und Mütter unserer Verfassung haben mit

---

[1] www.youtube.com – wahlarena: Angela Merkel und die homosexuelle Gleichstellung

der Ehe eine lebenslange Verantwortungsgemeinschaft gemeint, die auf Geburt und Erziehung von Kindern ausgerichtet ist."

„Institution Ehe" degradiert zum Wahlkampfthema

Man fragt sich: Gibt es noch eine CDU, die aus tiefer Überzeugung Themen vertritt und sich dafür einsetzt, weil sie etwas für richtig hält? Oder gibt es nur noch eine CDU, die nach Umfragen und den nächsten Wahlen schielt, um danach ihr Verhalten und auch ihre Entscheidungen auszurichten? Was ist das für eine verkommene Demokratie! Und mit welcher Überheblichkeit trägt diese Partei noch die beiden Attribute „christlich" und „demokratisch"? Wäre nicht längst eine Namensänderung fällig?

In „himmlischer" Absprache mit Ephraim Kishon schlage ich die Buchstabenfolge MUDU vor = Merkels Union der Unberechenbaren. Der von Merkels Generalsekretär Peter Tauber präsentierte Werbe-Wahlspruch für die Bundestagswahl 2017 lautet fedidwgugl,[1] soll heißen: Für ein Deutschland, in dem wir gut und gerne leben … heißt aber ab der Umbenennung der Partei in MUDU: fedadwgugl = Für ein Dilemma, auf das wir ganz und gar nicht lauern!

Früher war alles besser

29. Juni 2017

Wohin entwickelt sich diese Gesellschaft? Ist die Sehnsucht nach früheren Zeiten berechtigt oder nur ein Statement eines heute unerwünschten Konservatismus? Eine genauere Betrachtung hilft weiter.

… sollte einmal überprüft werden.

Es scheint die heutige Zeit nicht gerade zufriedene Menschen hervorzubringen und die Kritik am Bestehenden und die Angst

---

[1] www.waz.de – CDU präsentiert Wahlplakate – und irritiert mit #fedidwgugl

vor dem Zukünftigen will nicht verstummen. Aus der privaten Zelle Familie und der politischen Zelle Staat haben sich Strukturen entwickelt, die immer mehr Identität und Heimat vermissen lassen. Die Ehe ist zu einer Institution geworden, auf die auch verzichtet werden kann. Nur knapp 350.000 Ehen werden in Deutschland noch jedes Jahr geschlossen, vor 50 Jahren waren es noch doppelt so viele. Nun, würden Feministinnen da kontern, eine Institution zur Versorgung der nicht berufstätigen und nicht emanzipierten Frau – darauf kann ohne Bedauern verzichtet werden. Das würde so manche Ehefrau aus den 60ern und 70ern nicht auf sich sitzen lassen und so manche Emanzipierte das Staunen lehren. Meine Mutter war Gärtnerin, Schneiderin, Köchin, Friseurin und Musikerin in einer Person – und das mit ausgeprägter Zufriedenheit. Das war nur möglich, weil die Ehemänner von damals in der Lage waren, die Familie zu ernähren. Ob Bergmann, Verkäufer, Elektriker, Hilfsarbeiter, Maurer … die Menschen waren arm, arbeiteten hart, wussten aber, dass es langsam bergauf gehen würde. Dafür sorgten Gewerkschaften, Betriebsräte, die SPD und die Erkenntnis der Politik, dass Arbeit ihren Wert hat und entsprechend beLOHNt werden muss.

Wenn der heutige Arbeitsmarkt mit seinen Löhnen betrachtet wird, kann nur der Kopf geschüttelt werden. Die wenigsten Väter aus den Bereichen Handwerk und Dienstleistung sind in der Lage, allein die Familie zu ernähren. Von einem „Bergauf" wie in den 60er Jahren kann schon seit 20 Jahren nicht mehr geredet werden. Selbst eine Mehrkindfamilie, in der Vater ganz und Mutter Teilzeit arbeiten, kann oft von einem hohen Lebensstandard nur träumen.

Geburtshilfe in Deutschland

Über ein solches Thema hat sich früher niemand Gedanken machen müssen. Ob Krankenhaus oder Hausgeburt mit Hebamme – alles war möglich, sicher und finanzierbar. Krankenhäuser gehörten wie Schule, Kindergarten und Sparkasse zur Versorgungsgrundlage der Bürger. Heute hingegen sind die Versorgungswege weit, die Zustände in entsprechenden Institutionen fragwürdig und das Kinderkriegen ein Abenteuer.

Geburtsabteilungen wurden geschlossen, Hebammen abgeschafft[1] und Bürger vor vollendete Tatsachen gestellt. Unbemerkt von der deutschen Öffentlichkeit vollzieht sich seit ein paar Jahren ein systematischer Abbauprozess der freien Hebammen in Deutschland. Aufgrund enorm angestiegener Haftpflicht-Beiträge, deren Subventionierung die Politik strikt ablehnt, müssen immer mehr freie Hebammen ihren Beruf aufgeben. Es gibt bereits Gegenden in Deutschland, in denen im Umkreis von 100 km lediglich eine einzige Hebamme zu finden ist. Der Glaube, eine Geburt ließe sich doch viel sicherer in einer von Medizin kontrollierten Klinik absolvieren, ist ein Trugschluss. Seit 1991 wurden bis heute mehr als 40 % aller Geburtsabteilungen in Deutschland geschlossen. Gebärende müssen immer weitere Wege auf sich nehmen und kommen dann auch noch in überfüllte Kreißsäle. Natürliche Geburten unerwünscht! Der Kaiserschnitt inzwischen erwünschte Praxis. Das mit den Zuständen von früher zu vergleichen, wäre eine Verhöhnung der Vergangenheit.

Wohlstand für alle

Nach Artikel 20, Absatz 1 des Grundgesetzes wurde die Bundesrepublik Deutschland ein demokratischer und sozialer Bundesstaat. Der Aufbau des Sozialstaates begann mit der Erfindung der sozialen Marktwirtschaft, die auf den Direktor der Verwaltung für Wirtschaft in der amerikanisch-britischen Besatzungszone, Ludwig Erhard, den späteren ersten Bundeswirtschaftsminister der Bunderepublik Deutschland (1949 bis 1963) zurückgeht. Gegen den Widerstand der Besatzungsmächte, der Gewerkschaften und vieler Politiker ließ er sich nicht von seinem Ziel „Wohlstand für alle" abbringen.

Heute scheint nur noch eine Partei, die im Bundestag sitzt, etwas von einer Verteilungsgerechtigkeit zu halten – und das ist nicht die SPD. Wohlstand für alle[2] versprechen allerdings alle Parteien.

Der Staat, gegründet als Demokratie und Sozialstaat, hat es 2016 zu einer Sozial-Ausgabenlage von 888 Milliarden Euro

---

[1] www.n-tv.de – Das schleichende Ende des Hebammenberufs
[2] www.youtube.com – SWR: Das arme Deutschland kein Wohlstand für Alle

gebracht. Damit wurden rund 30 Prozent dessen, was die Deutschen jährlich erwirtschaften, im vergangenen Jahr für Soziales ausgegeben. Im Jahr 2016 befanden sich erstmals mehr als 1 Mio. Menschen in einem Leiharbeitsverhältnis. Diese Zahl hat sich in den letzten 20 Jahren verfünffacht. Wahrscheinlich erfordert ein flexibler Arbeitsmarkt auch flexible Arbeitsverhältnisse – das aber doch bitte mit anständiger, vielleicht sogar deutlich besserer Entlohnung.

Vergleichen wir die Lohnentwicklung heute mit der von früher, so muss festgestellt werden, dass sich seit 25 Jahren nicht viel getan hat und Deutschland seine Bürger heute ohne angemessene Entlohnung arbeiten lässt und sogar ausnutzt.

Mietpreisbremse

Deutschland baut, was das Zeug hält. Die Nachfrage steigt, der Markt diktiert die Preise ... und die sind nicht mehr tragbar. Seit 2008 sind die Mieten um 20% gestiegen. Eine Mietpreisbremse[1] wurde von Schwarz/Rot beschlossen und ist seit 2015 Gesetz ... natürlich mit den entsprechenden Ausnahmen. In allen Städten allerdings gibt es die illegale Abzocke. Der Verein Haus und Grund wehrt sich gegen Kontrolleure der Mietpreisbremse. Diese „Bremse" zeigte keine Wirkung, die Mieten steigen und es gibt keine Strafen für die Vermieter, die nur noch abzocken. Es wurde mal wieder ein schlechtes Gesetz gemacht zu Lasten der Bürger.

Wie sinnvoll waren da derzeit der Wohnungsbau und die Vermietung für die Bürger! Sozialwohnungen für die Ärmeren, angemessene Mietwohnungen für Familien und sogar Siedlungshäuser für den kleinen Mann gehörten zur Realität.

Beweis erbracht

So könnte es mit anderen Themen wie Bildung, Energie, Umwelt, Sicherheit, Religion, Gesundheit, Familie weitergehen. Die Welt verändert sich. Entwicklungen in Gesellschaft, Kultur und Wissenschaft sorgen dafür – und doch darf die Tatsache nicht außer Acht gelassen werden, dass es dabei Entwicklungen zum Guten, aber auch zum Schlechten gibt.

---

[1] www.youtube.com – ARD: Steigende Mieten: Warum die Mietpreisbremse versagt

Auf den Punkt bringt es der Kabarettist Georg Schramm, der zu den heutigen Zuständen folgendes zu sagen hat: „Ich bewege mich zwischen zwei Sätzen. Der eine lautet ‚Die vollends aufgeklärte Welt erstrahlt im Zeichen triumphalen Unheils‘. Ich war einmal stolz darauf, in einem Land geboren zu sein, das Vernunft und Aufklärung auf sein Schild gehoben hat und ich habe geglaubt, das wird die Welt zum Besseren wenden. Ich bin betrübt und bin enttäuscht worden. Der andere Satz hängt als Plakat in der Praxis meines Berliner Arztes. Da steht drauf: ‚Nüchtern betrachtet ist besoffen besser‘.“

Regierungsprogramm CDU/CSU 2017

05. Juli 2017

Merkel und Seehofer haben in Liebe vereint ihr „Märchenbuch" 2017 bis 2021 veröffentlicht. Was die Liebe der Schwesterparteien beeinträchtigt, findet sich im ausgelagerten „Bayernplan 2017". Doppelstrategie zwecks Machterhalts.

Merkel wieder einmal auf Hü und Hot-Kurs

Kurz vor der Wahl gelang es Merkel, das Thema „Ehe für alle" so wie derzeit die Atomkraft aus dem Gepäck der Grünen in ihren CDU-Koffer zu überführen. Sie ist und bleibt Weltmeisterin der Heuchelei, des Taktierens, des Abgreifens und der Unglaubwürdigkeit. Gestern noch nein, heute ein Vielleicht und morgen das Ja, wenn es dem Machterhalt dient und ein paar Wählerstimmen bringt.

Keiner der Männer an ihrer Seite kann ihr das Wasser reichen und niemand von ihnen wird sich mehr trauen, ihr Paroli zu bieten. Hintergrund dieser Tatsache ist natürlich die eigene Karriere, die Merkel mit einem Fingerschnipp beenden kann, was sie ja schon mehrfach bewiesen hat. Wahlkampfzeiten obliegen einer besonderen Schonpflicht gegenüber Partei und Kanzlerin. Ob Tauber, Altmaier, Kauder, de Maizière oder

Seehofer – die Wahl erfordert Einigkeit, auch wenn in den Köpfen der Herren anderes vorgeht.

Fast peinlich der Auftritt Merkel/Seehofer beim Präsentieren des Regierungsprogramms. Zufriedenheit und ein Lächeln sollten Einigkeit vermitteln, so als hätte es nie einen Disput zwischen den Schwesterparteien gegeben.

„Bei Merkel nichts Neues" heißt ihr Regierungsprogramm für die nächsten Jahre. Ein paar Versprechungen in alle Richtungen, die laut ihrer eigenen Wahrheit[1] sowieso nicht eingehalten werden. Für die CSU gibt es ein Sonderprogramm mit dem Namen „Bayernplan 2017". Das ist doch wunderbar! Ein einig Märchenbuch auf 76 Seiten mit einem Zusatz der Uneinigkeit für das Extrawurstland Bayern.

Ohne auf die einzelnen thematischen Märchenthemen einzugehen, kommentiere ich hier nur drei der vielen Einführungssätze des gerade veröffentlichten Regierungsprogramms[2] von CDU/CSU:

- Deutschland ist ein liebens- und lebenswertes Land, in dem man gut wohnen, arbeiten und leben kann: („wohnen" siehe Mietwucher, „arbeiten" siehe Leiharbeit und Minijobs, „leben" siehe Alleinerziehende und Obdachlose)
- Der großen Mehrheit unserer Bürgerinnen und Bürger ging es noch nie so gut wie heute. (also kein Wahlprogramm für Minderheiten!)
- Löhne und Renten sind deutlich gestiegen und steigen weiter. Die sozialen Sicherungssysteme sind solide finanziert, wie seit Jahrzehnten nicht mehr. (Seit 1980 sind die inflationsbereinigten Nettolöhne und Renten in Deutschland um etwa 15 % gesunken. Und das, obwohl die Produktivität sich nahezu verdoppelte.)
- Wir haben in Deutschland ein hohes Maß an innerer und äußerer Sicherheit. Deshalb können wir frei und selbstbestimmt leben. (Seit Merkels „Wir schaffen das" kann ich eine Sammlung von Straf- und Terrortaten vorlegen, die das Gegenteil belegen).

---

[1] Angela Merkel: „Man kann sich nicht darauf verlassen, dass das, was vor den Wahlen gesagt wird, auch wirklich nach den Wahlen gilt." (zu hören bei www.youtube.com)
[2] www.cdu.de/regierungsprogramm (2017-2021)

Wieviel Ahnung die CDU-Führung von ihrem arbeitenden Volk hat, beweist Peter Tauber in seinem Tweet auf die ironische Frage eines Twitter-Nutzers, ob das CDU-Wahlversprechen von der Vollbeschäftigung für ihn persönlich denn künftig drei Minijobs bedeute. Taubers arrogante Antwort darauf:

"Wenn Sie was ordentliches gelernt haben, dann brauchen Sie keine drei Minijobs."

(Ganz nebenbei bemerkt wird „was Ordentliches" groß geschrieben)

Die Entrüstung nicht nur der Minijobber ist mehr als berechtigt. Der Anteil der Mini-Jobs stieg von 17,5 % im Juni 2003 auf 33,6 % im Juni 2016. Der Spiegel berichtet von einer Untersuchung des DGB 2015:

Im Dezember 2014 waren über 5 Mio. Menschen lediglich in Minijobs beschäftigt. 51 Prozent dieser Gruppe verfügten über einen beruflichen oder zum Teil sogar akademischen Abschluss, 13 Prozent hatten keine abgeschlossene Ausbildung. Von weiteren 36 Prozent war das Qualifikationsniveau unbekannt. Obwohl es sich bei Minijobbenden um eine Gruppe mit beruflichen Fähigkeiten und Fertigkeiten handelte, spielten sie im Zusammenhang mit der Fachkräftediskussion kaum eine Rolle.

So viel zu Taubers Ausrutscher, der als Verbaltollpatsch in Merkels Geschichte eingehen wird. „Wer nicht für Merkel ist, ist ein Arschloch", hatte er vor einigen Monaten zum Besten gegeben und ich stelle hier den Antrag, diesen Mann in das Logbuch der Bekloppten und Bescheuerten aufzunehmen, welches uns das ZDF ab und an präsentiert.

Ich entziehe der CDU/CSU mein Vertrauen und meine Stimme. Und da Rot-Rot-Grün absolut keine Alternative ist, hoffe ich, dass es der Grundeinkommen-Partei gelingen wird, am 24. September auf dem Wahlschein zu stehen.

Trumps Rede in Warschau

08. Juli 2017

Der amerikanische Präsident Donald Trump ehrte Polen mit einem Kurzbesuch vor dem G20-Gipfel in Hamburg. In einer Rede in Warschau beförderte er das Land zur „Seele Europas". Die Regierungspartei PiS genoss den Schulterschluss mit den USA und wird in Europa ihr Selbstbewusstsein weiter ausbauen.

Polen – das von Trump „gelobte Land"

Donald Trump tat gut daran, Polen zu besuchen, das Amerika seit Kriegsende in Liebe verbunden ist. Polen, erst von Deutschland, dann von Europa gefördert, aufgebaut und finanziert – aber nur von Amerika verstanden! Trump hatte sich bestens vorbereitet und bewies in seiner Rede, dass er wusste, mit welchen Signalwörtern und welchen Geschichtskenntnissen er diese Nation für sich gewinnen konnte. Polens Selbstbewusstsein ist nicht mehr zu toppen, was die Europäer in Zukunft noch deutlicher als bisher zu spüren bekommen werden.

Trumps Rede

Wir sind zu eurer Nation gekommen, um eine sehr wichtige Botschaft zu senden: Amerika liebt Polen und Amerika liebt das polnische Volk. Vielen Dank.

Die Polen haben diese Region nicht nur stark bereichert, sondern auch die polnischen Amerikaner haben die Vereinigten Staaten stark bereichert. Und ich war wirklich stolz darauf, ihre Unterstützung bei der Wahl 2016 zu haben.

Es ist eine tiefe Ehre, in dieser Stadt neben diesem Denkmal des Warschauer Aufstandes zu stehen und zu jener polnischen Nation zu sprechen, von der so viele Generationen geträumt haben – ein Polen, das sicher ist, stark und frei. Vielen Dank. Vielen Dank.

Im Namen aller Amerikaner, lasst mich auch dem ganzen polnischen Volk für die Großzügigkeit danken, die ihr bei der Begrüßung unserer Soldaten in eurem Land gezeigt habt. Diese

Soldaten sind nicht nur mutige Verteidiger der Freiheit, sondern auch Symbole für Amerikas Engagement für eure.

Wir sind stolz, auf diesem Podium von amerikanischen, polnischen, britischen und rumänischen Soldaten begleitet zu sein. Vielen Dank. Vielen Dank. Guter Job.

Präsident Duda und ich kommen gerade von einem unglaublich erfolgreichen Treffen mit den Führern der Drei-Meere-Initiative.

Für die Bürger dieser großartigen Region ist Amerika bereit, unsere Partnerschaft mit euch zu erweitern. Wir begrüßen stärkere Verbindungen in Handel und Geschäftswelt, während eure Volkswirtschaften wachsen. Und wir sind verpflichtet, euren Zugang zu alternativen Energiequellen zu sichern, so dass Polen und seine Nachbarn nie wieder die Geisel eines einzigen Energieversorgers sind.

Herr Präsident, ich gratuliere Ihnen, zusammen mit dem Präsidenten von Kroatien, zu Ihrer Führung dieser historischen Drei-Meere-Initiative. Vielen Dank.

Dies ist mein erster Besuch in Mitteleuropa als Präsident, und ich bin begeistert, dass es genau hier ist, auf diesem herrlichen, schönen Stück Land. Es ist schön. Polen ist das geographische Herz Europas. Aber noch viel wichtiger, sehen wir im polnischen Volk die Seele Europas. Eure Nation ist großartig, weil euer Geist großartig ist und euer Geist stark ist.

Seit zwei Jahrhunderten erlitt Polen konstante und brutale Angriffe. Aber während Polen erobert und besetzt werden konnte und seine Grenzen sogar von der Landkarte gelöscht wurden, konnte es nie aus der Historie oder aus euren Herzen gelöscht werden. In jenen dunklen Tagen habt ihr euer Land verloren, aber nie euren Stolz.

Also kann ich euch heute mit wahrer Bewunderung sagen, dass Polen lebt – von den Bauernhöfen und Dörfern eurer Land-gebiete bis hin zu den Kathedralen und Plätzen eurer großen Städte, Polen lebt, Polen gedeiht und Polen siegt. Trotz aller Anstrengungen, euch zu transformieren, euch zu unterdrücken oder euch zu zerstören, habt ihr es ausgehalten und überwunden. Ihr seid die stolze Nation von Kopernikus – denkt daran …

… Chopin, Johannes Paul II. Polen ist ein Land der großen Helden. Und ihr seid ein Volk, das den wahren Wert dessen kennt, was es verteidigt. Der Triumph des polnischen Geistes über Jahrhunderte voller Not gibt uns allen Hoffnung auf eine Zukunft, in der das Gute das Böse überwindet und Frieden über Krieg siegt.

Für die Amerikaner ist Polen seit Beginn unserer Nation ein Hoffnungssymbol. Polnische Helden und amerikanische Patrioten kämpften Seite an Seite in unserem Unabhängigkeitskrieg und in vielen darauf folgenden Kriegen. Unsere Soldaten dienen heute noch gemeinsam in Afghanistan und im Irak und bekämpfen die Feinde aller Zivilisation.

Für Amerikas Teil haben wir niemals Freiheit und Unabhängigkeit als Recht und Schicksal des polnischen Volkes aufgegeben. Und wir werden es niemals tun.

Unsere beiden Länder haben eine besondere Verbindung, geschmiedet durch einzigartige Historie und nationale Charakteristiken. Es ist die Kameradschaft, die nur unter Menschen besteht, die für Freiheit kämpften, bluteten und starben. Die Zeichen dieser Freundschaft stehen in der Haupt-stadt unserer Nation. Nur wenige Schritte vom Weißen Haus entfernt errichteten wir Statuen von Männern mit Namen wie Pulaski und Kosciuszko.

Das gleiche gilt für Warschau, wo Straßenschilder den Namen George Washingtons tragen und für einen der größten Helden der Welt ein Denkmal steht: Ronald Reagan.

Und so bin ich heute hier, nicht nur um einen alten Verbündeten zu besuchen, sondern um ein Beispiel für andere zu geben, die Freiheit suchen und Mut und Willen zur Verteidigung unserer Zivilisation sammeln möchten. Die Geschichte Polens ist die Geschichte eines Volkes, das die Hoffnung nie verloren hat, das niemals gebrochen wurde und niemals vergessen hat, wer es ist. Ich danke euch sehr. So eine große Ehre. Dies ist eine mehr als 1000 Jahre alte Nation. Eure Grenzen wurden für mehr als 100 Jahre ausradiert und erst vor einem Jahrhundert wiedererrichtet.

1920, beim Wunder an der Weichsel, stoppte Polen die sowjetische Armee, welche Europa erobern wollte. Dann 19 Jahre später, 1938, wurdet ihr noch einmal überrannt; Diesmal von Nazi-Deutschland aus dem Westen und der Sowjetunion aus dem Osten. Das ist Leiden. Das war hart.

Unter der Doppelbesatzung ertrug das polnische Volk unbeschreibliche Bösartigkeiten: das Massaker im Katyn-Wald, die Besatzung, den Holocaust, das Warschauer Ghetto und den Warschauer Ghettoaufstand, die Zerstörung dieser wunderschönen Hauptstadt und den Tod von fast jedem fünften polnischen Menschen.

Eine florierende jüdische Bevölkerung, die größte Europas, wurde auf fast nichts reduziert, nachdem die Nazis systematisch Millionen von polnischen jüdischen Bürgern ermordet hatten, zusammen mit zahllosen anderen während dieser brutalen Besatzung.

Im Sommer 1944 bereiteten sich die Nazi- und Sowjetarmeen in Warschau auf eine schreckliche und blutige Schlacht vor. Mitten in dieser Hölle auf Erden erhoben sich die Polen, um ihre Heimat zu verteidigen.

Ich bin sehr geehrt, heute neben Veteranen und Helden des Warschauer Aufstandes auf dem Podium zu stehen. Welch großer Geist.

Wir grüßen euer edles Opfer und versprechen, uns immer an euren Kampf um Polen und für die Freiheit zu erinnern. Vielen Dank. Vielen Dank. Dieses Denkmal erinnert uns daran, dass mehr als 150.000 Polen starben während des verzweifelten Kampfes zum Sturz der Unterdrückung.

Auf der anderen Seite des Flusses warteten die sowjetischen Streitkräfte. Sie beobachteten, wie die Nazis die Stadt schonungslos zerstörten und bösartig Männer, Frauen und Kinder ermordeten.

Sie versuchten, diese Nation für immer zu zerstören, ihren Überlebenswillen zu zerstörten. Aber tief im polnischen Charakter gibt es Mut und Kraft, den niemand zerstören konnte. Der polnische Märtyrer, Bischof Michal Kozal, sagte es so: „Schrecklicher als das Besiegtwerden durch Waffen ist der Zusammenbruch des menschlichen Geistes."

Durch vier Jahrzehnte kommunistische Herrschaft hindurch ertrug Polen und die anderen gefangenen Nationen Europas eine brutale Kampagne zur Zerstörung eurer Freiheit, eures Glaubens, eurer Gesetze, eurer Geschichte, eurer Identität; ja, des Wesens eurer Kultur und eurer Menschlichkeit.

Trotz all dem habt ihr diesen Geist nie verloren. Eure Unterdrücker versuchten, euch zu brechen, aber Polen konnte nicht gebrochen werden.

Und als der Tag kam, am 2. Juni 1979, und 1 Million Polen versammelten sich auf dem Siegesplatz zu ihrer ersten Messe mit ihrem polnischen Papst, an diesem Tag musste jeder Kommunist in Warschau gewusst haben, dass ihr Unterdrückungs-System bald zusammenbrechen würde.

Sie müssen es genau im Augenblick der Predigt von Papst Johannes Paul II. geahnt haben, als eine Million polnischer Männer, Frauen und Kinder plötzlich ihre Stimmen zu einem einzigen Gebet erhoben.

Eine Million polnischer Leute fragten nicht nach Reichtum. Sie fragten nicht nach Privilegien. Stattdessen sagten 1 Million Polen drei einfache Worte: „Wir wollen Gott.“

Mit diesen Worten erinnerte sich das polnische Volk an das Versprechen für bessere Zukunft. Sie schöpften neuen Mut, ihren Unterdrückern ins Gesicht zu sehen. Und sie fanden Worte, um zu verkünden, dass Polen wieder Polen sein würde.

Wenn ich heute hier vor dieser unglaublichen Menschenmenge stehe, dieser gläubigen Nation, können wir noch jene Stimmen durch die Geschichte widerhallen hören. Ihre Botschaft ist heute so wahr, wie eh und je. Das polnische, amerikanische und das europäische Volk schreien noch immer: „Wir wollen Gott.“

Gemeinsam mit Papst Johannes Paul II. bekräftigten die Polen ihre Identität als eine Nation, die Gott ergeben ist. Und mit dieser kraftvollen Erklärung, wer ihr seid, verstandet ihr, was ihr tun und wie ihr leben [wollt].

Ihr standet in Solidarität gegen Unterdrückung, gegen eine gesetzlose Geheimpolizei, gegen ein grausames und böses System, das eure Städte und eure Seelen verarmte, und ihr habt gewonnen. Polen siegte. Polen wird immer siegen.

Ihr wurdet bei diesem Sieg über den Kommunismus durch eine starke Allianz der freien Nationen im Westen unterstützt, die der Tyrannei trotzte. Nun als eines der engagiertesten NATO-Mitglieder, nahm Polen seinen Platz als eine führende Nation eines starken, vollständigen und freien Europas wieder auf. Ein starkes Polen ist ein Segen für die Völker Europas und das wissen sie. Ein starkes Europa ist ein Segen für den Westen und die Welt.

Hundert Jahre nach dem Eintritt der amerikanischen Truppen in den Ersten Weltkrieg ist der transatlantische Bund zwischen den Vereinigten Staaten und Europa stark wie eh; ja, und vielleicht in vielerlei Hinsicht noch stärker.

Dieser Kontinent steht nicht länger dem Gespenst des Kommunismus gegenüber. Doch heute sind wir im Westen und müssen zugeben, dass es düstere Bedrohungen für unsere Sicherheit und unsere Lebensweise gibt.

Ihr seht, was da draußen passiert. Das sind Bedrohungen. Wir werden ihnen ins Auge sehen. Wir werden gewinnen. Aber das sind Bedrohungen.

Wir stehen einer anderen bedrückenden Ideologie gegenüber, die versucht, Terrorismus und Extremismus rund um den Globus zu exportieren.

Amerika und andere [Länder] haben einen Terrorangriff nach dem anderen erlitten. Wir werden dafür sorgen, dass es aufhört.

Während einer historischen Versammlung in Saudi-Arabien rief ich die Führer von mehr als 50 muslimischen Nationen auf, gemeinsam diese Gefahr zu vertreiben, die die ganze Menschheit bedroht. Wir müssen gegen diese gemeinsamen Feinde zusammenhalten, um ihnen ihr Territorium, ihre Finanzierung und ihre Netzwerken zu nehmen und jegliche Form ideologischer Unterstützung.

Während wir neue Bürger, die unsere Werte teilen und unser Volk lieben, immer begrüßen, werden unsere Grenzen dicht sein für Terrorismus und Extremismus jeglicher Art.

Wir kämpfen hart gegen den radikal-islamischen Terrorismus. Und wir werden uns durchsetzen.

Wir können diejenigen nicht akzeptieren, die unsere Werte ablehnen und Hass benutzen, um Gewalt gegen Unschuldige zu rechtfertigen.

Heutzutage ist der Westen außerdem mit Mächten konfrontiert, die versuchen, unseren Willen zu testen, unsere Zuversicht zu untergraben und unsere Interessen zu beeinträchtigen.

Um gegen neue Formen der Aggression gerüstet zu sein, einschließlich Propaganda, Finanzkriminalität und Cyberkrieg, müssen wir unser Bündnis aktualisieren, um effektiv auf allen neuen Schlachtfeldern konkurrieren zu können.

Wir fordern Russland auf, seine destabilisierenden Aktivitäten in der Ukraine und anderswo aufzugeben, ebenso seine Unterstützung für feindliche Regime wie Syrien und Iran, und sich stattdessen der Gemeinschaft verantwortungsvoller Nationen anzuschließen in unserem Kampf gegen gemeinsame Feinde und zur Verteidigung der Zivilisation als solcher.

Schließlich sind unsere Bürger auf beiden Seiten des Atlantiks noch mit einer weiteren Gefahr konfrontiert, die [jedoch] vollkommen in unserer Hand liegt. Diese Gefahr ist für einige unsichtbar, aber den Polen vertraut: [Es ist] das schleichende sich Ausweiten der Regierungsbürokratie, die dem Volk Vitalität und Wohlstand aussaugt.

Nicht Papierkram und Regulierungen machten den Westen groß, sondern [der Umstand], dass Menschen erlaubt war, ihren Träumen und Schicksalen nachzugehen.

Die Amerikaner, Polen und Nationen Europas schätzen Freiheit und Souveränität. Wir müssen gemeinsam den Kräften entgegentreten – egal ob sie von Süden, Osten, innen oder außen kommen – die mit der Zeit drohen, diese Werte zu untergraben und Bande der Kultur, des Glaubens und der Tradition zu löschen, die uns zu dem machen, was wir sind.

Wenn sie unkontrolliert bleiben, werden diese Kräfte unseren Mut untergraben, unseren Geist aussaugen und unseren Willen schwächen, uns [selbst] und unsere Gesellschaften zu verteidigen.

Aber wie unsere vergangenen Gegner und Feinde hier in Polen lernten, wissen wir, dass auch diese Kräfte zum Scheitern verurteilt sind, falls wir ihr Scheitern wollen. Und wir wollen wirklich, dass sie scheitern.

Sie sind nicht nur deshalb dem Untergang geweiht, weil unsere Allianz stark ist, unsere Länder belastbar und unsere Macht unübertroffen ist. (Man muss sagen, all das ist wahr.)

Unsere Gegner sind dem Untergang geweiht, weil wir niemals vergessen werden, wer wir sind. Und wenn wir nicht vergessen, wer wir sind, können wir einfach nie geschlagen werden. Die Amerikaner werden es nie vergessen. Die Nationen Europas werden es nie vergessen. Wir sind die festeste und größte Gemeinschaft. Nichts gleicht unserer Völkergemeinschaft. Die Welt hat nie eine Völkergemeinschaft wie die unsrige gekannt.

Wir schreiben Symphonien. Wir streben nach Innovation. Wir feiern unsere alten Helden, pflegen unsere zeitlosen Traditionen und Bräuche und suchen stets neue Grenzbereiche zu entdecken.

Wir belohnen Brillanz, wir streben nach Vorzüglichkeit und schätzen inspirierende Kunstwerke, die Gott ehren. Wir schätzen die Rechtsstaatlichkeit und schützen das Recht auf freie Rede und freie Meinungsäußerung.

Wir geben Frauen die Macht, Säulen unserer Gesellschaft und unseres Erfolges zu sein. Wir stellen Glauben und Familie, nicht Regierung und Bürokratie, in den Mittelpunkt unseres Lebens.

Und wir diskutieren alles. Wir hinterfragen alles. Wir wollen alles wissen, damit wir besser über uns selbst Bescheid wissen.

Und vor allem schätzen wir die Würde jedes Menschenlebens, schützen die Rechte jeder Person und teilen die Hoffnung jeder Seele auf ein Leben in Freiheit.

Das sind wir. Das sind die unschätzbaren Bande, die uns als Nationen, Verbündete und als Zivilisation vereinen.

Was wir besitzen, was wir geerbt haben – und ihr wisst das besser als irgendjemand, und das seht ihr heute bei dieser unglaublichen Menschenmenge – was wir von unseren Vorfahren geerbt haben, hatte in diesem Ausmaß vorher noch nie existiert. Und falls wir es nicht bewahren können, wird es nie, nie wieder existieren. Also dürfen wir nicht scheitern.

Diese großartige Völkergemeinschaft hat noch etwas anderes gemeinsam: Bei jedem waren es immer die Menschen, nicht die Mächtigen, die das Fundament der Freiheit und den Eckpfeiler unserer Verteidigung bildeten.

Das Volk war hier in Polen das Fundament, wie hier in Warschau. Und es war das Fundament seit den Anfängen Amerikas.

Unsere Bürger haben nicht etwa gemeinsam Freiheit errungen, Schrecken überstanden und dem Bösen ins Auge geblickt, um unsere Freiheit zu verlieren wegen eines Mangels an Stolz und Vertrauen in unsere eigenen Werte. Das haben wir nicht und das werden wir nicht. Wir werden niemals klein beigeben.

Solang wir unsere Geschichte kennen, wissen wir, wie wir unsere Zukunft bauen können.

Die Amerikaner wissen, dass eine starke Allianz von freien, souveränen und unabhängigen Nationen die beste Verteidigung unserer Freiheiten und Interessen ist. Deshalb hat meine Regierung verlangt, dass alle NATO-Mitglieder endlich ihre volle und faire finanzielle Verpflichtung erfüllen. Dieses Beharren hat dazu geführt, dass zusätzliche Milliarden von Dollars in die NATO fließen. In der Tat sind die Leute schockiert. Aber Milliarden und Milliarden von Dollars kommen aus Ländern rein, die meiner Meinung nach nicht so schnell bezahlt hätten.

Für diejenigen, die unsere harte Haltung kritisieren, weise ich darauf hin, dass die Vereinigten Staaten nicht nur mit Worten sondern auch mit Taten gezeigt haben, dass wir fest hinter Artikel V stehen, der gegenseitigen Verteidigungsverpflichtung. Worte sind einfach, aber Taten sind das, was zählt. Und für seinen eigenen Schutz – (und das wisst ihr und das weiß jeder und jeder muss das wissen) – muss Europa mehr tun. Europa muss zeigen, dass es an seine Zukunft glaubt, indem es sein Geld dafür investiert, diese Zukunft zu sichern.

Aus diesem Grund applaudieren wir für Polens Entscheidung, diese Woche vorangegangen zu sein, um von den Vereinigten Staaten das kampferprobte „Patriot" Luft- und Raketenabwehrsystem zu erwerben, das Beste der ganzen Welt.

Das ist auch der Grund, warum wir das polnische Volk als eines der NATO-Länder grüßen, das tatsächlich den Investitions-Maßstab unserer gemeinsamen Verteidigung erreicht hat.

Vielen Dank. Danke, Polen. Ich muss sagen, euer Beispiel ist wirklich großartig und wir applaudieren Polen. Vielen Dank.

Wir müssen daran erinnern, dass unsere Verteidigung nicht nur eine Verpflichtung des Geldes, sondern auch eine Verpflichtung des Willens ist. Denn wie die polnische Erfahrung lehrt, liegt die Verteidigung des Westens letztlich nicht nur an den Mitteln, sondern auch am Willen des Volkes, sich durchzusetzen, erfolgreich zu sein und das Notwendige zu bekommen.

Die grundlegende Frage unserer Zeit ist, ob der Westen den Willen zum Überleben hat. Haben wir den Glauben an unsere Werte, um sie um jeden Preis zu verteidigen? Haben wir genug Respekt für unsere Bürger, um unsere Grenzen zu schützen? Haben wir den Wunsch und den Mut, unsere Zivilisation vor denjenigen zu bewahren, die sie untergraben und zerstören würden?

Wir können die größten Volkswirtschaften und die tödlichsten Waffen der Erde haben, aber wenn wir keine starken Familien und starke Werte haben, werden wir schwach sein und nicht überleben.

Wenn jemand die entscheidende Wichtigkeit dieser Dinge vergisst, dann lasst ihn ein Land besuchen, das dies niemals tat, dann lasst ihn nach Polen kommen …

… und lasst ihn nach Warschau kommen und die Geschichte des Warschauer Aufstandes lernen … Eure Helden erinnern uns daran, dass der Westen mit dem Blut der Patrioten gerettet wurde, dass jede Generation aufstehen muss und ihre Rolle bei seiner Verteidigung spielen muss …

… und dass jede Fußbreite Boden und jeder letzte Zentimeter Zivilisation es wert ist, mit eurem Leben verteidigt zu werden.

Unser eigener Kampf für den Westen beginnt nicht auf dem Schlachtfeld. Er beginnt mit unseren Köpfen, unserem Willen und unseren Seelen. Heute sind die Bande, die unsere Zivilisation vereinen, nicht weniger lebenswichtig und fordern nicht weniger Verteidigung als jener nackte Fetzen Land, der einst die Hoffnung von ganz Polen bedeutete.

Unsere Freiheit, unsere Zivilisation und unser Überleben hängt an diesen Banden der Geschichte, der Kultur und der

Erinnerung. Und heute – wie eh und je – ist Polen in unserem Herzen, und sein Volk nimmt an diesem Kampf teil.

So wie Polen nicht gebrochen werden konnte, erkläre ich heute vor der ganzen Welt, dass der Westen niemals je gebrochen werden wird. Unsere Werte werden sich durchsetzen, unsere Völker werden gedeihen, und unsere Zivilisation wird triumphieren …

Also lasst uns alle gemeinsam kämpfen wie die Polen, für Familie, für Freiheit, für Land und für Gott. Vielen Dank. Gott segne euch, Gott segne das polnische Volk, Gott segne unsere Verbündeten, und Gott segne die Vereinigten Staaten von Amerika.

Vielen Dank. Gott segne euch. Vielen Dank.

(Übersetzt nach Transkript des „Time"-Magazin)

ARD-Gesprächsrunde: „G20-Bilanz: War es das wert?"

10. Juli 2017

Die G20-Bilanz fällt blamabel aus. Während die 20.000 eingesetzten Polizisten verletzt und ausgezehrt zurückbleiben, verteidigen Politiker den gigantomanischen ergebnislosen G-20-Gipfel. Außer Spesen nur Chaos gewesen!

Mehr Polizei hatte Deutschland nicht zu bieten!

Während der Sonntagabendtalk mit Anne Will[1] von mir zumeist boykottiert wird, weil mir die Gesprächsführung der Mainstream-Vertreterin Anne Will zu offensichtlich ist, durfte ich mich gestern nicht ausblenden, da es um die Frage ging: „G20-Bilanz: War es das wert?"

---

[1] www.daserste.ndr.de – Anne Will 09.07.2017: G20-Bilanz – War es das wert?

Zu Recht kam zu Beginn der Polizist Jan Reinecke vom Bund Deutscher Kriminalbeamter zu Wort, der die Sicht der geschundenen Kollegen mit folgendem Statement erörterte: „Wir hatten keine Chance, die Bürger besser zu schützen", sagte er. Zwar sei klar gewesen, was da auf die Stadt zukommt. Dennoch sei die Herausforderung zu groß[1] gewesen – und das obwohl sämtliche verfügbaren Polizeikräfte aus dem Bundesgebiet zusammengezogen wurden und wörtlich: „So viel Polizei konnte der Bund nicht aufbringen, um alles gleichmäßig zu schützen." Der eigentliche politische Skandal aber kam in seinem folgenden Satz zur Geltung:

„Der Schutz der Gipfelteilnehmer hatte erste Priorität, die Bürger der Stadt zu schützen, hatte Priorität zwei."

Die Schönrederei der Politiker

Die Worte des Herrn Reinecke konnten natürlich der Hamburger Oberbürgermeister Olaf Scholz und das Merkel-Sprachzentrum Peter Altmaier nicht auf sich sitzen lassen. Während Scholz die Verteidigungsrolle für das Zerstörungschaos in Hamburg übernahm, versuchte Altmaier, den G20-Gipfel schönzureden und seine inhaltlichen Erfolge zu präsentieren.

Durch die Einblendung des Zitats von Ralf Martin Meyer, Polizeipräsident Hamburg … „Wenn es in der Peripherie zu Sachbeschädigungen kommt, muss man das in Kauf nehmen. Das Erste der polizeilichen Pflicht ist es, den Gipfel zu schützen" … hatte sich zunächst die Scholz-Verteidigung erledigt, die weitere Diskussion der Gesprächsteilnehmer über das Ergebnis des Gipfels tat dann noch ihr Übriges.

---

[1] www.focus.de – Völlig erschöpfte G20-Polizisten müssen auf Boden schlafen

Der Skandal-Gipfel der Angela Merkel

Die Aussagen in der Abschlusserklärung[1] des Gipfels sind nichts als eine Blamage im Hinblick auf die Zivilgesellschaften und die immensen Probleme dieser Welt wie Kriege, Flüchtlingskrise und Armutsbekämpfung. Das wird schon in der Überschrift des Kommuniqués „Eine vernetzte Welt gestalten" deutlich. In der Präambel heißt es dann: „Unser gemeinsames Ziel – starkes, nachhaltiges, ausgewogenes und inklusives Wachstum – in der G20 voranzubringen, bleibt unsere höchste Priorität."

Für dieses starke, nachhaltige, ausgewogene und inklusive Wachstum wurden 476 Beamte verletzt. Mehr als 20.000 Polizisten waren insgesamt im Einsatz, teils durchgängig mit nur wenigen Stunden Schlaf. Das ist *Skandal Nummer 1*.

Skandal Nummer 2 beinhaltet die Aussagen und Kenntnisse über das Pariser Klimaabkommen.

Ziel und Absprache ist die Begrenzung des Anstiegs der globalen Durchschnittstemperatur auf deutlich unter 2° C über dem vorindustriellen Niveau. Um das 2-Grad-Ziel erreichen zu können, muss die Emission von Treibhausgasen schrittweise eliminiert werden.

Dazu verkündet G20 in Hamburg nun vollmundig: „Wir bleiben gemeinsam einer Minderung des Treibhausgasausstoßes verpflichtet." Das wusste die Welt auch schon vor der Chaos-Inszenierung in Hamburg. Die einzige Neuerung ist, dass Trumps USA und wohl auch Erdogan bei diesem Klima-abkommen nicht mehr mitmachen. Und wie sieht es mit dem Gastgeberland Deutschland aus? Der selbsternannte Klima-schutz-Vorreiter Deutschland bekommt schlechte Noten: Einer Studie zufolge hat Deutschland in den ersten drei Monaten des Jahres 2017 sein gesamtes Jahresbudget an CO2-Emissionen bereits verbraucht.[2] Auch in den kommenden Jahren ist keine Besserung in Sicht.

Damit sind wir dann schon bei *Skandal Nummer 3*. Deutschland ist damit selber aus dem Pariser Klima-schutzabkommen ausgestiegen, doch die ehemalige Umwelt-

---

[1] www.g20.org – oder – www.bundesregierung.de
[2] www.tagesschau.de – CO2-Jahresbudget schon aufgebraucht

ministerin und heutige Kanzlerin Merkel verkauft ihren G20 in Hamburg als Riesenerfolg!

Was fehlte, war nicht der Mainstream

Zurück zu Anne Will. Wo blieb die Kostenrechnung für das Hamburger Spektakel, wo die Frage nach den Wiedergutmachungskosten für Geschädigte, wo die Frage nach den Steuergeldern der Bürger, die doch das Recht hätten, zu wissen, wozu ihre Steuergelder unter Merkel wohl auch zukünftig verschwendet werden. Antwort auf die Themenfrage der Sendung? Fehlanzeige!

Heraus kam bei der Sendung das, was auch beim G20-Gipfel herausgekommen war: Viel Lärm um nichts!
Anne Will hat dem Mainstream gedient und sich mit ihrem Friede-Freude-Eierkuchen-Format Merkels gleichgestricktem Politikstil angeschlossen.

Herr Minister Gröhe, werden Sie endlich tätig!

16. Juli 2017

An Antibiotika-resistenten Keimen sterben jährlich 25.000 Menschen in Europa. Aber Gröhe und sein Gesundheitsministerium starten Nebelkerzen zur Beruhigung des Wahl-volks, dessen Dezimierung längst begonnen hat. Was aber bedeutet schon ein Menschenleben in Anbetung der „Götter“ Wachstum, Produktivität und Globalisierung auch im Gesundheitsbereich?

Gesundheitsministerium im Schlafmodus

Wer in den letzten Jahren die Zustände im Gesundheitswesen, die Meldungen über Krankenhäuser, Geburtsabteilungen, Keimbelastung, Hebammen und Pflegekräfte verfolgt hat, fragt sich, warum der dafür Verantwortliche, Gesundheitsminister Hermann Gröhe, nicht im Dauerrundschlagrhythmus tätig ist. Gleichzeitig wundert man sich über die Bürger des Landes, die scheinbar unberührt von verheerenden Zuständen im Land Ruhe bewahren und das Wort Barrikaden scheinbar aus ihrem Wortschatz gestrichen haben. Die Einzigen, die fast in der Stille und unbemerkt kämpfen, sind die vielen im Gesundheitsbereich Tätigen sowie die Kranken und Betroffenen, die diese in Deutschland vorherrschenden Zustände ertragen müssen.

Zustände in Pflegeheimen

Obwohl die Bewertungen für deutsche Pflegeheime alle zwischen gut und sehr gut liegen, überhört man nicht die Horrorgeschichten,[1] die von Angehörigen der Heimbewohner oft zutage gefördert werden. Journalisten des gemeinnützigen Recherchebüros CORRECTIV haben sich die Daten zu rund 13.000 Pflegeheimen in Deutschland vorgenommen und neu bewertet. Nach deren Bewertung gibt es in 60% der Heime zu bemängelnde Zustände, die vorrangig die Pflege der Patienten betreffen. Besondere Mängel[2] traten auf bei der Versorgung mit Nahrung, bei der Schmerzbehandlung und in der Vorsorge für Bettlägerige, damit diese sich nicht wund liegen.

Wer sollte in dieser Republik mehr Anerkennung abschöpfen als der Mensch, welcher sich um alte und kranke Menschen kümmert und die Ausbildung zum Altenpfleger oder Krankenpfleger absolviert hat? Es grenzt an Arroganz, diesem Berufsbild nicht von Anfang an größere Aufmerksamkeit geschenkt zu haben und Pflege sowie Krankenstationen nicht schon längst mit einem höheren Lohn und Besetzungsspiegel ausgerüstet zu haben. Eine Schmerzklinik klebt in der Nacht einen Zettel an die Stationstür mit dem Hinweis „Nachtschwester in Station x", was bedeutet, dass es eine Nachtschwester für zwei Stationen gibt. Im Pflegeheim verstirbt ein alleinstehender Patient, ohne das Besucherehepaar, das sich mit regelmäßigen Besuchen sehen ließ und um Benachrichtigung bat, über den Tod zu informieren. Eine in der Ausbildung befindliche Altenpflegerin bedient die Magensonde eines Insassen. Der ist danach tot und niemand kann sich von dem Toten verabschieden, weil der Sarg sofort geschlossen werden muss.

---

[1] www.nordkurier.de – Schockierende Zustände im Altersheim
[2] www.focus.de – Schlechte Zustände in Deutschlands Pflegeheimen

Über Zustände zu berichten ist für Pfleger eine gefährliche Angelegenheit so wie auch Lehrern die Verpflichtung obliegt, über Interna Stillschweigen zu bewahren. Und doch haben Zustände zuweilen dafür gesorgt, dass man die Angst überwand und öffentlich um Hilfe rief.

Die jetzt verabschiedete Reform der Pflegeausbildung, bei der eine zweijährige Ausbildung für Kranken-, Kinderkranken- und Altenpfleger als Basis für alle vorgesehen ist, ließ Gröhe als Nebelkerze steigen. Danach sollen die angehenden Pfleger die allgemeine Ausbildung entweder fortsetzen, oder sich im letzten Jahr als Alten- oder Kinderkrankenpfleger spezialisieren können. Von besserer Bezahlung ist nicht die Rede, von Aufwertung des Pflegeberufs ist allerdings die Rede, verstehe das, wer wolle. Sollte sich in der über sechs Jahre geplanten Testphase mehr als die Hälfte der Auszubildenden für die allgemeine Ausbildung entscheiden, könnten die Spezialausbildungen abgeschafft werden. Diese Reform sei ein Kompromiss, wie es heißt. Sie ist der Versuch des Herumhantierens ohne deutlich dafür in den Finanztopf greifen zu wollen.

Das unnütze Sterben in deutschen Krankenhäusern

Der Journalist Klaus Brandt hat in einem Protokoll einer Recherche, veröffentlicht im Essener Klartext-Verlag über Krankenhäuser in NRW auf über 400 Seiten das Thema „Keimzelle Krankenhaus" beurbeitet und über Killerbakterien wie MRSA und VRE berichtet, die für den Tod und die Verstümmelung vieler Patienten verantwortlich sind.
Erschütternde Beschreibungen mit entsprechenden Fotos der inzwischen Verstorbenen machen wütend und werfen die Frage auf, was die Niederlande, Großbritannien und Skandinavien eigentlich besser machen. „Der Blick nach Holland, das hierzulande stets als Goldstandard der Keimbekämpfung zitiert wird, zeigt: Während es im vergleichbar großen Nordrhein-Westfalen 430 Akutkrankenhäuser mit Intensivstationen gibt, wo besonders viele multiresistente Keime[1] auftreten, haben die Niederlande nur 99 solcher Kliniken. NRW hat auch dreimal mehr Krankenhausbetten pro tausend Einwohner als Holland.

---

[1] www.zeit.de – Multiresistente Keime: Zögert nicht, es geht um Menschenleben

Dafür gibt es an Rhein und Ruhr jedoch nur ein Drittel so viele Krankenhaushygieniker wie in niederländischen Häusern. Und nur zehn Prozent der deutschen Kliniken haben überhaupt einen hauptamtlichen Hygieniker."

„Infizierte Patienten werden in Holland intensiv betreut und behandelt – auch durch klinische Mikrobiologen und Infektiologen. Ein Antibiotika-Team, intern „A-Team" genannt, schwärmt immer dann ungefragt auf eine Station aus, wenn dort ein Patient länger als 48 Stunden mit Antibiotika behandelt wird … Den optimalen Schutz gibt es nur mit optimalem Personalschlüssel. In den Niederlanden sind an jeder Klinik hauptamtliche Krankenhaushygieniker und Mikrobiologen vorgeschrieben. In Deutschland ist das erst in Krankenhäusern ab 400 Betten der Fall. Und während in Deutschland eigene mikrobiologische Labors an städtischen Kliniken nicht die Regel sind, dürfen in den Niederlanden Kliniken keine Intensivstation betreiben, wenn sie kein eigenes solches Labor vorweisen können … In Holland werden alle ausländischen Patienten außer aus Skandinavien und Island gescreent. Denn alle anderen Länder gelten als MRSA-Risikogebiete. Auch und besonders Deutschland." (SWR-Odysso)

Krankenhausinsolvenzen und Kreißsaalschließungen

Das Krankenhaussterben[1] in Deutschland ist in vollem Gange und strukturschwache Gegenden haben das Nachsehen. Ein Viertel aller Krankenhäuser wird voraussichtlich bis 2020 vom Markt verschwunden sein. 15 Prozent der Kliniken stehen bundesweit vor dem wirtschaftlichen Aus. Unternehmen, die unrentabel sind, gehen eben in den Konkurs – und Krankenhäuser sind nur noch Unternehmen. Wie heißt in Deutschland die Lösung? Privatisierung! Der Marktanteil der Privatkliniken hat sich, bezogen auf die Betten, im vergangenen Jahrzehnt nahezu verdoppelt. 2010 betrug er schon 15,9 Prozent, der von kommunalen Krankenhäusern schrumpfte auf 49,7 Prozent; den Rest betreiben Kirchen und Wohlfahrtsverbände. Bei der Privatisierung von Krankenhäusern ist

---

[1] www.cicero.de – Krankenhaus im Ausverkauf

Deutschland Weltmeister. Helios, Rhön, Asklepios und Sana haben drei Viertel des privaten Krankenhausmarkts im Griff. Patientenferne Dienste sind so gut wie überall ausgelagert: Logistik, Reinigung, Küche – und wer in letzter Zeit einmal im Krankenhaus war, kann zu den Punkten Reinigung und Küche sicher Erstaunliches beitragen. Auch zum Thema Hygiene empfiehlt es sich, das oben schon erwähnte Protokoll „Keimzelle Krankenhaus" zu lesen. Da werden Keime nicht beseitigt, sondern verteilt. Wen wundert's, dass eine Putzfirma, die billige Arbeitskräfte ins Krankenhaus schickt, vorab keine Hygienelehrgänge veranstaltet, sondern eher darauf bedacht ist, dass möglichst viele Zimmer in möglichst kurzer Zeit geputzt werden (das Wort säubern vermeide ich hier bewusst).

Aber zurück zu den Krankenhausschließungen, die nicht allein für Unverständnis sorgen. Die Schließung von Geburtsabteilungen[1] in den noch vorhandenen Kliniken lässt werdende Eltern ratlos zurück. Geburten sind für ein Krankenhaus nicht mehr wirtschaftlich. Die Gewinnmaximierung[2] hat nun auch beim Kinderkriegen Einzug gehalten. Die Dekadenz dieser Gesellschaft mit dem Hinweisschild über dem Klinikportal „Bei uns keine Geburten" bestätigt Thilo Sarrazins These exakt. „Deutschland schafft sich ab". Als nicht hilfreich beurteilte Merkel derzeit Sarrazins Buch. *Als skandalös beurteile ich die Zustände in der deutschen Gesundheitspolitik, zu vertreten von Merkel und Gröhe.*

Antibiotikaherstellung ohne Hygienekontrollen

Über einen weiteren Skandal im Gesundheitswesen des Dornröschenschlaf-Ministeriums habe ich schon berichtet.[3] Nach Schätzungen werden mittlerweile mindestens 80 bis 90 Prozent aller Antibiotika in China und Indien hergestellt. Nach den Recherchen von NDR, WDR und „SZ"[4] beziehen fast alle großen Pharmakonzerne in Deutschland Antibiotika und Pilzmittel aus Hyderabad. Aber alle lehnten Interviews zu dem

---

[1] www.shz.de – Immer mehr Kliniken schließen ihren Kreißsaal
[2] www.rp-online.de – Immer mehr Kreißsäle in NRW schließen
[3] www.denk-blog.de/der-toedliche-feind/
[4] www.tagesschau.de – 08.05.2017 Tödliche Supererreger aus Pharmafabriken

Thema ab. Und sie wissen auch warum. Die Dezimierung der Menschheit ist in vollem Gange. Wer nicht an einer Krankheit stirbt, darf an Medikamenten und Keimen das Zeitliche segnen.

Lösungen

Es gibt Lösungen für die hier beklagten Zustände, denn es gibt Menschen, die sich auf den Weg gemacht haben, Zustände aufzudecken, neue Ideen zu entwickeln und auch auszuprobieren. Gegen den Pharmariesen allerdings wird der Einzelne scheitern. Die Politik ist gefordert, aber aus Schlaftabletten sind keine Aufputschmittel herzustellen. Um dieses Land, seine Menschen und die Verantwortlichen aus ihrem Wohlfühlschlaf zu holen und unsere Friede-Freude-Eierkuchen-Kanzlerin so fest zu schütteln, dass sie zu agieren beginnt, muss wohl erst eine Katastrophe ungeahnten Ausmaßes geschehen, von der ich glaube, dass sie schon in vollem Gange ist.
Dieses Land, diese Welt braucht Macher, Visionäre und Sehende, die den Schnellzug in die Katastrophen stoppen und aufhören, alles, aber auch alles unter dem Gesichtspunkt des Wachstums und der Wirtschaftlichkeit zu betrachten.

„Es gibt doch eine ganze Latte politischer Halbleichen bis Leichen, die hier auf Kabinettsposten herummodern.“
Joschka Fischer (über das Bundeskabinett 1985)

Merkels inhaltslose Worte: „Wohlstand für alle"

18. Juli 2017

Angela Merkel macht Wohlfühl-Wahlkampf im Sitzen. Sie plaudert über Wachstum, Wohlstand für alle, Europa und Globalisierungsglück für die Menschen. Und die Erde ist eine Scheibe!

Blick in die Realität

In Deutschland existieren 350.000 Obdachlose. Mehr als eine Million Menschen werden von Ehrenamtlichen der Tafel versorgt und 16,5 Millionen Menschen sind von Armut bedroht.

Die Flüchtlinge von heute sind nicht die Facharbeiter von morgen (aus Merkels blumigem Sprachschatz), sondern sie sind die Wohnungslosen von morgen. Was niemand wissen will und niemand sagen darf: Flucht und ungeordnete Einwanderung wie in Deutschland geschehen werden die Armut verschärfen. 71% der Flüchtlinge haben keinen Berufsabschluss. Die Zukunft dieses Landes besteht schon heute aus einer Spaltung zwischen den Armen und den Ärmsten.

Da aber genau diese Menschen an Politik nicht interessiert sind, weil sie sich von ihr vergessen fühlen, zählen sie auch nicht zum Wahlvolk. Warum also sollte sich die Politik um sie kümmern? Stimmen bringt es ihr nicht ein und so dümpeln die von Politik ignorierten Armutsprobleme und die davon Betroffenen kontaktlos vor sich hin. In der Zwischenzeit kümmern sich dann Subunternehmen um die Ausbeutung der Besitzlosen. Zeiten werden vorgegeben, in denen Arbeit und Dienstleistungen erledigt werden müssen. Dabei handelt es sich um zum Teil skandalöse Vorgaben: Paket- und Auslieferungsdienste, Reinigungskräfte in Schulen, Krankenhäusern und Hotels sind den Schikanen ausgesetzt. Geschäftsführer befreien sich von Direktkontakten zu Dienstleistern, übertragen sie an Subunternehmer mit entsprechenden Forderungen, die dann ihrerseits diesen Druck nach unten hin weitergeben. Alles, was schiefläuft, wird den Arbeitnehmern angelastet, selbst mit Strafen müssen sie rechnen. Auch vor Entlassungen dürfen sie sich fürchten. Schließlich können die Subunternehmen aus einem riesigen Reservoir osteuropäischer Arbeiter schöpfen, während die Flüchtlinge ganz ohne Forderungen schon in den Startlöchern stehen. Lohndumping wird zum Normalfall.

Deutschland und „arm" – wer sollte diese beiden Begriffe schon in Verbindung bringen wollen? Gut, da existieren inzwischen vier Armuts- und Reichtumsberichte, aber während beispielsweise ein Prof. Lauterbach im Auftrag der Bundesregierung Studien über die Reichen betreibt, lässt man diejenigen, die von der Hand in den Mund leben, ohne Studien und Interesse an ihnen unter sich.

Die Merkel-Phrasen über „Wohlstand für alle", ihre äußerst erfolgreiche „Marktwirtschaft" und das „Globalisierungsglück" jedes Einzelnen wollen nicht enden. Und so strömten auf Privatinitiative des Funke-Mediengruppe-Mitverlegers Stephan Holthoff-Pförtner 2.800 Menschen in die Essener Philharmonie, um im Rahmen des Politischen Forums Ruhr diese „begnadete" Rednerin folgendes sagen zu hören:
„Wir brauchen in der Welt von heute Ansätze, die alle zu Gewinnern machen. Daher brauchen wir ein Wachstum, das die Teilhabe aller ermöglicht und nachhaltig ist. ... Die Prinzipien der sozialen Marktwirtschaft sind zeitlos. Sie bieten Halt und Orientierung gerade in Zeiten der Globalisierung und Digitalisierung."
... und auf die Flüchtlingspolitik angesprochen: *„Wenn man sich auf den Standpunkt stellt, dass Wohlstand für alle nur für Deutsche gilt oder maximal noch für Europa, dann werden wir kein ruhiges Leben haben."* (WAZ, 12. Juli 2017/Politik)
60.000 Ehrenamtliche in 900 Tafeln sowie 1,5 Millionen Bedürftige haben schon heute kein ruhiges Leben – von Familien und Alleinerziehenden ganz zu schweigen. Die Anmaßung, Ludwig Erhards durch seine Marktwirtschaft angestrebtes Ziel „Wohlstand für alle" für die eigene missglückte Wohlstandspolitik zu missbrauchen, ist mehr als arrogant.

Bevor nun die „Merkelaner" auf die Barrikaden gehen, mögen sie mir die Frage erlauben, was die CDU in der laufenden Legislaturperiode Positives geschaffen hat. Und dann bitte noch ein Beispiel dafür, für was die CDU gewählt werden will. Da blicken wir doch alle direkt in die gähnende Leere. Medienmäßig trägt sie natürlich schon die Krone der nächsten Kanzlerschaft. Inhaltlich steht sie für „Nix"[1], Orientierung geben ihr die Umfragewerte und das Fischen nach Wählerstimmen. Inhaltlich führt sie die schwächste CDU aller Zeiten. Spiegel online[2] dazu: „Ihre Partei gähnt vor Langeweile, sie selbst glänzt derzeit durch Nichtstun – und trotzdem sind CDU und Angela Merkel wieder obenauf."

Tröstende Worte eines Kommentators:
„In einer Welt voller Spinner und Krisen ist es gar nicht so einfach für gepflegte Langeweile zu sorgen."

Meine Worte dazu: Wer sich durch alles hindurchwurschtelt, dahingegen aber eine gefestigte Meinung gegen Volkes Wille per Volksabstimmungen einnimmt, hat Arroganz gegen Demokratie und Grundgesetz eingetauscht.

Die deutsche Zwangsehe Merkel/Seehofer

28. Juli 2017

Die Bad Bank des CDU-Parteiprogramms liegt vor. Uneinigkeiten zwischen den „Schwesterparteien" wurden ausgelagert und stehen nun im Bayernplan 2017 der CSU.

CSU-Ziele im Bayernplan 2017

Am 17. Juli hat auch die CSU ihr Wahlprogramm für die Bundestagswahl im September 2017 nach einstimmiger Abstimmung der Öffentlichkeit vorgestellt. Unter der Bezeichnung „Der Bayernplan" findet sich ein Programm, das klar und deutlich strukturiert die Themen formuliert, die den Bürger interessieren und ein friedliches Zusammenleben der Bayern gewährleistet.

---

[1] www.youtube.com – Volker Pispers: Altersarmut & und die Königin Merkel dazu
[2] www.spiegel.de – Union ohne Programm: Mehltau mit Merkel

Wer sich die Mühe macht, das programmatische Verwandt-
schaftsverhältnis der so genannten „Schwesterparteien" zu

beleuchten, wird ein Liebesband, wie beispielsweise in Grimms Märchen zwischen „Schneeweißchen und Rosenrot" nicht erkennen können.

„CSU-Forderungen,[1] die die CDU nicht mitträgt, haben die Christsozialen in einen eigenen ‚Bayernplan' geschrieben. Dieses Dokument, das die CSU zusätzlich zum Regierungsprogramm der Union vorlegt, sei kein Gegenprogramm zum aktuellen gemeinsamen Regierungsprogramm von CDU und CSU, sondern eine sehr klare Zuspitzung aus bayerischem Interesse, so die CSU."

Ein Schmarrn, was man uns da glauben machen will! Gehörte dieses Programm einer x-beliebigen anderen Partei, würde die CDU mit dieser Partei nie und nimmer eine Koalition bilden! Dieses Schwesterngetöse ist für Merkel sowie für Seehofer nichts als Überlebensstrategie und aus demokratischer Sicht ein Machtspiel-Skandal.

Blick ins Eingemachte

Zum Beweis hier die Themen des Bayernplans mit Ergänzungen aus dem Alternativlos-Programm der CDU.

* Die CSU fordert weiterhin eine Obergrenze für den Flüchtlingszuzug. 200.000 sollten im Jahr kommen dürfen. (*Merkel lehnt eine Obergrenze weiterhin strikt ab*)

* Volksabstimmungen sind der CSU auf Bundesebene wichtig. (*Merkel lehnt Volksabstimmungen kategorisch ab*)

* Die CSU rückt Familien ins Zentrum der Politik: Statt bisher zwei, sollen Müttern, die vor 1992 Kinder bekommen haben, drei Erziehungsjahre angerechnet werden. (*Die CDU sieht keinen Finanzierungsspielraum für die erweiterte Mütterrente*)

---

[1] www.bundestagswahl-bw.de – Wahlprogramm der CSU – Der Bayernplan

* Enthalten im Bayernplan ist aber auch die Handschrift Merkels wie beispielsweise in den Aussagen: Der Soli (1991 von Kohl für ein Jahr zur Kostendeckung der Einheit eingeführt) soll schrittweise bis 2030 abgeschafft sein. Vollbeschäftigung soll bis 2025 erreicht werden. (*Ein Witz im Zeitalter der Digitalisierung und Automatisierung. Bis 2030 ist die Rente laut Merkel solide aufgestellt. Von Altersarmut keine Rede. Der Wunsch ist mal wieder der Vater des Gedankens*)

* Für die CSU ist die deutsche Leitkultur Maßstab. Die Leitkultur umfasst die geltende Werteordnung christlicher Prägung, die Sitten und Traditionen sowie die Grundregeln des Zusammenlebens. Wer nach Deutschland kommen will, solle sich daran ausrichten. So will die CSU beispielsweise das Tragen von Burka und Niqab in der Öffentlichkeit, wo immer dies rechtlich möglich ist, verbieten. In Anbetracht der Abkehr der Türkei von demokratischen Strukturen lehnt die CSU auch weitere Beitrittsverhandlungen mit der Türkei ab. (*Eine klare Positionierung, die aus Merkels Mund noch nicht zu hören war*)

* Die CSU lehnt die Gender-Ideologie und die Frühsexualisierung von Kindern ab und spricht den Eltern das erste Erziehungsrecht an ihren Kindern zu. (*Merkel und ihre CDU befinden sich mittendrin in der Gender-Ideologie und der Frühsexualisierung der Kinder durch entsprechende Lehrpläne. Auch ihre mangelnde Wehrhaftigkeit in Sachen „Ehe für alle" zielt in diese Richtung*)

Wählen, nicht würfeln!

Der Wähler darf sich nun die Augen reiben in Anbetracht derartiger „Schwestern", die uns Einigkeit vorspielen, aber Gegensätzlichkeit[1] vertreten.

Noch wird der CDU-Wähler hoffen, dass alles nicht so heiß gegessen wie gekocht wird, aber er wird sie heiß serviert bekommen, seine Wählerstimme, die er im September mal wieder für 4 Jahre abgibt, um danach weiter tatenlos zuzusehen, was Merkel noch so an Alternativlosigkeiten zu bieten hat.

---

[1] www.csu-grundsatzprogramm.de

Europäischer Gerichtshof vom 27. Juli zur Dublin-Regel

31. Juli 2017

Was sich alle denken konnten, hat der Europäische Gerichtshof nun in ein Urteil gegossen. Die Schengen-Regeln wurden bestätigt und mit einer Ausnahme versehen. Sie heißt „Merkel" und ist eine rein deutsche Angelegenheit.

Von Eindeutigkeit keine Spur

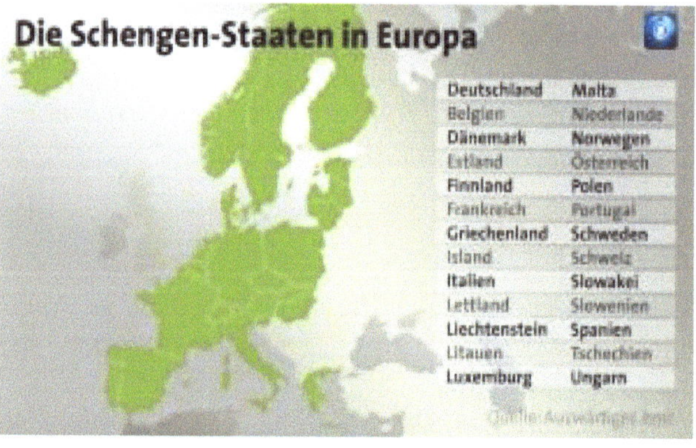

Vera Lengsfeld äußert sich zu diesem fragwürdigen Gerichtsurteil wie folgt:

„Es gab in den Qualitätsmedien viel Gegacker um das Urteil des Europäischen Gerichtshofs vom 27.Juli zur Dublin-Regel, das zeigt, wie weit rechtsstaatliche Grundsätze in Merkel-Deutschland nicht mehr gelten. Recht hat nach Meinung

unserer politisch-korrekten Federführer zurückzustehen, wenn die gute Gesinnung es verlangt."

Lengsfeld bezieht sich da auf das Grundsatzurteil, das der Europäische Gerichtshof vor einer Woche darüber gefällt hat, wo Flüchtlinge in der EU ihren Asylantrag stellen müssen. Davon ist auch die Flüchtlingspolitik von Angela Merkel betroffen. Mit dem Entschluss 2015, die Grenzen für Tausende Flüchtlinge zu öffnen, die sich von Budapest aus in Richtung Westen aufgemacht hatten, hatte sie die Dublin-Regeln faktisch außer Kraft gesetzt.

Wörtlich dazu das Urteil des EUGH: „… Es ist das Überschreiten einer Grenze ohne Einhaltung der Voraussetzungen der im betreffenden Mitgliedstaat geltenden Regelung zwangsläufig als ‚illegal' im Sinne der Dublin-III-Verordnung einzustufen. Zu der den Mitgliedstaaten nach dem Schengener Grenzkodex2 zustehenden Befugnis, Drittstaatsangehörigen, die die Einreisevoraussetzungen nicht erfüllen, die Einreise in ihr Hoheitsgebiet aus humanitären Gründen zu gestatten, stellt der Gerichtshof fest, dass eine solche Gestattung nur für das Hoheitsgebiet des betreffenden Mitgliedstaats gilt und nicht für das Hoheitsgebiet der übrigen Mitgliedstaaten."

Was braucht es ein solches Urteil, das in kurzen verständlichen Worten lautet:

1. Die Einladung Merkels 2015 an die Flüchtlinge war im Sinne der Dublin-III-Verordnung illegal.
2. Diese ihre Gestattungspolitik, in Deutschland einzureisen, betrifft nur Deutschland und beinhaltet keine Verpflichtungen und hat keine Auswirkungen auf die restlichen Mitgliedsstaaten.

Zu einer solchen Aussage braucht es keinen europäischen Gerichtshof. Dieses Urteil haben schon die deutschen und europäischen Bürger gesprochen. Viele von ihnen haben diese Spontanaktion verurteilt, weil seit Jahren den europäischen Staaten die Flüchtlingslage bekannt war, sie sich allerdings alle jahrelang einen schlanken Fuß gemacht haben, lieber über Rettungspakete, Freihandelsabkommen, Trump und Sanktionen gegen Russland zu verhandeln, statt sich um das größte in der Welt vorhandene Problem zu kümmern und sich darauf vorzubereiten – die zu erwartenden Flüchtlingsströme und die Flüchtlingsursachen. Ein europäischer Asylplan, gesicherte Außengrenzen mit Kontrollinstanzen zur Registrierung der Menschen, die nach Europa einreisen. So allerdings kam es ohne Vorbereitung zu dem erlebten Chaos nicht nur in Deutschland.

Und das war nur der Anfang! Wieder steht Italien vor einer erneuten Notlage, die allerdings bewusst ohne mediale Berichterstattung abläuft. Peter Sweden, ein schwedischer Journalist[1] wird beim Filmen zweier Migrantenschiffe in Sizilien aus dem Gelände geschmissen. Er musste seine Aufnahmen löschen, sonst drohte ihm Verhaftung, berichtet er.

Es sollen in den vergangenen Tagen 13.500 Flüchtlinge aus dem Mittelmeer gerettet worden sein, so ein Bericht, gestützt auf Angaben der italienischen Küstenwache.[2] Die italienische Nachrichtenagentur Ansa berichtete von über 12.000 in 48 Stunden und 10.000 Asylsuchenden innerhalb weniger Tage nacheinander.

Man spricht von einem „Juni-Anstieg". In den ersten fünf Monaten seien über 60.000 gekommen, 22.000 im Mai. Der italienische Präsident des Europaparlaments, Antonio Tajani spricht davon, dass die Mittelmeerroute unbedingt geschlossen werden muss, so wie die Balkanroute. Italien sei total überfordert und am Limit der Aufnahmekapazität angekommen.

Leise Stimmen werden deutlicher, dass die Ruhe vor dem nächsten Sturm den bevorstehenden Bundestagswahlen geschuldet ist und der nächste große Ansturm von Flüchtlingen schon im Gang ist. Medien sind angehalten, diese Wahrheiten noch kleinzureden, so wie es eigentlich oft erfahrungsgemäß abläuft. Schweigen, beruhigen, kleinreden, ablenken und zugeben erst dann, wenn Kritik und Rebellion beginnt, Wählerstimmen zu kosten.

Und wer wie ich recherchiert, liest und sucht, erhält umfassendere Informationen, die den durch Tagesschau und Tageszeitung informierten Bürgern oft verborgen bleiben.

---

[1] www.epochtimes.de – Journalist wird in Sizilien an Berichterstattung über ankommende Migranten gehindert und aus dem Hafen eskortiert
[2] www.heise.de – Migration aus Libyen: Italien erwägt Hafenverbot für NGO-Schiffe

Das Glück ist ein Rindvieh und sucht seinesgleichen

03. August 2017

Das Rindvieh ist an allem schuld. Klimaaktivisten forderten schon vor Jahren eine Pupssteuer fürs Rindvieh, jetzt sind Babys/Kinder die schlimmsten Klimakiller. Die Umweltbelastung durch den Flugverkehr wird kaum diskutiert. Dafür hat man die Autoindustrie im Visier. Warten wir auf die Einführung der Atemsteuer für den Menschen.

Schuld an der Klimakrise ist das Rindvieh

Rindviecher sind seit längerem in den Fokus von Wissenschaft und Umwelt gerückt.

Sechs Jahre lang hat ein Team von rund 300 Wissenschaftlern in 25 Ländern daran gearbeitet, das Genom einer Kuh zu analysieren. Bei den Forschungen rund um Kuh und Mensch stellte man fest, dass 83% der Gene von Kühen und Menschen identisch sind. Nun hoffen die Wissenschaftler, dass die Besonderheiten im Genom der Kühe auch dem Verständnis von Erkrankungen beim Menschen und deren möglicher Behandlung zuträglich sind.

Soweit die gute Nachricht über wissenschaftliche Erkenntnisse. Leider hat die Existenz des Rindviehs aber auch negative Auswirkungen.[1] Weltweit stehen heute anderthalb Milliarden Rinder auf der Weide. Das durch Rülpsen und Darmwinde ausgestoßene Methan heizt das Weltklima 25 mal stärker auf als Kohlendioxid, heißt es. So sind sie fürs Klima noch schädlicher als der Verkehr … ???

Die Umweltorganisation WWF forderte schon vor Jahren eine Pups-Steuer. Die Landwirtschaft ist in Deutschland mit bis zu elf Prozent an den Treibhausgas-Emissionen beteiligt, belegt die neue Studie des WWF. Die Umweltschützer fordern von den Bauern nun mehr Engagement. Harald von Witzke, einer der

---

[1] www.youtube.com – Klimasünder Kuh?

Autoren der Studie: „Die Abgase einer einzigen Milchkuh sind in etwa so klimaschädlich wie die eines Kleinwagens, der 18.000 Kilometer im Jahr gefahren wird."

Was tun? Auf Rindfleisch, Milch, Käse etc. verzichten? Viel besser wäre doch das Auffangen dieses Biogases, um damit zu heizen oder das Auto zu betreiben.
Ein Zürcher Forscher will Rindern und Schafen die Blähungen abgewöhnen. Zwar stehen sie friedfertig auf den Weiden, kauen Gras, ab und zu muhen sie und sind das Sinnbild fürs Ländliche, für unvergängliche Beschaulichkeit. Wozu also sich aufregen über umweltignorante Billigfliegerei, über benzinverschlingende Geländewagen in den Städten, über energiefressende Glühbirnen? Nein – alles nur noch harmlos. Das Rindvieh ist der Klimakiller, wie wir jetzt endlich wissen. Messungen haben ergeben, dass ein einziges Vieh 300 bis 500 Liter Methangas jeden Tag ausstößt.

Das Schweizer Pharmaunternehmen Zaluvida hat einen speziellen Futterzusatz entwickelt. Man glaubt, mit „Motral" ein Mittel gefunden zu haben, mit dem die Landwirtschaft ihren Beitrag zum Klimaschutz praktisch über Nacht vervielfachen kann. Es handelt sich um ein Mittel aus Knoblauch- und Citrusextrakt, das den Bakterien in den vier Kuhmägen so zusetzt, dass sie weniger Methan produzieren.

Laut Klimaschutzplan der Bundesregierung müssen die Bauern die CO2-Emissionen bis 2030 um ein Drittel senken.
Das Umweltbundesamt fordert höhere Mehrwertsteuern auf Milch und Fleisch, Greenpeace fordert die Reduktion des Fleischkonsums. Ich fordere die Abschaffung von „Rindviechern".
Und man sollte tunlichst darauf achten, dass das Pups- und Rülpskonzert auf Kuhweiden auch tatsächlich bis 2030 beendet oder enorm eingeschränkt wird. Schließlich wollen unsere Autofirmen auch weiterhin für eine bessere Umwelt ihre Abgasnormen einhalten und unser Herr Bundespräsident von Klein-Kleckersdorf nach Groß-Kleckersdorf fliegen. Das Umweltbundesamt erwartet schließlich eine Verdreifachung der Kohlendioxid-Belastung durch den deutschen Flugverkehr bis

2030. Also bitte, liebe Rindviecher, das werdet Ihr doch wohl einsehen, dass ihr euch einschränken müsst, damit die reisenden Menschen das nicht tun müssen.

Natürlich wird auch der Mensch seinen Anteil am Klimaschutz leisten. Er wird nämlich zukünftig keine Kinder mehr zeugen, weil das Kind nun wissenschaftlich ebenfalls zum Klimakiller[1] erklärt wurde. „Ein Kind schadet dem Klima mehr als 24 Autos" heißt die neueste Erkenntnis.[2] Jetzt werden all die bestraft, die lesen können. Analphabeten haben mit dieser Info kein Problem. Auch Erdogan hält derartige Meldungen für Mumpitz und frönt mit noch nicht gezeugten Kindern seinen Rachegelüsten gegenüber Deutschland und Europa. „Macht nicht drei, sondern fünf Kinder, denn ihr seid die Zukunft Europas", sagte Erdogan im westtürkischen Eskisehir. „Das wird die beste Antwort sein, die ihr auf die Unverschämtheiten, Feindseligkeiten und Ungerechtigkeiten, die man euch antut, geben könnt."

Nun denn, liebe lesende und europäische Bevölkerung … hier eure Zukunftsaussichten aus der Sicht sogenannter Wissenschaftler oder Fachleute:

• Ein Kind weniger zeugen spart 58,6 Tonnen CO2 pro Jahr pro Kopf ein.

• Autofrei leben spart 2,4 Tonnen CO2 pro Jahr pro Kopf ein.

• Einen Transatlantikflug weniger spart 1,6 Tonnen CO2 pro Jahr pro Kopf ein.

• Eine vegetarische Ernährung spart 0,82 Tonnen CO2 pro Person im Jahr ein.

(Erkenntnisse der kanadischen Forscher Kimberly A. Nicholas und Seth Wynes)

Was kann man dazu noch sagen? Die einzige kompetente „Grüne", die ich in NRW schätzte, tat einmal folgenden Ausspruch:

---

[1] www.infranken.de – Klimakiller Nummer eins: Ein Kind schadet Klima mehr als 24 Autos
[2] www.waz.de – Klima-Studie: Warum Babys die größten Klima-Killer sind

„Der Schweizer Käse hat mehr Käse als Löcher. Das Klima-paket (der großen Koalition) hat mehr Löcher als Käse. Und der Rest ist dann auch noch Käse."
Bärbel Höhn (*1952) deutsche Politikerin (Bündnis 90/Die Grünen) – Quelle: Kölner Stadt-Anzeiger / Worte der Woche

So schließt sich der Kreis mit der Zustimmung, dass der größte Klimakiller das Rindvieh ist!

„Made in Germany" – politisch abgeschafft

05. August 2017

Der Diesel-Gipfel stellt Autoindustrie und Politik zufrieden und beruhigt den Bürger mit der Aussage: Maßnahmen werden ergriffen und Fahrverbote verhindert. Wer das glaubt, glaubt auch: Die Erde ist eine Scheibe.

Diesel-Diskussion und Fahrverbot

Laut einer Studie haben Menschen in Stuttgart und München die höchste Lebenserwartung. Aber genau dort, nämlich in Stuttgart, findet gerade ein Angriff auf des Deutschen liebstes Kind, das Auto statt. Hier hat nach all den Abgasskandalen der gesamten Autoindustrie die Diskussion über Emissionswerte, Stickstoffdioxid und Feinstaub-gefährdung ihren Höhepunkt erreicht. Es geht sogar schon die Frage nach einem Fahrverbot[1] um. Laut Urteil des Verwaltungsgerichts seien die Emissionsgrenzwerte für Stickstoffdioxid in Stuttgart erheblich über-schritten, teils um das Doppelte. Der „Diesel-Gipfel" sorgt nun für den nächsten Skandal. Beschlossen wurde eine Software-Nachrüstung für 5

---

[1] www.abendblatt.de – Urteil mit Signalwirkung: Stuttgart droht Diesel-Fahrverbot

Millionen PKW auf Kosten der Hersteller. Toll, wo doch schon von VW eine derartige Zusage für 2,5 Millionen PKW vorliegt.

Diesen ganzen Deal haben sich ja nun Autoindustrie und Politiker schön zusammengestrickt. Man hätte es schon ahnen können. Warum wohl waren weder Verbraucher- noch Umweltverbände zum großen Show-down eingeladen? Man brauchte eine schnelle Einigung im Sinne der kriminell Beteiligten – und das ist auch prima gelungen! Der Dumme ist wie immer der Bürger, der belogen, betrogen und abgezockt wird und für seine weiteren „Untergänge" auch dieses Mal im September wieder in die Wahlkabine tritt, um sein „Weiter-so, ich bin mit Euch zufrieden" in die Urne zu werfen. Schön, dass uns unsere Wirtschaftsministerin (scheinbar haben wir eine, Name Zypries, SPD) den Hintergrund dieser schauerlichen hässlichen Inszenierung verriet. Sie fordert eine gemeinsame Strategie von Politik und Automobilindustrie zur Förderung der Elektromobilität. Da hat sie doch wohl schlicht die wunderbaren Worte ihrer Kanzlerin vergessen. „Das Ziel ist und bleibt: Wir wollen bis 2020 eine Million Elektroautos auf Deutschlands Straßen bringen", sagte Merkel 2013 zum Auftakt der Internationalen Automobil-Ausstellung (IAA) in Frankfurt am Main ... Und die Erde ist eine Scheibe! Nun sieht aber auch die Ökobilanz der gelobten Elektrowelt nicht gerade rosig aus, wie der Kolumnist Jan Fleischhauer im Spiegel[1] mit folgenden Worten anmahnt: „Wer noch immer meint, dass der E-Motor eine saubere Alternative sei, dem kann man nur empfehlen, die Begriffe ‚Lithium', ‚Kobalt' und ‚Nickel' in Verbindung mit ‚Kinderarbeit', ‚Mine' und ‚Menschenrechten' zu googeln. Dass die erforderlichen Batterien künftig umweltverträglich in Deutschland und nicht mehr in China hergestellt werden, ist ein Traum."

Eine ganz andere Rechnung stellt der AfD-Abgeordnete Dr. Christian Blex auf, der in einer Rede[2] danach fragt, warum der

---

[1] www.spiegel.de – Kampf gegen das Auto - Sag zum Abschied leise Polo
[2] www.eike-klima-energie.eu – AfD NRW führt NOx-Begrenzer im Landtag vor – Zulässige Maximale Arbeitsplatzkonzentration (MAK-Wert) ist viele Male größer als Stuttgarter Grenzwert

arbeitende Mensch in Betrieben einer höheren Schadstoffbe-
lastung ausgesetzt sein darf als auf der Straße.

„Stickstoffdioxid NO2 ist ein normaler Ausstoß der Atemluft
und der gesetzlich vorgeschriebene Arbeitsplatzgrenzwert liegt
bei einer 40-Stunden-Woche bei 950 µg/m3. (Mikrogramm pro
m3 Luft). Daraus errechnet liegt der Jahresmittelwert bei 226
µg/m3.

Der gefährdende vom Umweltbundesamt festgelegte Mittelwert
durch Ausstoß eines Fahrzeugs liegt bei 40. Dieser Wert wurde
an 10% der Messwertstellen überschritten, in Stuttgart liegt er
bei 82. …

… Während man also dem Werktätigen tagtäglich 950 µg NO2
zumuten kann ohne gesundheitliche Folgen befürchten zu
müssen, ist der Grüne Städter schon überfordert, wenn er an
weniger stark befahrenen Straßen einem Jahresdurchschnitts-
wert von 40 ausgesetzt ist …"

Bestätigt wird dieses Statement von einem führenden Toxi-
kologen, Professor Helmut Greim von der Technischen
Universität München. Er bestreitet sogar die wissenschaftliche
Basis der festgelegten Grenzwerte von 40 µg NO2 im Freien.
Greim war von 1992 bis 2007 Vorsitzender der MAK-
Kommission,[1] die Luftwerte am Arbeitsplatz bewertet. Aus
Sicht des erfahrenen Giftkundlers hätten Epidemiologen der
Weltgesundheitsorganisation WHO diese niedrigen Werte nur
errechnet und festgelegt. Aber diese seien nicht plausibel. Das
habe er als Experte bei der Bundestagsanhörung bereits am 8.
September 2016 deutlich gesagt.

„Die in der Umwelt, auch an dicht befahrenen Straßen gemes-
senen NO2-Konzentrationen sind erheblich niedriger als die
Arbeitsplatzgrenzwerte", argumentiert Greim. Es sei daher nicht
plausibel, dass Überschreitungen der Grenzwerte im Freien
automatisch mit Gesundheitsschäden verbunden sind.

Verständlich, dass ein solches Thema kontrovers und emotional
diskutiert wird. Skandalös, dass Politik in Deutschland nur noch
von Dilettanten gemacht wird, die es sich nicht mit ihren
Lobbyvertretern und möglichen Zusatzarbeitgebern verderben
wollen. Schließlich hängen auch Parteispenden von der Ver-

---

[1] www.focus.de – Dieselpanik – Politik ignoriert Zweifel am Grenzwert 40 µg

biegefähigkeit der Politiker ab. Und die hat inzwischen Dimensionen angenommen, die dem aufmerksamen Bürger nur noch die Zornesröte ins Gesicht treibt.

So überflüssig wie der G20-Gipfel in Hamburg war nun auch der Diesel-Gipfel. Und da aller guten Dinge drei sind, wird der dritte Gipfel der Gipfel der Unverschämtheit und Frechheit sein, nämlich die Bundestagswahl, bei der die Mitverantwortlichen die Stirn haben, sich wieder wählen zu lassen. Überflüssig wie ein Kropf, ergebnislos wie Wahlversprechen und vorhersehbar wie das „verschobene Fahrverbot für Diesel PKW". Die gerade von Politik und Autoindustrie ausgegebene Schlafpille wird sich nach der Wahl in Luft auflösen. Die dann Wiedergewählten leider nicht.

Demokratie, Bürger und Wahrheit

11. August 2017

Das demokratische System, zu dem unser Staat sich bekennt, beruht auf der Überzeugung, daß man den Menschen die Wahrheit sagen kann.
Carl Friedrich von Weizsäcker (*1912), dt. Physiker

Wer aus Politik und Wirtschaft teilt heute noch Weizsäckers Überzeugung? Dieses demokratische System, von dem er hier spricht, gibt es nicht mehr. In seinen Formulierungen benennt er drei Dinge:

a) ein Bekenntnis des Staates aus Überzeugung,

b) Menschen, gemeint sind die Bürger und Wähler,

c) die Wahrheit.

Bekenntnisse des Staates, also der Regierenden, begegnen uns in besten und sich ständig wiederholenden Formulierungen:
-    Das Bekenntnis zur Verteidigung der Freiheit gegenüber dem Terrorismus,

- das Bekenntnis zum Recht des Einzelnen, speziell gegen Diskriminierung und für Minderheiten,
- das Bekenntnis, dem Wohl des Volkes zu dienen
- und das Bekenntnis zur Förderung des wirtschaftlichen Wachstums sind nur einige davon.

Eine Überzeugung zum demokratischen, also dem Willen der Mehrheit folgenden Handeln ergibt sich daraus zumeist nicht. Wo wird heute noch um politische Wege gerungen, wo fühlen sich Politiker, aber auch Wirtschaftsbosse, noch einer Überzeugung aus Gewissenserforschung verpflichtet, wer ist bereit, für sein Tun, aber auch für Fehlentscheidungen Verantwortung zu tragen und sich öffentlich dafür zu entschuldigen?

Das alles gehört doch in den verwelkten Bereich moralischen Handelns einer in allen Belangen authentischen Persönlichkeit. Derartige Menschen sind heute Einzelgänger und Außenseiter, denen man nur dann Lob zollt, wenn sie den „Karren der Schande" oben aufsitzend kritisieren, jedoch auf keinen Fall von ihm abspringen.

Wolfgang Bosbach ist ein akzeptierter und authentischer Politiker, der oft zu recht die Wege seiner Partei kritisiert, zugleich aber dafür sorgt, dass sie durch ihn als Sympathieträger Wählerstimmen kassiert. Erika Steinbach, Guido Reil oder Alexander Gauland, die konsequenterweise aus ihrer beheimateten Partei austraten, um ihrem Gewissen treu zu bleiben, werden in Kritik, Schmutz und Ablehnung getaucht, obwohl sie genau das tun, was Weizsäcker für das demokratische System für wichtig erachtet: Sie sagen den Oberen und Unteren, also den Politikern und Bürgern die Wahrheit. Wahrheit hier verstanden als das, was ihnen ihre Überzeugung und ihr Gewissen vorgeben. Zu Zeiten von Strauß, Brandt und Wehner war es nicht üblich und nicht nötig, die Partei zu verlassen, der man aus Überzeugung angehörte und in der man trefflich Wahrheiten erstritt. Heute sind

Wahrheiten verpönt, weil sie Karriere, Image und Wählerstimmen kosten. Niemand der Heimlichtuer wird zugeben, dass er durch seine Art des Umgangs mit der Wahrheit die Ursache für Politikverdrossenheit und Wahlmüdigkeit ist. Aus diesem restlichen Aschehäufchen „verkohlter Demokratie" sind bei den Regierenden keine Bekenntnisse aus Überzeugung mehr vorhanden. Das Volk mag Unterschriften sammeln, Petitionen und Demonstrationen organisieren und Forderungen stellen – es wird nur noch als störend und lästig empfunden und aus Überzeugung nicht mehr wahrgenommen. („Wer nicht für Merkel ist, ist ein Arschloch" – Zitat des CDU-Generalsekretärs Peter Tauber).

Stattdessen werden Wahrheiten verschwiegen und abgestritten bis es nicht mehr geht. Und in einem solchen Fall wird dann „mit größtmöglicher Härte restlos und umfassend aufgeklärt", was bisher unter den Teppich gekehrt und dort sicher verborgen war, eine Beruhigungspille fürs Volk gemixt und Empörung vorgegaukelt (Terroranschlag Berlin, Diesel- und Abgasskandal der Autoindustrie).

Wenn doch nur das Volk nicht wär'!

Da man den Menschen, also den Bürgern und Wählern nicht die Wahrheit sagt, ist das ein Zeichen mangelnder Wertschätzung. Es hat sich ja sowieso inzwischen eingebürgert, Politik über die Köpfe der Menschen hinweg zu machen. Skandale häufen sich, ob Pharma-, Lebensmittel- und Autoindustrie: Profitdenken vor Menschenwohl heißt die wichtigste Regel unserer kapitalismusgeschwängerten Gesellschaftsordnung.
Diese geht inzwischen soweit, dass Menschen, die Wahrheit von Industrie und Politik fordern, das Schweigen verurteilen und die Verheimlicher anklagen, selber an den Pranger gestellt werden. „Kritik unerwünscht", verbreitet die Regierung und erlässt Gesetze im Eilverfahren wie das von Justizminister Maas durchgepeitschte halbseidene Netzwerkdurchsetzungsgesetz, ein weiterer Meilenstein auf dem Weg in die „Asche der Demokratie". Einer der scharfen Kritiker, der ehemalige Innenminister Gerhard Baum dazu: „Unsere Persönlichkeitsrechte werden immer weiter verletzt und unsere Datenschutzrechte ausgehöhlt."

Was wahr ist, bestimmen Medien und Presse

Was das Wahrheit-sagen betrifft, darf inzwischen von einer Schweige- und Verharmlosungskultur ausgegangen werden. Und Medien, die sich darauf spezialisieren, das politische Wort zu kommentieren, haben nicht selten den „Schwarzen Peter" in der Hand. Sie gehen entweder der Wahrheit auf den Grund, egal, was Industrie, Wirtschaft und Politik in trauter Gemeinsamkeit aushecken – das erfordert aber gute Recherche und den Willen, den vorgegebenen bequemen Mainstream auch zu verlassen ... oder aber man sorgt für das „Schweigen der Lämmer" (Bürger), indem man sie mit den frisierten „Wahrheiten" so lange einlullt, bis sie „gut informiert" selig und zufrieden entschlummern.

Diese Schlummeraktion, verabreicht durch Presse, Rundfunk und Fernsehen ist beabsichtigt. „Die deutschen Medien[1] sind komplett kontrolliert. Der Springer-Verlag mit seinen etwa 180 Zeitungen, Zeitschriften und anderen Medien gehört Friede Springer, die eng mit Angela Merkel befreundet ist. ... Bertelsmann, der zweite Pfeiler des deutschen Medienimperiums,[2] schreibt inzwischen an Gesetzesvorlagen mit ... Auf diese Weise halten die Medien die Bevölkerung in einer mächtigen Illusionsblase fest, in der uns weisgemacht werden soll, dass Medikamente gesund und Impfungen immun machen, Chemotherapie Krebs heilen kann, Krankenhäuser sicher und sauber sind, ADHS-Kinder Ritalin brauchen, Seuchen ohne Impfungen zurückkehren würden, Fluorid die Zähne schützt, chronische Schmerzen eine normale Alterserscheinung ist, Soja die gesündeste Proteinquelle ist, Deutschland Jodmangelgebiet ist, CO_2 für den Klimawandel verantwortlich ist, Biogasanlagen gute Energie produzieren, die Wirkung der Homöopathie nur auf Glauben beruht und, und, und.

Diese „Wahrheiten" sind des Volkes (Verblödungs-)Futter und Angela Merkel ist die bevollmächtigte Futtermeisterin der Nation. Sie funktioniert wie ein Schweizer Uhrwerk und auch

---

[1] www.lichtsprache-online.com – Die deutschen Medien sind komplett kontrolliert
[2] www.youtube.com – Volker Pispers: Wem gehören die Medien? Oder der Stacheldraht durch die Köpfe der Menschen

ohne ihre „Wahrheitsverkündung" weiß die Presse, was zu berichten und was nicht zu berichten ist.

Das (schein-)demokratische System, zu dem unser Staat sich entwickelt hat, beruht auf dem Prinzip politischer Arroganz, welche dem Menschen keinen Anspruch auf Wahrheit zubilligt. (Barbara Erdmann)

Merkelstrategisch direkt in den Wahlsieg

17. August 2017

Der Kanzlerin-Unterstützungsverein, kurz CDU, hat keinen Fahrplan und braucht auch keinen. Applaus spenden und Merkel-Märchen weiter erzählen reicht vollkommen, um den Wahlsieg im September einzufahren.

Auf der Machtwelle schwimmen, wenn nötig abtauchen.

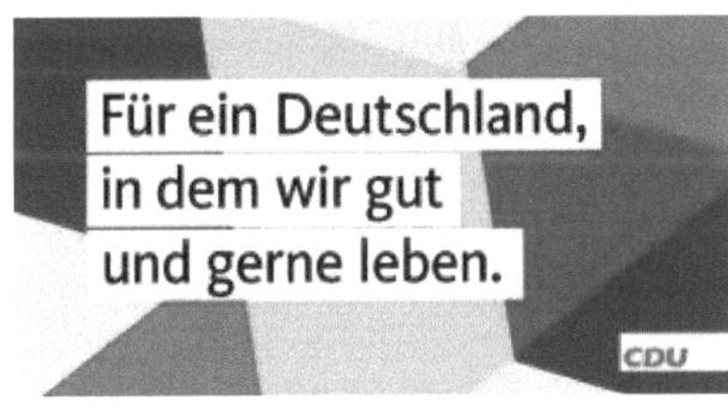

Ja, wo war sie denn, die auf der Machtwelle schwimmende Kanzlerin der Stagnation und Ideenlosigkeit? Während es dem liebsten deutschen Kind, seinem Auto, gehörig an den Kragen ging und der Diesel-Gipfel die Arroganz der Automanager und die Abhängigkeit der Politiker von ihnen zutage förderte, machte Mutti frei und feierte schon einmal in Urlaubsstimmung ganz privat ihren September-Wahlsieg vor. Wahlkampf braucht sie nicht mehr. Sie ist für keinen Kampf geschaffen. Schon in Kindertagen hat sie ihre Merkelstrategie in der ehemaligen DDR erworben: Auf gewünschter Welle schwimmen, bei Gefahr abtauchen. Beim Auftauchen ein paar Nettigkeiten ins Volk pusten, nach allen Seiten zustimmend nicken und dafür sorgen, dass ihr ebenfalls von allen Seiten wohlwollend zugenickt wird. Einigkeit und Recht und Freiheit hat sie in Besitz genommen und gut verteilt. Einigkeit verlangt sie unter ihren Frauen und Männern der CDU, das Recht gehört ihr persönlich und die Freiheit stellt sie bei Erfüllung einiger Voraussetzungen ihrem Volk in Aussicht. So funktioniert die Merkelstrategie perfekt und aus diesem märchenhaften Zustand[1] wurde der CDU-Wahlspruch gestrickt: „Für ein Deutschland, in dem wir gut und gerne leben."

Inzwischen hat die Kanzlerin sich dem Wahlvolk, d.h. den geladenen CDU-Mitgliedern, in der Dortmunder Westfalenhalle gezeigt, um ihnen das Deutschland, in dem man gut und gerne leben will, zu präsentieren. Dort konnte sie ja dann den Autofahrern der Nation erklären, warum sie 2013 nach fünf Jahren Verhandlung zum Ärger von Umweltschützern höchstpersönlich schärfere CO2-Regeln für Autos in Brüssel blockierte. Andere EU-Staaten hatten sich auf die neue CO2-Norm geeinigt, die Merkel eigenhändig kippte. „Die Bundesregierung mit Kanzlerin Angela Merkel, die sich so gerne der angeblichen Vorreiterrolle Deutschlands beim Klimaschutz rühmt, ist seit Jahren der beste Lobbyist der deutschen Autoindustrie bei der Europäischen Union in Brüssel, wenn es um CO_2 geht. Briefe, Minister-Vorlagen und Vermerke aus den vergangenen Jahren dokumentieren eindrucksvoll, wie sehr sich die Regierung für BMW, Daimler und Volkswagen einsetzte und jede Gelegenheit nutzte, um die EU von allzu strengen CO_2-Grenzwerten für den Straßenverkehr abzuhalten und wie solche Grenzwerte trickreich verwässert werden", kritisierte die Süddeutsche 2016[2] die Lobbyhörigkeit der Kanzlerin.

Ein Werbebrief der CDU ihre Mitglieder und Sympathisanten flattert augenblicklich in die Briefkästen und Postfächer der potentiellen Wähler. Darin auffällig die fettgedruckten Anteile wie

- **starke Wirtschaft, die gute Arbeitsplätze[3] schafft** (Milliardenbeträge aus Steuermitteln werden aufgewendet, um die nicht existenzsichernde Arbeit aufzustocken.)

---

[1] www.nachrichtenspiegel.de – Angela Merkel: „Deutschland geht es gut … und andere Märchen

[2] www.sueddeutsche.de – Merkel ist die beliebteste Lobbyistin der Autoindustrie

[3] www.denk-blog.de – Merkels inhaltslose Worte: „Wohlstand für alle"

- **2016 sind die Renten[1] so stark gestiegen wie 23 Jahre nicht mehr.** (Etwa 27 Jahre muss man arbeiten, um überhaupt erst einmal das Niveau der Grundsicherung fürs Alter zu erreichen. Grundsicherung ist der neue Begriff für Sozialhilfe: Geringverdiener, Langzeitarbeitslose, Teilzeitkräfte, Minijobber, Dauerpraktikanten, Solo-Selbständige … Sie alle werden später, wenn sie sich zur Ruhe setzten, ihren Lebensstandard erheblich reduzieren müssen. Im Klartext: sie verbringen ihr Alter in Armut, d.h. auf Sozialhilfeniveau.)
- **verbesserte Mütterrente** (Thema der Vergangenheit, heute ein Streitthema zwischen CDU und CSU)
- **für einen guten Zusammenhalt[2] in unserer Gesellschaft** (Die Bedürfnisse nach ökonomischer Sicherheit, sozialer Geborgenheit, regionaler und kultureller Beheimatung werden gefressen von einem Globalisierungsprojekt des grenzenlosen Kapitals ohne menschliches Antlitz)
- **bestmögliche medizinische Versorgung[3]** (Viel Geld und Potential stecken im deutschen Gesundheitssystem, das System allerdings beschert uns einen rasanten Abstieg. Es verkommt immer mehr zu einem profitorientierten Gesundheitsmarkt.)
- **würdige Pflege[4]** (Deutschland ist Europas Schlusslicht bei der Pflegequalität. Kein Wunder, wenn massiv Stellen abgebaut werden, die Belastung steigt, während gleichzeitig Bevölkerung und Pflegekräfte altern. Dass in Deutschland neun Jahre Schulbildung für eine Pflegekraft genügen, zeigt, dass Pflege als bloßes Handwerk verstanden wird, obwohl Pflegekräfte menschlich wie wissenschaftlich hohe Anforderungen erfüllen müssen.)
- **Versorgung und Pflege im ländlichen Raum** (Problem erkannt)

---

[1] www.denk-blog.de – Rente ab 70 gegen Altersarmut?
[2] www.denk-blog.de – Die Teilung Deutschlands in Arm und Reich
[3] www.denk-blog.de – Der tödliche Feind
[4] www.denk-blog.de – Herr Minister Gröhe, werden Sie endlich tätig!

- **Nur wer sicher ist,**[1] **kann frei leben** (Sicherheit und Freiheit sind Grundlage einer Demokratie. Diese Grundlage ist nicht mehr gegeben.)
- **Deutschland geht es auf Dauer nur gut, wenn es Europa**[2] **gut geht.** (Welches Europa?)

Nun, Frau Merkel, ob Ihre Welt, Ihr Deutschland, Ihr Europa auch mit meinen Vorstellungen kompatibel sind, möchte ich bestreiten. Ein Weiter-so Ihrer langjährigen Schlingerkurs-Politik lehne ich ab, da sie nur auf Machterhalt ausgerichtet ist und ihr der christlich-demokratische Fahrplan fehlt.

Das Volk muss gesteuert werden, ohne dass es das weiß. (Bernays)

21. August 2017

Hören und sehen reichen allein nicht aus. Mehr denn je sind Skepsis und Zweifel vonnöten, um Manipulationsabsichten von Politik und Medien zu durchschauen.

Tagesschau ohne deutsche Nachrichten

Seit Tagen spielen die deutschen Medien die Trumpophonie in allen Molltonarten. Was er sagt, wie er es sagt, wann er was sagt – am 15. August hat es dann die Tagesschau zur besten Sendezeit endlich geschafft, Deutschland so gut wie ganz aus den Nachrichten herauszuhalten. Nachdem die Bombendrohung und die Evakuierung des Gladbecker Kaufparks mit keinem Wort in den großen Medien erwähnt worden war, stand fest, dass die Handelskette M&M (Merkel & Medien) ihre Zensurstrategie bis zur Bundestagswahl festgelegt hatte. Trump eröffnete mal wieder den Nachrichtenblock, dann eine kurze Giftei-Erwähnung und ein Insolvenzhinweis auf Air Berlin, ein paar Sätze über die unzureichende Frauenquote in Chef-

---

[1] www.denk-blog.de – „Staatsgewalt" verhöhnt: Gewalt gegen Polizisten
[2] www.denk-blog.de – Europa der Banken muss Europa der Bürger werden

etagen und zum Schluss gab es ein Lob über die neuartige Rettung durch Drohnen nicht etwa in Deutschland, sondern in Frankreich.

Zur gleichen Zeit wie das von Justizminister Heiko Maas eingeführte Netzwerkdurchsetzungsgesetz wurde scheinbar auch von allen unbemerkt ein Nachrichtenverschönerungsgesetz in Kraft gesetzt, das aus drei Regeln besteht.

1. Zu berichten sind schwerpunktmäßig Horror- und Schreckensnachrichten aus allen Ländern der Welt,

2. Nachrichten aus Deutschland müssen sich durch Belanglosigkeit und Harmlosigkeit auszeichnen.

3. In jeder Nachrichtensendung muss ein Positivum aus Deutschland eher unauffällig ins Ohr der Öffentlichkeit gelangen, um den Betrachter und Hörer der Nachrichten die Unterscheidung „Böse Welt – gutes Deutschland" unbewusst ins Hirn zu transportieren.

Techniken der Massenmanipulation

Bei der Frage, wie es dazu kommen kann, dass Manipulation ein alltägliches von der Masse nicht bemerktes Geschäft ist und die gewünschten Meinungen hervorbringt, stoßen wir auf den König der Propaganda Edward L. Bernays. **Er war der Neffe des großen Sigmund Freud** und gilt bis heute **als Vater der PR** (Public Relation = Öffentlichkeits-arbeit). In seinem Werk „**Propaganda**" erklärt er unumwunden seine erfolgreichen Techniken der Massenbeeinflussung, die von Firmen, von Politikern, von amerikanischen Präsidenten übernommen wurde. Heute begegnen sie uns in allen Medien, die entsprechend gewünschte Wahrheiten verbreiten und diese ins Hirn der Menschen, ja eines ganzen Volkes „implantieren". Schwer zu glauben, aber wahr. Wie sonst sind denn folgende Massenmeinungen entstanden?

– Grippeimpfungen verhindern eine Grippe
– Antibiotika sind lebenswichtig
– Medikamente heilen
– Trump ist ein Idiot

– Amerika ist unser Freund
– Griechenland muss in der EU bleiben
– Der Brexit ist ein Fehler und schadet Großbritannien
– Merkel ist die Klimakanzlerin
– Dieselabgase töten Menschen
– Wir schaffen das

Bernays benutzte seine Erkenntnisse nicht dazu, um verborgene Motive im menschlichen Unterbewusstsein aufzudecken, sondern um Absichten zu verkleiden und Illusionen zu schaffen, die rein zu Profitzwecken die Menschen betrogen und Tatsachen verfälschten.
Zeit seines Lebens nahm Bernays Hunderte verschiedener Aufträge an, um die öffentliche Wahrnehmung einer Idee oder eines Produkts zu erschaffen oder zu (ver-)formen.
Bald begriffen die Propaganda-Pioniere, dass nicht nur Produkte, sondern auch Meinungen manipulierbar sind und begannen, die Medien dafür zu nutzen. Sie fanden heraus, dass Emotionen das Volk eher manipulieren als Tatsachen und eine wie auch immer formulierte gleiche Aussage tausendfach wiederholt die gewünschte Massenmeinung erzeugt. Eine Regel, die zur Manipulation der Masse beiträgt, habe ich schon bei Noam Chomsky[1] beschrieben. Sie findet immer und immer wieder Anwendung und lautet: Versetze die Masse in Angst oder präsentiere ihr ein Problem und serviere ihr dazu gleich die passende Lösung. Das macht Eindruck und beruhigt sogleich die aufgewühlte (Schaf-)Herde. Dann frisst sie dir aus der Hand. Beispiele dafür gibt es genug. Die Terroranschläge und der gesamte Auto- und Dieselskandal sind Beispiele dafür. Die Lösung für den Terror liegt in der Bekräftigung aller Staatsträger, dass wir uns unsere Freiheit nicht nehmen lassen und wir alle solidarisch beieinander stehen. Der Autoskandal hat etliche Lösungsansätze zur Beruhigung des Volkes geliefert: Nachrüstung, Preisnachlässe, Sammelklage und Aktivitäten wie den Diesel-Gipfel, der genauso sinnlos war wie der G20-Gipfel. Wenn man erst die Regeln der Manipulation und der Mainstreamschaffung durchschaut hat, ist man der Freiheit seines Geistes ein kleines Stückchen näher gerückt.

---

[1] www.denk-blog.de – 10 Strategien zur Manipulation der Masse

General Motors und seine Blei-Benzin-Lüge

Einem sehr sehr lesenswerten Artikel[1] entnehme ich die folgende unglaubliche Tatsachengeschichte zum gerade aktuellen Auto-Abgas-Skandal:

Im Buch „Trust Us We`re Experts" („Vertrauen Sie uns, wir sind Experten") haben die Autoren John Stauber & Sheldon Rampton einige verblüffende Informationen zusammengetragen, welche die Wissenschaft der Erzeugung einer „öffentlichen Meinung" in Amerika beschreiben (eins zu eins auf Deutschland übertragbar).

Stauber erzählt darin die verblüffende Geschichte, wie verbleites Benzin zur Einführung kam. 1922 entdeckte General Motors (GM), dass die Beigabe von Blei zum Benzin mehr PS erbrachte. Als es Bedenken wegen der Sicherheit gab, bezahlte GM das Bergbauamt dafür, einige gefälschte „Versuche" durchzuführen und unechte Forschungsergebnisse zu veröffentlichen, die „bewiesen", dass das Einatmen von Blei harmlos sei. Stellen wir in diesem Zusammenhang Herrn Charles Kettering vor.
Charles Kettering war nicht nur Gründer des weltberühmten Sloan-Kettering Gedächtnisinstitut für medizinische Forschung, sondern zufällig auch Vorstand bei General Motors. Durch einige seltsame Zufälle bringt das Sloan-Kettering Institut bald darauf Berichte heraus, die aussagen, dass Blei von Natur aus im Körper vorkommt, und dass der Körper die Möglichkeit habe, geringe Mengen davon wieder auszuscheiden.   Durch die Verbindung zur Stiftung für industrielle Hygiene (Industrial Hygiene Foundation) und zum PR Riesen Hill & Knowlton boykottierte Sloane-Kettering jahrelang alle Anti-Blei-Studien mit Erfolg (Stauber, S. 92).   Ohne organisierten wissenschaftlichen Widerstand wurde in den nächsten 60 Jahren mehr und mehr Benzin verbleit, bis in den 70ern schon 90% des Benzins verbleit waren.
Nach langen Jahren unermüdlicher, unabhängiger Aufklärungsarbeit wurde die Schädlichkeit von Blei jedoch zu offen-

---

[1] www.zentrum-der-gesundheit.de – So werden Sie durch die Medien manipuliert

sichtlich, um weiter vertuscht werden zu können, und verbleites Benzin wurde in den späten Achtzigerjahren langsam abgeschafft.   Aber in den insgesamt 60 Jahren wurden schätzungsweise 30 Millionen Tonnen Blei staubförmig auf Amerikas Straßen und Autobahnen freigesetzt. 30 Millionen Tonnen. Das, Freunde, ist die Auswirkung von Lügen-PR.

Präsident Recep Tayyip Erdogan in Hochform

22. August 2017

Eine weitere Folge der unendlichen Geschichte. In der Rolle des Helden Recep Tayyip Erdoğan. Weitere Mitwirkende in Opfer- und Statistenrollen.

Langer Arm und freches Mundwerk

Der Testosteron-Lümmel der Türkei meldet sich wieder zu Wort. Er ließ den türkischstämmigen Kölner Schriftsteller Doğan Akhanlı im spanischen Granada nach einer Ausweiskontrolle festnehmen. Er stand auf Erdogans Wunschliste, nach der alle seine Kritiker einkassiert werden. Diese Festnahme[1] ist wie alle von Erdogan getätigten Freiheitsberaubung und hat auch in diesem Fall mit Rechtsstaatlichkeit nichts zu tun. Erdogan nutzt jede Organisation wie in diesem Fall Interpol für sein Machtgehabe, um auch jenseits der türkischen Grenzen seine Demokratie-Zertretungskünste vorzuführen.

Doğan Akhanli ist inzwischen gegen Auflagen wieder frei. Trotzdem ist dieser Fall eine weitere Tragödie für die Betroffenen, die selber kaum eine Möglichkeit haben, sich zu wehren. Und es ist eine Schande für die gesamte Europäische Union, wieder einmal keine gemeinsame Strategie – diesmal gegen den türkischen Krakehler – entwickelt zu haben.

---

[1] www.merkur.de – Kölner Schriftsteller Akhanli auf Betreiben Ankaras in Spanien festgenommen

Was ist das für ein skandalöses Trauerspiel auf diesem Kontinent, wo sich Politiker, die Demokratie und Menschenrechte predigen, nicht in der Lage sehen, diesem Despoten Einfluss, Macht und Geld so deutlich zu entziehen, dass die Türkei europäisch, aber auch wirtschaftlich und finanziell vorübergehend in die Bedeutungslosigkeit rutscht? Russland belegt man mit Sanktionen, über die inzwischen die Meinungen deutlich auseinanderdriften. Erdogan hat und behält Narrenfreiheit, die er weiter und ausgiebig genießt und nutzt.

Als er allerdings vor wenigen Tagen mal einen Griff in seine Theateraufführungskiste mit der Aufschrift „Komödiantisches" tat und seine „lebenden Besitztümer" in Deutschland aufforderte, die Wahl von CDU, SPD und Grünen im September zu boykottieren,[1] huschte eine kurze gedankliche Danksagung durch mein Inneres. Da verfolge ich seit Anfang 2016 alle politischen Ereignisse in Deutschland und Europa, analysiere Wahlversprechen und ihre Umsetzung und erlebe informiert und deshalb bewusst den enormen Niedergang ethischer, politischer und demokratischer Werte. Meine Überzeugung, dass die von uns Gewählten für das Volk tätig sind und der Demokratie alle Ehre machen, schwand wie der frühe Sommernebel auf den Feldern. Lügen, Skandale, Manipulationen, Hilflosigkeiten, Unfähigkeiten, Gerede und Passivität begegneten mir fast täglich bei den Menschen, die ihren Eid geleistet hatten zum Wohle ihrer Bürger. Meine Überzeugung, dass ich keine dieser sich in Amt und Würden befindlichen Personen mit ihren Parteien zukünftig wählen würde, wuchs von Tag zu Tag und nun leistet mir zu meinem Erschrecken ausgerechnet der Mann „Amts- bzw. Wahlhilfe", der Europa, den Menschen und allen demokratisch Denkenden den größten Schaden zufügt.

Dieser Aussage Erdogans, CDU, SPD und Grüne bei der Bundestagswahl zu boykottieren, habe ich nichts hinzuzufügen. Der Stimmzettel ist lang genug und die neue Partei „Grundeinkommen"[2] bietet genügend Denk- und Gesprächsstoff für alle Bürger, die wie ich glauben, dass die Zeit der

---

[1] www.youtube.com – ARD – Erdogan ruft zu Wahlboykott in Deutschland auf
[2] www.buendnis-grundeinkommen.de -

Märchenerzähler allmählich endet und die Zeit der Bürgerdemokratie längst überfällig ist.

Der Terror nimmt kein Ende

25. August 2017

„Es ist wahrscheinlicher an einer Pilzvergiftung oder durch einen Hitzschlag zu sterben, als bei einem Terroranschlag in Deutschland oder Europa ums Leben zu kommen!" Das sind die tröstenden Worte des Risikoforschers Prof. Dr. Dr. Ortwin Renn für die durch Terror Verletzten und Hinterbliebenen.

Dieses Mal Barcelona

Der Terror nimmt kein Ende. Dieses Mal wütete er im Herzen Spaniens, in Barcelona. Die Terroristen konnten sich sicher sein, dass sie mit ihrem Anschlag mitten im Sommer zur Urlaubszeit gleich viele unterschiedliche Nationen treffen würden. Und so ist es geschehen. 130 Verletzte aus 34 Ländern der Welt und 13 Tote sind zu beklagen, nachdem ein Lieferwagen auf der Flaniermeile Las Ramblas mitten in Barcelona in die Passanten raste. Wie auf der Strandpromenade in Nizza und auf dem Berliner Weihnachtsmarkt bedienten sich die Attentäter eines Transporters, den sie zu einer tödlichen Waffe umfunktionierten. Kranke und manipulierte Hirne junger Männer voller Hass gegen die Lebensweise westlicher Länder und unter dem Vorwand ihres islamischen Glaubens im Kampf gegen die Ungläubigen scheinen Europa im Visier zu haben.

Die immer gleichen Beileidsworte der Regierenden in der immer gleichen Kampfgeistverpackung für Freiheit und Demokratie wirken inzwischen wie ein Gebet vor dem Schlafengehen. In Deutschland geht man danach gleich wieder zur Tagesordnung über. Diese heißt augenblicklich „Wahlkampf".

141

In einer TV-Sendung kamen vor kurzem Hinterbliebene des Terroranschlags auf dem Berliner Weihnachtsmarkt zu Wort, die ihre Enttäuschung darüber zum Ausdruck brachten, dass sie seitens der Politik keine Anteilnahme und keine Hilfe erfahren haben. Die Getöteten seien gesellschaftlich gar nicht wahrgenommen worden, sondern nur in einer „Zahl der Toten" enthalten gewesen. Da mag man politisch über unser Nachbarland Polen zu Recht oder zu Unrecht herziehen – die in Smolensk bei einem Flugzeugabsturz 2010 97 Verunglückten wurden alle namentlich benannt und betrauert. Jeder von ihnen erhielt ein Gesicht, Fotos wurden gezeigt, ihre Lebensläufe erzählt. In Berlin waren Anonyme getötet und beerdigt worden. Wo blieb in Berlin die Achtung vor den Ermordeten und die Wertschätzung ihrer Hinterbliebenen?

Die immer gleichen Reden und Beileidsbekundungen helfen niemandem, erst recht nicht den Hinterbliebenen und Verletzten. Sigmar Gabriel, der noch als Wirtschaftsminister eine traurige Figur abgegeben hatte, reiste in seiner Funktion als Außenminister nach Spanien, um sich um die Menschen zu kümmern. Eine lobenswerte Geste des Anstands, die er auch hoffentlich ohne den gerade stattfindenden Wahlkampf in Deutschland getätigt hätte?!

Bundespräsidenten – abgehoben und überflüssig

26. August 2017

Bundespräsident in Deutschland – eine verzichtbare Theaterrolle auf der politischen Bühne, die den Steuerzahler, selbst nachdem der Vorhang für ihn gefallen ist, eine gute Stange Geld kostet.

Über Geld spricht man nicht, Geld hat man …

denken sich die Politiker, insbesondere die Bundespräsidenten der BRD. Auch mit **Frank-Walter Steinmeier** auf diesem

Posten weiß man, dass die Position Bundespräsident verzichtbar ist. Außer bei seiner Unterschrift unter das Gesetz „Ehe für alle" war Steinmeier abkömmlich und tritt so gut wie gar nicht in Erscheinung. Nun war bekannt, dass er der Friede-Freude-Eierkuchen-Präsident an der Seite der Harmonie-Kanzlerin Angela Merkel werden und sich die Abtauchfähigkeit seiner Kanzlerin zunutze machen würde, um nach seiner unruhigen Reiserei als Außenminister endlich in ruhigere Fahrwasser zu gelangen. Gerade deshalb erstaunt eine Pressemeldung,[1] die verkündet, dass der gesamte Personalrat im Schloss Bellevue aus Protest zurücktritt. Grund seien Neubesetzungen von Stellen mit dem Vorwurf, die Hausspitze habe im Zuge des Amtswechsels mehr als 20, also ungewöhnlich viele Stellen an Parteifreunde und frühere Weggefährten von Steinmeier vergeben. Mit diesem neuen Team habe das „Ende der vertrauensvollen Zusammenarbeit" zwischen Personalrat und Leitung des Bundespräsidialamtes stattgefunden.

Nicht nur diese Episode wirft die Frage auf, ob die Position eines Bundespräsidenten, der in Kabarettkreisen nur noch als „Grußaugust" bezeichnet wird, noch vertretbar und notwendig ist. Ein Bürgerverständnis scheint es da ja nur noch eingeschränkt zu geben, da sich mit diesem Posten auch ein hoher Finanzaufwand verbindet.

Wer hat überhaupt noch Verständnis für die hohen Bezüge und Vergünstigungen von Politikern nach ihrer aktiven Amtszeit? Da streicht ein **Christian Wulff**, gewünschter Kandidat von Angela Merkel, nachdem sie Köhler wegen einer Ehrlichkeitsformulierung in die Wüste geschickt hat, mit 52 Jahren nach weniger als zwei Jahren Amtszeit 199.000 Euro Jahressold ein. Er solle wenigstens auf die Sonderleistungen wie Büro, Mitarbeiter, Dienstwagen verzichten, forderte der heutige Amtsträger Frank-Walter Steinmeier. „Menschenkenntnis ungenügend" kann da nur konstatiert werden. Der Herr hatte schon viel früher abgehoben und schwebte nun nach seiner wenn auch nur kurzen Amtsträgerschaft erst recht in Sphären der Bürgerferne. Er verlangte die gleiche Behandlung wie seine Vorgänger.

---

[1] www.sueddeutsche.de – Personalrat im Schloss Bellevue tritt aus Protest zurück

Dabei entging ihm wohl, dass sein Vorgänger, **Horst Köhler** aus einem edleren Holz geschnitzt war. Von der Regierung Merkel/Westerwelle aus Amerika heranzitiert trat der dem Volk unbekannte Horst Köhler 2009 sein Amt an. Das Hamburger Abendblatt stellte ihn mit folgenden Sätzen vor: „Mit sanften Reden im Weihestil ist nicht zu rechnen, Köhler ist sich bewusst, dass man die Menschen ‚abholen' muss. Wichtiger erscheint es ihm jedoch, sie in Bewegung zu setzen." Kaum im Amt, setzte er die Politiker in Bewegung,[1] vorne weg Merkel, die wie immer durch Schweigen ihre Missbilligung ausdrückte. Köhlers Stolpersatz wurde eine Äußerung zum Afghanistaneinsatz der Bundeswehr. Im Notfall sei auch „militärischer Einsatz notwendig (…), um unsere Interessen zu wahren, zum Beispiel freie Handelswege". Diese Aussage hatte bei den Schönfärbern und Realitätsfremden quer durch die Parteien in Berlin einen Sturm der Entrüstung ausgelöst: Köhler habe Bundeswehreinsätze in Zusammenhang mit wirtschaftlichen Interessen gebracht, bemängelten Kritiker. Köhler tat das einzig Richtige: Er dankte ab … und jetzt an Herrn Wulff gerichtet, der vom Ehrensold seiner Vorgänger spricht … Köhler verzichtete auf seinen Ehrensold!

Joachim Gauck, Wulffs Nachfolger, scheint ebenso die Bodenhaftung verloren zu haben. Umbauten des 200 Quadratmeter großen Bürotrakts mit allem Schnick und Schnack auf Kosten der Steuerzahler hatte Joachim Gauck für die „Zeit danach" für sich und seine Gefolgschaft in Auftrag gegeben und damit bewiesen, wie gerne doch der Politiker den Lack annimmt, den er dem „kleinen Mann" von den Schuhen kratzt.

Auch in NRW hat ein 5 Jahre lang tätig gewesener **Ministerpräsident Rüttgers** (CDU) den Versuch unternommen, sich seine politische Bedeutungslosigkeit vergüten zu lassen. Seine Forderung nach einem 5-jährigen Sonderstatus,[2] bis 2015 also Dienstwagen mit Fahrer, seine Sekretärin und ein repräsentatives Büro im Landtag sowie sein Staatskanzlei-Berater Boris Berger – alles das nach dem Machtwechsel in NRW und

---

[1] www.suedeutsche.de – Die Angriffe auf mich waren ungeheuerlich
[2] www.zeit.de – Rüttgers will Dienstwagen und Fahrer behalten

seinem Abgang – brachten den Bund der Steuerzahler in Rage und der Forderer ruderte zurück. Die Kosten der Außer-Dienst-Versorgung hätten bei jährlich deutlich über 200.000 Euro gelegen. Es kam mit Zustimmung der neuen Ministerpräsidentin Hannelore Kraft zu einer Übergangslösung.
Ein Kommentar eines Lesers damals: *„Das ‚Sparpaket' à la Rüttgers beinhaltet übrigens einen Dienstwagen vom Typ Audi A8 W12 quattro in der Langversion mit gut 20 Liter Spritverbrauch im Stadtverkehr und einem CO2-Ausstoß von 324 Gramm. "*

Politikverdrossenheit, Wahlmüdigkeit, Misstrauen, Ablehnung und Resignation sind darauf die Reaktionen der Bürger. Eine Studie der Bertelsmann-Stiftung schon vor Jahren zeigte, dass 70 Prozent der Deutschen ihr Vertrauen in Politik und Wirtschaft verloren haben und sich unter der Oberfläche dieses Vertrauensverlustes neue soziale Bewegungen formieren, die die gesellschaftliche Einflussnahme und politisch unabhängige Mitsprache neu organisieren wollen. Die ehemalige **Verfassungsrichterin Gertrude Lübbe-Wolff** hielt die Einführung von Volksabstimmungen[1] auf Bundesebene für ein richtiges Mittel gegen die Politikverdrossenheit der Bürger. „Wo das Volk selbst entscheidet, trägt es selbst die Verantwortung für das Ergebnis seiner Entscheidungen. Es gibt keine bessere Anleitung zur Vernunft und keine effektivere Form der Verantwortung als die, dass man die Suppe, die man sich eingebrockt hat, selbst auslöffeln muss."

---

[1] www.taz.de – Verfassungsrichterin über Grundgesetz – Volksabstimmungen kommen

Deutsche und europäische Geldgeschenke an Erdogan

28. August 2017

Deutsche und europäische Gelder für einen Autokraten und ein Land, das darüber nachdenkt, die Todesstrafe einzuführen. Was stört das den deutschen Bürger, wenn er nur billig reisen kann?

Warnung vor Türkeireisen?

Auf die Frage an den Außenminister Sigmar Gabriel,[1] ob er eine Reisewarnung in die Türkei aussprechen werde, musste der Zuhörer schon pfiffig genug sein, um das Gedrehe und Wortgewurschtel letztlich als Warnung zu verstehen.

Muss wirklich erst eine obere Instanz Weisungen erteilen oder Warnungen aussprechen, damit der Bürger seine Urlaubsabsicht mit dem Ziel Türkei überdenkt, streicht oder gar nicht erst in Erwägung zieht?

Dass die türkischstämmigen Menschen, die Erdogan lieben und unterstützen, in ihrer Heimat Urlaub machen, ist verständlich. Dass allerdings der Normalbürger keinen Solidaritätsbeitrag für die Tausenden von unschuldig Inhaftierten in der Türkei leistet, indem er die Türkei als Urlaubsland vorübergehend meidet, ist schon ein starkes Stück. Natürlich ist der Urlaub dort billiger geworden, weil sich sowohl Inländer als auch Ausländer nicht unbeschwert sicher fühlen können. Ich finde, dass wir es den Türken und Deutschen, die durch Erdogan ihr normales Leben und ihre Freiheit verloren haben, schuldig sind, ein Zeichen zu setzen und Erdogans augenblickliche Türkei zu meiden. Schließlich sitzen auch schon Deutsche dort in Haft oder dürfen das Land nicht verlassen.

Wie aber denken die deutschen Türkei-Touristen darüber? Eine Antwort blendete vor wenigen Tagen die Tagesschau ein. Auf dem Flughafen wurden Türkei-Reisende befragt. Sie gaben ein mulmiges Gefühl zu, fanden aber, dass kein Urlaub im Augenblick günstiger sei als der in der Türkei und sie deshalb ihr mulmiges Gefühl verdrängen. Eine wahrhaft reife politische Einstellung!

---

[1] www.youtube.com – NICHT MEHR VERFÜGBAR

Skandalöse Türkei-Politik von allen Seiten

Und wenn das beliebte Argument kommt, dass doch die Menschen nichts für die Politik Erdogans können, dann widerspreche ich diesem Argument ganz massiv. Es sind doch immer nur die Menschen, die eine solche Politik zulassen. Die Geschichte lehrt uns, dass durch Revolutionen, Putsche und Bürgerkriege, aber auch durch eine friedliche Revolution wie in Ostdeutschland passiert, Menschen Kräfte entwickeln können, die das politische Ruder rumreißen können.

Ich kann nicht anders als an Hitlers Säuberungs- und Gleichschaltungswahn nach der nationalsozialistischen Machtergreifung im Jahre 1933 zu denken. Denn die Maßnahmen Erdogans nach diesem selten laienhaften Putsch, die ad hoc aus Erdogans Ärmel gezogen wurden, sind kriminell. Hunderte von Generälen, Tausende von Offizieren aus den Streitkräften entlassen, über 30.000 Personen festgenommen. Die Gefängnisse müssen Kriminelle entlassen, um Platz für sie zu schaffen. 3.000 Staatsanwälte und Richter, insgesamt 70.000 Staatsbeamte wegen angeblicher Zusammenarbeit mit der Gülen-Bewegung arrestiert, suspendiert oder gefeuert. 1.600 Hochschuldekane und 4.000 Akademiker auf die Straße gesetzt. Zig kurdische Oppositionspolitiker festgenommen. 20.000 Lehrer an Privatschulen verloren ihren Job, von den Journalisten, die in Gefängnissen sitzen und den verbotenen und geschlossenen Zeitungsverlagen Radiostationen und Fernseh-sendern ganz zu schweigen.

Dass Erdogan den Flüchtlingsdeal mit Merkel aufkündigt, hält Theo Sommer, Kolumnist der Zeit,[1] für unwahrscheinlich. „Ankara wird nicht auf die sechs Milliarden Euro verzichten wollen, die ihr die EU bis 2018 zur Linderung der Flüchtlingsnot zukommen lassen will. Schon gar nicht könnte das Land die Euro-Milliarden verschmerzen, die ihr die Brüsseler Gemeinschaft jedes Jahr als Vor-Beitrittshilfe zufließen lässt (von 2007 bis 2013 waren das 4,795 Milliarden; für 2014 bis 2020 sind 4,453 Milliarden eingeplant)."

---

[1] www.zeit.de – Fünf vor acht / Recep Tayyiip Erdogan - Warten hat keinen Zweck mehr

Henryk M. Broder[1] bezeichnet die deutsche Türkeipolitik als skandalös und erst recht die 700 Millionen Euro jährlich, die zum Zwecke der „Förderung von Demokratie, Zivilgesellschaft und Rechtsstaatlichkeit" ins Erdogan-Land fließen.

Das Kind muss einen Namen haben und die Europäische Union ihre Berechtigung. Selbst dann, wenn die Gelder für den Bau des Prunkpalastes eines Autokraten verwendet werden.

Hilfe, Oettinger kommt!

Für Erheiterung in dieser Tragödie sorgt unser europäischer Komiker Günther Oettinger,[2] der wahrscheinlich auf Weisung seiner Landeschefin Angela Merkel zur Sicherung ihrer Wiederwahl und aus Angst vor Erdogans „Schleusenöffnung" schon jetzt darauf hinweist, dass Erdogan noch auf der europäischen Gehaltsliste steht.

Insgesamt sechs Milliarden Euro hat die EU der Türkei im Rahmen des Flüchtlingsabkommens bis 2018 zugesagt. Diese sollen für die Unterbringung und Ausbildung der Flüchtlinge verwendet werden. (Dazu ein Bericht[3] über Flüchtlinge in der Türkei.)

Deutschland steuerte im Rahmen des Flüchtlingsdeals den Angaben zufolge bislang etwa 500 Millionen Euro von den ersten drei Milliarden bei, EU-Experten gehen jedoch davon aus, dass Berlin bei der zweiten Zahlaktion deutlich mehr zahlen muss. Kein Problem! Der Überschuss der deutschen öffentlichen Haushalte im ersten Halbjahr 2017 beträgt 18,3 Milliarden. Ein Klacks also für den großen Finanzboss Wolfgang Schäuble, die drei Milliarden an Erdogan zu zahlen und auch gleich die 14,3 Milliarden Haushaltsanteil an Brüssel zu überweisen. Dann hat die Oettinger-Seele endlich Ruh' und er kann den nächsten Blödsinn verkünden.

---

[1] www.youtube.com – Ates, Abdel-Samad, Broder und ein Dutzend Personenschützer – Teil 2

[2] www.youtube.com – Oettinger fordert wg. Flüchtlingsdeal mehr Geld für die Türkei

[3] www.zeit.de – Die EU hat die Türkei als offenes Gefängnis gemietet

Der Fall Gauland – Özoguz

02. September 2017

Gauland (AfD) beleidigt die Integrationsbeauftragte Özoğuz (SPD), die eine deutsche Kultur für nicht identifizierbar hält und gleich ein ganzes Volk niedermacht. Wer ist da die Fehlbesetzung?

und die Manipulationstaktiken von ARD und ZDF

Aydan Özoğuz ist eine türkische Politikerin in Deutschland und seit 2009 Mitglied des Deutschen Bundestages. Özoğuz ist seit Dezember 2011 stellvertretende Bundesvorsitzende der SPD. Sie ist Staatsministerin bei der Bundeskanzlerin als Beauftragte der Bundesregierung für Migration, Flüchtlinge und Integration. Seit Dezember 2013 darf Özoğuz, als Kindgeneration von Migranten, über die Flüchtlingspolitik und Integrationsstrategien in Deutschland befinden. 2017 attestiert Özoğuz den Deutschen, dass sie – außer der Sprache gar keine Kultur hätten.

Ihr Zitat, das bei Menschen, „die schon länger hier leben", wie Merkel uns Deutsche inzwischen bezeichnet, hohe Wogen geschlagen hat, im Wortlaut:

„Deutschland ist vielfältig und das ist manchen zu kompliziert. Im Wechsel der Jahreszeiten wird deshalb eine Leitkultur eingefordert, die für Ordnung und Orientierung sorgen soll. Sobald diese Leitkultur aber inhaltlich gefüllt wird, gleitet die Debatte ins Lächerliche und Absurde, die Vorschläge verkommen zum Klischee des Deutschsein. Kein Wunder, denn eine **spezifisch deutsche Kultur ist, jenseits der Sprache, schlicht nicht identifizierbar."**

Aus diesen und anderen Äußerungen der Integrationsbeauftragten Özoğuz (SPD) leitet sich die grundlegende Geisteshaltung der SPD, der Grünen, der Linken und inzwischen auch großer Teile der CDU ab, dass dieses Deutschland als gewolltes Multikultiland einem Umbau entgegensieht, der ausgiebig im Impulspapier der MigrantInnenorganisationen[1] zur

---

[1] www.scribd.com – Impulspapier der Migrant*innenorganisationen zur Teilhabe in der Einwanderungsgesellschaft

Teilhabe in der Einwanderungsgesellschaft unter der Federführung der Dame Özoğuz betrieben wird, einer Frau, deren Brüder Yavuz Özoguz und Gürhan Özoguz[1] das islamistische Internetportal „Muslim-Markt" betreiben, das seit Jahren vom Verfassungsschutz beobachtet wird. Grundgesetzartikel, die bei Erstellung mit einer Ewigkeitsformel versehen wurden, gehen ihrem Ende entgegen und alles, was Özoğuz plant, findet bei den von mir oben genannten Parteien deren volle Zustimmung.[2]

Diese Dame leistet sich also die Behauptung, eine inhaltliche Diskussion über Leitkultur würde ins Lächerliche und Absurde führen und eine deutsche Kultur sei außer der Sprache nicht identifizierbar.

Kein Wunder, dass einem Herrn Gauland in Anbetracht eines derartigen Unfugs der Kragen platzte und er sie nach Anatolien „entsorgt" sehen will, was natürlich eine Wortentgleisung ist. Nun ist ja laut Özoğuz die gesamte AfD Ursache und Schuldige für die Existenz der Islamisten auf der Welt und Gauland der Anführer des Bösen, sie allerdings darf meine Kultur als nicht identifizierbar erachten.

„Es gibt also keine typisch deutschen Trachten, keine deutschen Feste, keine deutsche Küche, kein deutsches Brauchtum, keine deutsche Landschaftsgestaltung, keine deutschen Sagen und Märchen, keine deutsche Kunst, keine deutsche Musik, keine deutsche Dichtung und Literatur, keine deutsche Architektur, keine deutschen Erfindungen, keine deutschen Forscher und Entdecker, keine typisch deutschen Philosophen und keine deutsche Mentalität." Da empfehle ich dringend, den wunderbaren Beitrag von Jürgen Fritz[3] „Gibt es eine deutsche Kultur" zu lesen, der dieser Kulturbanausin und ihren Ja-Sagern deutliche Worte mit auf ihren politischen Weg gibt.

Er schreibt: „Kleiner Tipp an alle, die gerne über Dinge reden, von denen sie wenig bis gar keine Ahnung haben: im Zweifelsfall einfach mal still sein. Dies ist übrigens eine

---

[1] www.achgut.com – Frau Özogus und ihre Brüder
[2] www.philosophia-perennis.com – „Focus"-Redakteur: Merkel ist „eine offene Feindin des Grundgesetzes"
[3] www.juergenfritz.com – Die einzigartige deutsche Kultur: Was genau ist das?

Tugend, die man gewöhnlich als Bescheidenheit und Demut bezeichnet, eine Tugend, die gerade Immigranten aus einem ganz bestimmten Kulturkreis nicht selten vollkommen abhandenkommt, die nicht selten zu maßloser Selbstüberschätzung neigen."

Dieser Beurteilung schließe ich mich an und hätte sie nicht besser formulieren können. Und doch macht sich außer dem Zorn über die Dummen, die uns regieren auch eine enorme Traurigkeit darüber breit, dass diese Gesellschaft vor lauter Big Brother und Co gar nicht begreift, was mit ihr geschieht. Nirgendwo auf der Welt wird Einwanderung und Multikulti von Amtswegen verordnet und nirgendwo würde ein Volk seiner eigenen Wegradierung noch durch scheindemokratische Wahlen zustimmen.

Den eigentlichen Skandal dieses Falles lieferten allerdings die Medien, ARD, ZDF[1] und entsprechende Zeitungen, die den Gauland-Ausspruch in keinen Zusammenhang zu den Unverschämtheiten Özoğuz brachten. So setzten die Sender in ihren Nachrichten, aber auch die Sendung „Hart, aber fair" alles daran, die Aussage der SPD-Politikerin unter den Teppich zu kehren und Gaulands Antwort zu skandalisieren. „Dieses gezielte Verschweigen hat den einfachen Grund, dass man seitens des Staatssenders gar nicht will, dass die Zuschauer nachvollziehen können, warum Gauland Özoğuz in dieser Weise attackierte. Dieses **Grundprinzip der Desinformation** sehen wir in allen Skandalen und Konflikten, in denen die Propaganda die Tatsachen verdrehen möchte, um in den Köpfen der Zuschauer ‚Täter' und ‚Opfer' zu vertauschen."

Es sollte sich einmal ein deutscher Politiker leisten, den Polen, den Franzosen, den Russen, den Amerikanern ihre Kultur abzusprechen. Nicht vorstellbar, welche Lawine der Entrüstung in Gang käme! Man kann Gauland kritisieren wegen seiner Wortwahl, aber man muss Özoğuz entlassen wegen der Beleidigung einer ganzen Nation.

---

[1] www.mmnews.de – Der Fall Gauland-Özogus: so manipulieren ARD und ZDF

TV-Duell Merkel/Schulz, Teil 1

... vor dem Treffen

Ob das heutige TV-Duell Merkel/Schulz stattfindet oder in China ein Sack Reis umfällt ... beides ist gleich unwichtig. Und wer dann noch dieses Treffen als Duell bezeichnet, setzt diese Unwichtigkeit der Lächerlichkeit preis. Merkel hat schon im Vorfeld ihre Forderungen an die Sender gebracht, damit sie ihre übliche emotionale Märchenstunde für ihre Kinder (Bürger) abhalten kann. Ein Wahlkampf und ein Fernsehduell erfordern die konkrete Themenabarbeitung beider Kandidaten. Da es aber laut Merkel Deutschland soooooo gut geht wie nie, sieht die Märchentante natürlich auch keinen konkreten Handlungsbedarf. Ihren Titel „Märchentante" hat sie sich selber mit ihrem Zitat[1] zuzuschreiben: „Man kann sich nicht darauf verlassen, dass das, was vor den Wahlen gesagt wird, auch nach den Wahlen gilt." Was ist das für eine unverschämte Aussage? Vor allem: Wer soll eine derartige Märchentante noch wählen? Genau aus diesem Grund blieb mir das Lesen des Wahlprogramms der CDU erspart. Schließlich hatte ich ja das letzte und vorletzte intensiver studiert und kann bestätigen, dass ihr Zitat der Wahrheit entspricht. So bezeichnet auch der Ex-ZDF-Chefredakteur Brender[2] dieses TV-Treffen am heutigen 3. September als „Missgeburt". Wie auch Merkels Politikstil findet dieses Treffen im üblichen Schlafmodus statt und hat den Vorteil, die gesamte Nation nicht aufzuwecken und sie in ihrem Dornröschenschlaf zu belassen.

Nein, zu kritisieren sind primär die Sender, die ihrem freien Journalismus verpflichtet sind ... aber siehe dazu meinen Beitrag über den Fall Gauland/Ösoguz. Die Medien haben sich schon längst als regierungstreue Mainstreamer demaskiert. Auch sie agieren nur noch auf scheindemokratischer Bühne zur Verblödung und Beruhigung des Bürgers.

---

[1] www.youtube.com – Man kann sich nicht darauf verlassen ...
[2] www.spiegel.de – Ex-ZDF-Chefredakteur Brender wirft Merkel Erpressung vor

Wenn doch Frau Merkel sowohl die ursprüngliche Planung der Sender für ein Zwiegespräch mit Schulz als auch ein zweites Treffen ablehnt, hätten sich die Sender doch ein anderes Outfit mit Schulz einfallen lassen können. Ein Herr Seehofer wäre ein möglicher Vertretungskandidat. Schließlich kennt er Merkels Märchen ja auswendig. Oder man hätte per Losverfahren 5 kleineren Parteien die Möglichkeit gegeben, sich an Schulzens Seite zu präsentieren. Warum also geht man auf die Forderungen Merkels ein, die doch sonst mit jeglichen Forderungen, beispielsweise bei Erdogan, stets Zurückhaltung übt.

Eine Antwort auf Merkels mediengerichtete Forderung schenkt uns der Leser des Artikels „Ex-ZDF-Chefredakteur Brender wirft Merkel Erpressung vor" in spiegel online[1] am 26.08.2017:

„Für Menschen, die mit dem Charisma und der Aura eines Kontoauszug-Druckers sowie der Spontaneität eines Bus-Fahrplanes gesegnet sind, ist die direkte Reaktion auf Fragen ohne vorherige Meinungsumfrage eine unüberwindbare Herausforderung."

TV-Duell der Kanzlerkandidaten Merkel und Schulz, Teil 2

04. September 2017

... nach dem Treffen

Mein Gott, was war denn das für ein spannender „Tatort" am Sonntagabend? In der Hauptrolle zwei Schlaftabletten und vier Fragende, die sich mit dem Klein-Klein von Antworten der Kandidaten zufriedengaben und nicht wirklich die Zahnfühltechnik anwendeten.
Deutlich wurde, dass das Geschwurbel um Themen herum nicht nur Merkel-typisch ist, sondern auch bei Schulz ausgeprägt vorhanden ist. Wo blieben Kinderarmut, Arm-Reich-Schere,

---

[1] www.spiegel.de – Ex-ZDF-Chefredakteur Brender wirft Merkel Erpressung vor

Lohn- und Rentenpolitik, die Bildungspolitik, das großartige Europa usw. usw.?
Wer Helmut Schmidt, Genscher, Weizsäcker noch erleben durfte, konnte nach dieser Langweilparty nur den Kopf schütteln und sich fragen, was wohl diese beiden Mittelklasse-Kandidaten auf dem Stuhl für die Lösung der Mammutprobleme zu suchen haben.

Wie vorhergesagt – kein Duell, sondern eher ein Blubbern über Bekanntes. Da bin ich auf der Seite Gottschalks, der sich erhoffte, nach dem Duell für seine Wahl eine Entscheidung treffen zu können, danach allerdings so schlau war wie vorher. „Frau Merkel hält den Deckel auf dem Topf. 30% der Leute sitzen aber nicht mehr drin im Topf. Ist eigentlich egal, wer es macht. Nichts hat mich überzeugt. Es hat mich eher gelangweilt."

Trotzdem war die Beurteilung der Zuschauer nach dem Ereignis eindeutig. Merkel hatte zwar nicht gekämpft, aber gewonnen. 49 Prozent halten Angela Merkel für glaubwürdiger. Dazu Angela Merkel 2008:[1]
„Man kann sich nicht darauf verlassen, dass das, was vor den Wahlen gesagt wird, auch nach den Wahlen gilt."
In der Frage nach der Bürgernähe votierten 55 Prozent für Martin Schulz.[2] Dazu ein Martin Schulz Zitat: „Dass es Deutschland heute besser geht als vielen anderen europäischen Staaten, hängt vor allem mit der Agenda 2010 zusammen."
Eine traurige Bilanz des gestrigen Abends. Ohne Inhalt, Diskussion und Kampfeslust. Armes zukünftiges Deutschland!

---

[1] www.youtube.com – Man kann sich nicht darauf verlassen …
[2] www.youtube.com – NICHT MEHR VERFÜGBAR

Blamage für Slomka und das ZDF

07. September 2017

Ein Tiefpunkt der Demokratie

Am Montag präsentierte uns das ZDF ein Lehrstück in Demokratie. Vertreter aller Parteien hatten sich zur Frage „Deutschland, wie geht's?" eingefunden und wie schon aus vielen Talksendungen bekannt, ertrug man in seiner Runde das Feindbild der Demokratie, die Spitzenkandidatin der AfD Weidel, um zur erstbesten Gelegenheit auf sie einzudreschen. Die Gesprächsleiterin Slomka eröffnete das Mobbing-Match und alle zeigten nach und nach, was sie so in Sachen Meinungsfreiheit und Toleranz draufhatten.

Selbst der Justizminister Heiko Maas fand nichts dabei, das Grundgesetz mit Füßen zu treten, als er Weidel als Flüchtling aus der Schweiz bezeichnete, um ihr damit mitzuteilen, dass sie damit „keine von uns" sei. Trittins Arroganz gegenüber Menschen ist man über Jahre gewohnt. Als allerdings Scheuer (CSU) die Rassismuskeule herausholte, verließ Weidel das Studio.

Die Nachtretbemerkung Slomkas, Weidel wolle sich wohl dem nächsten Thema nicht stellen, hinterließ beim objektiven Zuschauer nur noch Kopfschütteln.

Was wollen eigentlich die Scheindemokraten mit ihren Diffamierungs- und Beleidigungsaktionen bezwecken? Wäre es nicht besser, in Ruhe die Argumente und Zahlen der Gesprächsteilnehmer – gleich welcher Partei – anzuhören und mit Sachargumenten darauf einzugehen? Man kann sich des Eindrucks nicht erwehren, dass sich die pure Angst breitmacht beim Auftreten einer Opposition, die ja jahrelang gar nicht mehr vorhanden war und mit der man gar nicht mehr umgehen kann. Dass sich das ZDF nach der „Diffamierungsaktion" hinter seine Moderatorin Marietta Slomka stellte, sorgt für den ekligen Beigeschmack, dass es sich um eine zielgerichtete, zumindest gewünschte Aktion gehandelt hat. Wenn ZDF und Slomka ihren journalistischen Auftrag so verstehen wie hier vorgeführt, dann dürfen auch wir uns nach der Türkei und nach Polen von der Demokratie verabschieden.

Spätestens diese Sendung hat mir das I-Tüpfelchen für meine Wahlentscheidung geliefert. Diese Menschen werden meine Stimme nicht mehr erhalten. Meine Überzeugung für das BGE (Bedingungslose Grundeinkommen) und eine direkte Demokratie werden mich zukünftig bei meinen Wahlentscheidungen leiten.

Partei der Grünen im Verwelken begriffen

10. September 2017

Nein, die Grünen sollen nicht mitregieren!

… lautet meine Antwort auf den Stern-Artikel: „Die Grünen sollen mitregieren". Wer den Werdegang dieser Partei verfolgt hat, ihre Redner über Jahre gehört, ihre Aktionen erlebt und ihre Beleidigungen und Frechheiten ertragen hat, wird zu dem gegenteiligen Ergebnis kommen. Wer das extreme Feministinnen- und Gendergetöse bis hin zur Ehe für alle über sich hat ergehen lassen, erkennt, wohin sich diese Partei entwickelt hat, die einmal von sich behauptete, sie sei eine Klima- und Umweltpartei. Dazu fallen mir nur die drei märchenspezifischen Worte ein: Es war einmal.

Erinnern wir uns:
Entstanden aus der Studentenbewegung der 68er[1] und deren gesellschaftlicher Revolte, an deren Folgen wir noch bis zum heutigen Tag leiden. Mit kommunistischen, neo-marxistischen, antiautoritären und revolutionären Ideen, verpackt in eindringliche Parolen, sorgte eine befreite und entfesselte Jugend für einen Aufstand, der so gut wie alles in Frage stellte, was bis dato Bestand gehabt hatte. Es begann mit der vollständigen Loslösung von der Familie, die als hierarchisches Gebilde bekämpft werden musste. Gleichzeitig richteten sich die jungen Rebellen gegen alles, was Autorität darstellte, und das waren

---

[1] www.wikipedia.org – Pädophilie-Debatte (Bündnis 90/Die Grünen)

die Erwachsenen in Machtpositionen: Eltern, Lehrer, Professoren, Politiker, Unternehmer usw. Parolen wie „Trau keinem über 30" oder „Brecht dem Staat die Gräten – alle Macht den Räten" schweißten zusammen, was zusammen gehörte. Und mit der sexuellen Befreiung ohne Tabus und Grenzen geisterte der Satz umher: „Wer zweimal mit Derselben pennt, gehört schon zum Establishment." Das alles gipfelte dann in dem feministischen Glaubensbekenntnis „Mein Bauch gehört mir."

Jeder wird die wichtigen Ziele innerhalb der Frauen-, Umwelt- und Friedensbewegung, die sich die Partei der Grünen, die sich aus dem vielschichtigen Pool der 68er gründete, anerkennen. Der fade Beigeschmack stellt sich dort ein, wo sich linkes Gedankengut über das Grundgesetz erhebt und Meinungsfreiheit und Toleranz gegenüber Andersdenkenden in den Mülleimer befördert. Persönliche Angriffe gehören bis heute zum Merkmal der Grünen, wenn es um die Erreichung ihrer Ziele und die Infiltration der Bürger geht.

Als Pädagogin mit der Verpflichtung zur sexuellen Aufklärung meiner Schutzbefohlenen endete meine Akzeptanz gegenüber den Grünen bei meinen Recherchen zu meinen Bildungsbüchern. Das gesamte Sexualpaket mit integrierter Pädophilenakzeptanz machte mich wütend und ich frage mich bis heute, wie diese ideologiegefärbte Partei ihre Frauen und Männer bis in die höchsten Posten der Republik katapultieren konnte.

Daniel Cohn-Bendit

Ein Daniel Cohn-Bendit, Europa-Parlamentarier,[1] der in seinen Schriften „Der große Basar" und „PflasterStrand" beweist, wes Geistes Kind er ist, schrieb:

»Letztes Jahr hat mich ein 6-Jähriges Genossenmädchen verführt. Es war eines der schönsten und sprachlosesten Erlebnisse, das ich je hatte. Vielleicht war es so schön, weil es so sprachlos war. Es war das einzige Mal, wo es mir nicht zu früh kam. Aber das war nicht wichtig in dem Moment, und es ist auch jetzt nicht wichtig, ein Traktat über das Für und Wider von Päderastie zu schreiben.«

---

[1] www.faz.net – Danys Fantasien und Träume

Der Auffassung, die Legalisierung von Sex mit Kindern sei bei den Grünen in den achtziger Jahren eine Minderheitenposition gewesen, widersprach Cohn-Bendit. Zu seiner Verteidigung sagte er: „Sie müssen sich nur die Anträge zur Altersfreigabe beim Sex mit Erwachsenen ansehen: Das war bei den Grünen Mainstream".

Und so ist es!

Beim Landesparteitag der Grünen in NRW am 9. März 1985 in Lüdenscheid brachte eine rund zwanzigköpfige Arbeitsgruppe „LAG SchwuP" unter dem Titel „Sexualität und Herrschaft" einen 21seitigen Entwurf ein. Trotz etlicher Warnungen aus den eigenen Reihen billigten die Delegierten am 10. März nach fast dreistündiger Diskussion mit 76 zu 53 Stimmen den Inhalt.

Die Kernthesen lauteten:
„Einvernehmliche Sexualität ist eine Form der Kommunikation zwischen Menschen jeglichen Alters, Geschlechts, Religion oder Rasse und vor jeder Einschränkung zu schützen [...] Gewaltfreie Sexualität muß frei sein für jeden Menschen." Nur dort, wo „Gewalt und Abhängigkeit" im Spiel seien, sei die Ausübung von Sexualität nicht akzeptabel. „Gewaltfreie Sexualität" dürfe „niemals Gegenstand strafrechtlicher Verfolgung sein". Daher seien „alle Straftatbestände zu streichen, die gewaltfreie Sexualität mit Strafe bedrohen". Es müsse „das gesamte Sexualstrafrecht gestrichen" und „unter dem Aspekt von Gewaltanwendung zu einem neuen Paragraphen zusammengefaßt" werden.

Volker Beck

Volker Beck sitzt seit 1994 für die Grünen im Bundestag. Bis 2002 war er rechtspolitischer Sprecher seiner Fraktion, danach – bis 2013 – Parlamentarischer Fraktionsgeschäftsführer. Anschließend hatte er den Posten als innen- und religionspolitischer Sprecher übernommen und 2014 das Amt als Vorsitzender der deutsch-israelischen Parlamentariergruppe. Seit vielen Jahren engagiert er sich für die Rechte Homosexueller.

Beck wurde mit Drogen erwischt und seine schon ange-schmuddelte weiße Weste verlor nun gänzlich die Unschulds-farbe. Schmuddelig hatte er sich schon im Rahmen der Pädophiliezeit der Grünen gemacht, nachzulesen in einem Artikel der Welt[1] mit dem Titel „Beck wollte Sex mit Zwölfjährigen straffrei machen".

Joschka Fischer

Bettina Röhl, Journalistin und Tochter der Terroristin Ulrike Meinhof, recherchierte über die Linken und … über die seltene Biographie des damaligen Außenministers Joschka Fischer.[2] Sie behauptet, sie ertrage die gepflegte linke Schönrednerei nicht, in der zwar grundsätzlich Fehler von damals eingeräumt, aber die einzelnen Gewalttaten möglichst dem Vergessen anheim gegeben werden. Bettina Röhl entdeckte auch einen Film zu den Bildern von Fischers Prügelattacke in der Tagesschau, in dem der heutige Außenminister 1973 beim Zusammenschlagen eines Polizisten zu sehen ist. Der Polizist duckt sich, Fischer schlägt zu, wieder und immer wieder. Dann geht der Polizist zu Boden. Fischer tritt nach. Heute ist ihm das Ganze peinlich.

Röhls Verdacht war: Fischer habe Molotow-Cocktails auf dieser Demonstration zum Tod von Ulrike Meinhof, Bettinas Mutter, geworfen. Beweise dafür nennt sie nicht. Unbestritten aber der Ablauf dieser Demonstration. Rücksichtslose Angriffe auf Polizisten mit Brandbomben, Molotow-Cocktails. Der Polizist Jürgen Weber wird getroffen, überlebt nur knapp, mit schwersten Verbrennungen.

Damals unter Verdacht wegen versuchten Mordes:[3] Josef Martin Fischer.

Fischer wird gefasst, doch kurz darauf wieder freigelassen: keine Beweise. Immerhin, das Ganze ist bis heute nicht verjährt. Fischer bestreitet die Tat bis heute. „Ich bin es nicht gewesen", versicherte er dem SPIEGEL.

---

[1] www.welt.de - Beck wollte Sex …

[2] www.daserste.ndr.de – panorama –Die Akte Joschka Fischer – Eine Journalistin auf Wahrheitssuche

[3] www.recentr.com – Der Stern präsentiert Zeugen, der Joschka Fischer wegen Molotow-Attacke von 1976 belastet

Nun, Fischer wurde trotz seiner Gewalttätigkeit ein vielleicht passabler Außenminister. Heute regen sich vorrangig Grüne über Fragwürdigkeiten in einer neuen Partei namens AfD auf – mit welchem Recht?

Claudia Roth

Ausgerechnet die Frau, die von sich behauptet, jahrelang Türkeipolitik gemacht zu haben, Bundestagsvizepräsidentin Claudia Roth, fordert jetzt eine „Mobilisierung für Demokratie". Wer allerdings nun erwartet, dass sie damit die Türkei meint, mit der ja ihre Türkeipolitik restlos gescheitert ist, irrt sich gewaltig. Sie meint damit Deutschland und vergisst hinter ihrer Forderung auch nicht die genauere Zielrichtung, nämlich „gegen Rechts". Hätte dieses Land seine Augen nicht nur nach rechts, sondern genauso scharf nach links gerichtet, hätte Roth eine solche Karriere niemals gemacht. Abgesehen davon sollte eine Frau, die das Grundgesetz nicht kennt, grün umschreibt und bei Demonstrationen gegen Deutschland, „das Stück Scheiße", mitläuft, auf keinen Fall den Bundestag repräsentieren. In der „Münchener Runde" (Bayrischer Rundfunk) 2015 blamierte sie sich mit ihrer Unkenntnis über den Paragraphen 16a des Grundgesetzes[1] und zeigte auch eine ganz eigene Vorstellung über den Artikel 1, als sie von der „grünen Version" des Artikels 1 des Grundgesetzes sprach. Diese Version laute, meinte Roth: „Die Würde der schwullesbischen Liebe ist unantastbar."
Dazu kann ich nur sagen: „Claudia Roth ist unerträglich!"

Jürgen Trittin

Auch er kann mit seiner pädophilieumwobenen Vergangenheit nicht gerade als Supervertreter der Nation die politische Bühne erquicken. Die Achtung der Menschenwürde nimmt er wie auch die vorab Genannten nicht so genau, wenn es um die Bekämpfung politischer Gegner geht. Toleranz hat er eingetauscht gegen Arroganz und seine Äußerung, die deutsche

---

[1] www.medrum.de – Blamabel: Bundestagsvizepräsidenten Roth kennt Grundgesetz nicht

Nationalhymne nie mitsingen zu wollen, zeichnet ihn als deutschen Politiker darin aus, verzichtbar zu sein.

Ich erspare den Lesern weitere Beispiele, obwohl es über Cem Özdemir, Renate Künast, Katrin Göring-Eckardt, Anton Hofreiter und weitere „Bio-Wildlachs-Vertreter" noch mehr als genug zu sagen gäbe. Als eher harmloses Resümee für die überflüssige Partei der Grünen,[1] die sich als scheinbare Umweltpartei um Glyphosat, das Bienen- und Insektensterben, die Kohlekraftwerke und die Umweltzerstörung von Garzweiler hätte kümmern müssen, ein Zitat Maischbergers in Richtung Claudia Roth: „Die Welt geht aus den Fugen und die Grünen kümmern sich um gendergerechte Steuerformulare und wollen die Zahl der Kaiserschnitte reduzieren." Hinter dieser Harmlosigkeit verbirgt sich allerdings der große Sieg der Grünen, der Umbau Deutschlands in ein Multikultiland mit den 60 Identitäten des von ihnen erschaffenen Gender-Menschen.[2]

Was man von Forschungsergebnissen halten muss

15. September 2017

Dieselbe Frage, zwei Antworten

Was in Österreich blau ist, ist in Deutschland rot. So muten zumindest die Ergebnisse zweier Forschungsergebnisse an, die hier wie dort die Religiosität von Islamisten untersuchten.

In Österreich untersuchte der islamische Theologe Ednan Aslan,[3] wie die Radikalisierung von Muslimen in Europa bis hin zum IS mit ihrer eigenen Religiosität zusammenhängt. In einer 310 Seiten starken Untersuchung beschäftigte sich die Forschungsgruppe an der Wiener Universität mit dem politischen Islam als Grundlage für den wachsenden Salafismus,

---

[1] www.youtube.com – Andreas Rebers Die Grünen long Version
[2] www.wikimannia.org – 60 Geschlechtsidentitäten
[3] www.welt.de – Islam spielt bei Radikalisierung größere Rolle als angenommen

sein Aufkommen in Österreich und den religiösen Hintergrund der Radikalisierungswilligen. Die weit verbreitete Ansicht, radikale Muslime wüssten nur wenig vom Islam, ist falsch. Frust und Mangel an beruflichen Perspektiven allein seien jedenfalls kein Motiv für die Wandlung vom Muslim zum Islamisten, heißt es in der Studie. In 29 biografischen Interviews mit 29 straffälligen Jugendlichen in Österreich kam Aslan zu dem Schluss:

„Unabhängig von ihrem religiösen Wissensstand sieht eine radikalisierte Person in der Theologie ein Angebot, das ihrem Leben Sinn und Struktur verleiht ... Personen, die über ein höheres theologisches Wissen verfügen, fungieren als Autoritäten und spielen bei der Verbreitung der Ideologie eine zentrale Rolle". Gemeint sind die Moscheen und die Imame, die eine besondere Autorität für die Jugendlichen darstellen. Die Einbettung in ein soziales Umfeld spiele dabei eine wichtige Rolle, richtige Wege und Lebensorientierung würden vorgegeben und die Orientierungslosigkeit einer Demokratie und der westlichen Lebensart abgelehnt.

Eine kürzlich veröffentlichte Studie über die dschihadistische Jugendszene in Deutschland war zu einem anderen Ergebnis gekommen. Demnach wissen radikalisierte Jugendliche nur wenig über den Islam und konstruieren sich unreflektiert eine eigene Weltanschauung.

„Wir brauchen viel mehr Kapazitäten, um Lehrer zu sensibilisieren", sagte Andreas Zick vom Institut für interdisziplinäre Konflikt- und Gewaltforschung der Universität Bielefeld, der die Untersuchung vorstellte. Das Forscherteam habe insgesamt 5757 WhatsApp-Botschaften einer islamistischen Gruppe aus den drei Monaten vor einem von ihnen geplanten Anschlag ausgewertet, heißt es. Diese Gruppe sei ohne Anknüpfungspunkt an einen bekannten Islamprediger und ohne Verbindung zur Terrormiliz Islamischer Staat (IS) gegründet worden, so Zick. Das sei ein Muster, das auch aus anderen Untersuchungen bekannt sei. Gewalterfahrungen und Dogenkonsum seien als Ursachen zu erkennen. Die Moscheen würden in dieser Thematik überbewertet und die Schulen seien der richtige wichtige Präventionsort für die Aberziehung von Gewalt und Radikalität.

Ja, eine bahnbrechende Erkenntnis der Österreicher, die sich mit ihrer Studie und den Interviews wenigstens Mühe gemacht haben. Was Bielefeld da erzeugt, ist nichts als das WhatsApp chattende „Forschungs"-Ergebnis einer mainstream-kranken Gesellschaft mit dem Symptom der Verblendung. Wann wird diese Republik aus dem Koma erwachen und begreifen, was uns gebildete Muslime wie beispielsweise Abdel-Samad schon längst erzählt haben? Der Satz der wählergeilen Politiker in Deutschland, der Islamismus habe nichts mit dem Islam zu tun, entspricht dem Satz, der Alkoholismus habe nichts mit Alkohol zu tun. Zum Thema Schule, Moschee und Radikalisierung noch die Aussage des DITIB-Landeskoordinators Dogruer,[1] der die Qualifikation eines Großteils der Lehrkräfte infrage stellt, weil diese seiner Meinung nach Ungläubige sind und sogar einer jüdischen Abstammung seien ... DITIP ist meines Erachtens nach der Dachverband der Muslime in Deutschland, der für die Spitzeltätigkeit Erdogans da ist und diese auch nachweislich in deutschen Schulen ausübt.

Nun wird die neu gegründete Partei „Muslime in der Union"[2] (Midu) hoffentlich Abhilfe schaffen, deren Mitglieder konservative Muslime, exklusiv sunnitische Muslime sind und sich CDU-nah fühlen. Tatsache ist, dass Midu unter anderem als Reaktion auf die Armenien-Resolution gegründet wurde. Der Vorsitzende der Partei Cihan Sügür sagte in einem Interview, er sei überzeugt davon, dass der Islam Deutschland am stärksten verändern werde, weil Christentum und Judentum bereits etabliert sind. „Wer sind die Vorbilder?" fragt der Blog huffingtonpost, „Iran, Ägypten, Türkei? Vollverschleierung, fehlende Gleichberechtigung, Paralleljustiz und Diskriminierung von Minderheiten?" Der Gründer der Partei Celebi von Atib wurde von Peter Tauber in den hessischen CDU-Landesvorstand berufen – so zumindest sagte es Celebi der

---

[1] www.heise.de – Islamunterricht: „Niemand weiß genau, was an deutschen Grundschulen passiert"

[2] www.huffingtonpost.de – Getürkte Vielfalt: Wie der politische Islam die Union unterwandert

„FAS“. Das Ziel: Er solle sich dort für mehr Vielfalt einsetzen. „Was hier als Vielfalt und Integration verkauft wird, ist ein Witz. Hinter der Heuchlerei von Integrationsmaßnahmen steht niemand anderes als die türkische Regierung.“

Wahr ist: Nicht jeder Muslim ist ein Terrorist!
Wahr ist aber auch: Die überwiegende Anzahl der Terroristen sind Muslime!

Polens Regierung hat mit Deutschland nichts am Hut

16. Septbember 2017

… es sei denn, es geht um Geld

840 Milliarden Euro fordert Polen als restliche Reparationskosten von Deutschland für die begangenen Gräueltaten im 2. Weltkrieg. Dafür legt die polnische Regierung ein 40-seitiges Gutachten vor mit den Argumenten:[1]

- Eine Verzichtserklärung 1953 sei verfassungswidrig gewesen und nur auf Druck der Sowjetunion erfolgt.
- Diese habe nur die DDR betroffen.
- Verbrechen gegen die Menschlichkeit verjährten nicht, das gleiche gelte für Entschädigungen für solche Verbrechen.

Das Land Polen habe bis heute nicht die Entschädigung erhalten, die es hätte erhalten müssen. Die Sowjets hatten sich aus ihrer deutschen Besatzungszone 70 Milliarden Mark geholt und daran auch Polen beteiligt. Beide Staaten erklärten sich 1953 für befriedigt.
Polen verzichtete[2] damit auf weitere Forderungen und bestätigte den Verzicht später mehrfach. Warum also jetzt die Forderung im Zeitalter eines vereinten Europas fast 75 Jahre nach dem Krieg?

---

[1] www.huffingtonpost.de – Warum die polnische Regierung über 800 Milliarden Euro von Deutschland haben will
[2] www.mdr.de – Eigene Regierungsmitarbeiter widersprechen polnischen Reparationsforderungen

Polen kritisiert niemand ungestraft. Und was die sogenannten „Einmischungen in die inneren Angelegenheiten" betrifft, darf scheinbar jeder Staat diese Zurückweisung formulieren mit Ausnahme von Deutschland. Ja, Deutschland hat in seiner Geschichte einen riesigen Blutfleck produziert und wann immer ich in den Jahren meines Aufenthalts in Polen darauf angesprochen wurde oder in eine öffentliche Diskussion darüber verwickelt wurde, äußerte ich mein Bedauern darüber wie folgt: „Ich schäme mich zutiefst für das, was deutsche Menschen Menschen angetan haben. Ich fühle jedoch persönlich keine Schuld, weil ich Nachkriegskind bin und mein Aufenthalt hier unser beider Völkerverständigung dienen soll. Deshalb bitte ich jeden von euch, mich nicht wie einen Täter zu behandeln, sondern wie einen Freund. Zum Beweis dafür spreche ich inzwischen eure Sprache über alle gewünschten Themen."

Polen ist ein sehr konservatives, werte- und traditionsstabiles Land mit einem Zusammengehörigkeitsgefühl bis hin zu der Formulierung: „Ich bin stolz, Pole zu sein." Um diesen Patriotismus verstehen zu können, muss man sich mit der polnischen Geschichte vertraut machen, wissen, dass die permanente Bedrohung durch seine großen Nachbarn und die Skrupellosigkeit, mit der Polen immer wieder geteilt und besetzt wurde, das Bewusstsein der Nation geprägt haben, doch ihr Selbstbewusstsein nicht hat brechen können. So beschreibt es der polnische Geschichtswissenschaftler Jerzy Holz in seinem Buch „Polen und Europa".

In Polen hat die katholische Kirche in den Jahren der Zugehörigkeit des Landes zu Russland als wichtigste Institution den Polen Halt gegeben und die Wahl eines Polen zum Papst hat für alle zukünftigen Zeiten dafür gesorgt, dass das Selbstbewusstsein dieser Nation so fest installiert wurde, dass kein Deutschland, kein Europa und kein Russland sich über dieses Land erheben kann, was so viel bedeutet, dass Forderungen, Kritik und Drohungen von außen abprallen wie ein gegen eine Betonwand geworfener Ball. Das gilt erst recht in Zeiten der PiS-Regierung (die Partei „Recht und Gerechtigkeit"), die vor Stolz, Opfertum und Selbstgerechtigkeit platzt.

Mit der Wahl der PiS-Partei in Zeiten Europas[1] hat Polen nämlich den national-patriotischen Weg selbst im eigenen Land gegen Demokratie, Freiheit und Weltbürgertum eingeschlagen, der von Nationen westlich ihrer Landesgrenze nicht verstanden und nicht gebilligt wird. Eine deutsche Kanzlerin, die ihr Land national und identitär entkernt und sich als große Europäerin fühlt und als solche aufspielt, kann nur mit Häme und Unverständnis seitens der polnischen Regierung rechnen. Wer nach Deutschland oder auch Frankreich blickt mit seinen Krawallen und Gewaltexzessen junger Menschen, kann doch nur zu dem Schluss kommen, dass eine Gesellschaft mit zig unterschiedlichen Kulturen und Identitäten aus den Fugen geraten muss. Und zu diesem Schluss kam auch Polen und fährt seitdem auf der Spur: Multikulti – nein, danke! Ganz abgesehen davon ist die PiS-Partei nicht nur eine extrem konservative Partei, sondern eine deutschfeindliche Partei, die die Vergangenheit der Geschichte bis heute dazu nutzt, die Opferrolle Polens auch für die Gegenwart und Zukunft fest zu installieren.

Das alles rechtfertigt nicht die Tatsache, dass Polen als der Europäischen Union angehörender Staat jährlich die Hand nach mindestens 12 Milliarden Euro aus dem Topf der EU aufhält, nicht aber die geringste Bereitschaft zeigt, dafür die Demokratie im eigenen Land und die Menschenwürde flüchtender Menschen anzuerkennen und tätig zu werden. Aber auch bei dieser Beurteilung darf nicht unerwähnt bleiben, dass das Konstrukt Europa die Rechte und Pflichten nicht an die Geldgeschenke gekoppelt hat. Es zeigt auch, dass Mentalitäten, Vorstellungen und Entwicklungen der vielen in Europa beheimateten Nationen nicht berücksichtigt wurden und werden. Deutschland als die treibende europäische Kraft hat Großbritannien vertrieben, Griechenland verschuldet, die Türkei, Ungarn, Polen, Italien in Sachen Flüchtlingskrise verärgert und überfordert und Russland aufs Abstellgleis geschoben. Wen wundert es da, dass sich Staaten da lieber auf sich selbst besinnen und Europa nur noch ihre Hand hinhalten zum Empfangen der Gelder?

---

[1] www.focus.de – Was hinter den Milliarden-Forderungen steckt – und ob Polen damit eine Chance hat

Dass ein übersteigertes Selbstbewusstsein oder ein unangebrachter Stolz dazu führen können, das eigene Land zu diskreditieren, beweist eine Twitternachricht der polnischen Ministerpräsidentin Szydlo[1] an den französischen Präsidenten, der die EU in einigen Bereichen umbauen möchte. Beim Streit mit Szydlo geht es um die geplante Reformierung der EU-Entsenderichtlinie.

Auf Polens Kritik hatte Macron mit folgenden Worten reagiert: „Polen ist nicht das Land, das die Richtung vorgibt, in der Europa sich entwickelt. Ganz im Gegenteil: Polen ist ein Land, das gegen die europäischen Interessen geht." Darauf die Antwort Szydlos, die auch als Kugelschreiber Kaczynskis bezeichnet wird, weil er die Fäden der polnischen Geschicke in Händen hält.

- „Ich weise Präsident Macron darauf hin, dass Polen und Frankreich gleichberechtigte Mitglieder der EU sind. Wir haben dieselben Rechte wie Frankreich und andere Mitgliedsstaaten und wir werden sie zum Wohle Polens und des polnischen Volkes ausüben."

- „Polen hat keinen Konflikt mit Mitgliedsstaaten der EU, und auch nicht mit der EU selbst."

- „Ich rate dem Präsidenten, sich versöhnlicher zu geben und die EU nicht zu spalten."

- „Ich rate dem Präsidenten, sich um die Angelegenheiten seines eigenen Landes zu kümmern. Vielleicht wird er dann die gleichen wirtschaftlichen Ergebnisse und das gleiche Maß an Sicherheit für seine Bürger erreichen, wie sie Polen garantiert."

- „Vielleicht sind seine arroganten Bemerkungen ein Ergebnis mangelnder politischer Erfahrung und Übung, wofür ich Verständnis habe. Aber ich erwarte, dass er diese Unzulänglichkeit behebt und sich künftig mehr zurückhält."

- „Es sind Polen und Mitteleuropa, die die Grundlagen des Binnenmarktes verteidigen, wenn es um die Entsendung

---

[1] www.huffingtonpost.de – Polens Premierministerin greift Frankreichs Präsident in einem beispiellosen Tweet an

von Arbeitern geht – während Frankreich durch sein Handeln eine der Säulen der EU zerstört."

Ob Polen, Großbritannien, Griechenland, Spanien, Ungarn, Türkei ... Europa ist eine Totgeburt. Geld und Macht bestimmten immer öfter die politischen Entscheidungen. Auf der Strecke bleiben die Demokratie und die Bürger. Und Deutschland scheint nicht zu begreifen, dass es allein als zahlendes Mitglied von vielen Ländern betrachtet wird – und dazu gehört auch Polen.

Das Ding mit den Wahlplakaten

17. September 2017

Jedes Ding hat drei Seiten. Eine positive, eine negative und eine komische (Karl Valentin)

Ein kluger Spruch des Komikers Karl Valentin, den man bedenkenlos in die Gegenwart des Bundestagswahlkampfs übernehmen kann. Sprechen wir also einmal von einem Ding, und zwar von dem Ding, das sich als visuelle Stimme einer Partei an Bäumen, Wänden, Masten, Laternen der Republik befindet: Das Wahlplakat. Und beginnen wir doch einmal mit dem Positiven solcher Plakate. Gut und wünschenswert wäre es, wenn die Aussage des Plakats die Parteinennung überflüssig machte, wenn also die Aussage sofort der Partei zuzuordnen wäre. Diesen Anspruch erfüllen einige Plakate, weil sie entweder die bekannte Person der Partei darstellen oder einen der Partei sofort zuzuordnenden Inhalt. Letzteres beherrscht „Die Linke" vorbildlich. Auch die AfD

schafft es zumeist, diesen Kriterien zu gehorchen und mag verstehen, wer will, warum das Petry-Plakat mit Kind die Gemüter anderer Parteien und mancher Bürger erhitzt. Da ist weder von Küche, Kirche und Kind die Rede, wie es manche gerne

gedeutet hätten, sondern von der Verantwortung eines jeden für das Land und die nächste Generation. Ich erlaube mir deshalb, dieses Plakat aussagekräftig und ansprechend zu finden.

Die Grünen, die sich als einzige Partei eine Fairness bezüglich des

Umgangs mit ihren Mitstreitern auferlegt haben, sind dann auch die Einzigen, die sich über Fremdplakate hergemacht haben, um ihre Häme darüber auszuschütten.[1] So veränderten sie FDP-Plakate in einer Weise, die in der Comedyszene ihre Wirkung nicht verfehlte.

Dass die FDP-Plakate mit ihrem Spitzenkandidaten Lindner eher den Eindruck erwecken, es ginge um Mode, Sport oder Digitales, ist ja nicht von der Hand zu weisen – es geht für diese Partei aber auch um „Alles oder Nichts", weswegen sie sich natürlich so ins Zeug legt, dass sie ihrem eigenen Anspruch genügt. Und der war sicher, sich unbedingt von allen anderen

Wahlplakaten abzuheben, was ihnen schließlich gelungen ist. Ob der Mann mit Hemd, Smartphone und Dreitagebart mit seinem Slogan „Denken wir neu" den Bürger erreicht, wird sich am 24. September herausstellen. Immerhin eine durchdachte Strategie, über diesen Weg als für sich selbst geplanter Koalitionspartner der CDU die junge Generation mit ins Boot zu holen, die vermutlich auf diesen „Smartphoner" eher abfährt als auf eine „Kostümjackenfetischistin".

Wunderbar auch die Kombination der FDP/CDU-Slogans „Denken wir neu" / „Für ein Deutschland, in dem wir gut und gerne leben". Beide sind etwa so aussagekräftig wie der Schlagertitel „Superkalifragilistischexpialigorisch". Für einen noch schöneren Harmonieaufenthalt in Deutschland braucht es zur Gründung einer noch besseren Regierungskoalition die Grünen, damit die Wärme Jamaikas in Deutschland Einzug hält. Bei der jamaikanischen Flagge,[2] die sich in den Farben Schwarz/Gelb/Grün präsentiert, steht Schwarz für die Armut und die Härten der Vergangenheit. Grün symbolisiert die Hoffnung, Gelb die Schönheit des Sonnenlichts. „Es gibt Armut, aber das Land ist grün, und die Sonne scheint" – so be-

---

[1] www.welt.de – Das verstehen die Grünen unter fairem Wahlkampf
[2] www.handelsblatt.com – Was Jamaikas Flaggenfarben bedeuten

schreiben die Jamaikaner einem Flaggenlexikon zufolge ihre Flagge. Nun wollen wir nicht so weit gehen, eine Prognose für Deutschland daraus abzuleiten.

Die AfD befindet sich mit ihren Wahlplakaten an zweiter Stelle nach den Linken. Während die Linke auf jeden Schnick-Schnack verzichtet, nur Farbe und Wort wählt, präsentiert sich die AfD bebilderter, dadurch aber nicht weniger konkret in ihrer Aussage. Ob Familie, Kind, Flüchtlinge … der Mut zur Bebilderung ihrer Programmatik ist ihnen nicht abzusprechen.

Um auf Karl Valentin zurückzukommen, sind es natürlich die komischen Plakate mit dem größeren Aufmerksamkeitsgehalt. So fuhr ich mehrere Male an zwei Plakaten vorbei, ohne sofort zu begreifen, was sie wohl aus-

sagen wollten. Erst der Text gab Aufschluss über ihr Ansinnen. Es handelt sich um ein SPD-Plakat mit zwei schreienden Kindern und um ein CDU-Plakat mit einem an einen Baum gefesselten Mann. An beiden Plakaten wird das

Exempel statuiert: „Humorlos komisch", womit bewiesen wäre, dass sich Politik und Politiker zwar komisch, aber eher humorlos präsenticrcn. Auch da sieht es bei den Plakaten der AfD teilweise anders aus. Allerdings stellt sich bei diesen die Frage nach der Bewertung. Der Humorlose wird die Populismuskeule schwingen, Rassismus und Menschenverachtung zugrunde legen – ich hingegen lächle.

Das Plakat, das mich nicht zum Lächeln brachte und mich veranlasste, diesen Beitrag zu schreiben, gehört in die Komikabteilung der Irrsinnigkeiten. Ausgerechnet die Partei, die „Für Sicherheit und Ordnung" wirbt, hat für die größte Unsicherheit und Unordnung gesorgt, die dieses Land seit der deutschen Einigung erlebt hat. Genau diese Partei hat zwei Jahre nach Chaosbeginn die Stirn, diese Worte nicht nur in den Mund zu nehmen, sondern diese

auch noch in großen Lettern zu plakatieren. Wenn das nicht der Gipfel der Unverschämtheit ist, dann ist es die hirnloseste Blödheit, zu der Politiker fähig sind.

„Autoverkäufer verkaufen Autos, Versicherungsvertreter Versicherungen. Und Volksvertreter?"
Stanislaw Jerzy Lec (1909 – 1966, polnischer Lyriker)

Ex-CDU-Mitglied Erika Steinbach unterstützt AfD

19. Septbember 2017

Nach 42 Jahren trat Erika Steinbach, lange Jahre auch in Vorstandsfunktionen, aus Protest gegen die Politik der Kanzlerin Angela Merkel aus ihrer Partei aus. Heute unterstützt sie den Wahlkampf der jungen Partei AfD mit Sachargumenten.

Erika Steinbachs Rede bei der AfD in Pforzheim 05.09.2017

Ich bedanke mich für die Einladung. Ich bin gerne hierhergekommen, obwohl ich parteilos bin. Aber 98 % der Menschen sind schließlich parteilos.
Ja, die Alternative für Deutschland ist eine sehr junge Partei.

Natürlich muss sich noch vieles sortieren. Aber gerne fokussiert sich die bundesweite Bericht-erstattung auf Richtungskämpfe innerhalb der AfD selbst, auch wenn es nur Banalitäten sind. Dabei sind Richtungs- und Personalkämpfe in allen Parteien an der Tagesordnung.

Als Stadtverordnete habe ich in Frankfurt die turbulentesten Auseinandersetzungen der Grünen erlebt. Die damalige Grüne Fraktionsvorsitzende, noch Jutta von Ditfurth, hat inzwischen ja eine eigene Partei gegründet. Aggressive Auseinandersetzungen zwischen Grünen Fundis und Realos reichen ja bis in die jüngste Zeit, aber es stört scheinbar niemanden. Aus der SPD sind inzwischen sozusagen zwei Parteien geworden, einmal die SPD selbst und die Linke – massiv aufgefüttert durch enttäuschte Sozialdemokraten, zu denen der besonders prominente frühere Parteivorsitzende Oscar Lafontaine gehört. Und auch die FDP ist von mehreren Richtungskämpfen durchgeschüttelt worden.

Und wenn ich zur CDU komme, scheinbar eine durchaus friedfertige Partei, in der die Mitglieder immer miteinander sehr pfleglich umgegangen sind. Wer das glauben machen will, den erinnere ich an die Umsturzversuche gegen Helmut Kohl durch Heiner Geißler und andere Unionsprotagonisten oder an die sogenannte Kaninchen-Affäre des CDU-Generalsekretärs Peter Tauber, wo er in seinem Wahlkreis CDU-Mitarbeiter übelst behandelt hat.

Als ich 1974 in die Frankfurter CDU eintrat wegen Alfred Dregger, insbesondere weil ich glaubte, der Mann kann Deutschland retten, bemerkte ich kurz darauf, dass ich einen Kriegsschauplatz betreten hatte. Zwei Strömungen bekämpften sich auf kommunaler Ebene gnadenlos und man sprach übereinander schlechter und aggressiver als über die politischen Kontrahenten. Und erst Walter Wallmann 1977, als er Oberbürgermeister wurde in Frankfurt, gelang es dort, die CDU zu befrieden. Und Anteil daran hatte übrigens seinerzeit der Leiter des Oberbürgermeisterbüros Dr. Alexander Gauland. Und seither kennen wir uns.

Er war es, der auch die Reden für Walter Wallmann schrieb und geistig beeinflusste. Und was in jeder Rede zu erkennen war ...

nämlich *der Bezug auf das Zitat von Max Weber, dass wir nicht Gesinnungsethik als Politiker ausüben dürfen, sondern verantwortungsethisch handeln müssen.*

Und weil ich die Turbulenzen in allen Parteien erlebt habe, deshalb schrecken mich die Richtungskämpfe oder scheinbaren Richtungskämpfe innerhalb der AFD überhaupt nicht. Das ist ganz normal auch in einer Familie gibt es divergierende Meinungen.
Und ich sehe genug kluge Köpfe an der Spitze und auch in der Breite. Aber man versucht bundesweit zu suggerieren: Da sitzen lauter Dumpfbacken beieinander.
Klar, Herr Doktor Gauland, Frau Doktor Weidel, Herr Professor Meuthen, alles Akademiker … die aber den Bezug zur Basis niemals verloren haben … Ihnen allen traue ich zu, engagierte Politik für unsere parlamentarische Demokratie und damit für Deutschland und für seine Bürger zu machen.

Ganz bewusst rede ich von Bürgern, denn sie alleine haben das Recht, die Geschicke alleine für das Vaterland zu bestimmen.
Diese Bürger sind übrigens auch das Volk und nicht wie die Bundeskanzlerin so gerne meint, jeder, der in Deutschland lebt. Nein, es ist nicht jeder, sondern jeder mit der deutschen Staatsangehörigkeit. Alarmierend! An solcher Aussage unseres Staatsoberhauptes wird dramatisch deutlich, wie wenig Recht und Gesetz in Deutschland gelten, wenn selbst die Bundeskanzlerin der Bundesrepublik Deutschland die Grundfesten unseres Grundgesetzes nonchalance einfach ignoriert.

Seit Regierungsübernahme der CDU/CSU 2005, über die ich mich damals wirklich sehr gefreut habe, wurden aber Zug um Zug in elementaren Fragen Gesetze durch die Bundesregierung mehr und mehr übergangen und der deutsche Bundestag, das Parlament das Gesetze macht, ignoriert. Das geht nicht! Das Bemerkenswerte daran ist, es hindert die deutsche Bundesregierung durchaus nicht daran, Ungarn wegen mangelnder Rechtsstaatlichkeit immer wieder an den Pranger zu stellen und mit Sanktionen zu drohen. Man übersieht dabei geflissentlich, dass Victor Orban, der ungarische Präsident, seine politischen Vorstellungen immer über sein Parlament legitimieren lässt.

Davon können wir in Deutschland inzwischen nur noch träumen.

Die Euro Rettungspakete ab 2010 haben den Stabilitätspakt aus den Angeln gehoben. Und sie wurden am Recht vorbei durchgesetzt. Der Grundsatz, dass kein europäisches Land für ein anderes Land finanziell einstehen muss, hoch und heilig im Deutschen Bundestag (ich war dabei) dem eigenen Volk bei der Einführung des EURO versprochen und in Europäischen Verträgen verankert, wurde einfach über Bord geworfen. Und Deutschland ist in Folge horrende finanzielle Verpflichtungen von inzwischen über 900 Milliarden Euro eingegangen, nahezu das Dreifache unseres Bundeshaushaltes.

Atemberaubend war auch die Wende von der Energiewende im Jahre 2011 durch die Koalitionsregierung von Union und FDP (die angebliche Wirtschaftspartei hat das mitgemacht). Innerhalb von nur drei Tagen nach der Fukushima-Katastrophe im fernen Japan. Die Bundeskanzlerin verkündete zu unserem Entsetzen in der Fraktion ohne jegliche Rechtsgrundlagen und ohne Beschluss des Deutschen Bundestages von einem auf den anderen Tag den abrupten Ausstieg aus der Kernenergie und legte in einem sogenannten Moratorium zur Gefahrenabwehr einfach sieben Reaktoren sofort still. Gerade mal ein halbes Jahr zuvor hatten wir im Bundestag einen sorgfältig abgewogenen verlängerten stufenweisen Ausstieg aus der Kernenergie verabschiedet. Und kurz zuvor hatte die Aufsichtsbehörde die Sicherheit der deutschen Kernkraftwerke bescheinigt. Ich vermute, nach Fukushima erwartete man stündlich einen Tsunami an der Spree oder am Rhein. Denn andere dramatische Gründe waren weit und breit nicht zu erkennen.

Sie können sich vorstellen, die Begeisterung der Grünen und der Linken, aber auch der SPD, war überschäumend. Die CDU-Kanzlerin ist ja viel weiter gegangen als es je die anderen Parteien gewagt hätten.

Und eine spezifische Medienlandschaft konnte ihr Glück über diesen unerwarteten Salto mortale kaum fassen. Dadurch fühlte sich die Bundesregierung mit der FDP als Koalitionspartner an ihrer Seite (ich sage das ganz bewusst, weil einige heute in der

FDP die Rettung sehen) in der rational unbegreifbaren und kaum verantwortbaren Entscheidung unterstützt.
Und deshalb müssen die deutschen Verbraucher 56 % höhere Energiekosten zahlen als zuvor. Ein mittelständischer Betrieb in Baden-Württemberg erzählte mir, er hat pro Jahr in seiner mittelgroßen Firma 1 Million Euro mehr an Energiekosten zu zahlen als zuvor. Das macht ihm die Konkurrenz zu den französischen Mitbewerbern unheimlich schwer und das Ganze ist verantwortungslos gewesen.
Dieser Salto mortale hat dazu beigetragen, nach den Dänen zahlen wir heute die höchsten Energiepreise in Europa und zudem ist Deutschlands Energieversorgung höchst labil. Nichts klappt mit den Stromtrassen. Alles Versprechungen, die nicht real umsetzbar sind, zumindest nicht in der Geschwindigkeit.

Deutschland beschritt, und das ist gefährlich für Deutschland und die europäische Union, nun auch einen Sonderweg und düpierte damit ihre Partner. Am deutschen Wesen sollte wieder mal die Welt genesen und man hoffte, alle anderen schalten ihre Kernkraftwerke auch aus. Aber wir können feststellen, rund um uns herum in unseren Nachbarländern werden fleißig neue AKWs gebaut, die haben sich gedacht: Die Deutschen haben einen Vogel und das machen wir nicht mit!

Aktuell habe ich allerdings die besondere Sorge und aufgrund dieser Erfahrung nach solchen Ereignissen die starke Befürchtung und wir alle sollten das befürchten, dass nicht nur dem Dieselmotor, sondern dem Verbrennungsmotor insgesamt ein ähnliches Schicksal bevorstehen könnte, ohne Rücksicht darauf, dass jeder 7. Arbeitsplatz in Deutschland direkt oder indirekt von der Automobilbranche abhängt. Und das so viel gepriesene Elektroauto … wer sich damit beschäftigt, wie die Batterien (sprich Akkus) hergestellt werden, weiß, dass das nicht fair ist.
Die Bundeskanzlerin hat zu diesem Thema höchst divergierende Aussagen gemacht, sodass alle Alarmglocken läuten müssen. Wie sagt sie gerne so schön: „Ihr kennt mich ja." Richtig! Wir kennen sie ja inzwischen, deshalb beunruhigt es uns.
Wenn das so weiter geht, dann kann Morgenthau sich im Grabe erfreut herumdrehen, denn der Morgenthauplan, wonach

Deutschland ein Agrarland werden sollte, wird dann von der deutschen Regierung umgesetzt.

Das alles aber wurde und wird in den Schatten gestellt durch die Kanzlerentscheidung der offenen Grenzen für eine unkontrollierte und unbegrenzte Aufnahme von Migranten. Migranten, denen in aller Regel sämtliche Papiere abhandengekommen sind. Merkwürdigerweise haben sie ihre Smartphones aber nicht verloren. Dieser Massenzustrom aus anderen Kulturkreisen stellt Politik und Gesellschaft auf viele Jahre – und ich befürchte auf Jahrzehnte hinaus – vor neue gigantische Herausforderungen und das wird unser Land dramatisch verändern. Und die Grüne Politikerin Kathrin Göring-Eckhardt sagt: „Ja, das wird unser Land dramatisch verändern und ich freue mich darauf."

Wir müssen heute feststellen, dass in unseren Aufnahmeeinrichtungen Christen, Jessiden oder Homosexuelle erschreckend häufig von muslimischen Mitbewohnern genauso verfolgt, schikaniert und unterdrückt werden, so wie in dem Land, aus dem sie wegen der Verfolgung wirklich geflüchtet sind. Aber haben Sie davon in den Medien wirklich einmal vertiefte Berichte gelesen? Ich vermisse sie. Seit vielen Jahren habe ich mich mit der weltweiten Christenverfolgung und der anderer religiöser Minderheiten intensiv auseinandergesetzt; und ich sehe heute mit wirklichem Entsetzen, dass die religiösen und kulturellen Konflikte des Nahen Ostens und Afrikas jetzt in unser Land importiert worden sind. Die politischen und kulturellen Folgen dieser Veränderung sind in vielen Bereichen noch gar nicht absehbar.

Beschwichtiger argumentieren gerne – und das wird mir als früherer BdV-Präsidentin immer wieder vorgehalten – mit der Aufnahme 12 Millionen Heimatvertriebener nach 1945. Aber damit stellen sie sich ein Armutszeugnis aus. Damals kamen Deutsche zu Deutschen mit gleicher Sprache, gleicher Kultur und gleichem Erfahrungshintergrund mit dem absoluten Willen, das zerstörte Deutschland wieder aufzubauen.
Und unsere deutschen Spätaussiedler aus der früheren Sowjetunion und Mittelosteuropa haben mit am längsten dafür bezah-

len müssen, dass sie deutscher Herkunft sind. Ihnen allen gegenüber hat Deutschland eine selbstverständliche Verantwortung. Aber nicht wenige haben sie abwertend als Russen oder Pollaken einfach bezeichnet und der deutsche Staat hat sie vergleichsweise schon durchaus schlechter behandelt als die Migranten heute.

Also, meine Damen und Herren, die heutige Situation ist mit der Flüchtlingssituation nach 1945 überhaupt nicht zu vergleichen.

Das für mich Erschreckende und wahrscheinlich für Sie alle auch und das zutiefst Beunruhigende für unser Land sind die jüngsten Interviewaussagen der Bundeskanzlerin, dass sie tatsächlich alles noch einmal genauso machen würde, wie im September 2015 und danach. Das bedeutet, den Rechtsbruch würde sie nochmals begehen. Offenbar ist sie sich der gravierenden sozialen und kulturellen Folgen für unser Land entweder nicht bewusst oder es interessiert sie überhaupt nicht, und das ist unerträglich. Und ich sage Ihnen: Ohne das aufopferungsvolle Engagement zahlloser ehrenamtlicher Helfer wäre unser Land im totalen Chaos nach 2015 versunken. Ihnen allen hat die Kanzlerin auf Knien zu danken.

Die staatlichen, eigentlich zuständigen Stellen waren und sind teils bis heute noch immer überfordert mit dem, was die Regierung ohne Sinn und Verstand eingeleitet hat. Denn bis zum heutigen Tage wissen wir noch immer nicht in vollem Umfang, wer alles in unser Land gekommen ist. Und die Entscheidung, wer als tatsächlicher Verfolgter einzustufen ist, wurde unverzeihlich in den ersten Monaten über Fragebogen getroffen. Da durfte jeder eintragen, was er wollte. Etwa eine Viertelmillion Menschen haben ihre Aussagen bezüglich ihrer Identität, ihrer Nationalität und auch ihres Verfolgungsgrundes schriftlich zu Papier bringen dürfen, ohne persönlich angehört worden zu sein – wie es vorgeschrieben ist. Und zudem erhielten sie den höchsten Schutzstatus zugesprochen, der ihnen ein unbefristetes Aufenthaltsrecht inclusive Familiennachzug ermöglicht. Obwohl ein Großteil dieser Menschen laut Fragebogen aus Syrien kommt und ein Schutzgrund nach Beendigung des Bürgerkrieges nach Völkerrecht entfällt.

Zudem – und das macht mich fast sprachlos – hat das Bundesamt für Migration (BAMF) bei tausenden festgestellten gefälschten Pässen keine Strafanzeige gestellt, obwohl es unter Strafe steht, sondern die betrügerischen Migranten einfach auf die Bundesländer verteilt. Skandalös ist, dass dieser Betrug anders als rechtlich vorgeschrieben keine Auswirkung auf das Asylverfahren hat. Dabei ist anzunehmen – muss ich sagen zu Ehren der Bundesbehörde – dass keine Bundesbehörde einen so massiven Rechtsbruch aus eigenem Antrieb und in eigener Verantwortung begeht. Ohne Weisung von ganz oben macht das kein Behördenleiter.

Sehr geehrte Damen und Herren, falls Sie in einem Land leben, in dem Sie für das Fischen ohne Anglerschein bestraft werden, jedoch nicht für den illegalen Grenzübertritt ohne gültigen Reisepass, dann haben Sie das volle Recht zu sagen: Dieses Land wird von Idioten regiert. Aber, liebe Freunde, das ist keine Aussage von mir, es ist eine Aussage des tschechischen Präsidenten Zeman, und er hat Recht!

Mit den Migranten kamen nicht nur tatsächlich Asylbedürftige, die es auch gegeben hat, sondern mit den Wirtschaftsflüchtlingen ganz offensichtlich, die wir tagtäglich landauf landab – trotz der Deckelung mancher Medien – immer wieder auch in den Medien zu lesen kriegen, Terroristen und Gewalttäter nach Deutschland.

Was sind die Fakten?

Seit 2015 gab es sieben islamistische Terroranschläge in Deutschland. In den vier Jahren davor keinen einzigen Terroranschlag. Wer diese Fakten leugnet, verschließt seine Augen sträflich vor der Realität. Die Zunahme der täglichen Gewaltkriminalität und zahlloser sexueller Übergriffe bis hin zur Vergewaltigung zeigen das Erschreckend deutlich. Niemals zuvor hat es Messer- und Penisattacken in dieser Häufung gegeben, anders kann man es nicht bezeichnen.
Die Sicherheitslage unseres Landes und unsere Lebensweise sind dadurch für jeden, der es sehen will, gefährdet. Und leider: Es ist einfach nichts mehr so, wie es einmal noch vor kurzem war.

Von politischer Seite wurde den Bürgern schlicht und ergreifend deutlich gemacht, dass wir alle damit zu leben hätten. Und dazu werden den Frauen beispielsweise durchaus hilflose Sicherheitsempfehlungen zugemutet. Die Leipziger Polizei , die kann gar nicht anders, wenn nicht genügend Personal vorhanden ist, wusste sich jüngst nach einer unglaublich brutalen Vergewaltigung nicht weiterzuhelfen als den Frauen zu empfehlen, nur noch zu zweit zu joggen. Und nach der alptraumhaften Kölner Silvesternacht mit zahllosen sexuellen Übergriffen und Vergewaltigungen empfahl die Kölner Oberbürgermeisterin den Frauen doch tatsächlich eine Armlänge Abstand, um sich zu schützen. Ich bin nicht bereit, das zu akzeptieren in unserem Land.

Die Kriminalitätsstatistik weist bereits für 2015 aus, dass anders als weitgehend berichtet, die Zahl tatverdächtiger Ausländer um 12,8 % innerhalb eines Jahres gestiegen ist, wohingegen es 4,9 % weniger deutsche Straftäter gab. Und die Kriminalitätsstatistik des Bundes für 2016 weist unter der Kategorie „Zuwanderer" insgesamt 174.438 Tatverdächtige aus. Das ist im Vergleich zum Vorjahr ein Anstieg von 52,7 %. Wobei – ich weiß es aus meinem Umfeld – jeder Kundige inzwischen berichten kann, dass längst nicht alle Straftaten von Migranten polizeilich registriert werden.

Heute treibt viele Menschen die Sorge um, dass Deutschland durch die Zuwanderung einen irreparablen Identitätsverlust aufgrund der inzwischen mehr als 2 Millionen muslimischen Zuwanderer erleidet. Die Integration von Menschen in so großer Zahl aus einem anderen Kulturkreis wird viele Jahre dauern, wenn sie denn überhaupt gelingt.
Und wir wissen aus der Vergangenheit bereits, dass die Integration, spezifisch muslimischer Zuwanderer – nicht aller, aber eines erheblichen Teils – gelinde gesagt defizitär ist.

Die Autorin und Filmemacherin Dr. Rita Knobel-Ulrich, die ich zu einer Klausurtagung (als ich noch menschenrechtspolitische Sprecherin der CDU/CSU-Bundestagsfraktion war) eingeladen hatte, berichtete, sie hat im Rahmen ihrer Recherche für ihren aufrüttelnden Film „Ein Staat – zwei Welten", der erstaunlicherweise im ZDF sogar gesendet wurde, wenn auch spät abends, darin beleuchtet, inwieweit die Integration von Zuwanderern gelungen ist. Und dafür besuchte sie verschiedene Schulen und interviewte muslimische Jugendliche. Sie musste feststellen, dass die Hälfte der Schüler dieser nachwachsenden bereits hier geborenen muslimischen Migranten-Generation eine deutliche Ablehnung zur Demokratie, zu unseren Grundrechten und zu unserem Lande ganz offen artikulierte. Besonders erschreckend war für die Journalistin die Erfahrung, dass auch das Attentat auf die Pariser Redaktion von Charlie Hebdo offen von diesen muslimischen Jugendlichen gerechtfertigt und verteidigt wurde. Und sie sagten auch, ihre Schwestern dürften nur in Begleitung des Vaters oder des Bruders auf die Straße. Das ist nicht unsere Kultur!

Vergleichbare Integrationsprobleme gab es weder mit italienischen oder spanischen Gastarbeitern. Sprechen Sie mal mit einem Gastarbeiter, die meisten sind inzwischen Deutsche, die in den 60er Jahren zu uns gekommen sind.
Mir sagte einer von ihnen ganz engagiert: „Sag mal, seid ihr von allen guten Geistern verlassen? Als ich kam, ich musste ein polizeiliches Führungszeugnis vorlegen, ich musste 1.000 DM mitbringen, ich musste meine Ausbildungsunterlagen mitbringen und natürlich habe ich meine Sprachkurse abends in der Volkshochschule selbst bezahlt und mir jeden Pfennig selbst verdient. Und was macht ihr heute mit diesem Land?"

Meine Damen und Herren, manche unserer Gegner können sich nicht verkneifen, uns in der Zuwandererdiskussion in die rechtsextreme Ecke zu rücken, nur weil wir im Zusammenhang mit der Zuwanderung auf die Gefahr von Parallelgesellschaften aufmerksam machen. Das, liebe Freunde ist der Gipfel der Verlogenheit, deshalb werden wir auch weiterhin eine geregelte Steuerung und Begrenzung der Zuwanderung fordern. DAS ist keine Aussage eines AfD-Politikers, das ist keine Aussage von mir, sondern entstammt der Rede der CDU-Parteivorsitzenden Angela Merkel auf dem Leipziger Parteitag von 2003. Ich war dabei.
Wer sich aber heute so artikuliert, wird quer durch Parteien und

Medien spontan als Nazi – das beliebteste Schimpfwort landauf landab – bezeichnet.

Diese damalige Aussage zeigt aber sehr deutlich, dass man bereits im Jahre 2003 die defizitäre Entwicklung bei der Integration von Muslimen gesehen hat, offenkundig sogar damals Angela Merkel. Mit der von ihr zu verantwortenden Massenintegration ab 2015 hat sie in Kenntnis dieser Problematik dann sogar doppelt verantwortungslos gehandelt. Und unser Land steht heute vor der gigantischen Heraus-forderung, nicht nur die vorhandenen Integrationsdefizite zu bewältigen, sondern die von Millionen neuer Muslime zusätzlich und darunter ein ganz erheblicher Teil Analphabeten – die Fachkräfte, Akademiker und Ärzte und so, die kann man mit der Lupe dabei suchen – überproportional unqualifiziert. Irgendwie müssen wir sie in unsere Gesellschaft integrieren, aber natürlich müssen alle Bürgerkriegsflüchtlinge wieder aus dem Lande, das ist das Wesentliche.

Und das ist der nächste springende Punkt bei dieser Flüchtlingspolitik. Nur ein Bruchteil der Migranten in Deutschland ist tatsächlich asylberechtigt. Hunderttausende müssen bereits jetzt nach der Gesetzeslage abgeschoben werden. Aber die Verantwortlichen sind teils unfähig, teils sogar unwillig, das durchzusetzen. Und natürlich haben viele Landesregierungen das Problem, weil sie die Verhandlungen mit den Rück-führungen selber nicht führen können. Das wäre längst Sache der Bundesregierung gewesen, mit diesen Ländern drastisch zu verhandeln. Aber es macht doch eigentlich deutlich, wie wenig man das will, das zeigt die Tolerierung des Kirchenasyls, des sogenannten Kirchenasyls. Das gibt es in unserem Recht nicht. Es gibt kein Sonderrecht für Kirchen, dann hätten wir bald das Sonderrecht für Moscheen, wie ich unser Land kenne, inzwischen. Für die Kirchen gilt das, was in der Bibel steht: „Gebt dem Kaiser, was des Kaisers und Gott was Gottes ist.“ Ja also, Kirchenasyl gibt's nicht.

Die Indolenz des Staates auch gegenüber Kirchen, unser Recht durchzusetzen, zeigt in Kombination mit immer noch anhaltender Migration – immerhin haben wir in diesem Jahr 100.000 in dieses Land bekommen (eine ganze Großstadt!) – eine brisante

Problematik. Und wie kommen die denn hier rein, übrigens seien die Grenzen ja jetzt gesichert, habe ich Interviews gehört. Sind die über den Himmel eingeflogen worden? Nein, sie sind über die Grenzen gekommen, weil sie nicht geschützt sind.

Und die jüngsten vollmundigen Versprechungen der Bundeskanzlerin, jetzt verstärkt abzuschieben und die Grenzen noch besser zu sichern, das ist pure Wahlkampfrhetorik ohne jeglichen Wert. Einige Flugzeuge werden sicherlich abheben, dann gibt's schöne Bilder im Fernsehen, bei manchen heißt es, die wurden alle wieder ausgeladen, weil irgendein Prozess geführt würde. Es passiert nichts.

Wie hieß es im Wahlkampf der CDU/CSU im Jahre 1991? Asylmissbrauch beenden, Asylakten bearbeiten, Asylanten konsequent abschieben.
Im Wahlprogramm der CDU von 2002 war zu lesen: Deutschland kann aufgrund seiner historischen, geographischen und gesellschaftlichen Situation kein klassisches Einwanderungsland werden, wie etwa Australien. Deutschland muss Zuwanderung stärker steuern und begrenzen als bisher. Zuwanderung kann kein Ausweg aus dem demographischen Wandel in Deutschland sein.
Und die jüngsten öffentlichen Daten, wonach 300.000 Syrer ihre Verwandten nach Deutschland holen dürfen, lässt erwarten, dass wir mit mindestens 1,5 Mill. zusätzlicher Migranten ab 2018 Zug um Zug zu rechnen haben. Darauf ist unser Wohnungsmarkt in überhaupt keiner Weise eingerichtet.

Das Konkurrenzdenken und das Gefühl, nicht mehr gerecht behandelt zu werden in Deutschland als Deutscher, treffen auch auf die Gesundheitsversorgung zu. Auch aus meinem täglichen Umfeld. Rentnern mit Bedarf an Brillen und Zahnersatz, die seit Jahrzehnten in ihre Krankenkasse eingezahlt haben, bekommen mit, dass sie selbst viele hundert Euro dafür auf den Tisch legen müssen, während Migranten mit Gesundheitskarte das alles kostenlos erhalten. Wer glaubt da noch an den inneren Frieden? Die Finanzierung erfolgt natürlich – wenn auch verschleiert – durch die von Einheimischen geleisteten Beiträge. Dem Gerechtigkeitsbedürfnis der Menschen widerspricht das zutiefst und es IST auch ungerecht.

Was mich beklommen macht und unserer parlamentarischen Demokratie wirklich unwürdig ist, ist das Faktum, das der deutsche Bundestag bis zum heutigen Tage niemals über die singuläre Massenaufnahme von Migranten, auch nicht über die bedingungslose Öffnung unserer Grenzen, abgestimmt hat, abstimmen durfte oder abstimmen wollte. Es ist geradezu unglaublich und deshalb bin ich auch hier. Es ist geradezu unglaublich, dass keine der Oppositionsparteien das jemals eingefordert hat. Der deutsche Bundestag ist gefordert, die Bundesregierung zu kontrollieren und elementare Entscheidungen eigenständig zu treffen. Die Opposition hat alles freudestrahlend mitgetragen. Es gibt bis heute kein Votum des Bundestages, ob und wie viele Menschen unser Land in extrem kurzer Zeit aufnehmen kann oder aufnehmen will. Oder ob Zigtausende die Staatsgrenzen unkontrolliert oder unregistriert die Staatsgrenzen auch dann überschreiten dürfen, wenn die EU-Grenzen nicht geschützt sind.

Der frühere Verfassungsgerichtspräsident – also ein Mann, der von der Materie Verfassung etwas versteht – stellte fest, dass die Kluft zwischen Recht und Wirklichkeit noch nie so tief wie der derzeit gewesen sei und die Leitplanken des deutschen und europäischen Rechts gesprengt worden seien. Der Mann hat Recht!

Für jeden, der es sehen will, ist erkennbar, dass das höchste parlamentarische Beschlussorgan Deutschlands, der Deutsche Bundestag – dem ich ja auch noch angehöre – mit seinen Mitgliedern in dieser so elementaren Frage stillschweigend abgedankt hat.

Die Zunkunftsfragen Deutschlands und Europas liegen im Umgang mit Afrika und dem Nahen Osten. Wir alle wissen, dass der Migrationsdruck aus diesem geographischen Gebiet unvermindert anhält. Der Migrationsforscher Gunnar Heinson und viele andere Wissenschaftler prognostizieren – ich habe mich im Menschenrechtsausschuss sehr intensiv damit beschäftigt – aufgrund der Bevölkerungsentwicklung in Afrika zwischen 200 Mill. und 600 Mill. Migranten Richtung Europa sich auf den Weg machen in den nächsten Jahren. Ganz Europa hat 500 Mill. Einwohner. Selbst wenn diese Zahlen niedriger liegen sollten, das könnte Europa und Deutschland schon gar nicht mit noch so gutem Willen niemals bewältigen... Dann ziehen wir halt alle nach Afrika um.

Der frühere Bundespräsident Joachim Gauck hat etwas sehr Treffendes gesagt: Unser Herz ist weit, aber unsere Möglichkeiten sind endlich.

Und wir können sehen, dass sie endlich sind, tagtäglich bei uns im Lande. Allein die Größe des riesigen Kontinents Afrika von dem sich die meisten keine Vorstellung machen. Afrika umfasst eine Fläche von 30.370.000 Quadratkilometern. Darauf hätten, China, Indien, USA, Kanada und alle Länder der Europäischen Union spielend Platz. Jetzt wissen Sie, was Afrika ist und was uns da bevorsteht. Der afrikanische Kontinent ist aber kein armer Kontinent. Es ist ein reicher Kontinent mit wertvollen Ressourcen und es ist erforderlich und möglich, dass Flüchtlinge innerhalb dieses riesigen Kontinents versorgt und geschützt werden können und auch müssen. Das muss deutsche und europäische Politik nachdrücklich von der Afrikanischen Union einfordern. Sowohl der Afrikanischen Union als auch der steinreichen Arabischen Liga muss deutlich gemacht werden, dass sie selbst eine Verantwortung für ihre eigenen Menschen haben. Nur eine solche eindeutige Botschaft wird das erbarmungswürdige, nahezu tägliche Sterben im Mittelmeer und den Wüsten Afrikas, von denen wir weniger mitbekommen, beenden und auch den Schleppern das Handwerk legen, Es muss eine harte Botschaft sein. Die Vereinten Nationen und die Europäische Union können und müssen in extremen Not- und Hungerlagen sicher Hilfestellung geben mit Pilotprojekten, aber das eindeutige Signal muss sein, dass Migranten in Europa keine Zuflucht erhalten, sondern das auf ihrem eigenen Kontinent erhalten müssen. Das ist die Verantwortung Afrikas selbst.

Solange wir die Afrikanische Union und deren Staaten behandeln wie debile Halbdeppen, dann sind wir selbst dran schuld. Da gibt es kluge Köpfe. Da gibt es Möglichkeiten. Darin liegt nach meiner festen Überzeugung in dieser Thematik die große Herausforderung für die nächsten Jahre, wenn wir der afrikanischen Migration etwas entgegensetzen wollen, was tatsächlich wirkt. Ich sehe zur gegenwärtigen Zeit weder in der EU noch in Deutschland den Willen oder den Überblick dazu. Aber, meine lieben Freunde, es geht um Deutschlands und Europas Zukunft. Nicht mehr und nicht weniger. Diese Zukunftsfrage lege ich der AfD sehr ans Herz.

Sehr vielen Menschen noch – das müssen Sie wissen – ist die Bundeskanzlerin ganz einfach sympathisch. Ich bestätige gerne, dass sie auch im persönlichen Gespräch freundlich ist, umgänglich ist und dass man sich mit ihr gut unterhalten kann und in persönliche Hasstiraden gegen Angela Merkel würde ich auch niemals einstimmen. Es geht bei der Bundestagswahl aber nicht um den Menschen Angela Merkel, sondern um die Bundeskanzlerin der Bundesrepublik Deutschland und unsere Zukunft. Und da muss ich leider feststellen, dass die politischen Fehlentscheidungen der Kanzlerin Deutschland gravierend und nachhaltig geschadet haben. Und selbst, wenn Angela Merkel meine Schwester wäre … ich kann niemandem empfehlen, eine Partei zu wählen, die Merkel wieder auf den Thron heben will. Von der AfD erhoffe ich, nein, ich erwarte es ganz einfach von Ihnen allen: Eine feste Opposition, dass Sie eine starke kraftvolle Opposition sind, die Deutschland so bitternötig hat und bringen Sie ein Gesetz ein, dass den Bruch des Amtseides, den alle Mitglieder der Bundesregierung ablegen müssen, unter Strafe stellt. Damit auch jeder nochmal weiß, was die Kanzlerin und alle ihre Minister geschworen haben mit Erheben der drei Finger:

Ich schwöre, dass sich meine Kraft dem Wohle des deutschen Volkes widmen, seinen Nutzen mehren, Schaden von ihm wenden, das Grundgesetz und die Gesetze des Bundes wahren und verteidigen, meine Pflicht gewissenhaft erfüllen und Gerechtigkeit gegenüber jedermann üben werden.

Das steht da drin. Übernehmen Sie, lieber Herr Dr. Gauland, liebe Frau Dr. Weidel, und Sie machen es hier in Baden-Württemberg, Herr Professor Meuthen, übernehmen Sie die in den letzten Jahren fehlende Kontrolle der Bundesregierung und bestehen Sie auf Einhaltung von Recht und Gesetz. Als engagierte Verfechterin unserer parlamentarischen Demokratie lege ich Ihnen das ans Herz. Deshalb stehe ich heute hier.

Überlebensplan SPD

20. September 2017

Eine Volkspartei verabschiedet sich. Es begann mit Schröders Boss-Anzug und seiner Kuba-Zigarre. Mit der Agenda 2010 verabschiedete sich die SPD inhaltlich von ihren Stammwählern. Sie wurden politisch heimatlos. Heute vor der Bundestagswahl 2017 sind sie ratlos.

Sie hätte sich neu erfinden müssen

Die Umfragen deuten an, dass die SPD bei der Bundestagswahl 2017 ein desaströses Ergebnis einfahren wird. Nachdem sie ihr Stammland NRW verloren hat, Sigmar Gabriel seine Kanzlerkandidatur an Schulz abtrat und die weltfremde SPD kurz ihren Heilsbringer mit einer hundertprozentigen Zustimmung feierte, begann nach kurzer Glückseligkeit der langsame Abstieg. Jetzt, kurz vor der Wahl, sieht es genauso übel aus wie noch zu Zeiten, als Gabriel den Stab an Schulz übergab. Was ist schiefgegangen?

Nichts deutet darauf hin, dass die in den Siebzigern erfolgreiche Strategie eines Bildungsschwerpunktes mit dem Ausbau des Bildungswesens durch Schulz eine Renaissance erleben könnte. Dazu braucht es einen Abbau von Föderalismus und Kooperationsverbot. Die Zahlen sprechen eine deutliche Sprache: Von 100 Akademikerkindern in Deutschland studieren 77, von 100 Nichtakademikerkindern nur 23. Ein Beweis dafür, dass die soziale Herkunft noch immer die Lebensrichtung vorgibt.

Löhne, Renten und Altersarmut erhalten auch kein Sanierungsprogramm donnernden Ausmaßes. Trotz der laut Nahles eingebrachten 40 Gesetze zur Verbesserung der Situation auf dem Arbeitsmarkt stellt sich noch immer keine große Wende hin zu sozial gerechten Arbeitsbedingungen und -verhältnissen ein.

Schulz als der große Europäer und Europaexperte hat während seiner Präsidentschaft nichts bewirkt, was darauf hindeutet, dass er Europa beispielsweise in der Flüchtlingsproblematik mit Zielen und Entscheidungen beschenkt hätte.

Was hätte die SPD tun müssen, um die Merkelraute zu bezwingen?

Die sofortige Ankündigung eines Mindestlohns von 12,50 Euro, die Abschaffung aller Ausnahmeregeln, die das verhindern bis hin zur Entscheidung, dass Leiharbeiter denselben Lohn erhalten wie Stammarbeiter und Zeitarbeit höher bezahlt wird als Festanstellung.

Berufsgruppen, die am Menschen direkt arbeiten, (Pfleger usw.) sind in ihrer Wertung gegenüber anderen Berufsgruppen deutlich höherzustufen.

Eine Registrierungspflicht für alle Menschen fremder Herkunft und die damit verbundene Pflicht der Männer, niedere Arbeiten für einen niederen Lohn auszuführen, um nicht der Langeweile und unkontrollierten Aktivitäten anheimzufallen. Einführung von Grenzkontrollen, die den Menschen ohne Papiere die Einreise verbieten.

Die Bürgerbeteiligung an demokratischen Entscheidungen wäre ein weiterer notwendiger Schritt in die richtige Richtung und der Umbau des Sozialversicherungssystems ein weiterer. Dieser muss das Ziel des Solidarprinzips ohne Ausnahmen haben. Jeder zahlt in die Sozialkasse x Prozent seines Einkommens und Gewinns ein.

Und in den Zeiten, in denen weniger Arbeit auf mehr Arbeitnehmer zu verteilen ist (Stichworte Digitalisierung, Roboter usw.) muss zur Erhaltung der Menschenwürde ein Bedingungsloses Grundeinkommen ernsthaft diskutiert und eingeführt werden.

Die Zukunfts-SPD müsste eine Lohnkoppelung zwischen Minimallöhnen und Höchstgehältern einführen (keiner verdient beispielsweise mehr als das 25-fache des Geringstverdieners in demselben Betrieb).

Bildung beginnt kostenfrei, das Studium ist an Gebühren gekoppelt, Stipendien ermöglichen guten und schnellen Studenten ebenfalls kostenfreie Bildung.

Der Offenbarungseid für ein soziales und gerechtes Deutschland muss zur Transparenz in Sachen Flüchtlingspolitik führen. Das von Merkel mit Zustimmung der SPD angerichtete Chaos erfordert Ehrlichkeiten bei Finanzierung, Kriminalität, Wohnungsmarkt, Integrationsmaßnahmen usw. usw. Das auch von der SPD gefahrene Gutmenschentum in Anbetracht der Wahnsinnsprobleme, die auf dieses Land zukommen, ist unglaubwürdig.

Eine SPD ohne politische Paukenschläge wird weiterhin aus dem letzten Loch pfeifen.

Das Heulen und Zähneknirschen der Mächtigen

21. September 2017

Schon lange vor dem Einzug der AfD in den Bundestag schlug der Präsident des deutschen Bundestages Lammert vor, die Alterspräsident-Regelung zu verändern. Der Präsident des Deutschen Bundestages will den Alterspräsidenten durch einen Dienstalterspräsidenten ersetzen. Schon damals dachten aufmerksame Demokraten: „Nachtigall, ik hör dir trapsen!" Die dahinter stehende Absicht: Es soll ein möglicher Redner der AfD verhindert werden.

Schäuble und die Dumpfbacken

Dieser aufgeregte Haufen, der sich Bundeskabinett nennt, gackert nun schon seit der Flüchtlingskrise und dem Erstarken der AfD wie ein Hühnerhof bei jeder Gelegenheit sein Anti-AfD-Kriegslied mit allen erdenklichen Mitteln. Und wie gewohnt, sind sich Regierungsparteien und sogenannte Oppositionsparteien, die diesen Namen längst nicht mehr verdienen und stattdessen Abnickparteien heißen müssten, völlig einig, dass man diese Nazis und Rassisten im heiligen Palais der Göttlichkeiten nicht haben will und dafür alles tun muss, um deren Einzug ins Allerheiligste zu verhindern.

Ob in der Presse, bei Slomka, Illner, Maischberger oder Plasberg – wann immer man nach langer Totschweigphase jetzt ein Mitglied dieser AfD gezwungenermaßen einladen muss – es wird gequält, beschimpft, attackiert, verhöhnt und von allen Seiten geistig niedergestochen. Die Schergen der Macht, aber auch die TV-gekrönten Mainstreamer scheuen sich nicht, das Grundgesetz mit Füßen zu treten. Meinungsfreiheit und Menschenwürde sind ihr Pachtland. Nur sie sind die Gutmenschen und Demokraten einer Chaosrepublik ohne Willensbildung und Streitkultur. Wenn heute Mitglieder und Politiker der AfD nicht nur beschimpft, sondern tätlich angegriffen werden, dann muss doch die Frage gestellt werden: Wo genau sitzen eigentlich die geistigen Brandstifter? Und was sagt der Justizminister Maas eigentlich dazu?

Wo ist sie hin, die Zeit der politischen Auseinandersetzungen, der freien Meinungsäußerung und der demokratischen Gelassenheit? Sie verflog mit den Weichspüler-Slogans und Harmoniepillen, mit denen das gesamte Land täglich versorgt wurde. „Deutschland geht's gut", „Für ein Deutschland, in dem man gut und gerne leben will", „Deutschland wird Deutschland bleiben, mit allem, was uns lieb und teuer ist."

Wer stört da die gewollte Totenruhe auf dem Friedhof der Kuscheltiere? Eine Partei, die aus Dumpfbacken und Schreihälsen besteht und sich einbildet, mit den Großen und Mächtigen mitreden zu können! Nein, diesem Feind im eigenen Land muss man das Handwerk legen, ihn deutlich in die Schranken weisen. Darüber sind sich alle „Würdenträger" im Bundestag einig. Die Mittel spielen dabei nur eine untergeordnete Rolle, schließlich heiligt ja der Zweck die Mittel. Also, Attacke! Verunglimpfen, diffamieren, diskreditieren, Eigentum beschädigen,[1] Person bespucken, Auto zerkratzen, Räume verweigern und was sonst noch so im Programm von Politikern und Bürgern zu finden ist. Wäre doch gelacht, wenn wir denen nicht beibringen könnten, was eine echte demokratische Gesinnung ausmacht. Die werden es schon begreifen! Und wenn ihr Einzug in den Bundestag trotz allem nicht zu verhindern ist, erhalten sie ihre Lektion eben erst unter dem Bundesadler!

Übrigens, wo soll man die Aussätzigen eigentlich hinsetzen? Zwei, drei Klappstühle vielleicht müssten doch wohl reichen,

---

[1] www.faz.net – Angriffe auf AfD Patronenhülsen vor der Türschwelle

oder? Mit der Frage nach der Sitzordnung hat man sich tatsächlich schon im großen Kindergarten der Nation beschäftigt. Schließlich will neben dieser Partei keiner gerne sitzen. Nun werden alle Möglichkeiten durchgespielt.
Vielleicht sollte man das Problem mit einer baulichen Maßnahme lösen und ein Gepäcknetz oberhalb des Plenarsaals einbringen, damit erst niemand von den Ungewollten auf die Idee kommt, vorne ans Mikrophon treten zu wollen.

Übrigens hat heute Altmaier, Demokrat durch und durch, allen Bürgern gerade geraten, lieber gar nicht zu wählen als bei der AfD das Kreuzchen zu machen. Wer in diesem Land hat eigentlich den Schuss noch immer nicht gehört, den unsere Mächtigen da tagtäglich in Richtung Wahlvolk abfeuern?

Man darf gespannt sein, was die Riesenkoalition von CDUCSUSPDFDPGrüneLinke sich wird einfallen lassen, um den Politikern der AfD ihre Ablehnung, vielleicht sogar ihren Hass dafür entgegenzuschleudern, dass sie ihnen die samtenen Plätze und die gemütliche Atmosphäre wegnehmen. Lasse man sich heute schon einmal die netten Wünsche und Sprüche unserer Volksvertreter gegen Rechts auf der Zunge zergehen.

SPD-Vorsitzender und Kanzlerkandidat Martin Schulz
„Diese Leute gehören in kein deutsches Parlament. Sie sind auch keine Alternative für Deutschland. Sie sind schlicht und ergreifend eine Schande für die Bundesrepublik." und „Diese Partei ist inzwischen rechtsextremistisch." und „Diese Partei, die die Herren Gauland und Höcke vertreten, ist inzwischen so rechtsextremistisch, dass Frauke Petry als gemäßigter Flügel gilt. Dann können wir uns ja ausmalen, was wir vom radikalen Flügel zu erwarten haben."

Die Grünen-Spitzenkandidatin Göring-Eckardt:
„Wir werden Nazis im Parlament haben." und „Wenn etwas das Land destabilisiert, dann die Fremdenfeindlichkeit, die von AfD und Pegida kommt. Alle demokratischen Kräfte müssen sich jetzt einen Ruck geben und Haltung zeigen."

Spitzenkandidat Özdemir von den Grünen
„Ich bezweifle, dass die Loyalität der AfD zu Deutschland
höher ist als zu Putin. Die wollen doch am liebsten ein Putin-
Regime hier. Ich habe den Eindruck, ich liebe meine Heimat
mehr als diese Gestalten." Und „In Sachsen haben Ministerpräsidenten gesagt, Sachsen hat kein rechtes Problem. Jeder
weiß es. Die ganze Welt weiß es, dass es in Sachsen ein Problem gibt mit Rechtsradikalismus. Das gab es schon zu DDR-
Zeiten. Das kann man nachlesen. Der Fisch stinkt in Sachsen
vom Kopf her."

Justizminister Heiko Maas
„Die rechtspopulistische Partei ist längst auf dem Weg dahin,
ein Fall für den Verfassungsschutz zu werden. Wer an der
Grenze auf Flüchtlinge, auf Männer, auf Frauen und auf Kinder
schießen lassen will, der vertritt menschenfeindliche Positionen."

Finanzminister Schäuble
„Wichtig ist, dass wir die Sorgen der Bürger lösen und nicht die
Parolen der Dumpfbacken noch übertönen." und „Es wäre ver-
antwortungslos und dumm, auf eine starke AfD zu setzen. Die
CDU muss auf ihre eigene Stärke setzen. Ich werde selbst alles
dafür tun, dass auch in den Bundestag keine rechtspopulistische
Partei einzieht."

Frank-Walter Steinmeier noch als Außenminister
„Wir brauchen keine AfD im Abgeordnetenhaus. Diesen Brand-
satz kann man in der Wahlkabine löschen." und „Ich mache mir
große Sorgen, dass da ein Ungeheuer wieder aufwacht in
Deutschland und das ist das Ungeheuer des Nationalismus."
und: „Die Sprache der AfD ist entlarvend. Die Demokratie-
verächter dürfen nicht wieder salonfähig werden. Der Weg von
der geistigen Brandstiftung zur echten Brandstiftung ist
bedrohlich kurz."

Außenminister Sigmar Gabriel
„Die AfD muss endlich vom Verfassungsschutz beobachtet
werden." und „Die AfD hat die NPD als Sammelbecken für
rechtsradikale Hetzer endgültig abgelöst."

Christian Lindner, Spitzenkandidat der FDP
„Die AfD erlebe ich als „Schaf im Wolfspelz". und
„Die AfD stellt sich gegen die Werte unserer Verfassung."

Günther Oettinger
„Ich würde mich erschießen, wenn die komische Petry meine
Frau wäre. Sie ist eine Schande für Deutschland."

Peter Tauber, Generalsekretär der CDU
„Die AfD will unsere Gesellschaft spalten und Deutschland
spalten", und „Sie wendet sich unter anderem gegen die Reli-
gionsfreiheit, gegen die Pressefreiheit und gegen die Meinungsfreiheit."

Ralf Stegner, Landesvorsitzender der SPD
„Fakt bleibt, man muss Positionen und Personal der Rechtspo-
pulisten attackieren, weil sie gestrig, intolerant, rechtsaußen und
gefährlich sind!"
Ich wünsche all meinen Lesern am Sonntag eine kluge Wahlentscheidung und einen guten Start in das nächste legisla-
turperiodische Chaos.

Die Christian-Lindner-Partei, ehemals FDP

23. September 2017

Ein erster kurzer Blick auf die Ein-Mann-Partei Christian Lindner, der mit seinen Dressman-Plakaten auf die junge Wähler-
schaft abzielt. Das alles sieht nicht nach Opposition aus.

Der zukünftige Abnicker in der Regierung Merkel

Die letzte Wahlsendung ist gestern in der ARD abgehandelt
worden. Und wieder lautet die Zusammenfassung: „In Deutschland nichts Neues." Kaum war die Kamera auf die Herr- und
Frauschaften gerichtet, ergingen sich alle erst einmal in einem
üblichen Bashing der AfD in persona Alexander Gauland.
Sehr engagiert und mit feurigen Formulierungen tat sich die
Ein-Mann-Partei mit dem Namen Christian Lindner hervor, der

diesen Wahlkampf ohne Störungen aus eigenen Reihen absolviert hat.

Wer diesen Mann wählt, hat keine Kenntnis darüber, welche sonstigen „Gesichter" er nach der Wahl im Bundestag für die Lindner-Partei antrifft. Ohne mich jetzt schon mit den Inhalten dieser Ein-Mann-Partei zu beschäftigen, hindern mich zwei Gründe daran, meine Kreuze bedenkenlos dieser Partei zu schenken.

1.) Seit 12 Jahren erleben wir nun schon den Demokratieabbau und die Spontanpolitik einer einzigen Person, die wie Lindner im Fokus steht, die Richtlinien der Politik einer ganzen Nation alleine bewerkstelligt und den Bezug zu ihrem Wahlvolk vollständig aus den Augen verloren hat. Man kann diese Frau nett und harmlos finden, wer allerdings ihre Politik nett und harmlos findet, muss schon mit Blindheit geschlagen sein.

2.) Jeder weiß, dass die Medien die Verpflichtung haben, regierungsfreundlich, oft sogar regierungshörig zu berichten. Jeder, der sich vor den Wahlen schlau machen wollte, wird die Einseitigkeit der Meldungen, Diskussionen und Wortanteile bemerkt haben. Die Linken wie die Rechten galten als lästiges Übel, weil sie Dinge und Zustände benannten, die nicht benannt werden sollten. Wenn Sarah Wagenknecht über prekäre Arbeit, Niedriglohn oder Altersarmut parlierte, Alexander Gauland fragwürdige Funktionsträger zu recht entsorgen wollte und die Flüchtlingspolitik monierte, begannen Moderatoren und Politiker etablierter Parteien mit Angriffs-, Beschwichtigungs- und Unterbrechungstaktiken, um den „Deutschland geht's gut – Zustand" schnellstmöglich wieder herzustellen.

Der machtbesessene Herr Lindner darf sich glücklich schätzen, seine eigene Frau im Medienhaus der WELT gut aufgehoben zu wissen, worin diese nach ihren eigenen Worten keine Interessenskollision erkennen mag. Hat vielleicht Frau Dagmar Rosenfeld-Lindner,[1] die stellvertretende Chefredakteurin der Welt am Sonntag, möglicherweise die Veröffentlichung der wahrscheinlich gefälschten „Weidel-Mail" mit abgesegnet?

---

[1] www.freiewelt.net – „Die Welt" agiert mit Propaganda gegen AfD

Wenden wir uns aber auch kurz zwei wichtigen politischen Aussagen[1] des Partei-Solisten Lindner zu.
- Keine Regierungsbeteiligung ohne eine Verschärfung der Zuwanderungspolitik.
- Im Falle einer Oppositionsrolle plant er einen Untersuchungsausschuss zur Flüchtlingskrise.

Da die Lindner-Partei sicher bei den Jungwählern gepunktet hat und sie sich wohl ab Sonntag wieder im Bundestag befindet, hat der Wähler mit diesen Aussagen doch eine gute Möglichkeit der Kontrolle. Doch wie wir alle die FDP kennen, wird sie sich kaum mit der Oppositionsrolle zufrieden geben ... und was Herr Lindner unter einer Verschärfung der Zuwanderungspolitik verstehen darf, wird ihm schon Angela Merkel beizeiten klarmachen.

Lassen wir uns überraschen, welche Koalitionspartei in der nächsten Merkel-Regierungsphase wegradiert wird.

Einzug der AfD in den Bundestag

24. September 2017

Keine Partei sorgt für so viel Aufregung wie die seit 4 Jahren existierende Partei AfD. Nazis, Rassisten, Dumpfbacken, Pack – daraus besteht die AfD, wenn man den politisch etablierten Parteianhängern und den meisten Printmedien glauben soll.

Ist die Aufregung berechtigt?

Werfen wir doch einmal einen Blick hinein ins Höllenfeuer der Nation.

Die Gründer der Partei, die seit 2013 existiert, sind der Ökonom Bernd Lucke, der Publizist und ehemalige „FAZ"-Redakteur Konrad Adam sowie der Publizist Alexander Gauland. Als Kritiker der Euro-Rettungspolitik mit dem Ziel der Auflösung

---

[1] www.welt.de – Lindner macht neues Einwanderungsrecht zur Koalitionsbedingung

des Euros[1] zugunsten nationaler Währungen oder kleinerer Währungsverbünde startete die AfD und hatte sogleich eine Menge Anhänger und Befürworter dieser Ziele. Gauland, der dem konservativen Flügel der CDU angehört hatte, kritisierte schon lange an seiner Partei den Verlust ihres konservativen Profils – und damit stand und steht er längst nicht allein.

2014 zog die AfD in die Landtage von Sachsen, Thüringen und Brandenburg ein, es folgten Hamburg und Bremen. Als es dann im März bei drei Landtagswahlen so weiterging, wurde es für die etablierten Parteien Zeit, sich ernsthaft um dieses Problem zu kümmern. Schließlich war nun die AfD in Rheinland-Pfalz und Baden-Württemberg drittstärkste, in Sachsen-Anhalt zweitstärkste Kraft. Welche Partei wollte sich schon von einer neuen Partei ihre Stimmen wegnehmen lassen? Und dann auch noch von einer rechtsradikalen Nazi-Truppe, wie sie gerne charakterisiert wird.

„Gegenwärtig geht es darum, dem zunehmend sozialistisch und diskriminierend gefärbten Feminismus tatsächliche Gleichberechtigung entgegenzustellen; die Frühsexualisierung unserer Kinder in Bildungseinrichtungen zu verhindern; ein demografisch und ökonomisch tragfähiges Sozialsystem zu reetablieren und die politische Korrektheit abzustreifen, die Deutschland so sehr lähmt. … Für das Bild unserer Partei ist es nicht ausschlaggebend den konservativen, den liberalen oder den sozialen Pinsel zu schwingen, sondern es so zu zeichnen, dass sich darin möglichst viele deutsche Bürger wiederfinden – ob hetero oder homo, christlich / muslimisch / jüdisch oder atheistisch, männlich oder weiblich, jung oder alt, bio oder Migrationshintergrund“, schreibt 2014 Christoph Hoegel[2] von der Jungen Alternativen Baden-Württemberg.

Warum, fragt man sich, hat die AfD einen derartigen Zulauf und schafft es, selbst notorische Nichtwähler zu motivieren? Der Hauptgrund liegt darin, dass die etablierten Parteien keine Politik für den Bürger machen. Es geht stets um Europa, Ret-

---

[1] www.welt.de – Alternative für Deutschland will Euro abschaffen
[2] www.ja-baden-wuerttemberg.de – Der Weg zur Volkspartei: Die AfD als Partei des vorurteilsfreien Patriotismus

tungsschirme, Sicherheitsprobleme, Brexit, Flüchtlings-
probleme, Bundeswehr ... es geht nicht um Infrastruktur,
Bildung, Schulen, Rente, Altersarmut, Obdachlose, Sauberkeit,
Gesundheit, Pflege.
Warum sollen Menschen, die in Deutschland leben, sich Sätze
anhören wie: „Stirbt der Euro, stirbt Europa", „Die EU kann
mehr Flüchtlinge verkraften", „Über einen EU-Finanzminister
können wir reden", „Der Euro ist die Grundlage unseres Wohl-
standes", „Deutschland bleibt weiter Deutschland"? Die Menschen wollen Politik für die Bürger dieses Landes, kein Ober-
lehrergehabe bezüglich eines Europa, das in weiter Ferne liegt
und sich als geschlossener Koloss für Gutverdiener und Machtbesessene präsentiert, an dem Demokratie, Transparenz und
Bürgernähe abgeprallt sind.

Sicher gibt es Nazis, Rassisten und Schreihälse in dieser Partei
so wie es Pädophile, Gewalttätige und Schreihälse bei den
Grünen nach Gründung ihrer Partei vielleicht bis heute noch
gibt. Als Lehrerin weiß ich, dass in einer Klasse 30 Kinder sitzen mit und ohne Migrationshintergrund, mit und ohne
Deutschkenntnisse, mit und ohne Erziehung, mit und ohne
Behinderung. Darf ich mir leisten, auszusortieren und abzu-
lehnen. Nein, es gilt, Überzeugungsarbeit zu leisten, um die
Außenseiter zu integrieren. Das erwarte ich auch von der
Politik, dass sie die Abtrünnigen, Wut- und Protestbürger, ja
sogar die rassistischen Schreihälse wieder ins Boot holt.

Wenn eine Claudia Roth bis in die höchsten Ämter vordringen
konnte, sollte man vorsichtig sein, gebildete Menschen wie
Weidel, Petry, Meuthen, Gauland – den Vorstand der Partei –
als rassistische Deppen zu bezeichnen oder sie als solche
anzusehen.

Alles hat eine Ursache. So auch der Zulauf der Menschen hin zu
dieser Partei.[1] Es sind Wutbürger, Protestwähler, Hilflose,
Ausgeschlossene, Unverstandene und Überzeugte, die diese
Partei wählen. Es ist höchste Zeit, dass sich endlich in diesem
Schlaflabor Deutschland ein Wecker etabliert, der vielleicht mit
schrillen und hässlichen Tönen seine Aufgabe erledigt ... aber

---

[1] www.n-tv.de – Klatsche für die etablierten Parteien – Wer wählt eigentlich die AfD?

er erledigt seinen Job, im Schlaflabor der Nation und des Bundestages das wieder herzustellen, was verlorengegangen ist: eine Opposition, eine andere Meinung und eine Streitkultur, damit das ewige (Ein-)Nicken ein Ende hat.

Wahlausgang der Bundestagswahl 2017

25. September 2017

Die Bundestagswahl 2017 ist gelaufen, 75% der Wahlberechtigten haben ihr Recht in Anspruch genommen, ihre Stimme für eine der Parteien abzugeben und die erste von mir gestellte Frage lautet: Warum seid Ihr Nichtwähler stumm geblieben?

Jamaika, AfD und Merkel

Menschen schreiben Bücher, engagieren sich für Deutschland, für Europa, protestieren gegen Rassismus, Demokratieabbau, Merkels Politik, Maas Zensurpolitik, für gerechte Löhne und Renten, wahrscheinlich sogar für die Probleme der Nichtwähler, die sich einen feuchten Kehricht darum scheren, was mit Deutschland und Europa geschieht.

Der Rest der Republik hat gewählt und wichtige Aussagen gemacht:
- die Politik der GroKo wurde abgewählt,
- die „Löwenbrüll- und Nichts-dahinter-CSU" wurde abgestraft,
- die SPD, von Merkel als Koalitionspartner ausgesaugt, liegt danieder,
- Merkel und ihre Abnicktruppe CDU erlitt eine deutliche Schlappe,
- Grüne und Linke behielten ihre Stammwähler,
- FDP und AfD kommen wieder oder neu in den Bundestag.

Einer meiner Wünsche geht damit in Erfüllung, wenn sich in dem Hohen Haus der Mächtigen endlich wieder Regierung und

Opposition einfinden und das Abnicken in den Reihen von über 600 Parlamentariern endlich ein Ende hat. Zu befürchten bleibt allerdings, dass sich trotz der Wahl nur eine gemeinsame Opposition bildet, und zwar die gegen die AfD. Alle TV-Diskussionen schon kurz nach der Wahl deuten darauf hin, dass die Inhalte der Politik auch weiterhin hinter der gemeinsamen AfD-Bekämpfung zurückbleiben. Ursula von der Leyen hat ja schon am Wahlabend alle Register ihres „Toleranz- und Demokratieverständnisses" gezogen. Auch Schwesig lief gegen Gauland zur Hochform auf. Allein Kubicki (FDP) und Jörges (Journalist beim STERN) versuchten, einige Wahlanalysen und Sachlichkeiten zu benennen, was allerdings im Getöse um Gaulands AfD immer wieder unterging.

Es bleibt abzuwarten, ob sich der Bundestag zukünftig wieder als meinungsfreier, toleranter und demokratischer Ort zwecks politischer Debatten- und Streitkultur für den Bürger darstellt oder ob er zum Kriegsschauplatz für Beleidigungen aller Art verkommt.

Wer sich über die AfD und ihre Wähler aufregt, sollte sich lieber über die Politik der letzten Jahre aufregen, über das Schwinden demokratischer Abstimmungen im Parlament, über die Mainstream-Medien, über die Kanzlerin Merkel und ihre alternativlose Politik und über Heiko Maas mit seiner DDR-Gender-Truppe, genannt Amadeo-Stiftung, über die ich schon ausführlich berichtete. Die AfD ist das Produkt eines Links-rucks der CDU und der Zerstörung demokratischer Werte. Was soll die Erfindung einer Political Correctness, um Bürgern den Mund zu verbieten, wann immer es passt? Früher hatte man gelernt, was Gesprächskultur, Streitkultur und Anstand bedeu-ten und in 90 Prozent der Fälle haben sich gebildete und/oder erzogene Menschen daran gehalten. Heute erzieht man den Bürger zum Schweigen, damit er nicht gegen die politische Korrektheit verstößt. Die Folge ist der Stau von Emotionen, sind Zorn und Protest, die sich irgendwann Bahn brechen. Und wo eine alternativlose Politik gefahren wird, verwundert es doch nicht, das sich eine Partei gründet mit dem Namen „Alternative für Deutschland".

Ich habe den Weg gewählt, mit Anstand, aber auch mit Ehrlichkeit meine Meinung über Politik und Politiker zu formulieren. Und mit Sicherheit wird man mich in etlichen Fällen für unkorrekt halten. Ich ertrage es, weil mir die Ehrlichkeit, die Toleranz, die Meinungsbildung und mein Land wichtiger sind als die vielen Märchenerzähler des alten und neuen Bundestages.

Bleiben wir aufmerksam und blicken wir neugierig und voller Erwartung auf das neue Programm der Theatersaison 2018 mit Hauptdarstellern aus CDU, CSU, FDP und Grünen. In der Hauptrolle wie auch dieses Mal wieder vom Publikum gewünscht Angela Merkel, die heute vor der Kamera bemerkte, sie könne keine Fehler in ihrem Wahlkampf erkennen. „Wir sind stärkste Kraft und gegen uns kann keine Regierung gebildet werden." Na dann, herzlichen Glückwunsch!

Besser wird's nimmer, höchstens noch schlimmer

27. September 2017

Der neue Bundestag wird künftig 709 Abgeordnete haben und uns Steuerzahler jährlich 50 bis 75 Millionen Euro mehr kosten. Damit wird in Zukunft das größte Parlament aller westlichen Staaten seine Arbeit aufnehmen. Größer ist nur Chinas Volkskongress mit 3.000 Abgeordneten.

Bundestag und Europa: größer und teurer

Zweimal, 2008 und 2012, hatte das Bundesverfassungsgericht das Wahlrecht für verfassungswidrig erklärt und eine Neuregelung gefordert. Im Dezember 2012 einigten sich Regierung und Opposition auf ein neues Wahlrecht. Sie einigten sich darauf – anders als bisher – Überhangmandate, die bei der Wahl zum Deutschen Bundestag entstehen können, auszugleichen. Allein die Linke stimmte am 21. Februar 2013 im Bundestag gegen die Wahlrechtsreform und verwies zugleich auf eine entscheidende Schwachstelle der Neuregelung. Das neue Wahlrecht könne zu einer massiven Vergrößerung des Bundestages führen. Der Beweis dafür wird gerade erbracht.

Bei der Kompliziertheit unseres Wahlrechts gibt es schon länger die Forderung nach Einführung eines reinen Mehrheitswahlrechts nach dem Vorbild von Frankreich oder Großbritannien. Zweitstimmen und Landeslisten würden abgeschafft. Nur noch jene Kandidaten, die einen Wahlkreis direkt gewinnen, würden in den Bundestag einziehen.

Aus Erfahrung weiß man, dass ein noch größeres Parlament mit jetzt mehr als 700 Abgeordneten nicht automatisch mit mehr Effizienz beschenkt wird. Das wissen scheinbar auch die Parlamentarier und planen deshalb, die einzige demokratische Handlung des Bürgers, sein Kreuz bei der Wahl, nur noch alle fünf Jahre einmal ertragen zu wollen. Der Vorschlag liegt schon auf dem Tisch und die Abstimmung der Abgeordneten darüber, nur noch alle fünf Jahre eine Bundestagswahl durchzuführen und ihre persönliche und finanzielle Sicherheit von vier auf fünf Jahre auszudehnen, wird dann auch im Schweinsgalopp erledigt werden. Und auch diese Entscheidung treffen die Selbstbediener wie immer ganz eigenständig, ohne Volkes Wille, ohne Volksbefragung. Demokratie ganz im Sinne der Parteienvertreter, die doch inzwischen Wahlen nur noch als lästiges Übel ansehen.

Am Rande des Wahlgeschehens lief zur Zeit der sogenannten Elefantenrunde in der ARD ein leibhaftiger Elefant auf, der seinen Willen zur „Volksabstimmung" auf seinem Rücken trug. Diesen durchaus ernstgemeinten Gag hatte sich die auch von mir unterstützte Organisation „Omnibus"[1] einfallen lassen, um den Bürgerwillen zur Einführung der

---

[1] www.youtube.com – Der Wille des Elefanten

direkten Demokratie in Deutschland zu demonstrieren. (www.omnibus.de)

Leider werden die Hoffnungen deutscher Bürger auf grundlegende politische und gesellschaftliche Neuerungen durch die Rede des französischen Staatspräsidenten Macron getrübt. Seine Grundsatzrede über Europa beinhaltet: Nationalstaaten wird es nicht mehr geben, Europa wird die Bereiche Sicherheit, Verteidigung, Finanzen, Klima, Integration, Souveränität in ein großes Wir-Gefühl verwandeln und – so meine Überzeugung – die „kleinen" Bürgerfragen wie Demokratie, Volksabstimmung, Verteilungs- und Steuergerechtigkeit, Altersarmut usw. zur Nebensächlichkeit erheben.

Europa braucht keine Zentralisierung, es braucht einen Neubeginn. Es hat sich wie ein Computer an seinem Programm „aufgehängt", besser gesagt „erhängt" und da hilft nur, wie wir alle wissen, ein Reset, also ein Zurück auf „Start". Europa muss unter vielen anderen Gesichtspunkten völlig neu gestartet werden. Macron fordert den Beginn einer europäischen Kultur und die damit einhergehende Identifizierung, die ja schon heute bei vielen zumeist jungen Menschen deshalb vorhanden ist, weil man ihnen andere kulturelle Identifikationen, auch die zum eigenen Land genommen hat. Das trifft so jedenfalls für die gesellschaftliche Entwicklung in Deutschland zu.

Als Fazit muss befürchtet werden, dass ein Großprojekt wie Europa zwar viele arbeitende Sklaven braucht, die die Steuerkassen und die Europakassen füllen werden, ihr Schicksal allerdings nur so wichtig sein wird wie ein Tropfen Wasser im Ozean. Groß, größer, am größten bedeutet nämlich auch immer klein, kleiner, am kleinsten. Und wo befindet sich wohl in dieser Auflistung der einzelne Bürger? Dreimal dürfen Sie raten!

Weckrufe im Berliner Regierungsviertel

29. September 2017

Schön war die Zeit … vor der Wahl

Nach vier Jahren des Durchregierens in Gelassenheit, Freude und Harmonie ohne Opposition endete am letzten Sonntag mit der Bundestagswahl die Wohlfühlphase der Bundeskanzlerin und des gesamten Parlaments. Selbst der Wahlkampf hatte für keine besonderen Gefühlsausbrüche bei Merkel gesorgt. Sie war sich ihres Sieges sicher. Ihre jahrelange Führungsrolle hatte sie verinnerlicht und es geschafft, auf dem politischen Spielfeld allein und nach ihren Regeln zu regieren.

Wen wundert's also, dass es jetzt auch der CSU an den Kragen geht, im Besonderen ihrem Vorsitzenden Horst Seehofer, der für das schlechte Wahlergebnis der CSU in Bayern zur Verantwortung gezogen wird. Die Liste der Politiker und der Parteien, die durch die Zusammenarbeit mit Angela Merkel nicht oder nur schlecht überlebten, erweitert sich gerade um einen Kandidaten.

In der harmlosen Verkleidung als „Kohls Mädchen" biss sie nicht nur Kohl, sondern auch Friedrich Merz, Günther Oettinger, Lorenz Mayer, Roland Koch, Christian Wulff, Norbert Röttgen aus den eigenen Reihen weg. Auch Stoiber, Schäuble, zu Guttenberg, Steinbach stehen, wenn auch weniger fett geschrieben, auf Merkels Liste.

Nun muss man diese einzelnen Personen und ihr Schicksal nicht beweinen. Niemand von ihnen ist in Harz IV gelandet oder muss nun als Flaschensammler durch deutsche Straßen laufen. Und auch der Nächste auf ihrer Liste wird nicht Hunger leiden. Horst Seehofer, der Bayerische Ministerpräsident, brüllte zwei Jahre lang aus Bayern hinter ihr her, forderte eine Flüchtlingsobergrenze, drohte mit einer Verfassungsklage … und was geschah? Nichts, denn die Einzige, die schwieg und saß, war Merkel. Sie konzentrierte sich aufs Aussitzen und überließ allen anderen das Agieren, ganz nach dem Motto: Wer sitzt und schweigt, macht auch keine Fehler. Dass sie aber selber die Nation mit „einem freundlichen Gesicht" in Gut und Böse, in

Richtig und Falsch, in Gutmensch und Rassist gespalten hatte, unterlag der Verschwiegenheit. Gespalten in ein Land, das entweder **ihr** Land oder nicht mehr **ihr** Land[1] war, was ihr Generalsekretär Tauber[2] mit den drastischen Worten bekräftigte: „Wer nicht für Merkel ist, ist ein Arschloch".

Es wird spannend, nachdem Merkel nicht nur Personen, sondern ganze Parteien entsorgt hat. Erst verabschiedete sie die FDP aus dem Bundestag, als zweites Opfer liegt nun die SPD am Boden. Die CSU hat nun auch begriffen, dass es ihr an den Kragen geht und bei Jamaika sollten sich jetzt schon einmal die FDP und die Grünen warm anziehen. Da aber Merkel sich schon als beste SPD-Kanzlerin qualifiziert hat, wird ihr die vollständige Mutation zur Grünen-Kanzlerin unter Mitwirkung ihres Busenfreundes Winfried Kretschmann, der ja zugab, dass er täglich für sie betet, nicht besonders schwerfallen.

Im kleinen Saal desselben Volkstheaters formiert sich in der Zwischenzeit die AfD mit etwa 90 neuen Politikern, die ihre Karriereleiter nicht erst mühsam erklimmen mussten, sondern per Hechtsprung im Bundestag landeten. Eine ihrer ehrgeizigen Kämpferinnen, Parteivorsitzende Frauke Petry warf in einer für sie guten Inszenierung mitten in einer Pressekonferenz das Handtuch und erklärte, sie wolle zwar ihren Sitz im Bundestag wahrnehmen, nicht jedoch mehr ihrer Fraktion angehören. Damit erwarb sie im Schnellverfahren die Qualifikation für ihre zukünftige politische Bühnenarbeit unter dem Titel: „Mit mir müsst ihr zukünftig rechnen", wozu sie selbst das Drehbuch verfasste. Der winzige Spannungsbogen, den sie daraus kurz offenbarte, lässt auf eine ziemlich spannende Fortsetzung schließen. Zeitpunkt und Ort der Aufführung liegen zwar noch im Dunkeln, die Aufmerksamkeit des Publikums hat sie sich allerdings schon gesichert.

Ob CDU/CSU, ob Jamaika, ob AfD und Petry …
Vorhang auf zur Rollenverteilung für die nächste Spielzeit.

---

[1] www.youtube.com – Merkel – Das ist Nicht Mein Land
[2] www.youtube.com – Peter Tauber: „Wer hier nicht für Angela Merkel ist, ist ein Arschloch"

Altkanzler Gerhard Schröder in Putins Diensten

03. Oktober 2017

Genosse der Bosse schadet der SPD

Was hier in diesem Land abgeht, kann der normale Hirnbesitzer nicht mehr fassen. Ganz allgemein bekannt ist es ja schon, dass wir von den teuren Marionetten in Berlin nicht viel „Gewissenhaftes" zu erwarten haben. Eingezwängt zwischen Parteiengehorsam, Wirtschaft, Bankenkonsortium und Lobbyflut kommen so Entscheidungen, Gesetze und Anträge zustande, die mit Volkes Wohl und Volkes Wille nicht mehr vereinbar sind. Das aber vernichtet mehr und mehr die Demokratie. Schon heute sorgt der ungehinderte Kapitalismus mit seiner ungezügelten Gier nach Geld und Macht für ein Gesellschaftssystem ohne Anstand, Moral und Normen. Die Lobbykratie hat sich an die Stelle der Demokratie begeben.

Unsere Regierung ist regelrecht durchseucht von Lobbys,[1] rund 5.000 Lobbyisten soll es allein in Berlin geben. Das sind rund acht Lobbyisten pro Bundestagsabgeordneten. Noch schlimmer ist es auf der europäischen Ebene: In Brüssel allein gibt es 15.000 bis 30.000 Lobbyisten, das sind im Durchschnitt 20 bis 40 Lobbyisten pro EU-Abgeordneten. Ein Lobbyregister, wie etwa in den USA, gibt es nicht. So bleibt der besorgniserregende Einfluss der Lobbys auf unsere Regierung gut versteckt. Inwieweit das Verschleiern eines großen Teils des Gesetzgebungsprozesses mit Demokratie vereinbar ist, sei dahingestellt.

Was soll der arbeitende Mensch von einer solchen Regierungsarbeit und -beeinflussung halten? Er resigniert und reduziert sich auf seine kleine Welt, in der er noch den Überblick behält und sein persönliches Glück mit beeinflussen kann. Die Entwicklung und Veränderung der Gesellschaft, die politischen Regierungsspiele und -ziele und die Erklärungen und Beurteilungen all dieser überlässt er den Vorgaben von Propaganda und Mainstream. Was Medien, seine Zeitung und sein Internet verkünden, was also scheinbar die Mehrheit denkt,

---

[1] www.bundestagswahl-2017.com – Deutschland: eine Demokratie ohne das Volk?

206

und meint, kann nicht falsch sein! Ein solches Denken hat es schon einmal in Deutschland mit verheerenden Folgen gegeben.

Dankbar dürfen die „Freidenker und Angstfreien" dafür sein, dass sich Parteien und Politiker eigener Demontage bedienen, was heute immer häufiger passiert. Nach vielen ähnlichen Fällen quer durch die Parteien hat sich der ehemalige Bundeskanzler Gerhard Schröder ins Gespräch gebracht. Wann immer er es tut, bekommt der SPD-Genosse im Ortsverein einen dicken Hals, weil er gerade Schröder für den Auslöscher seiner SPD hält und seitdem mit Bestrafung durch Entzug seiner Stimme reagiert. Die Skrupellosigkeit Schröders, der nach seinen Gasprom-Diensten jetzt als „unabhängiger Direktor" beim staatlichen Öl-Riesen Rosneft Lobbyarbeit leistet,[1] hat einen Namen. „Privatangelegenheit" nennt sie Schröder und kassiert dafür zu seinem Ruhegehalt[2] von 6.446 Euro als Kanzler der BRD zusätzlich 600.000 Euro jährlich. Ein Altkanzler mit einer weiteren Summe von 561.000 Euro für sein staatlich finanziertes Büro in Berlin aus Steuergeldern ist kein Privatmann. Er hat auch im Ruhestand deutsche Interessen zu vertreten. Zu den genannten Geldern kommen noch Bezüge für seine Zeit in der niedersächsischen Landesregierung und als Bundestagsabgeordneter hinzu.

Und so jemand nennt sich Sozialdemokrat. Im Gegensatz zu ihm (siehe Grundgesetz: Gleichheitsprinzip) würden bei höheren Nebenverdiensten die Bezüge von pensionierten Beamten sofort gestrichen. Der arbeitende Mensch, der Lohn, Arbeitsbedingungen und Rente „verSchrödert" bekam, reagiert nicht nur mit Unverständnis auf die Machenschaften des Altkanzlers, sondern wird seine Wut mit einem deutlichen Parteiwechsel zu kanalisieren suchen.

Die Liste „ehrenwerter" Politiker, die nach Abwahl „ihren Hals nicht vollkriegen" ist lang und in Lobbypedia nachzulesen. Den zweithöchsten Gipfel der Unverfrorenheit nach Schröder erklommen Franz Josef Jung (CDU/Verteidigungsminister) und Dirk Niebel (FDP/Minister für wirtschaftliche Zusammenarbeit

---

[1] www.huffingtonpost.de – Die unglaubliche Causa Schröder
[2] www.n-tv.de – Schröder kassiert 561.000 Euro fürs Büro

und Entwicklung), die beide zum Rüstungsunternehmen Rheinmetall wechselten.

Was würde der letzte Sozialdemokrat und Kanzler (1974-82) Helmut Schmidt zum Zustand seiner Partei und zu Schröder wohl sagen?

„Die Glaubwürdigkeit der Politiker war noch nie so gering wie heute. Das liegt nicht zuletzt an einer Gesellschaft, die in die Glotze guckt. Die Politiker reden nur oberflächliches Zeug in Talkshows, weil sie meinen, es sei die Hauptsache, man präge sich ihr Gesicht ein."

Der französische Sonnenkönig und sein Europa

07. Oktober 2017

Nachdem die große antinationale europäische alternativlose „Schaffenskraft Merkel" in ihrer schweigenden Ratlosigkeit als europäische Leitfigur dahindämmert, ist der neue Sonnenkönig Emmanuel Macron am Europahimmel erschienen und hat in einer Grundsatzrede den Untergang der Nationalstaaten und die Geburt seines Europas verkündet.

Mit Macron Aufbruch in ein neues Europa

Da Selbsterkenntnis der erste Weg zur Besserung, aber stets auch die fehlende Charaktereigenschaft eines Politikers ist, muss man Macron für seine Analyse, Europa sei „zu langsam, zu schwach, zu ineffizient", Anerkennung zollen. Es folgen Macrons Vorschläge für seine Europa-Erneuerung, die man mit skeptischem Blick betrachten muss:
- eine gemeinsame Verteidigung mit einem gemeinsamen Heer;
- einen europäischen Finanzminister mit einem Euro-Parlament und einem Euro-Haushalt in Milliardenhöhe, in den alle Eurostaaten zwischen drei und vier Prozent ihrer Wirtschaftsleistung einzahlen;

- die Einführung einer Finanztransaktionssteuer, deren Einnahmen für die Entwicklungshilfe genutzt werden sollen;
- engere Zusammenarbeit zwischen den EU-Geheimdiensten;
- eine EU-Bundespolizei.

Macron plant im gesamten europäischen Raum Reformen, die Europa in den Bereichen der Finanz-, der Wirtschafts-, der Klima-, der Flüchtlings-, der Hochschul-, der Forschungs- und der Verteidigungspolitik so eng zusammenbinden, dass es auf Augenhöhe mit den USA, China und Russland mitspielen kann. Gleichzeitig schwebt Macron ein Europa vor, mit dem sich seine 500 Millionen Bürger identifizieren können, eine demokratische und bürgernahe Gemeinschaft, die den Bürger anspricht, ihm zuhört und ihn mitnimmt. Das will er mit öffentlichen „Konventen" erreichen, in denen jeder seine Ideen für und seine Klagen über Europa vorbringen soll. Diese Idee soll sich in allen europäischen Ländern verbreiten.

Es ist sicher nicht von der Hand zu weisen, dass Macrons 100 Minuten dauernde Rede vor Studenten in der Sorbonne vornehmlich in Richtung Deutschland gerichtet ist, das bisher mit Merkel/Schäuble eine führende Rolle eingenommen hatte. Dass mit ihnen Europa zu keiner blühenden Landschaft für seine Bürger geführt hat, ist kein Geheimnis und so muss es der jüngeren Generation erlaubt sein, Träume, Visionen und Ideen in die Stagnation einer fast 30-jährigen Vielehe einzubringen, die mehr Enttäuschung als Erfolge zu verzeichnen hat.

Ein interessanter und kluger Schachzug gelang dem französischen Präsidenten durch die Einbeziehung der deutschen Kanzlerin Angela Merkel in seine Zukunftsvisionen, mit der ihn – so Macron – die gleichen europäischen Ambitionen verbinden und der er „eine neue Partnerschaft" vorschlägt. Hinter diesem Angebot verbirgt sich Macrons Absicht, den am 22. Januar 1963 im Elysee-Palast von Bundeskanzler Konrad Adenauer und Präsident Charles de Gaulle unterzeichneten Freundschaftsvertrag zu erneuern und die deutsch-französischen

Beziehungen durch eine Revision dieses Vertrags auf eine neue Grundlage zu stellen.

Bürger aller Länder, seid auf der Hut!

Was Versprechungen von Politikern gegenüber Bürgern wert sind, kann anhand von Parteiprogrammen und deren Umsetzung erforscht werden. Ob das bald 30 Jahre alte Europa die Mehrheit seiner Menschen mit einer Wohnung, einem Job und einer angemessenen Bezahlung zufrieden bis glücklich gemacht hat, müsste erfragt werden. Und warum dieser Bürokratenkoloss Europa in 30 Jahren die Jugendarbeitslosigkeit, die Armut, die Flüchtlingskrise und die Bürgersorgen nicht geregelt bekommt, lässt an dem Gelingen dieses Projekts zweifeln.

Die fehlenden Milliardenzahlungen der Briten aufgrund des Brexits müssen aus anderen Ländern geholt werden. Nach Macrons Plänen soll jedes Land etwa 3% seiner Wirtschaftsleistung in den EU-Topf einzahlen. Im Jahr 2015 zahlte Deutschland rund 0,8[1] Prozent des Bruttoinlandproduktes in die EU-Kasse ein, und zwar 24,28 Milliarden Euro. Das Bruttoinlandsprodukt 2016 betrug in Deutschland etwa 3 Billionen Euro. Drei Prozent davon wären 95 Milliarden, die Deutschland zukünftig in den europäischen Topf zahlen würde.

Deutschland, als größtes Mitglied des Euro-Clubs, steht ja schon seit Beginn der europäischen Familie an Platz Eins der „Zahlfreudigen“. Und da jeder Durchschnittsverdiener in Deutschland mit 49,4 % die höchsten Steuern hinter Belgien zahlt, darf eben auch der Bürger zusehen, dass er durch einen Job, vielleicht auch durch zwei oder drei Jobs die Gelder für Europa zusammenbekommt. Also, immer schön fleißig sein, schuften bis der Arzt kommt, damit der geplante Länderfinanzausgleich auch auf europäischer Ebene ein Erfolg wird.

Meinen Kommentar zu diesem Sachverhalt hat der FDP-Vize Wolfgang Kubicki schon treffend formuliert: „Die Idee, dass Deutschland alles bezahlen soll, die hätte ich als französischer Politiker auch.“

---

[1] www.epochtimes.de – Macron will Deutschland zahlen lassen – Solms: Jetzt geht es an Euer Portemonnaie

Merkels vierte Spielzeit, wieder ohne Spielplan?

09. Oktober 2017

Für Jamaika hat die Kanzlerin Angela Merkel längst vorgesorgt. Sie hat so gut wie nie Position bezogen, ihr Schweigen und Abtauchen bei Gefahr ausgebaut, der Demokratie das Hemd der Alternativlosigkeit übergestülpt und die Eier in fremden Nestern ausgebrütet.

Jamaika! Regieren so bunt wie nie!

So liebt man sie unter Bürgern und Politikern und lässt sie gewähren. Ein kleines Buh-Konzert auf dem Parteitag der Jungen Union sorgte für eine minimale Wachphase der gesamten CDU-Truppe, als jemand mit Rückgrat aufstand und von Merkel quasi ihren Rücktritt forderte. Ein erstes CDU-Mitglied, das sich aus der Kriechstellung auf der Schleimspur erhoben hat, um einen kurzen Blick ins Freie zu werfen. Diego Faßnacht, ein JU-Mitglied aus Nordrhein-Westfalen, war der Mutige, der in einem Statement Merkel für den totalen Kontrollverlust aller Behörden, Gemeinden und Helfer verantwortlich machte und einen personellen und inhaltlichen Neustart der CDU forderte. Wen wundert's, dass der junge Mann aus dem Bergischen Kreis stammt, dem ehemaligen Wahlkreis von Wolfgang Bosbach?

Für Merkel beginnt nun die Zeit ihrer ehrlichen Kanzlerschaft. Jahrelang hat sie rechts geblinkt und ist links abgebogen. Jetzt kann sie das Blinken den Grünen überlassen, die nun ihre angestrebte gewaltlose Revolution als Regierungspartei in Deutschland vollenden können. Die Durchmischung der Deutschen bis hin zur buntesten kulturlosen Nation der Welt. Oder wie der Cicero formuliert:[1] „Deutschland soll zu einer transformatorischen Siedlungsregion in der Mitte Europas werden." Federführend ist die Integrationsbeauftragte Aydan Özoguz.

Die Beweise dafür liefern uns linke Kräfte seit Jahrzehnten mit einer Gesellschaftspolitik, die sich inzwischen lieber mit Gender-Toiletten, sexuellen Identitäten und der Früh-Sexua-

---

[1] www.cicero.de – Leitbild der Friedrich-Ebert-Stiftung – Der Umbau von Deutschland

lisierung unserer Kinder beschäftigt statt mit dem Verbot von Pflanzenschutzmitteln und dem Abbau amerikanischer Atomraketen auf deutschem Boden.

„Lederpeitsche und Fetische wie Windeln, Lack und Latex wollen sie als Lehrgegenstände in die Bildungspläne integrieren. Themen wie Spermaschlucken, Dirty Talking, Oral- und Analverkehr und sonstige Sexualpraktiken inklusive Gruppensex-Konstellationen, Lieblingsstellung oder die wichtige Frage: Wie betreibt man einen Puff sollen in den Klassenzimmern diskutiert werden", schreibt der Vorsitzende des Philologenverbandes Baden-Württemberg Bernd Saur über grün-rote Sexuallehrpläne.[1] Saurs Dienstherr, Kultusminister Andreas Stoch (SPD), warf ihm daraufhin unverantwortlichen und unfairen Umgang mit dem Thema Akzeptanz sexueller Vielfalt vor. Die Bildungsexpertin der Grünen, Sandra Boser, sagte: „Was Bernd Saur von sich gibt, ist ekelhaft." Aufklärung in Schulen in Absprache mit der Elternschaft: Ja! Sexualisierung und Pornografisierung in Schulen: Nein!

In eindeutigen Aussagen entlarven sie sich selbst, haben es aber dennoch oft geschafft, überzeugte Konservative hinters Licht zu führen und diese, wenn nötig zu diffamieren und mundtot zu machen. Das Sprichwort „Frechheit siegt" ist ihr ungeschriebener Slogan bei allen Gesprächen, Diskussionen und Wahlen.

Die geistige Massenepidemie, unter der Deutschland leidet, heißt „Linkssein". Kein Wunder, dass sich nach so vielen Jahren des Kontakts nun auch die Kanzlerin und ihr gesamtes Gefolge infiziert haben. Nun mögen ja in einigen Politikbereichen linke Positionen „richtiger" sein als rechte – richtiger allerdings ist nicht die Intoleranz, mit der diese Positionen vorrangig von den Grünen vertreten und durchgesetzt werden.

Die Hoffnung Konservativer, welche ja seitens der Grünen immer eher als schmuddelig rechts tituliert werden, stützt sich vielleicht noch auf die CSU und FDP bei den anstehenden Koalitionsgesprächen. Denen kann ich keine Hoffnung machen. Das Fähnchen „Seehofer" auf dem Turme, das sich im Winde dreht, hat die Kampfarena nie betreten, von der er ununter-

---

[1] www.focus.de – Schamlos im Klassenzimmer

brochen gesprochen hat. Er wird, nein, er hat gestern Abend mit Merkel eine nach allen Seiten dehnbare Zahl herausgeschlagen und sein Gesicht gewahrt. Merkel verbannte dafür das Wort Obergrenze für immer aus den CSU-Köpfen.

Auf das, was die FDP zu bieten hat, darf man gespannt sein, denn sie ist die einzige Partei unter den „Jamaikanern", die ihre Glaubwürdigkeit nicht noch einmal verlieren darf. Sie wurde vom Wähler schon einmal abgestraft und gilt jetzt bei einigen als Hoffnungsträger für einen Rest an Glaubwürdigkeit. Warten wir es ab, was Christian Lindner beispielsweise aus seinem Russland-Zitat macht, wenn er auf der Regierungsbank Platz genommen hat.

„Wir sollten versuchen, in das Verhältnis zu Russland wieder Bewegung zu bekommen. Sicherheit und Wohlstand in Europa hängen auch von den Beziehungen zu Moskau ab. Um ein Tabu auszusprechen: Ich befürchte, dass man die Krim zunächst als dauerhaftes Provisorium ansehen muss. […]"

Leider wird Lindner nicht Außenminister werden, sondern Cem Özdemir. Und der schwingt ja auf Merkels Anti-Russland-Kurs mit, sodass die Alternativlosigkeit in diesem Punkt schon einmal gewährleistet ist.

Macht endlich mit Erdogan Nägel mit Köpfen!

14. Oktober 2017

Sanktionen gegen Putin – sofort
Sanktionen gegen Erdogan – nie

Welch ein Possenspiel wird immer weiter zwischen der Türkei und der BRD gespielt? Welche Dilettanten in Berlin lassen sich am Nasenring durch Erdogans Manege zerren? Welches Demokratie- und Menschenrechts-verständnis schlummert in unserer Kanzlerin, die in ihrem Unrechtsstaat der ehemaligen DDR ein ähnliches

Demokratieverständnis à la Türkei kennenlernen durfte? Scheinbar hat sie sich auch damals damit arrangieren können, was ihr heute beim ausgiebigen Stillschweigen gegenüber Erdogans Autokratieauswüchsen zugutekommt.

Dabei müsste sie, die ja so mitleidsvoll menschlich mit all den zu uns Kommenden umgeht und dabei Land und Leute vergisst, innerlich toben in Anbetracht der Rechtsauffassung des Herrn Erdogan, der seit 2006 laut Aussage der Tagesschau insgesamt 44 Deutsche und Deutsch-Türken in Haft nahm. Merkel schickte einen ihrer wenigen Männer, die sie in ihrer Sekundärfunktion als „Schwarze Witwe" bis heute noch nicht gefressen hat, zur Darstellung ihres Wutausbruchs an die Pressefront. Das klang dann so: Regierungssprecher Steffen Seibert forderte[1] die Freilassung der in der Türkei aus politischen Gründen inhaftierten Deutschen. „Wir erwarten von der Türkei, dass die deutschen Staatsbürger, die aus nicht nachvollziehbaren Gründen in der Türkei inhaftiert sind, freigelassen werden." – Wenn das nicht Erdogan in Angst und Schrecken versetzt, was dann?

Kürzlich war im „Spiegel" zu lesen, dass der türkische Außenminister Cavusoglu Deutschland ein Angebot zur Normalisierung machte. Er sagte: „Wenn Ihr einen Schritt auf uns zugeht, gehen wir zwei auf Euch zu." Ich halte diesen Satz für einen Übersetzungsfehler. Für glaubwürdiger hielt ich einen Satz wie: „Wenn ihr eine Kritik über uns loslasst, stecken wir zwei von euch ins Gefängnis."
Und die Zwei, die hier stellvertretend für alle genannt werden müssen, sind die 31-jährige Journalistin und Übersetzerin Meşale Tolu[2] und ihr kleiner zweieinhalbjähriger Sohn Serkan, der, um bei seiner Mutter zu sein, als jüngste Geisel in einem türkischen Frauengefängnis einsitzt. Jetzt gerade begann fünf Monate nach Tolus Festnahme der Prozess, der am Ende eine Haftstrafe bis zu 20 Jahren bedeuten kann.

Jedes Einzelschicksal der von Erdogan Inhaftierten ist eine Tragödie und eine zum Himmel schreiende Ungerechtigkeit.

---

[1] www.welt.de – Wieder Deutsche in Türkei festgenommen
[2] www.zeit.de – Wie eine deutsche Journalistin Erdogans Geisel wurde

Wo bleibt die angemessene Reaktion der deutschen Bundesregierung und der gesamten europäischen Union auf diese
Demokratie- und Menschenrechtsverletzungen? Beim Europäischen Gerichtshof für Menschenrechte in Straßburg liegen
rund 17.000 Anträge von türkischen Bürgern gegen ihre
Inhaftierung oder auf Entlassung vor – bislang ohne erfolgreiche Klagen. Welche Not und Hoffnungslosigkeit wird sich
unter den zu Unrecht inhaftierten und aus ihrem Job entlassenen
Menschen verbreiten, wenn weder Deutschland noch Europa
noch die Welt Anteil an ihrem Schicksal nimmt?

Allein der CDU-Politiker Roderich Kiesewetter sowie die bei
den Linken beheimatete Sevim Dağdelen warten mit konkreten
Sanktionen gegenüber Erdogan und der Türkei auf. Es gelte das
Auslandsvermögen der Familie Erdogan einzufrieren und europäisch den Stopp der EU-Beitrittsgespräche mit Ankara zu
beschließen, um dann auch den europäischen Geldhahn in Höhe
von 630 Millionen Euro an Hilfsgeldern zuzudrehen.

Die ablehnende Haltung und die Untätigkeit der EU, die
gegenüber Russland nicht gezaudert hat, Sanktionen einzu-
leiten, gegenüber der Türkei aber versagt, hat einen bis in die
USA reichenden Grund. In der „politischen Bibel" des großen
Präsidentenberaters Zbigniew Brzezynski, die unter dem Titel
„Die einzige Weltmacht: Amerikas Strategie der Vorherrschaft"
(1997) Pflichtlektüre jedes europäischen Politikers ist, nimmt
die Türkei eine strategisch wichtige Rolle ein.

Brzezynski wörtlich: „Sowohl die Türkei als auch der Iran sind
in erster Linie wichtige geopolitische Dreh- und Angelpunkte.
Die Türkei stabilisiert das Gebiet ums Schwarze Meer,
kontrolliert den Zugang von diesem zum Mittelmeer, bietet
Russland Paroli, bildet immer noch ein Gegengewicht zum
islamischen Fundamentalismus und dient als der südliche Anker
der NATO. Eine destabilisierte Türkei würde wahrscheinlich
mehr Gewalt im südlichen Balkan entfesseln und es zugleich
den Russen erleichtern, den seit kurzem unabhängigen Staaten
erneut ihre Herrschaft aufzuzwingen ...

In dieser Region hat Amerika ein gemeinsames Interesse nicht nur mit einer stabilen, prowestlichen Türkei, sondern auch mit dem Iran und mit China …
Eine Türkei, die sich von Europa, dem sie sich anschließen wollte, ausgestoßen fühlt, wird eine islamischere Türkei werden, die aus reinem Trotz ihr Veto gegen die NATO Erweiterung einlegen dürfte und weniger bereit sein wird, in Zusammenarbeit mit dem Westen, ein laizistisches Zentralasien zu stabilisieren und in die Weltgemeinschaft zu integrieren …

Demgemäß sollte Amerika seinen Einfluss in Europa für einen Beitritt der Türkei geltend machen und darauf achten, dass die Türkei als europäischer Staat behandelt wird – immer vorausgesetzt, die türkische Innenpolitik nimmt keine dramatische Wendung in die islamistische Richtung. Regelmäßige Konsultationen mit Ankara würden in der Türkei ein Bewusstsein strategischer Partnerschaft mit den Vereinigten Staaten fördern …"

Wie man sieht, wollen Deutschland und Europa in ihrer ablehnenden Haltung zu Sanktionen gegenüber der Türkei nur ihre Hausaufgaben für ihren großen Bruder Amerika machen. Und das, obwohl man fast sicher sein kann, dass Donald Trump Brzezynskis Ausführungen gar nicht gelesen hat. Bleibt die Frage, ob Erdogan die amerikanische „Polit-Bibel" gelesen hat? Sarah Wagenknecht von den Linken hat sie jedenfalls gelesen und das Parlament damit vorgeführt. Die Regierung bleibt so gut wie untätig und Merkel schweigt weiter. Und der Blick zur EU? Europa will eine Menschenrechtsorganisation sein, erlaubt aber einem Präsidenten Erdogan, tausende von Menschen in (Geisel-) Haft zu nehmen.

Europa ist eben ein defektes Konstrukt – nichts mehr!

In einem interessanten Artikel der WAZ[1] vom 14.10.2017 beschreiben Miguel Sanches und Christian Unger unter dem Thema „Gleichschaltung": Zwei türkische Richter packen aus: Justiz hört auf Erdogan.

---

[1] www.waz.de – Zwei türkische Richter packen aus …

Russlanddeutsche verlassen Deutschland

17. Oktober 2017

Es gibt keine gesicherten Zahlen darüber, wie viele Russlanddeutsche unser Land seit 2015 verlassen haben. Dimitri Rempel,
Chef der russlanddeutschen Migrantenpartei „Einheit", behauptete Ende 2016, eine halbe Million seiner Landsleute wolle
heimkehren – auf die Krim. Juri Hempel, der Vorsitzende des
krimdeutschen Vereins „Wiedergeburt" hält die Zahl für über-
trieben. Er habe etwa 1.500 Anfragen russlanddeutscher Familien erhalten, die gerne auf die Krim übersiedeln möchten.

Sexuelle Vielfalt und Flüchtlingskrise

Aber ganz gleich, welche Zahl nun der
Realität entspricht. Es sollte uns nicht
kaltlassen, wenn Menschen, die sich in
Deutschland wohlgefühlt haben, sich als
Deutsche fühlten und sich ohne Inte-
grationsprobleme sofort anpassten, nun
Deutschland den Rücken kehren. Was sind
die Gründe dafür?

Alle Betroffen empfinden, dass sich das Deutschland, das sie
beim Kommen unter Helmut Kohl vorfanden, mit dem heutigen
nicht mehr zu vergleichen ist. Konkret benennen sie zwei
Hauptgründe. Einmal das Flüchtlingschaos, in das Deutschland
2015 gestolpert ist und zum Zweiten die Sexualisierungs-
kampagne im Gender-Gewand, die sie als Gefahr für ihre
Kinder ansehen.

Ein mir bekannter konkreter Fall[1] hat sich in einer Grundschule
in NRW ereignet, der besonders hohe Wellen geschlagen hat
und für eine enorme negative Publicity sorgte. Ein Vater
erlaubte seiner Tochter, die sich im Sexualunterricht in ihrer
Grundschule nicht wohlfühlte und den auch er aus religiöser
Überzeugung für verfrüht hielt, diesen Unterricht zu schwän-
zen. Er war einverstanden, dass seine Tochter stattdessen an
einem anderen Unterricht teilnahm. Die Kinder seien im Grund-

---

[1] www.ead.de – Deutschland: Vater kam in Beugehaft

schulalter mit dieser Art von sexueller Aufklärung überfordert und ein solcher Unterricht gehöre erst in die weiterführenden Schulen.

Sexuelle Aufklärung berührt den intimsten Bereich der Erziehung. Das ist eine der Erklärungen für den Ärger vieler Eltern, die ihre Kinder nicht auch in diesem Bereich an den Staat abgeben wollen. Das sensibelste Schulfach sollte selbstverständlich auch mit äußerster Sensibilität behandelt und bedacht werden. Stattdessen leistete sich die grün-rote Landesregierung in Stuttgart, das Thema der sexuellen Vielfalt in den Bildungsplan aufzunehmen. Und während noch vor Einführung des Gender-Irrsinns jedes Unterrichtsmaterial mit den Eltern abgesprochen wurde und die Eltern die Ersten waren, die über die schulische Aufklärung an der Grundschule ins Bild gesetzt wurden, erfuhren die meisten Bürger Baden-Württembergs erst durch eine Onlinepetition des Reallschullehrers Gabriel Stängle etwas über das bildungspolitische Vorhaben der Landesregierung. Die Petition trug den Titel „Kein Bildungsplan 2015 unter der Ideologie des Regenbogens". Der Protest entzündete sich an einem Bildungsplan, in dem die Gender-Lobby eine Verankerung der „Akzeptanz sexueller Vielfalt" durchgesetzt hatte. Diese soll – so die Begründung – jungen LSBTTIQ (lesbisch, schwul, bisexuell, transgender, transsexuell, intersexuell, queer) dabei helfen, sich ohne Druck outen zu können. Eine hirnverbrannte Begründung. Die Suche nach der eigenen sexuellen Identität findet in der Pubertät statt, allerdings ist das eine Verkürzung der Thematik. Es geht um die gesamte Persönlichkeitsentwicklung, die als Ziel in den schulischen Bildungskanon gehört und nicht zentral um die Sexualität von Minderheiten, die sich in einem Bildungsplan für Mehrheiten verwirklicht.

Ein Blick auf die Gesetzeslage

Das Grundgesetz formuliert dazu in Artikel 6: „(1) Ehe und Familie stehen unter dem besonderen Schutze der staatlichen Ordnung. (2) Pflege und Erziehung der Kinder sind das natürliche Recht der Eltern und die zuvörderst ihnen obliegende Pflicht. Über ihre Betätigung wacht die staatliche Gemein-

schaft."
Was die Pflege des Kindes betrifft, existiert dazu ein Konsens. Die Behandlung des Kindes muss pfleglich erfolgen, ohne die Grenze der Verwahrlosung zu überschreiten. Schwieriger lässt sich „Erziehung" mit Inhalt füllen, weil es darüber keinen verpflichtenden Konsens gibt. Allein das Ziel einer Erziehung ist formulierbar. Es ist das Wohl des Kindes. Das Wohl des Kindes ist eine Ausprägung der Menschenwürde aus Art. 1 Satz 1 GG. Diese umfasst sämtliche Grundrechte. Da das Elternrecht niemals ohne Bezug zum Kindeswohl ausgeübt werden kann, beinhaltet es auch gleichzeitig die „Elternverantwortung".

Der Blick ins Schulgesetz NRW und seine Richtlinien[1] eröffnet folgende Wahrheiten: „Die Sexualerziehung gehört zum Erziehungsauftrag der Schule. Sie erfolgt fächerübergreifend und ergänzt die Sexualerziehung durch die Eltern. Ihr Ziel ist es, die Schüler altersgemäß mit den biologischen, ethischen, sozialen und kulturellen Fragen der Sexualität vertraut zu machen (Schulordnungsgesetz § 1 Absatz 5). ... Bedenken von Erziehungsberechtigten aus kulturellen oder religiösen Gründen sind besonders ernst zu nehmen, weil ein Anspruch auf Befreiung von diesem Unterricht nicht besteht. ... Kulturelle und religiöse Aspekte erfordern ggf. eine Differenzierung des Lernangebots. ... Wichtig ist, dass schon in der Primarstufe die Sexualität nicht nur unter biologischen, sondern auch unter ethischen, sozialen und kulturellen Aspekten behandelt wird. ... In der schulischen Sexualerziehung bedarf es besonderer Sensibilität und Zurückhaltung bei der Leistungsbewertung *(wozu überhaupt Zensuren?)*, damit den Schülerinnen und Schülern nicht Überzeugungen und Wertvorstellungen aufgezwungen werden."

Diese rechtlichen Grundlagen rechtfertigen nicht die Verhängung eines Bußgeldes und bei Zahlungsverweigerung die Festsetzung einer Beugehaft, die der Vater in unserem genannten Fall trotzdem antreten musste.
Das Gericht hatte entschieden, dass die Schulpflicht Vorrang vor religiösen Werten hat. Begründung: Die mit dem Schul-

---

[1] www.schulministerium.nrw.de – Richtlinien für die Sexualerziehung in NRW

besuch verbundenen Spannungen zwischen der eigenen religiösen Überzeugung und einer anders geprägten Mehrheit seien „grundsätzlich zumutbar".

Wo blieben die Gerichtsurteile, als es um das religiöse Empfinden von Muslimen ging, die ihre Kinder niemals nach dem Sportunterricht duschen ließen, die am Schwimmunterricht nicht teilnehmen durften und bei denen Mädchen oft die Teilnahme an Jugendherbergsfahrten untersagt wurde?
Was geschah mit Schülern, die nicht nur zwei Stunden Sexualkundeunterricht schwänzten, sondern die als notorische Schulschwänzer kamen und gingen, wann sie wollten?

Nein, hier geht es um kein Kindeswohl, um keine Persönlichkeitsentwicklung, um eine den Elternwillen berücksichtigende Erziehung. Hier hat der Lobbyeinfluss von LSBTTIQ den Weg freigemacht mitten hinein in die Gender-Ideologie, welche Liebe für einen Unfall hält und Vater/Mutter/Kind für ein Krankheitsbild mit verkürzter Lebensdauer.

„Schon die 68er richteten ihren revolutionären Ehrgeiz auf die kindliche Sexualität. Diesmal geht es nicht darum, den Kapitalismus zu überwinden, sondern das traditionelle Familienbild. Die moderne Sexualpädagogik kennt alle möglichen Konstellationen: das schwule Paar, das lesbische Paar mit zwei kleinen Kindern, die betreute Wohngemeinschaft für Menschen mit Behinderungen, die Spätaussiedlerin aus Kasachstan. Nur eine Kleinfamilie mit Mutter, Vater und Kind sucht man bei ihr vergeblich", heißt es in einer Kolumne von Jan Fleischhauer.

SPD soll als Opposition genesen

18. Oktober 2017

Die Wahl ist gelaufen und bei der SPD ist endlich Ruhe eingekehrt. Mit dem Trostpflaster des Wahlgewinns in Niedersachsen geht nun die Vorsitzende der SPD-Bundestagsfraktion Andrea Nahles ans Werk.

Andrea Nahles will es richten

In ihrem Statement mokiert sie sich über die Jamaika-Vorgespräche mit dem Griff nach entsprechenden Ministerstühlen. Es gehe nicht um das Besetzen eines Postens, sondern um das inhaltliche Ausfüllen eines Postens. Dieser Hinweis gibt zum Kopfschütteln Anlass. Die Erinnerung an die Wahl 2013 meldet sich, als die SPD auf Pöstchenjagd ging, statt sich als deutliche und unbedingt notwendige Opposition zu profilieren. Das scheint die Parteiführung erst vier Jahre später, nämlich nach dieser Bundestagswahl verstanden zu haben. Wie heißt es so schön? Besser spät als nie! Und so verkündete ihr Spitzenkandidat Martin Schulz noch am Abend seiner Niederlage, dass seine Partei für keine weitere GroKo zur Verfügung stehe und sich ganz auf die Rolle als Oppositionspartei konzentrieren wolle. Kaum hatte man nach dieser Information Luft geholt, war auch schon Andrea Nahles die vorgeschlagene SPD-Fraktionsvorsitzende, die sich durch ihre Freude über den Aufstieg, aber auch durch den aufgestauten Frust über den Wahlmisserfolg dazu hinreißen ließ, der Regierungspartei ab morgen was in die Fresse geben zu wollen. Während ihr diese deftige Aussage von sensiblen Seiten übel genommen wurde, entlockte sie uns im hart gesottenen Multikultiland ein müdes Lächeln. Wir Menschen hier im Ruhrgebiet müssen nämlich fast täglich mit derartigen Deftigkeiten umgehen lernen. Ob auf der Straße, im Bus, in der Kneipe, bei Sportveranstaltungen speziell auf dem Fußballplatz – sprachlich zimperlich geht es dort nicht zu. Auch Bergleute waren in ihrer Ausdrucksform eher deftig. In Schulen fördern nicht selten Migranten-Schüler in Ermangelung der deutschen Sprache Ausdrücke zutage, die, wenn man so will, Beleidigungscharakter besitzen. Von „Schnauze" über „Fresse" bis hin zum „Arschloch" dient häufig

der gesamte Körper einer schnellen Sprachfindung. Bei erweitertem Spracherwerb ergeben dann zwei, drei Wörter eine deftige Aussage wie „Halt die Schnauze", „Leck mich" oder „Fick dich". Auf meiner Beliebtheitsskala befinden sich allerdings eher gemäßigte Kurzsätze wie „Mach dich vom Acker" , „Dir guckt wohl der Draht aus der Mütze" oder „Du hast ja 'nen Knall".

Andrea Nahles wuchs als Tochter des Maurermeisters Alfred Nahles und seiner Frau Gertrud in einer katholischen Familie in der Eifel auf. Sie trat als 18-jährige in die SPD ein und diente sich durch alle erdenklichen Ämter hoch bis an die Spitze. Erwähnenswert, dass sie zu den führenden parteiinternen Kritikern von Schröders Agenda 2010 zählte. Die Einführung des gesetzlichen Mindestlohns sowie die Rente mit 63 nach 45 Beitragsjahren gehen auf ihr Konto.

Zitate von ihr beweisen, dass sie trotz des Erklimmens der Karriereleiter noch mit ihren Füßen auf dem Boden steht und hoffentlich das Ohr am Bürger hat. So bemerkte sie 2006 in der Sendung »Studio Friedman« (N24): „Wenn man nicht in der Regierung ist, kann man immer gut kloppen als Opposition" und in der ARD „Es ist gut, wenn die SPD eine Frau als Generalsekretärin bekommt. ‚Basta' und Testosteron hatten wir in letzter Zeit genug."

Eines ihrer Zitate betrachte ich allerdings mit Skepsis, und zwar dasjenige über das Bedingungslose Grundeinkommen.[1] Das hält sie für ein ‚Stilllegungskonto'. „Wir wollen die Menschen aktivieren und befähigen, nicht alimentieren", sagte Nahles nach dem BGE befragt. Die SPD biete da eine Alternative, nämlich ein ‚Chancenkonto'. Dabei handele es sich um ein vom Steuerzahler finanziertes Guthaben über 20.000 Euro, das jeder Beschäftigte im Leben in Anspruch nehmen könne. Also keine Entbürokratisierungsmaßnahme, sondern wie immer ein Gesetz mit Ecken und Tücken, Ausnahmen und Schlupflöchern.

---

[1] www.mobilegeeks.de – Andrea Nahles: Kein Bock auf bedingungsloses Grundeinkommen!

Das ist keine sinnvolle Antwort auf die Zukunft von Digitalisierung und wachsender Arbeitslosigkeit. Da reicht die lapidare Äußerung „Es widerstrebt mir persönlich. Ich möchte unabhängig sein" der SPD-Parteivorsitzenden Andrea Nahles absolut nicht.

Zu meinen Vorschlägen zur Gesundung der SPD siehe Seite 187 dieses Buches „Überlebensplan SPD"

Merkels Fehler – gestern, heute und morgen

23. Oktober 2017

Merkels Kurs auf Jamaika in gelöster Stimmung

Während in Berlin die warme Jahreszeit von Jamaika bei Kaffee, Kuchen und guter Stimmung beginnt, macht sich drumherum eine kalte Jahreszeit breit, für die Teilnehmer der Jamaika-Gespräche schon heute die Verantwortung tragen. Aber frei nach Goethe oder wem auch immer: Was kümmert es eine deutsche Eiche, wenn sich ein Wildschwein daran reibt? lassen es sich die Verursacher und Dummschwätzer massiver Zukunftsprobleme einfach nur gutgehen.

Noch immer kann sich Angela Merkel damit brüsten, alles richtig gemacht zu haben. Dabei ist dieses Land in vielen Bereichen in einem äußerst fragwürdigen Zustand, den nur Angela Merkel zu verantworten hat. Schließlich bestimmt die Kanzlerin die Richtlinien der Politik. Und mit diesen Richtlinien hat sie dieses Land in den heutigen Zustand versetzt.

Merkels Fehler in der Vergangenheit

- Auf Wunsch Deutschlands wurde im Maastricht-Vertrag die Nichtbeistandsklausel[1] aufgenommen, die besagt, dass ein EU-Mitgliedstaat nicht für einen anderen Staat finanziell haften darf. Deutschland machte sie 1993 zur Bedingung für den Beitritt zur Währungsunion. Das aber geschah dennoch während der Griechenland-Krise. Eine Summe von 123 Milliarden Euro durften die Deutschen zum Hilfspaket für die Griechen bezahlen, weil Merkel den Bruch der Klausel anstandslos erlaubte, obwohl Schäuble geneigt war, Griechenland über einen Austritt retten zu wollen. So öffnete Merkel den Weg in die Transferunion. „Die Vergemeinschaftung von Staatsschulden, die Bankenunion zur Vergemeinschaftung von Bankrisiken, einen Eurozonenhaushalt zur Vergemeinschaftung von Fiskalpolitik und die Vergemeinschaftung der Arbeitslosenversicherung werden wir dieser Fehlentscheidung zu verdanken haben", prognostizierte vor einem Jahr focus online.[2] Und wer mit dieser Prognose den Namen Macron verbindet, bekommt die Bestätigung. Er fordert ein Parlament für die Euro-Zone, einen Euro-Finanzminister, ein gemeinsames Budget und die Vergemeinschaftung der Schulden. Merkel signalisiert Entgegenkommen und so gibt es zig Hinweise aus ihrem Mund, dass sie bereit ist, Deutschland für ein gelungenes Europa zu opfern.

- Auch bei Merkels zweitem politischen Fehler spielt wieder Griechenland eine Rolle. Auf Griechenlands Schuldenkrise hätte Europa, hätten Merkel und Schäuble vorbereitet sein müssen, weil ja alle wussten, dass griechische Haushaltsdaten in großem Umfang gefälscht und geschönt worden waren und damit die Grundlage für eine solide Finanzlage Griechenlands fehlte. 2011 fällte der europäische Gerichtshof das Urteil, dass die illegal aus Griechenland weitergereisten Flüchtlinge nicht nach Griechenland zurückgeschickt werden durften – ein Urteil gegen das Schengener

---

[1] www.ndr.de – Was ist die No-Bail-Out-Klausel?
[2] www.focus.de – Die drei historischen Fehlentscheidungen von Angela Merkel

Abkommen. Grund: Griechenland verstoße sowohl bei der Unterbringung von Asylbewerbern als auch bei den Asylverfahren gegen die Menschenwürde. Diesen Zustand hätten Merkel und Schäuble bei den Verhandlungen zur Griechenland-Rettung durch entsprechende Auflagen verändern können. Wo Geld fließt, dürfen auch Ansprüche gestellt werden. Wäre es nicht richtig gewesen, von Griechenland im Zusammenhang mit den von der EU geforderten Reformen zu verlangen, dass es seine Asylverfahren zufriedenstellend abwickelt und Asylbewerber menschenwürdig unterbringt? Ein Versäumnis, das Deutschland teuer zu stehen kam.

- Eine weitere Finanzlast bürdete Merkel Deutschland auf, als der Brexit über Europa hereinbrach und sich Großbritannien als wichtigste Säule und Nettozahler des europäischen Hauses verabschiedete. Was hatte Merkel veranstaltet, um das finanziell desolate Griechenland mit zig Rettungsschirmen und Milliardenhilfen, die letztlich nur den Banken zugutekamen, weiter in der Eurozone zu halten. Wie kläglich dahingegen ihre Anstrengungen gegenüber Großbritannien! Sie ließ den Britischen Premierminister David Cameron, der eine Reform der EU forderte, um die Bürokratie abzubauen und den Mitgliedsstaaten mehr Freiräume einzuräumen, sein Referendum ankündigen und damit auflaufen. Ja, Großbritannien wollte Extrawürste gebraten haben, ja, die Briten litten an einer Europaskepsis und ja, Cameron war nicht nur Zahler, sondern auch Forderer. Der Schaden, den der Austritt Großbritanniens aus der EU anrichtet, ist eine Haushaltslücke von zwischen 10 und 16 Milliarden Euro, von denen Deutschland 3 Milliarden zu tragen haben wird. Für diese Erkenntnis brauchte es sieben vom Deutschen Bundestag geladene Experten.[1]

---

[1] www.bundestag.de – Experten: Brexit wird für Deutschland teuer

Merkels Fehler der Gegenwart

- Die Gewerkschaft der Polizei hält die Grenzen Deutschlands für ungenügend gesichert. Der GdP-Vize Jörg Radek[1] benutzt die Formulierung: „Grenzen offen wie ein Scheunentor". Obwohl die Presse berichtete, dass Innenminister de Maizière die Grenzkontrollen verlängert hat, kritisiert die Polizeigewerkschaft den nicht zu kontrollierenden Zustand an deutschen Grenzen. Die einzige ausreichend kontrollierte Grenze sei die deutsch-österreichische, was eher überflüssig, da die Balkanroute so gut wie geschlossen sei. Alle anderen Grenzen des Landes seien ungesichert und wegen Mangels an Personal auch unkontrollierbar. Das erhöhe natürlich die Gefahr von Terror in Deutschland, weil niemand weiß, wer während der Chaos-Einreisezeit ab 2015 ins Land kam.

- Aus den Fehlern der Vergangenheit existiert bis zum heutigen Tag ein politischer Abhängigkeitszustand gegenüber der Türkei, welcher türkische Wahlkämpfe in Deutschland zuließ und einen Keil zwischen das türkische (Gülen-Anhänger/Erdogan-Anhänger) und deutsche Volk (Erdogan-Dulder/Erdogan-Ablehner) trieb. Das Flüchtlingsabkommen mit Erdogan, die Gelder, die dafür auch aus Deutschland fließen und die andauernde Angst Merkels, dass der Unberechenbare die Tore für alle Flüchtlinge Richtung Deutschland öffnen könnte, ließ sie erstarrt und duldsam hinnehmen, was mit Tausenden von Menschen in der Türkei geschah. Sie wurden aus ihren Jobs entlassen, ihrer Freiheit und Würde beraubt und sitzen zum Teil schon heute auf unbegrenzte Zeit in Gefängnissen fest. Und noch immer träumen Merkel, deutsche und europäische Politiker von einer Aufnahme der Türkei in die europäische Gemeinschaft. Um überhaupt einmal eine Reaktion zu zeigen, schlug die Kanzlerin beim EU-Gipfel vor einigen Tagen eine Kürzung der EU-Vorbeitrittszahlungen an die Türkei vor. Gleichzeitig blies sie in

---

[1] www.deutsche-wirtschafts-nachrichten.de – Polizei: Grenzen Deutschlands „offen wie ein Scheunentor"

das von Günther Oettinger schon warmgeblasene Horn, etliche Milliarden für den bisher eingehaltenen Flüchtlingsdeal an Erdogan zu zahlen. „Hier leistet die Türkei Herausragendes", sagte Merkel beim EU-Gipfel in Brüssel. Dabei hatten sie und die Niederlande laut Recherchen der „Welt"[1] im Rahmen des Flüchtlingsdeals mit der Türkei versprochen, jährlich bis zu 250.000 Flüchtlinge aus der Türkei nach Europa zu holen. Die Zahl wurde den übrigen Europäern jedoch nicht genannt. Kein Wunder also, dass sie sich mit Händen und Füßen gegen eine Obergrenze wehrte.

- Die Ehe für alle, die Merkel holterdipolter von gestern auf heute beschließen ließ, ist ein Fehler, den sich eine christlich-konservative Partei, als welche die CDU stets galt, nicht leisten kann, ohne sich vorwerfen lassen zu müssen, dass sie damit ihren Linksruck bis an die Grenze des Möglichen betrieben hat. Wer so Politik macht und statt abwägender und demokratischer Aussprache im Parlament fragwürdige Werteverschiebungen im Hauruckverfahren vornimmt (Adoptionsrecht für gleichgeschlechtliche Paare), verspielt das Vertrauen von Teilen, wenn auch Minderheiten des Volkes.

Merkels Fehler der Zukunft

- Jamaika, also die Koalition, die Merkel mit drei Parteien eingeht, um weiterhin an der Macht zu bleiben, beweist ihren programm- und inhaltslosen Regierungsstil. Sie ist die Kanzlerin der Biegsamkeit und spontanen Entscheidungen, die mit ihrem stets erneuerten Eid, zum Wohle des (deutschen) Volkes zu regieren, rein gar nichts mehr zu tun hat. Ihre Fehler füllen inzwischen Bücher und spalten Deutschland und Europa nachhaltig.

- Ihre Zustimmung für die enthusiastisch vorgebrachten Vorschläge des neuen französischen Präsidenten Emmanuel Macron zur „Erneuerung Europas" werden den deutschen Steuerzahler wieder Milliarden Euro zusätzlich

---

[1] www.welt.de – Merkel machte Türkei konkrete Zusage bei Flüchtlingszahl

kosten und so wird sich der anfänglich von Wutbürgern formulierte Stammtischsatz: „Deutschland ist doch nur der Zahlmeister Europas" am Ende von Merkels Amtszeit bewahrheitet haben.

Resümee ...

einer dann 16 Jahre andauernden Kanzlerschaft Angela Merkels:
Die gesamte CDU ist unter Merkel kollabiert, Kritiker befinden sich in der Wüste und wie in der römischen Kampfarena hebt sie als Herrscherin aller Dinge den Daumen für sich und ihre Applaudierer in die Höhe und senkt ihn in Richtung Höllenfeuer für diejenigen, die es wagen, ihre verordnete Tabuisierung der Probleme zu durchbrechen. Kriminelle Messerstechereien, Tötungen auf offener Straße, Vergewaltigungen und Terroranschläge waren vor 2015 Einzelereignisse ohne dass der Bürger einen Verlust an Sicherheit beklagte und das Verlangen nach betonierten Schutzmaßnahmen äußerte. Angela Merkel hat den Verlust der öffentlichen Ordnung durch Mangel an Sicherheit zu verantworten. Die Menschen, die sie mit ihrer Alternativlosigkeit in den Wahnsinn treibt, sind Lehrer, Polizisten, Kranken- und Altenpfleger, Klimaschützer und all diejenigen, die sich aus Hilflosigkeit, Sorge und Wut über das Verschwinden demokratischer Werte und gesellschaftlicher Normen in Hassrhetorik, Polemik, Populismus, Resignation, Rückzug und Schweigen stürzen.

Nein, sie trägt nicht allein die Schuld an der Fehlentwicklung in Deutschland und Europa. Es ist auch die Truppe ihrer Applaudierer und karrieresüchtigen „Kriechtiere", die uns und Europa in diesen desaströsen Zustand manövriert haben.

„Wir sind nicht nur verantwortlich für das, was wir tun, sondern auch für das, was wir nicht tun."
(Molière, französischer Dramatiker und Schauspieler, 1622 – 1673)

Der Zusammenbruch unseres Ökosystems

24. Oktober 2017

Im Laufe unseres mehr als halben Lebens lebten meine Familie und ich in Deutschland an drei verschiedenen Standorten: am Niederrhein, im Sauerland und heute im Ruhrgebiet. An allen Orten, die wir viele Jahre unser Zuhause nannten und heute nennen, besaßen wir einen Garten. In jeden Garten pflanzten wir einen Sommerflieder, im Volksmund auch Schmetterlingsstrauch genannt. Auf jeder unserer Terrassen fand häufig ein sommerliches Kaffeetrinken statt. Während in den 80er/90er Jahren am Niederrhein der Sommerflieder mit Hunderten von bunten Schmetterlingen geschmückt war, hatte man es auf der Terrasse mit einer Menge Wespen zu tun, die gerne auf den Kuchentellern Platz nahmen.

Des Betrachters Freud' war damals noch des Genießers Leid.

Bienen-, Vogel- und Insektensterben

Dass sich etwas in der Natur veränderte, bemerkten wir zwanzig Jahre später nur am Rande und sporadisch, schrieben es der Besonderheit des Sommers oder dem vergangenen harten Winter zu. Und doch wurden Jahr für Jahr die Befürchtungen stärker, dass in der Natur etwas im Gange sei, das noch nicht erklärt werden konnte. Jetzt leben wir seit drei Jahren im Ruhrgebiet. Der Sommerflieder zeigte im Sommer sein wunderschönes Kleid – doch Schmetterlinge flogen ihn selten nur einzeln oder als Paar an. Wespen auf der Terrasse gab es keine und was noch auffälliger war: Wo blieb das intensive Vogelkonzert vor Sonnenaufgang? Warum blieb das mit Futter bestückte Vogelhaus im Winter so schlecht besucht?

Fragen, die man sich mit den Giften der Umwelt, den Pestiziden auf den Feldern, den Antibiotika in den Flüssen und der Luftverschmutzung zu erklären suchte.

Erinnern wir uns, dass die EU-Kommission im Februar Deutschland wegen „wiederholter Überschreitung von Grenzwerten für die Luftverschmutzung" verwarnt hatte. Deutschland wurde deshalb aufgefordert, die Emissionen zu senken. Ich berichtete schon darüber, dass Deutschland trotz einer selbsternannten Klimakanzlerin im April dieses Jahres bereits so viel Kohlendioxid ausgestoßen hatte wie es im gesamten Jahr 2017 laut Pariser Klimaabkommen hätte freisetzen dürfen. Noch immer nicht geklärt ist das Thema Glyphosat, mit dem wir Umweltbewahrer langsam die Nase voll haben. Morgen soll es zu der geplanten Abstimmung unter den 28 Mitgliedsländern kommen für oder gegen die Verlängerung der Zulassung für Glyphosat um zehn Jahre.

Das alles muss noch keine Weltuntergangsstimmung erzeugen. Das, was aber vor wenigen Tagen als Bestätigung von Befürchtungen durch die Presse lief, ist alles andere als ein Klacks. Da hieß es im Stern: „Deutschland sterben die Vögel weg" und in der Frankfurter Allgemeinen „75% weniger Insekten". Über Jahre hat man in den Naturschutzgebieten Deutschlands Insekten gefangen und gewogen. Ergebnisse belegen, dass wir seit 1989 über drei Viertel der Insektenmasse verloren haben.[1] Da die Naturschutzgebiete ringsum von Ackerflächen umgeben sind, gelten diese keinesfalls als Inseln der Glückseligen für Insekten. Das hat selbst das Umweltbundesamt im März dieses Jahres verkündet.[2] „Der immer intensivere und umfangreichere Einsatz hochwirksamer Breitband-Herbizide und -Insektizide führt in vielen Fällen nicht nur zur gewollten Minimierung der sogenannten Unkräuter und Schadinsekten. Er führt zwangsläufig auch dazu, dass die Ackerbegleitflora verarmt und vielen Vogel-, Säugetier- und anderen Tierarten der Agrarlandschaft die Nahrungsgrundlage entzogen wird. In zahlreichen wissenschaftlichen Studien wurde nachgewiesen, dass Pflanzenschutzmittel über die Nahrungskette indirekt eine der Hauptursachen für Bestandsrückgänge bei verschiedenen Feldvogelarten, wie zum Beispiel der Feldlerche, des Goldammers oder des Rebhuhns sind. Auch der weltweit beobachtete Rückgang von Blütenbestäubern wird in einen Zusammenhang mit dem Rückgang von Blütenpflanzen gestellt."

In einer EU-Verordnung über das Inverkehrbringen von Pflanzenschutzmitteln vom Oktober 2009 wird auf 50 Seiten

---

[1] www.youtube.com – Dramatisches Insektensterben (Landesschau Baden-Württemberg
[2] www.eur-lex.europa.eu – Amtsblatt der Europäischen Union Verordnung Nr. 1107/2009 über das Inverkehrbringen von Pflanzenschutzmitteln

der Umgang mit Pflanzenschutzmitteln in allen Details abgehandelt. Wer wie ich die Glyphosat-Geschichte nicht nur
verfolgt, sondern sich vehement gegen eine weitere Zulassung
eingesetzt hat, fragt sich, was der tiefere Sinn eines 50-seitigen
„Verbalgeschwurbels" ist, wenn man sich bis zum heutigen Tag
noch immer nicht über dieses Mittel eine europäisch einhellige
Meinung gebildet hat. Wo sind die Fachleute und Experten, die
doch bei jedem Terroranschlag sofort zur Stelle sind, bei
wissenschaftlicher Arbeit zum Schutze aller Menschen aber
ewig nicht zu einem einhelligen Ergebnis kommen? Wir
brauchen sie nicht mehr. Ihre Meinungen sind überflüssig. Die
Natur hat geantwortet,[1] und zwar mit dem Beginn ihres
Zusammenbruchs. Vögel singen nicht mehr, Bienen, Wespen
und Hummeln summen nicht mehr. Die Bestäubung unserer
Pflanzen ist in höchster Gefahr und man darf gespannt sein, ob
die gerade in Deutschland tätigen „Grünen Jamaikaner" Glyphosat am Mittwoch den Dolchstoß verpassen.

Letztlich wird auch durch diese traurige Vernichtung von
Umwelt und Tier bestätigt, dass die Grünen längst verzichtbar
sind.[2] Statt sich mit der ihnen im Bundestag und in den
Landesparlamenten obliegenden Macht ausgiebig und mit
Vehemenz um Umwelt, Klima, Kohleausstieg, Luft und Boden
zu kümmern und für Ihre hoffentlich noch vorhandenen Ideale
zu kämpfen, schliefen sie über Jahre den Schlaf der Gerechten,
nachdem Merkel ihnen das Atomthema aus der Hand genommen hatte. Stattdessen erfanden sie den Veggie-Day und
kreierten 60 verschiedene sexuelle Identitäten mit und in ihrem
Gender-Wahn.
Sie können ja schon heute darüber nachdenken, als welches
sexuelle Identitär sie nach Zusammenbruch des Ökosystems ins
Gras beißen wollen.

---

[1] Barbara Erdmann: „Die Asche der Demokratie – Theatersaison 2016/17" – Das
Sterben der Bienen (08. September 2016)
[2] Siehe Seite 157 dieses Buches „Partei der Grünen im Verwelken begriffen"

Pflanzenschutzmittel Glyphosat – Beweis für verantwortungslose Politik

26. Oktober 2017

EU-Gezeter um Pflanzenschutzmittel Glyphosat

Nach einem jahrelang andauernden Gezeter um das Pflanzenschutzmittel Glyphosat hat es gestern im EU-Parlament eine Entscheidung für oder gegen eine Verlängerung der Nutzung geben sollen. Seit 2012 läuft nun schon das Verfahren um die Neuzulassung, die in vielen Ländern und bei vielen Umweltorganisationen auf Kritik und Gegenwehr stößt. Mangels einer Mehrheit der Mitgliedstaaten für oder gegen Glyphosat hatte man 2016 die Zulassung vorerst um anderthalb Jahre bis Ende 2017 verlängert. Gestern nun kam es wieder nicht zu einer Entscheidung.

„Im Juli hatte sich Bundesumweltministerin Barbara Hendricks (SPD) gegen eine neuerliche Zulassung des Wirkstoffs Glyphosat gestellt. Bundeskanzlerin und CDU-Chefin Angela Merkel positionierte sich dagegen wie zuvor Bundeslandwirtschaftsminister Christian Schmidt (CSU) klar für Glyphosat", heißt es wörtlich im MDR.[1] Damit hat es die Bundesregierung, genauer gesagt Merkel und ihre Union, maßgeblich in der Hand, ob die Europäer weiterhin zehn Jahre das Gift auf den Feldern und in ihrer Nahrungskette haben werden und ob sich die Restbestände von Vögeln, Insekten und Bienen auch noch verabschieden werden.
Wie man diese Kanzlerin als Klimakanzlerin bezeichnen kann, ist eine Ironie! So harmlos sie für manche Menschen daherkommt … sie ist wie viele Abgeordnete eine Marionette, gekauft von Lobbyisten, Wirtschaft, Industrie und Medien.

Während die EU-Kommission wieder einmal beweist, dass sie mit Kurzsichtigkeit geschlagen ist, weil sie sich mit Experten umgibt, die mit Hü- und Hot-Methoden die Krebsgefahr von Glyphosat in der Schwebe halten, die Frage nach einer Gefährdung des Ökosystems gar nicht erst stellen, ist man in Berlin mit der Herstellung von Selfies beschäftigt. Schließlich hat sich

---

[1] www.mdr.de – Glyphosat: EU vertagt Entscheidung über weitere Zulassung

gerade das zweitgrößte Parlament der Welt (nach China) konstituiert und die neuen und alten Abgeordneten in ihm haben weiß Gott im Moment andere Sorgen als die der Bürger. Pfründe sichern, Parteiprogramme egalisieren, Freundschaften schließen und Posten verteilen.

Die Lobbyisten der amerikanischen Firma Monsanto haben Glyphosat, bekannt unter dem Markennamen „Roundup", zum Supermittel für Farmer und Hobbygärtner gemacht. Gleichzeitig entwickelte Monsanto gentechnisch verändertes Saatgut für Mais und Sojabohnen. Das Unkraut wurde weggespritzt, die Pflanzen wuchsen und landeten in den Mägen der Menschen. Mit gleichem Erfolg landete das Mittel auf den europäischen Märkten.

Wer nun glaubt, dass die europäische Bürgergesundheit durch ein Verbot von Glyphosat gewährleistet ist, kennt nicht die Schwarze Liste der Organisation Greenpeace,[1] die die 520 aller in der EU zugelassenen Pflanzenschutzmittel überprüfte und zum Ergebnis kam, dass davon 209 Pestizide für Mensch und Umwelt als besonders schädlich eingestuft werden müssen. Greenpeace fordert die Bundesregierung auf, sich für ein EU-weites Verbot der gefährlichsten Pestizide einzusetzen.

Und wieder stellt sich die Frage: Wozu wählen Menschen „Grün"? Statt gegen eine AfD zu Demonstrationen aufzurufen, statt sich um eine Gendersprache zu kümmern und Gendertoiletten zu entwickeln, wäre doch hier ein riesiges Betätigungsfeld. Und was passierte bisher in Sachen Glyphosat?

Mals in Südtirol[2] hat den Einsatz von Chemikalien in der Landwirtschaft verboten. Vor drei Jahren schon stimmten die 5000 Einwohner der Gemeinde im Vinschgau in Südtirol in einer Volksabstimmung dafür, dass auf dem Gemeindegebiet keine Pestizide mehr versprüht werden dürfen. Damit treffen sie auf erbitterten Widerstand von konservativen und profitorientierten Bauernverbänden und eine mächtige Chemielobby, die nicht vor Drohgebärden und Klagen zurückschrecken.

---

[1] www.greenpeace.de – Schwarze Liste der gefährlichsten Pestizide
[2] www.greenpeace-magazin.de – Der Kampf einer kleinen Gemeinde gegen Pestizide

Einem Malser Obstbauern, der seit dreißig Jahren ganz ohne chemische Hilfsmittel auskommt, sprühten Unbekannte ein Pestizid auf einen Teil seiner Apfelbäume.

Eine bewundernswerte Entscheidung der 5.000 Menschen in Südtirol, verbunden mit etwas Hoffnung für uns in Europa, denn Frankreich, Luxemburg und zuletzt Österreich haben angekündigt, einer Verlängerung der Zulassung von Glyphosat nicht zuzustimmen.

Nachtrag: Soll es wahr sein? Gerade finde ich in den Schlagzeilen eine wenige Stunden alte Meldung, dass die Grünen den Glyphosat-Ausstieg zur Bedingung von Jamaika machen. Bleiben wir skeptisch und warten wir es ab!

Merkelland ist Feminismus-Genderland

03. November 2017

In Anlehnung an „Wischmeyers Logbuch der Bekloppten und Bescheuerten", das in die Satiresendung der „heute-show" eingebettet ist, werde ich diesem Logbuch einen Beitrag widmen.

Das neue Modewort: Sexismus

Da reichte es den Feministinnen nicht, sich gegen den Mann und das Objekt Frau, wie sie die gängige normale Frau kategorisierten, abzusetzen. Sie wollten nun die aktive Rolle bei einer etwaigen Paarung einnehmen und die Frage stellen: „Zu dir oder zu mir?" Nach Kinderkriegen mit Mutterrolle war ihnen auch nicht mehr und der „gemeine Mann" gehörte zukünftig auf Platz zwei der Schöpfungsgeschichte, was sie als Gleichberechtigung bezeichneten. Männer gerieten ins Abseits, machten sich vom Acker, wenn ihnen diese Spezies begegnete und flüchteten sich lieber ins Schwulsein, als mit derartigen „Emanzen" in eine (Liebes-)Beziehung zu treten. Ein Beispiel für die Trennung Weib/Mannweib bot uns vor Jahren das

Treffen Alice Schwarzer/Verena Feldbusch im TV, das viel aussagt über den Kampf unter Frauen. Man kann nicht umhin, die Feministinnen à la Alice Schwarzer in die Kategorie von Frau stecken zu wollen, um die sich auch ohne ihre Ideologie nie ein Mann gekümmert hätte. Was ist so abgründig daran, als Frau nicht nur etwas im Kopf, sondern auch etwas in der Bluse zu haben?

Fragt Frauen, die Karriere gemacht haben und ihr Leben bestreiten, ob sie Feministinnen sind. Sie werden euch sagen, dass ihr Aufstieg, ihre Karriere eine Frage des Selbstbewusstseins ist. Damit bewerben sie sich und fordern eine angemessene Bezahlung oder später eine Gehaltserhöhung – Geschlecht hin oder her. Aufrecht geh'n heißt das Rezept, nein sagen und sich wehren, wenn es nottut. Das geht ohne Feminismus und ohne die Steigerungsform des Gender-Mainstreams.[1]

Dieser kommt als größte Impertinenz daher, indem er dem Volk seinen gequirlten Schwachsinn per Gesetz, Verordnung und verbindlicher Sprachregelung zwangsweise ins Hirn drückt. In verschiedenen EU-Gremien wurde bereits diskutiert, öffentliche Feminismuskritik unter Strafe zu stellen, ähnlich, wie das für die „Klimaleugner" schon angedacht ist.

Frauen gelten heute unreflektiert als die besseren Menschen.

Das, was einst als Engagement für Frauenrechte vor über 100 Jahren begann, wurde als Spaltkeil zur Trennung der Geschlechter eingesetzt. Dazu in einem Gespräch mit dem Entertainer Jürgen von der Lippe ein wunderbarer Beitrag in journalistenwatch.[2]

Jürgen von der Lippe hat da keine Berührungsängste mit dem Mainstream. Er äußert sich in einem Interview: „Meine Lebenserfahrung als erfolgreicher Charmeur tat ein Übriges, um mir heute völlig schamlos sicher zu sein, daß es grundsätzliche, biologische und kulturell gewachsene Unterschiede zwischen Männern und Frauen gibt, die dann, wenn man sie leugnet oder

---

[1] www.youtube.com – ARD – Hart aber fair – Gendertalk – Sexismus-Vorwurf
[2] www.journalistenwatch.com – Jürgen von der Lippe: „Gender-Scheiße..."

ignoriert, unweigerlich in die gesellschaftliche Katastrophe führen müssen."

Inzwischen sind wir gesellschaftlich schon einen enormen
Schritt weiter. Die Gender-Ideologie hat einerseits gerade laut
einer Liste in Wikipedia 60 sexuelle Identitäten erschaffen, in
denen wir uns nun bezeichnenderweise öffentlich tummeln
können. In weiterer Planung befindet sich eine groß angelegte
Sexismus-Diskussion, die seit 2015 durch den Zustrom vieler
Menschen aus allerlei Kulturen und die ständigen Übergriffe
der Testosteronproduzierer auf Frauen zur gesellschaftlichen
Beruhigung und zu Therapiezwecken auf die politische Tagesordnung kam.

In einem TV-Beitrag berichteten Frauen über anzügliche Komplimente und kleinere Anmachversuche ihrer männlichen Kollegen. Ihnen wurde die Frage gestellt, die auch ich ihnen gestellt
hätte: Warum haben Sie Ihre Grenze nicht gezeigt und benannt?
Die Antworten darauf waren erstaunlich. Sie wollten es sich
nicht mit ihnen verscherzen. Sie fürchteten um ihre Sympathie.
In meiner Erinnerung als Sekretärin, Studentin, Orchester-
musikerin, Dirigentin und Lehrerin – auch in der Er-
wachsenenbildung – erinnere ich mich sehr wohl an männliche
Anzüglichkeiten und Anmachversuche. Zumeist reichten schon
freundliche Abgrenzungen meinerseits, bei größerem Machogehabe waren kräftige Ansagen erforderlich, um die Herren aus
dem Sexismusspiel zu verbannen.

Was in dieser Gesellschaft abläuft, zwischen Jung und Alt,
zwischen Mann und Frau, zwischen Alt- und Neubürgern,
zwischen Flüchtlingen, zwischen den Religionen, zwischen
Wählern und Gewählten, hat das Maß des Aushaltbaren längst
überschritten. Wer am lautesten schreit, tönt und fordert – sei es
nur ein kleiner Anteil einer Minderheit – wird seine
ideologischen unwissenschaftlichen Erfindungen auch unter die
Leute und in die Politik bringen. Darum waren und sind
Feministinnen die lautesten, ihre Vermännlichung zur Schau
tragenden GesellschaftsmitgliederInnen.

„Geschafft!" sagen heute die Feministinnen, klopfen sich auf
die Schulter und belagern mit Genderprofessuren die Univer-

sitäten.

Um die 200 Frauen haben derartige Professuren an Universitäten und Hochschulen inne. Da der Staat seine Fördergelder nur so fließen lässt, muss die Frage nach dem Sinn und der Wissenschaftlichkeit dieser Genderhysterie erlaubt sein. Biologen sprachen sich schon vor Jahren gegen Gender aus, legten Beweise vor, dass Jungen und Mädchen von Geburt an unterschiedliche Verhaltensweisen zeigen und die Gendertheorie widerlegt ist. Doch die Unwissenschaftlichkeit der feministischen Zweckwissenschaft[1] ist politisch toleriert und gewollt. „Öffentliche Kritik an der Unwissenschaftlichkeit ist unerwünscht und wird nach Möglichkeit unterdrückt, dämonisiert und tabuisiert. Fachliche Kritik führt jedenfalls nicht zur Einstellung der Finanzierung der Zweckwissenschaft und ist insofern politisch wirkungslos." Das Umerziehungsprogramm bleibt also staatlich gefördert und ist wohl der gewollte Weg in eine Welt überzüchteter Individuen, die ihre naturgegebenen biologischen Prägungen höchstens noch im Bioshop ausleben. Die Bausteine Feminismus, Gender, Sexismus[2] tragen jedenfalls die Farbe Grün und stehen links. Und da auch der Mainstream aus der linken Quelle fließt, soll jeder, der nicht mitfließen will oder sich nicht wenigstens treiben lassen will, seine Koffer packen oder verbale Enthaltsamkeit üben.

Männer, die einer Frau die Tür aufhalten, in den Mantel helfen oder ihr den Vortritt lassen, ihr in den großzügig geschneiderten Ausschnitt blicken oder unter Männern Sexwitze erzählen, sind sexistisch. Was interessiert da Freud, der den Witz (als eine Kompensation, eine Lebenshilfe, eine Abreaktion) für therapeutisch hielt? Er wird von Pseudowissenschaftlern aus dem Leben und aus der Welt des Humors verbannt. Selbst Lachen birgt inzwischen die Gefahr von sexistischen Tendenzen.

Vorzuschlagen wäre ein staatlich geführtes Kontrollorgan, das die von Männern geplanten Sätze an Frauen vorab auf ihre politische und sexuelle Korrektheit hin überprüft, um diese

---

[1] www.de.wikimannia.org – Gender Studies
[2] www.de.wikimannia.org - Sexismus

dann in die neutrale Gendersprache ohne Geschlechts- und Sexismusverdacht zu übertragen. Ich werde die Erste sein, die den Satz meines Freundes zwecks Zensurüberprüfung dort einreichen wird. Er lautet:

„Ich habe nichts gegen Frauenbewegungen – nur rhythmisch müssen sie sein."

Raubtierkapitalismus aus der Gier geboren

05. November 2017

In diesen Tagen fiel mir ein Buch von Marion Gräfin Dönhoff mit dem Titel „Zivilisiert den Kapitalismus" in die Hände, das 1997 erschienen ist und vor der Gefahr eines entfesselten Kapitalismus eindringlich warnt. Dieses Buch besitzt heute eine größere Aktualität denn je, weil genau die Entwicklung statt-gefunden hat, vor der Dönhoff Wirtschaft und Politik warnte.

M. G. Dönhoff: Zivilisiert den Kapitalismus

Als sich 1989 die Mauer zwischen Ost und West öffnete, veröffentlichte Dönhoff, damals Redakteurin der ZEIT, einen Artikel mit der Überschrift: „Die Nieder-lage des Marxismus bedeutet nicht den Triumph des Kapitalismus", was sie in ihrem Vorwort zum Buch mit folgenden Worten erklärt: „Wohlstand reicht nicht aus, um dem Menschen Befriedigung zu verschaffen. Er braucht auch etwas für Seele und Gemüt. ... Die Institutionen, die in früheren Zeiten Werte setzten und Spielregeln festlegten: Elternhaus und Schule, sind dazu nicht mehr in der Lage, aber ohne eine solidaritätsschaffende und Orientierung bietende Ethik wird die Gesellschaft nicht bestehen können. ... Das Menschenbild, das uns Heutigen vor Augen steht, ist rein individualistisch. Selbsterfüllung ist der bestimmende Aspekt – Verantwortung für den Staat, die Gesellschaft ist weitgehend in Vergessenheit geraten. Der Mensch wird als homo oeconomicus aufgefasst, der streng rational seinen Vorteil kalkuliert und seinen Nutzen präzis maximiert ... ein Egoismus, der vor nichts haltmacht. In seinem Gefolge wächst die Brutalität, die unseren Alltag kennzeichnet, wie auch die Korruption, die in vielen Ländern mittlerweile bis hinauf ins Kabinett reicht. ... Alles muss immer größer werden, von allem muss es immer mehr geben, mehr Freiheit, Wachstum, Profit. ... Diese Entwicklung führt zwangsläufig zu Sinnentleerung, Frustration und Entfremdung."

Erschreckende Entwicklung

Wir wissen heute, dass Deutschland neben den Vereinigten Staaten, Japan und China zu den vier Ländern mit den meisten Millionären auf der Welt gehört. Laut Oxfam[1] besitzen die 62 reichsten Einzelpersonen genauso viel wie die gesamte ärmere Hälfte der Weltbevölkerung und ein Ende der weiteren Bereicherung Einzelner und der Verarmung der Masse ist nicht abzusehen. Die Kluft zwischen Arm und Reich wächst in einer Schnelligkeit, die die Bezeichnung Turbokapitalismus rechtfertigt. „Karriere und Geld nehmen jetzt die erste Stelle ein. Die Maximierung des Einkommens ist zum höchsten Lebensziel geworden." (S. 20) Und dass das mit allen Mitteln zu erreichen versucht wird, beweisen uns heute Steueroasen, Briefkastenfirmen, Lobbybeeinflussung, Parteispendenaffären und Korruption.[2] Skandale zum Zwecke der Bereicherung gehören inzwischen zur Tagesordnung in Politik und Wirtschaft. Entwendet dahingegen eine Verkäuferin ein Stück Wurst, wird sie fristlos entlassen. Kapitalismus nach dem Prinzip „Die Kleinen hängt man, die Großen lässt man laufen." Und obwohl die Taschen schon bis zum Rand gefüllt sind, findet die Gier des Habenden keine Ruhe. Skandale über Skandale bietet die Welt fast täglich. Von Steuerhinterziehung à la Hoeneß und

---

[1] www.oxfam.de – 62 Menschen besitzen so viel wie die Hälfte der Weltbevölkerung
[2] www.zdf.de – Wie korrupt ist Deutschland? Der große Check

Schwarzer bis zu Plagiaten à la Guttenberg und Schavan. Und das sind erst die kleinen Fische auf dem Marktplatz der Haie.

Irgendwie verständlich, dass bei den Größenordnungen, in denen Finanzwelt, Wirtschaft, Handel, aber auch Mammutorganisationen wie beispielsweise die EU an Komplexität zugenommen haben sowohl die Übersicht als auch die Kontrollfunktion misslingt. Es kann sowohl von einer lokal-regional-nationalen als auch von einer international-globalen Anarchie gesprochen werden, die das Ende demokratischer Strukturen und finanzieller Ordnungsprinzipien eingeläutet hat.

Verheerende Zustände

„Die Bürger sind frustriert, Regierung wie Opposition ohne Elan und Vision. Das meiste wird dem Zufall überlassen. … Niemand hat ein Konzept. Alle sind gleichermaßen ratlos." (S. 23) Dönhoff beschreibt diese Konzeptlosigkeit in mehreren Bereichen: Sie sei bei der Entwicklungshilfe, der Arbeit, der Rüstungspolitik mit ihren Waffenexporten, dem Verhältnis Schiene und Straße und bei der Asylpolitik zu finden. Dönhoff warnt vor jedweder Handlungsunfähigkeit einer Regierung, die zur Politikverdrossenheit der Bürger führt, Resignation und Missmut erzeugt und die Gefahr eines neu erwachenden Nationalismus in sich birgt. „Die Gefahr ist groß, dass junge Menschen, die in diesem Klima von Anspruchsdenken, Nicht-gefordert-Werden und Bindungslosigkeit heranwachsen, der Verführung von Populisten und radikalen Schwätzern widerstandslos erliegen." (S. 28)

All das ist inzwischen eingetreten und auch ohne Dönhoff beklagen wache Bürger das Dahinsiechen moralischer Werte und humanistisch-ethischer Traditionen. Die Suche nach einer sozialen Gesellschaft und einer Verteilungsgerechtigkeit hat längst begonnen. In Tausenden von Petitionen fordern Menschen Mitbestimmung und politisch korrektes Handeln. Viele Bürger haben resigniert, das Land verlassen oder sich von den etablierten Parteien abgewendet. Gewaltpotentiale wurden freigelegt und die Demokratie politisch sowie gesellschaftlich beschädigt.

„Auch Europa läuft Gefahr, ausschließlich auf Wachstumsraten,

Sozialprodukt und Außenhandelsbilanzen konzentriert zu werden. ... Das Prinzip der sozialen Marktwirtschaft ist als Wirtschaftsprinzip unentbehrlich, aber es darf nicht als Entschuldigung fürs Nicht-Handeln missbraucht werden. Das Gemeinwohl muss wieder an die erste Stelle rücken. Es ist ein Skandal, dass Gewalt, Korruption und ein egozentrischer Bereicherungstrieb als normal angesehen werden, während ein unter Umständen sich regendes Unrechtsbewusstsein kurzerhand mit dem Hinweis auf die ‚Selbstregulierung des Marktes‘ beschwichtigt wird." (S. 31)

Resümee

Wer mein Blog liest und sich fragt, warum eine Frau, die 30 Jahre Schuldienst hinter sich hat, Orchester und Chöre leitete und für sieben Jahre in Sachen Bildung und Kultur nach Polen verschwand, politisch zu kämpfen beginnt, erhält hier von Dönhoff eine von mehreren Antworten: „Heute sind die Politiker frustriert und die Bürger verdrossen, die großen klassischen Parteien ziehen immer weniger Wähler an, die Wahlbeteiligung geht zurück und das Misstrauen gegenüber den demokratisch-legitimierten Institutionen des Staates nimmt zu. Die Demokratie ist bei uns nicht durch rechtsradikale Gruppen gefährdet, sondern allein durch sich selbst; durch Übertreibung ihrer eigenen Prinzipien. ... Es kann doch nicht sein, dass eine säkularisierte Welt notwendigerweise bar aller ethischen Grundsätze ist. Es muss doch möglich sein, die marktwirtschaftlichen Strukturen so zu ergänzen, dass die Menschen veranlasst werden, sich menschlich zu verhalten und nicht wie Raubtiere nach Beute zu gieren."

Weltklimakonferenz in Bonn

11. November 2017

Zur Weltklimakonferenz der Vereinten Nationen treffen sich gerade in Bonn 25.000 Menschen, um mal wieder nichts zu bewirken, stattdessen aber die Umwelt in Bonn und um Bonn herum entsprechend zu belasten.

Super Klimakanzlerin gerade in Jamaika

Es geht um das Pariser Klimaabkommen aus 2015, in dem das Ziel formuliert wurde, die Erderwärmung auf deutlich unter zwei Grad Celsius im Vergleich zu den Werten vor der Industrialisierung zu begrenzen. 170 von 197 Staaten der UN-Klimakonferenz haben inzwischen das Abkommen ratifiziert.

In diesem Jahr leitet das vom Untergang bedrohte Fidschi die UN-Konferenz im Kohleland Nordrhein-Westfalen. Gastgeberstaat ist also Deutschland, das seine Emissionen nicht in den Griff bekommt. Bis 2020 sollten die Treibhausgas-Emissionen in Deutschland um 40 Prozent reduziert werden. Jedoch hat das Schulmeisterland mit seiner sogenannten Klimakanzlerin schon in den ersten drei Monaten 2017 so viel Kohlendioxid ausgestoßen wie es im gesamten Jahr freisetzen dürfte, um das Pariser Klimaabkommen einzuhalten. Und bis 2050 dürfe Deutschland jedes Jahr durchschnittlich 220 Millionen Tonnen CO2 ausstoßen, ohne das Weltklima zu gefährden.

Jeder in Deutschland weiß, dass vor der Diskussion über Elektroautos die Frage beantwortet werden muss, woher der Strom für diese Fahrzeuge kommen soll und jeder ist sich klar darüber, dass die Verschandelung des Landes durch den Braunkohleabbau in Ost- und Westdeutschland ein Ende haben muss. Und was rechtfertigt noch das Weiterbetreiben der emmissionsintensiven Kohlekraftwerke gegenüber den zwar teureren, aber umweltfreundlicheren Gaskraftwerken? Deutsch-

244

land muss sich in eine globale Kohleausstiegs-Allianz einreihen. Jede neu sich bildende Bundesregierung muss den Kohleausstieg im Koalitionsvertrag verankern und erste Kohlekraftwerke schon bis 2020 abschalten.

Wer die Internetseite www.cop23.de[1] aufschlägt, die das Bundesministerium für Umwelt, Naturschutz, Bau und Reaktorsicherheit herausgibt, gerät ins Staunen über den Ideenreichtum und die Großartigkeit der Darstellung mit wunderbaren Fotos und plakativen Äußerungen über Wege, Ziele, Projekte und die damit verbundene Zurschaustellung des Wissens über die Welt kurz vor ihrem klimatischen Zusammenbruch. Was ein Land erreicht, wenn Notwendigkeiten, Veränderungen und Verzicht nur auf Einsicht pochen, ansonsten aber forderungslos auf Freiwilligkeit setzen, ist am Beispiel Deutschlands erkennbar. Ob Kohleausstieg, Glyphosatverbot, Fahrverbot oder Dieselskandal – die Liste der Untätigkeiten, Fehlentscheidungen und Lobbybeeinflussung führt klimabetrachtend nur noch ins Schämen.

Klimapolitik am Beispiel Vattenfall

Energiekonzerne in Deutschland haben inzwischen begonnen, sich einen schlanken Fuß zu machen. Der Energiekonzern Vattenfall beispielsweise, dem in Brandenburg und Sachsen vier Kohlegruben und drei Kohlekraftwerke gehörten, entledigte sich 2016 seiner Braunkohlebesitztümer, einer Belastung für die Zukunft. Er verkaufte seine Braunkohleförderung an die tschechische Energeticky a Prumyslovy Holding (EPH), die von Vattenfall 1,7 Milliarden Euro Bares für die Renaturierung erhielten. „Wir beschleunigen so unseren Umbau zu einer nachhaltigeren Erzeugung von Energie", erklärte Vattenfall-Chef Magnus Hall. Wind, Sonne, Atom bleiben auch weiterhin bei der schwedischen Firma. Auch das Kohlekraftwerk Mehrum im Landkreis Peine steht vor dem Verkauf an EPH in Tschechien. Gekauft wurde dafür die Ventotec-Gruppe in Leer, was das hannoversche Unternehmen zu einem der führenden Akteure bei der Stromerzeugung mit Windrädern macht.

---

[1] www.bmub-cop-blog.de

Energiekonzerne wissen, dass die Braunkohleverstromung keine Zukunft mehr hat. Es geht für sie längst darum, den Kohleausstieg zu organisieren und sich der langjährigen Folgeschäden und deren Kosten zu entledigen. Dabei steht der Verkauf, den der Energiekonzern Vattenfall an die tschechische EPH tätigte, in einem schlechten Licht. Im Schwarzbuch EPH, das die Umweltorganisation Greenpeace herausgab, sind die Intransparenzen und Verschleierungstendenzen, in die auch die sächsischen und brandenburgischen Landesregierungen verwoben waren, nachzulesen. Im Zentrum stehen dabei die beiden tschechischen Finanzoligarchen und Selfmade-Milliardäre Daniel Kretinsky[1] und Petr Kellner. Ein groß angelegtes Konsortium von Schein- und Briefkastenfirmen umgibt auch Kretinsky. Kaum dass Vattenfall seine Anteile an EPH verkauft hatte, wurde aus der als Immobilienunternehmen registrierten Firma ein Stromkonzern. Ob mit dem nach Kauf errichteten undurchsichtigen neuen Firmengeflecht eine Übernahme von möglichen Sanierungskosten für die Folge der Bergbautätigkeit gewährleistet ist, darf bezweifelt werden. So die Aussage im Schwarzbuch von Greenpeace. Der Milliardär Petr Kellner hat sich nach dem Kauf aus der Gesellschafterriege verabschiedet, weil er und seine Frau bei den Panama Papers gelistet waren.

Umweltschützer befürchten, dass die Steuerzahler auf den Kosten für die Rekultivierung der Kohletagebaugebiete sitzenbleiben. Da die Auskohlung dieser Gebiete mit erheblichen Eingriffen in Landschaft, Wasserhaushalt und Siedlungsstrukturen verbunden ist, fallen für ihre Renaturierung über einen Zeitraum von mehreren Jahrzehnten Kosten in Milliardenhöhe an.

„Der Energiekonzern Vattenfall, der Milliarden an der Verstromung der Lausitzer Braunkohle verdiente, hat sich aus dem Staub gemacht. Seine Flucht aus der Verantwortung ist eine Flucht vor den Mondlandschaften der Braunkohle und ihrer dreckigen Hinterlassenschaft. Das Prinzip, als Verursacher für die Folgen seines Tuns zu haften, hat der Konzern an tschechische Finanzoligarchen weitergereicht. Ob jene die

---

[1] www.pragerzeitung.cz – Von null auf hundert Milliarden

Kosten in Milliardenhöhe für den Abriss der Kraftwerke, für die Sanierung der Böden, für die Wiedernutzbarmachung der Bergbaufolgelandschaften und für die Sanierung des Wasserhaushaltes tragen werden, hängt von der Politik ab."

Greenpeace kritisiert in seinem „Schwarzbuch EPH"[1] das schwere Versäumnis der für die Verkaufsverhandlungen mitverantwortlichen Ministerpräsidenten Stanislaw Tillich (CDU) in Sachsen und Dietmar Woidke (SPD) in Brandenburg, bei der Übernahme von Vattenfalls Braunkohlesparte auf Sicherheitsleistungen vom tschechischen Investoren verzichtet zu haben und befürchtet Milliardenlöcher für die öffentlichen Haushalte.

Sachsen und Brandenburg dürfen sich mit Vattenfall und Nachfolgern herumschlagen, in NRW werden es RWE und eon sein, die mit Einigung der Regierung eine schrittweise Stilllegung ihrer letzten Blöcke bis Oktober 2019 mit hoher staatlicher Alimentierung planen. Der Stromkunde wird jedenfalls auch weiterhin aufgrund einer verfehlten und verschlafenen Klimapolitik deutschlandweit zur Kasse gebeten. Mit der Auslagerung der Bereiche Netze, Vertrieb und Ökostrom in die RWE-Tochtergesellschaft Innogy darf sich RWE nun auch in Schulen als Vertreter der Zukunft feiern. Die RWE-Lobbyzentrale[2] in Berlin mit ihren Einflussmöglichkeiten wird auch weiterhin für eine RWE-verträgliche Verantwortungsverteilung sorgen. Auf Antrag des WDR, Einsicht in die Folgekosten des Bergbaus[3] und die Kosten der Renaturierung der betroffenen Gebiete zu erhalten, weigerte sich RWE mit der Begründung, das sei und bliebe ein Geschäftsgeheimnis. Gegen die Forderung nach Offenlegung durch die Bezirksregierung Arnsberg hat RWE Klage eingereicht.

---

[1] www.greenpeace.de – Schwarzbuch EPH
[2] www.lobbypedia.de - RWE
[3] www1.wdr.de – RWE-Klage: Braunkohle-Folgekosten sollen geheim bleiben

Bottroper Krebsmittel-Panscher vor Gericht

14. November 2017

Was ist von Wertvorstellungen wie Ehrlichkeit, Vertrauen, Verlässlichkeit, Würde, Hilfsbereitschaft, Mitleid, Humanität und Moral in diesem Land noch zu finden, wenn auf der gegenüberliegenden Waagschale ein riesiger Sack Geld liegt? Für diesen Sack Geld entschied sich der Bottroper Apotheker Peter Stadtmann, als er all die genannten Werte „in die Tonne kloppte", wie der Bottroper Volksmund es formulieren würde.

Bottroper Apotheker – Mörder und Betrüger?

Einer der größten Medizinskandale nach Contergan fand über Jahre unbemerkt vor meiner Haustür statt. Jeder Krebspatient, der heute noch lebt, muss sich sorgenvoll fragen, ob auch er dem PanschPeter in die Hände gefallen ist. Dieser Kriminelle bereicherte sich dadurch, dass er fast 5.000 Kranke in sechs Bundesländern um ihre Krebsmedikamente betrog und ihnen damit die Chance auf Gesundung, auf Lebensverlängerung und Heilung nahm. Aus meiner eigenen Familie sind zwei Personen an Krebs verstorben, die ihre Medikamente aus der „Alten Apotheke" des Besitzers Peter Stadtmann erhielten. Könnten sie heute noch leben, fragt sich die Familie, wenn Stadtmann nicht die Medikamente gestreckt und verdünnt hätte? Die Vermutung liegt bei vielen Betroffenen nahe, dass sie statt der vom Arzt verordneten Krebsmittel nur eine harmlose Glucoseflüssigkeit oder eine Kochsalzlösung bar jeder Beimischung eines Krebsmedikamentes erhielten. Betroffene berichteten von erschreckenden Auffälligkeiten ohne Nebenwirkungen, ohne Reaktion des Körpers, die sich in ihren Laborwerten als Verschlechterungszustände nach Einnahme der Panschcocktails aus Stadtmanns Apotheke darstellten.

Während der Gönner Stadtmann für das Hospiz in Bottrop großzügig spendete, in welchem die Opfer seiner Geldgier und Unmoral endeten, häufte er sein Vermögen mit den „Ermordungen" der Krebspatienten weiter an. Allein bei den

Krankenkassen bereicherte er sich um 56 Millionen Euro durch die Unterdosierung und Verunreinigung von Medikamenten und durch das Kassieren des vollen Preises. Peter S. wurde wegen gepanschter Krebsmedikamente in 60.000 Fällen angeklagt.

Das Einkaufen in Bottrop ist zu einem Schmerzakt geworden, denn auch heute strömen die Bottroper Dumpfbacken noch immer in die Apotheke, die sich weiterhin im Besitz der Familie Stadtmann befindet. Die Mutter hat als erste Maßnahme, nachdem ihr einziger Sohn verhaftet worden war, die zwei Mitarbeiter entlassen, die diesen Skandal durch Öffentlichmachen der Missstände in Gang gesetzt hatten und sicher noch nicht ahnten, welche Dimensionen ihre Geschichte freilegen würde. Es ist also vermutbar, dass auch die Mutter, die aus einer Apothekerdynastie stammt und diese Apotheke 2009 an den einzigen Sohn übergeben hatte, durch die intensive Bereicherung ihres Sprosses mit involviert war, mindestens aber Kenntnis darüber haben musste, dass die Geschäftspraktiken ihres Sohnes außerhalb der Legalität anzusiedeln waren.

Dieser Skandal hat außer Peter Stadtmann und seinen Eltern viele Mitspieler. Ärzte, Kliniken, das Gesundheitsamt, die kommunalen Medien und Politiker sowie die Landespolitik haben versagt und sich an Tausenden von Patienten schuldig gemacht. Immer dann, wenn sich hinter der Kriminalität Reichtum befindet, der auch schon mal als Spende hier und dort in einigen oft gierigen Händen landet, sind Schweigen und das Herunterspielen von Tatsachen die Vorsichtsmaßnahme der Stunde. Und wie man vor der Apotheke stehend feststellen kann, strömt die hirnfreie Kundschaft auch weiterhin rein und raus, ohne sich mit den Opfern, den Kranken und Toten, die Stadtmann zu verantworten hat, solidarisch zu erklären.

Sterbende und Körperverletzte reichten Stadtmann nicht. Weiterer Betrug zwecks privater Geldvermehrung standen auch noch auf seinem Programm. Mit einem illegal betriebenen internationalen Medikamenten-Großhandel häufte er sein Vermögen skrupellos an. Er kaufte Medikamente bei wenigen Firmen an, ließ sie woanders umverpacken und verkaufte sie dann nach Dänemark und Schweden. So machte er sich durch

Monatsumsätze bis zu 600.000 Euro bei seinem Lieferanten Noveda einen Namen als Arzneimittelhändler und genoss sogar den Sonderstatus, selbst woanders gekaufte Medikamente dort wieder eintauschen zu können.

Warum fliegt so etwas nicht früher auf? Wo sind die Kontrollen, die das alles verhindern könnten? Fehlanzeige! „Kein Bereich im deutschen Gesundheitswesen bietet so viel Potenzial für mafiöse Strukturen wie das Geschäft mit Krebsmedikamenten.[1] 500.000 Menschen erkranken in Deutschland jährlich an Krebs. Studien besagen: In ein paar Jahren wird jeder zweite Deutsche im Alter an Krebs erkranken. Die Branche setzt jedes Jahr vier Milliarden Euro um. Diesen Markt teilen sich ein paar Dutzend Pharmahändler, 1.500 niedergelassene Onkologen und Hämatologen sowie die knapp über 200 Apotheker, die Krebsmedikamente herstellen dürfen. Ein Eldorado für gierige Apotheker.“

Gestern begann der Prozess vor dem Essener Landgericht.[2] Das Vermögen des Angeklagten wird wohl einige Starverteidiger auf den Plan befördern. Vermutlich darf einem heute schon übel werden, wie die Rechtsverdrehung mal wieder gelingen wird, um den gleichgültigen und schweigenden Straftäter zu schützen und die Opfer hinten rüberfallen zu lassen. Erstaunlicherweise wurden etwa 20 Betroffene als Nebenkläger zugelassen. Anders als beim Contergan-Skandal, bei dem die lebenden Beweise mit ihren Behinderungen nicht wegzudiskutieren waren, werden sich die Verteidiger des Peter Stadtmann genügend Spielchen zur endlosen Verlängerung dieses Strafprozesses einfallen lassen können, bis auch der letzte Nebenkläger seinem Schicksal, und NUR seinem Schicksal erlegen ist. Und wie es einem Reichling ergeht, der Millionenbeträge per Steuerhinterziehung oder per Betrug ergaunert, ist doch allgemein bekannt. Uli Hoeneß ist an seinen alten Platz zurückgekehrt und Frau Stadtmann schreibt weiter Rechnungen, um die noch nicht beglichenen Beträge für die gepanschten Krebsmedikamente einzutreiben.

---

[1] www.correctiv.org – Der Apotheker – Die Geschichte eines Mannes aus Bottrop …
[2] www.rp-online.de – Das Schweigen des Apothekers

Meine Anerkennung zolle ich den zwei Menschen, die als Whistleblower mit ihrem Verdacht an die Öffentlichkeit traten und Anzeige erstatteten. Es sind der Schulkollege des Angeklagten, Martin Porwoll, der als Buchhalter bei Stadtmann seit 2014 arbeitete und die pharmazeutisch-technische Assistentin Marie Klein, seit 2015 Mitarbeiterin im Pansch-Labor des Angeklagten. Das Schweigen, das sich ihr Chef mit besten Löhnen erkauft hat, die er seinen Mitarbeitern zahlte, funktionierte bei diesen Menschen nicht.

So wie man ihnen für ihren Mut danken muss, darf man sich ebenso die Frage stellen, warum zwei Labormitarbeiterinnen weiterhin in der „Alten Apotheke" tätig sind. Sie waren neben Stadtmann für die gepanschten Infusionen verantwortlich. Für 21 der fehlerhaften Proben unterzeichnete die pharmazeutisch-technische Assistentin S., für zwei weitere ihre Kollegin G. Geld stinkt eben nicht. Bei 60 Mitarbeiternasen, die Stadtmann beschäftigte, fing es nur in zwei Nasen an zu stinken. Ich hoffe, ihnen bald persönlich begegnen zu dürfen.

Potsdamer Appell der DPG

18. November 2017

Der Bundesverband der Deutsch-Polnischen Gesellschaft hat unter der Bezeichnung „Potsdamer Appell der Deutsch-Polnischen Gesellschaften an die deutsche und polnische Regierung" eine Pressemitteilung herausgegeben. Angesichts der komplizierter werdenden Beziehungen zwischen Polen und Deutschland auf staatlicher Ebene haben sich die Menschen, die jahrelang für eine deutsch-polnische Verständigung gearbeitet haben, mit dem folgenden Appell zu Wort gemeldet.

Polen und Deutschland für Frieden, Freiheit und gute Nachbarschaft in einem vereinten Europa

„Versöhnung ist ein Wert, der leicht verloren gehen kann", schrieben im September 2017 Bischöfe aus Polen in einem Hirtenbrief. Die Bischöfe wiesen darauf hin, dass die Versöhnung zwischen Deutschen und Polen nicht nur dank der Bemühungen von Politikern, sondern auch durch das starke Engagement vieler Bürgerinnen und Bürger guten Willens in beiden Ländern erreicht wurde.

Für die guten Beziehungen auf allen Ebenen sind wir alle verantwortlich: Regierungen, gesellschaftliche Organisationen und jeder Einzelne. Mit Sorge sehen die Deutsch-Polnischen Gesellschaften, dass die großen Fortschritte in den bilateralen Beziehungen immer mehr Schaden nehmen.

In Deutschland wird den Befürchtungen vieler Polen um die Sicherheit Ihres Landes vor äußerer Bedrohung bisweilen mit Unverständnis begegnet. Polens Sorgen, dass die Pipeline „Nord Stream 2" Europa spalten und die Energieversorgung einiger EU-Mitgliedsstaaten in Zweifel ziehen könnte, sollten von der kommenden Bundesregierung ernst genommen werden. Wir benötigen einen offenen und ehrlichen Dialog über eine gemeinsame europäische Flüchtlings-, Verteidigungs- und Energiepolitik. Deutsche und Polen sind hier zu selbstkritischen Reflexionen aufgerufen. Niemand kann in solch kontroversen Themen und Diskussionen die alleinige Wahrheit beanspruchen. Die Qualität der deutsch-polnischen Zusammenarbeit misst sich nicht daran, dass wir zu allen Sachfragen immer von vornherein die gleichen Ansichten haben. Die Qualität der Kommunikation jedoch hängt davon ab, dass wir bereit sind, Argumenten des anderen die notwendige Aufmerksamkeit zu schenken und aufrichtig miteinander um gemeinsame Lösungen zu ringen.

Umso mehr registrieren wir mit Besorgnis und auch Unverständnis, dass die deutsch-polnische Zusammenarbeit in jüngster Zeit von politischen Akteuren und einigen Medien in Polen zunehmend in Frage gestellt wird. Bestürzt nehmen wir bei manchen veröffentlichten Äußerungen eine antideutsche Rhetorik und einen rückwärtsgewandten Blick auf das gute deutsch-polnische Verhältnis wahr. Das gemeinsam Erreichte wird verschwiegen, verkannt oder gar als unwahr oder nicht existent dargestellt.

Umgekehrt mahnen wir in Deutschland eine unvorein-genommene Behandlung sachlicher Positionen an, die aus Polen vorgetragen werden.

Wir, die Mitglieder der Deutsch-Polnischen Gesellschaften, setzen uns seit über vier Jahrzehnten für eine Verständigung und enge Zusammenarbeit zwischen Deutschen und Polen ein. Dankbar erinnern wir auch heute noch an die Botschaft der polnischen Bischöfe an ihre deutschen Amtskollegen: „Wir vergeben und bitten um Vergebung.". Seit Anbeginn setzen sich die Gesellschaften für eine wahrhaftige Sicht auf die gemeinsame Geschichte ein, in der unseren polnischen Nachbarn von deutscher Seite großes Leid zugefügt wurde. Wahr ist allerdings auch, dass die deutsch-polnischen Beziehungen in vielen Jahrhunderten weitgehend gut und friedlich waren. Dies darf heute nicht vergessen gemacht werden.

Wir erinnern uns gut an die Zeit der europäischen Teilung, als wir gegen politische Widerstände auf beiden Seiten Kontakte zu unseren Nachbarn aufbauten. Jenseits der großen Politik gelang es uns, viele Deutsche und Polen zusammenzubringen, gemeinsame Initiativen zu fördern, Vorurteile auf beiden Seiten abzubauen und Vertrauen und Wertschätzung füreinander aufzubauen. Wie dankbar waren und sind wir heute noch, dass die polnischen Freunde uns Deutschen damals die Hand reichten.

Mit großer Freude und Begeisterung haben wir den Weg unserer polnischen Freunde und Nachbarn zu einer demokratischen Gesellschaft und in die Europäische Union unterstützt und begleitet. Endlich konnten wir auf der Basis gemeinsamer Werte und Haltungen gemeinsam für eine friedliche Zukunft handeln. Mit großer Sorge sehen wir aber, dass die Grundlagen unseres gemeinsamen Handelns drohen, zerstört zu werden. Die zunehmende Polarisierung der polnischen Gesellschaft und das damit einhergehende Klima von Misstrauen und Intoleranz tragen letztlich zu einer Schwächung der Entwicklungsmöglichkeiten des Landes bei.

In der gegenwärtigen Zeit kommt den Zivilgesellschaften in Polen und in Deutschland eine größere Verantwortung zu als jemals zuvor, wenn es um den Erhalt und den Ausbau von Vertrauen und der Zusammenarbeit zwischen Deutschen und Polen geht. Gerade jetzt sind die polnische und die deutsche Zivilgesellschaft, sind die zahlreichen an guter Zusammenarbeit Interessierten und die Engagierten aufgefordert, die Verbindungen auf allen Ebenen zu stärken. Dabei werden eine Vielzahl von Vereinbarungen auf kommunaler, Woiwodschaft- und Länderebene, die zahllosen Vereinbarungen auf Schul- und Hochschulebene und hunderte von Gemeinde- und Städtepartnerschaften gebildet. Dazu gehören auch das Deutsch-Polnische Jugendwerk und viele deutsch-polnische Stiftungen und nicht zuletzt die Kooperationen im Wirtschafts- und Kulturbereich wie auch auf gesellschaftlicher Ebene, die für die Menschen unserer beiden Nationen wichtigen Kontakte, ohne die es in dieser Zeit schlecht um unsere gegenseitigen Beziehungen stünde. Dies ist die Solidarität, die heute gefordert und auf eine gemeinsame Zukunft von Deutschen und Polen ausgerichtet ist.

Deutsche und Polen waren Nachbarn, sind Nachbarn und werden auch in Zukunft Nachbarn sein. Beide Länder bilden die Mitte Europas. Sie stehen daher in der gemeinsamen Verpflichtung, sich immer wieder aufs Neue nicht nur im Interesse beider Nationen, sondern auch Europas für eine gute Nachbarschaft einzusetzen. Dabei müssen die Werte einer demokratischen und offenen Gesellschaft und der gemeinsame Einsatz für Frieden und Freiheit in Europa auch in Zukunft das Fundament der deutsch-polnischen Beziehungen bleiben.

Die Kanzlerin bestimmt die Richtlinien der Politik

19. November 2017

Ob Volk, ob Politiker, ob Flüchtlinge, ob Integration, ob Schulen, ob Straßen, ob Mieten, ob Löhne, ob Altersarmut, ob Polizei, ob Pfleger, ob Bildung, ob Europa, ob Russland, ob Amerika, ob Familien, ob Rentner, ob Steuern, ob Steuerparadies, ob Energiewende, ob Kohle, ob Auto …

So könnte ich endlos weitermachen mit der Frage am Schluss der Aufzählung: Und wer trägt für diesen Zustand, die Stagnation und das Chaos die alleinige Verantwortung?

Antwort: Die Kanzlerin Angela Merkel, denn sie bestimmt die Richtlinien der Politik.

Armes Deutschland nach 12 Jahren Politik à la Merkel

Nun ist es ja nicht wahr zu behaupten, sie habe keine Richtlinien bestimmt. Natürlich hat sie Richtlinien bestimmt, und zwar

a) den plötzlichen Atomausstieg mit Energiewende

b) die plötzliche und unabgesprochene Öffnung der Grenzen

c) das Einreisen aller Menschen mit Smartphone, aber ohne Papiere

d) die Überschreitung aller Grenzen der Zumutbarkeit

e) die Überforderung aller Ehrenamtlichen, Polizisten, Lehrer, BAMFmitarbeiter usw.

f) den Flüchtlingsdeal mit Erdogan

g) die Ehe für alle

h) die Rettungsschirme für Griechenland

i) die Sanktionen gegen Russland

j) das Netzwerkdurchsetzungsgesetz (siehe auch Maulkorberlasse für Bundeswehr,[1] Polizei,[2] Schulleiter[3])

---

[1] www.welt.de – Will von der Leyen die Bundeswehr zum Schweigen bringen?
[2] www.achgut.com – So sieht der Maulkorb für die Polizei in NRW aus!
[3] www.focus.de – „Unverschämtheit": Lehrerverband wütet nach Maulkorb für Rektoren an Schrottschulen

Ergänzungen zur Merkel-Chaos-Politik

- Die Kosten der Griechenland-Rettung belaufen sich auf ca. 256 Milliarden Euro. Deutschland bürgt in Höhe von 170 Milliarden Euro.

- Angela Merkel ging es bei dem Pakt mit der Türkei nie darum, den Flüchtlingsschutz zu stärken. Sie wollte ihre Kanzlerschaft retten, indem sie den türkischen Präsidenten Erdogan dafür bezahlt, Flüchtlinge von Europa fernzuhalten. Dabei geht es um eine Zahl von 1.000 Flüchtlingen, die aus Griechenland in die Türkei zurückgebracht wurden, wofür allerdings über 3.500 Syrer aus der Türkei nach Europa kamen, die meisten von ihnen nach Deutschland. Sechs Milliarden Euro fließen für die Versorgung der Flüchtlinge in Erdogans Hände, der seine Kritik gegenüber Deutschland und Merkel zu jeder Gelegenheit und zu jedem kleinen Anlass immer wieder befeuerte.

- Deutschland wurde zu einem Land, in dem die Kriminalität mit Straftaten wie Raub, Diebstahl, Handlungen gegenüber Frauen, Vergewaltigung und Mord zum täglichen Ereignis wurde. Zu den schon vorhandenen No-go-areas in Großstädten, in denen die Polizei bereits überfordert war, sorgte die Grenzöffnung Merkels dafür, dass heute das Joggen durch einen Park oder das abendliche Verlassen des Hauses ein Risiko sind. Über Monate wurde die Bevölkerung in dem Glauben gehalten, dass trotz der Massenzuwanderung keine erhöhte Kriminalität spürbar war und wenn doch, es auf das Konto der Deutschen ging. „Das unfassbare Ausmaß, in dem die Asylbewerber insgesamt als auch im Bereich der Gewaltkriminalität und der sexualisierten Gewalt krimineller sind als Deutsche, wird den Menschen durch die gängigen Medien systematisch vorenthalten. Es wird deutlich, dass die Menschen nicht informiert sondern manipuliert werden, um sie nur auf dem von Kanzlerin Merkel und der Bundesregierung vorgegebenen ‚Refugee-Welcome'-Pfad zu halten", schrieb Ines Laufer in ihrem Beitrag „Die Flüchtlings-Kriminalität zwi-

schen Fakten und Medienlügen."[1] Hier liegt auch eine wichtige Erklärung für das Erstarken der AfD. Es ist schockierend, welche Wege in Verbindung mit der immens angestiegenen Kriminalität journalistisch und politisch beschritten wurden, um die Ruhe des Bürgers durch Manipulation zu gewährleisten.

- Angela Merkel und die gesamte Regierung haben knapp 100 Milliarden Euro für die Integrationskosten veranschlagt. Da spielt es keine Rolle, ob es sich um legal oder illegal eingereiste Menschen handelt. Das sind jährlich etwa 25 – 50 Milliarden Euro, mit denen die deutschen Steuerzahler zur Kasse gebeten werden.

Das Gezeter um eine funktionstüchtige neue Regierung ist das Intro in die nächste große vierjährige Theatersaison. Merkel hat mit Sicherheit keine Probleme damit, auch noch die letzten als konservativ zu bezeichnenden Inhalte ihrer Kanzlerschaft zu opfern.

Man darf sicher sein, dass Merkel auch weiter im Stil einer Aussitz- und Sprachblockade (k)eine Politik machen wird. Freuen wir uns also auf die nächsten Richtlinien der Politik, die uns in der nächsten Theatersaison des Irrsinns spontan und zufällig ereilen werden.

Die FDP beendet Jamaika-Verhandlungen

20. November 2017

Es ist besser, nicht zu regieren als falsch

Mit diesen Worten beendete Christian Lindner sein Statement, mit dem er in der letzten Nacht vor die Mikrophone trat, um das Ende der Jamaika-Verhandlungen für seine Partei zu erklären. Man habe den Willen und die Bereitschaft gehabt, zu Kompromissen zu gelangen, die für alle tragfähig hätten sein können.

---

[1] www.fischundfleisch.com – (Nicht mehr vorhanden – Zensur!)

Die FDP sei gleich zu Beginn mit Vorschlägen und Ideen in die Verhandlungen gegangen, um gemäß ihrem Wählerauftrag als Erneuerer für die Zukunft des Landes parat zu stehen. Man könne niemandem der Verhandler einen Vorwurf machen, dass er seine Überzeugungen an bestimmten Inhalten nicht verlassen wollte. Dieses Recht habe auch seine Partei für sich in Anspruch genommen. Um den Wählerauftrag nicht zu verraten, sei man zu der Überzeugung gelangt, die Sondierungsgespräche zu beenden, denn es sei besser, nicht zu regieren als falsch zu regieren.

Ein bemerkenswertes Statement, das, wenn es denn tatsächlich der Motivation entspringt, die Lindner kurz und knapp darlegte, in die Geschichte der Bundesrepublik, noch deutlicher in die Geschichte der FDP eingehen wird. Die Partei, die stets als Zünglein an der Waage mit oft weniger als 10 Prozent mal mit der SPD, mal mit der CDU, wenn es sein musste, auch als Kanzlerschaftsbeendiger in der großen Politik mitzumischen verstand, zieht für ihre Wahlversprechen gegenüber ihren Wählern die Reißleine und verzichtet auf Macht, auf Posten und Prestige. Neue Töne oder doch eher ein strategisches Rückspiel gegenüber Angela Merkel, die auch nicht ganz schuldlos war am Verschwinden der FDP aus dem Parlament. „Gott hat die FDP vielleicht nur erschaffen, um uns zu prüfen", zitiert Merkel 2012 im Parlament aus einer Satiresendung und hat die Lacher über das Gespann Rösler, Brüderle, Westerwelle auf ihrer Seite. Eine große Steuerreform war das Vorhaben der FDP ... aber doch nicht mit Merkel! Daran hatte sich schon ein CDU-Mann namens Merz die Zähne ausgebissen.

Nein, die FDP bildete mit ihrer Klein-Politik an Merkels Seite nur ein Häufchen Elend und wurde 2013 nicht mehr gebraucht. Es begann die erste große Abwanderung von Wählern zur AfD. Dieser Trend sollte sich weiter fortsetzen, wie wir heute bestätigen können.

Sollte Lindner tatsächlich der Erneuerer im großen Schlaflabor Deutschland sein, der seinen vielen blumigen Worten und Schwüren entsprechende Taten folgen lässt? Ich glaube, er hat von Anfang an Opposition sein wollen, um zu zeigen, was er rhetorisch drauf hat und dass er – beginnend im Landtag NRW – auf der großen Bühne der Eitelkeiten in Berlin noch steigerungsfähig ist.

So kann es kommen. Erst die alternativlose Abnick-GroKo CDU/SPD ohne eine nennenswerte Opposition mit Alternativen, jetzt Parteien, die sich geradezu danach reißen, Opposition zu sein, um nur nicht wieder gefressen zu werden, während sie das Chaos im Land beackern, das Merkel großflächig nicht nur im eigenen Land, sondern auch in Europa gesät hatte.

Jedem war vor den Sondierungen klar, dass Merkel und die Grünen eine größere Affinität zueinander besitzen als Merkel und Kubicki beispielsweise. Schließlich hat Merkel auch ohne dass ein Grüner mitregierte, schon Politikziele der Grünen umgesetzt. Die Grünen waren also Merkel schon vor Beginn der Sondierungen zu Dank verpflichtet. Über die paar noch strittigen Fragen würde man sich gewiss einigen – umso deutlicher war dann auch die Enttäuschung den Verhandlern Özdemir und Göring-Eckhard ins Gesicht geschrieben.

Nun muss Bundespräsident Steinmeier aus dem Schlaf geklingelt werden, der doch so gerne mit Frau Merkel eine ruhige Kugel geschoben hätte. Auf solche Ereignisse ist der Herr der Repräsentanz sicher nicht scharf. Endlich wird es spannend im Land der Merkel'schen Alternativlosigkeit.

SPD auf der Resterampe

25. November 2017

Während sich der Harmoniepräsident Steinmeier schon auf ein gemütliches Repräsentantendasein an der Seite Merkels eingerichtet hatte, vergurken die Jamaikaner ihre Chance zur Regierungsbildung und schieben nun ausgerechnet ihm den Schwarzen Peter zu.

Steinmeier setzt SPD unter Druck

 Dieser Mann, „Konsens-Kandidat von Merkels und Seehofers Gnaden", wie er nach seiner Wahl zum Bundespräsidenten in den Medien auch bezeichnet wurde, erfüllt natürlich seinen Auftrag. Der lautet: Sorge für eine GroKo nach gewesenem Muster! Seine Wahl verdankt er der im Volk extrem unbeliebten Pöstchenschieberei und dem Einverständnis der GroKo. Glücklicherweise sind nach den gescheiterten Jamaika-Sondierungsgesprächen die Erwartungen an ihn und seine Überzeugungen deckungsgleich. Der SPD-Parteisoldat Steinmeier setzt seine Partei unter Duck, jetzt auch an einem möglichen Minimum von Macht festzuhalten. Damit holt er seine eigene Partei aus der von Schulz deklarierten Rolle der Opposition und rettet gleichzeitig die Stabilitätsgaranten Merkel und Seehofer, die eher als Stagnationsgaranten das deutsche Chaos weiter verwalten sollen. Die Posten könnten besetzt bleiben wie bisher, die Mehrheitsverhältnisse CDU/CSU/SPD wären zufriedenstellend, das Geld für eine Neuwahl kann ins Ausland oder sonst wohin verbracht werden und das Volk könnte wie er selbst wieder in den Schlafmodus zurückschalten. Die GroKo ist tot, es lebe die GroKo!

Dass die SPD auch nach dem Desaster der Bundestagswahl nichts begriffen hat und zur Erneuerung keine Spuren legt, beweist sie während der Sondierungsgespräche der Jamaika-Parteien. „Sie beschäftigt sich lieber mit sich selbst als mit den politischen Gegnern", sagte Fraktionsvize Axel Schäfer der „Welt". „Genau das macht unsere Partei kaputt, dass selbst nach diesem Desaster wieder im Hinterzimmer entschieden wird, wer die Fraktion leitet", twitterte der SPD-Abgeordnete Marco Bülow Ende September.

Was ist von einer solchen Partei zu erwarten, die eine deutliche Ansage von ihren Nicht-mehr-Wählern erhält, diese aber entweder nicht versteht oder schlichtweg ignoriert? Nichts und mehr als nichts, nämlich gar nichts. Diese Partei hat kein Rückgrat mehr, weil auch ihre Führungsriege kein Rückgrat besitzt. Dabei hat ihnen gerade ein Herr Lindner vorgemacht, was

Konsequenz ist. Das aber ist schon lange keine Eigenschaft der SPD mehr. Jein-Sagen und Pöstchengeschachere sind ihre Erkennungszeichen.

Was uns politisch mit einer erneuten GroKo blüht, ist abzusehen. Merkel fehlt auf der europäischen Bühne, wo sie sich auch hingezogen fühlt, weil sie dort die Anerkennung und die Wohlfühlatmosphäre findet, die ihr in Deutschland mehr und mehr schwinden. Was sie in Deutschland in 12 Jahren nicht angepackt hat, wird auch weitere vier Jahre liegenbleiben. Wer hinter ihre Maske geschaut hat und sich traute es öffentlich auszusprechen, hat längst erkannt, dass ihr Deutschland nur halb so viel bedeutet wie Europa. Mit Macron will sie den nächsten Schritt aus dem Nationalgefüge unserer Länder hin zu einem zentralen Europa machen, das sich mit Macht und in Eile in Richtung Macron'scher Vorstellungen entwickelt und das Nationale hinter sich lässt.

Kleine Realisierungsschritte aus dem eigenen Parteiprogramm – Arbeit, Familie, Flüchtlinge, Frauenquote, Minderheiten usw. wird Merkel bei einer erneuten GroKo auch weiterhin ihrem Koalitionspartner SPD überlassen, deren Erfolge sie sich als Medaille an die eigene Brust heftet.

Wer nicht nur in den Abgrund schauen will, sondern auch unter „Überlebensgefahr" sich hineinbegibt, den wird dasselbe Schicksal ereilen wie all diejenigen, hinter denen Merkel sekundenlang stand – nicht etwa, um sie vor dem Absturz zu bewahren, sondern um ihnen den Schubs zu verpassen, der nötig wurde, damit sie selbst wieder für alle sichtbar in der ersten Reihe steht.

Vorsicht, SPD! Merkel steht hinter Dir!

Die gekaufte Welt und ihre Player

27. November 2017

Kaufen – zocken – manipulieren – regieren

Dass der Kapitalismus sein unbegrenztes Wachstum gleich einem Spinnennetz, das die ganze schon gekaufte Welt umwebt, immer weiter fortsetzt, wird jedem Bürger inzwischen klar sein. Während er in den 70er Jahren des letzten Jahrhunderts mit den Milliardengewinnen weniger Auto-, Elektro- und Chemiekonzerne an den Start ging, wuchert er heute als multinationale Steuer-, Banken- und Konzernkriminalität wie ein nicht mehr zu regulierendes Krebsgeschwür durch alle Wirtschafts- und Gesellschaftsformen der Welt. Forschung, Technik, Digitalisierung liegen wie die mediale Welt in Händen unkontrollierbarer Geldflüsse, die auch Regierungsbanken und Gesetzgeber erreichen.

Die inzwischen größte aller Religionen, das Geld, ist über Jahrzehnte durch Kauf, Verleih, Fusion, Spekulation und Manipulation auf den Thron der Welt gestiegen. Heute haben sich aus dieser Entwicklung Milliardäre und Banken zu Göttern erhoben, die das höchste Gebot beherrschten, aus Verlusten Gewinne zu machen.

Niemand wird jemals mehr eine Kontrolle über Spekulationen, Schattenbanken, Steuerparadiese und Geldwäsche ausüben, geschweige denn Maßnahmen zu ihrer Regulierung oder Abschaffung ergreifen können. Das hat Deutschlands Finanzjongleur Schäuble längst bestätigt.

Es heißt: Geld regiert die Welt. Und so ist es. Banken regieren die Welt. Am Ende der Fahnenstange allerdings befinden sich riesige Vermögensverwalter, genannt Finanzholdinggesellschaften. Es sind die Vanguard Group, die State Street Corporation, Goldman Sachs, FMR (Fidelity) und BlackRock. Diese Finanzunternehmen üben die Kontrolle über das globale Bankensystem aus. Gleichzeitig kontrollieren sie damit auch Staaten und große Konzerne wie Monsanto durch den Kauf von Staatsanleihen. Kein großes Unternehmen, kein Konzern, kein Staat entscheidet ohne Mitwirkung der großen Finanzunternehmen,

die noch vor nicht allzu langer Zeit mit Obama und Merkel in
Berlin an einem Tisch saßen.

Regierungen sind nichts. Die Banken und das Kapital sind alles

Regiert und gesteuert wird die Welt nicht von den Politikern,
die eine Regierung bilden. Sie sind nichts. Die Banken und das
Kapital sind alles. Dort sitzen die Akteure dieser Welt. Und
diese sind so miteinander vernetzt, dass sie sich gegenseitig die
schon übervollen Taschen immer weiter füllen.

Diese immer lauter pulsierenden Kapitaloligarchen heißen
Rockefeller, Bezos, Buffet, Gates, Soros oder Mark Zuckerberg.
Milliardär Jeff Bezos beispielsweise gründete Amazon, schickte
Touristen ins All, kaufte jetzt die „Washington Post" für 250
Millionen Dollar. Mit im Paket sind ein halbes Dutzend Regio-
nalzeitungen, die der Washington Post gehören. Und da erwar-
ten Politiker und Journalisten, dass wir als Leser an eine freie
Presse glauben? Der Milliardär Soros will nicht einmal nur
kaufen. Er spendet seine Gelder zur Beeinflussung von Politik
für eine offene Gesellschaft. Wie Bill Gates will auch er die
Welt verbessern, das jedoch unter Einflussnahme in Politik und
Gesellschaft.

Uns wurde die Globalisierung als zoll- und grenzfreier
Warenhandel verkauft, als Weltwirtschaftsgewinnchancenop-
timierer für Firmen und Konzerne. Auch der Bürger könne
davon profitieren, hieß es. Und tatsächlich waren es erst
Warenhersteller, die an der Spitze des Gewinnes standen. Heute
ist an die Stelle des Exports die Spekulation getreten. Die
Gewinner sind die Vermögensverwalter wie BlackRock mit 6
Billionen Dollar im Säckel. Zur Geldmaximierung durch
Spekulationen bedient man sich des größten Computers der
Welt, genannt Aladdin. Er befindet sich in Manhatten und
spuckt täglich 1,6 Millionen Berichte aus und kann damit in
Sekunden die Folgen eines sich veränderten Zustands
berechnen. Die Profiteure sind natürlich die Eigentümern von
BlackRock: Königin Elisabeth II., die Familie Rothschild,
Waren Buffet und George Soros.

Comeback des Friedrich Merz

BlackRock agiert nicht nur in den USA, sondern bedient auch das europäische Kapital durch den Einfluss der Weltbesitzer. Euro und EU, europäische Banken- und Zinspolitik sowie die von unseren regierenden Marionetten angestrebte Überführung nationaler Kompetenzen in das „Große Ganze" sind keine Erfindung der Handlungskette M&M (Merkel&Macron). Es sind die Ergebnisse der „Regierungsflüsterer" aus den Reihen der globalen Finanzplayer, allen voran BlackRock. Je mehr Geld den Markt flutet, desto intensiver reiben sich die Weltbesitzer ihre Hände. Ob Rettungsschirm 1, 2 oder 3 zur Rettung Griechenlands – in den Taschen der Bürger kam kein Cent an. Riesige Geldtransaktionen erhöhen nur die Quote der Umverteilung von unten nach oben und stärken Banken, Welt- und Kapitalmärkte.

Der Einfluss der Schattenbanken auf politische Entscheidungen ist enorm. So sorgte der Finanzverwalter Goldman Sachs[1] damals für die Aufnahme Griechenlands in die Europäische Union unter Geheimhaltung ihrer Staatsschulden in Milliardenhöhe. Heute entscheidet und lenkt einer der damaligen Verantwortlichen, nämlich Mario Draghi, Chef der EZB, das europäische Finanzgebaren. Die Frage, ob die Politik noch unabhängige Entscheidungen treffen kann, ist damit wohl beantwortet. Geldpolitik und Sicherheitslage obliegen der Lenkungshoheit der Kapitalmärkte.

„Was die deutsche Bundeskanzlerin Angela Merkel also als marktkonforme Politik bezeichnet hat, ist letztlich der längst vollzogene Kotau vor einem globalen außerparlamentarischen Machtzentrum, das weder vom Volke gewählt noch demokratisch kontrolliert oder legitimiert ist." (Jens Berger: Wem gehört Deutschland?)

Als Aufsichtsratschef von BlackRock winkt seit 2016 der CDU-Politiker Friedrich Merz den 700 Lobbyisten zu, die sich in Brüssel nur um die Finanzwelt kümmern und zum Teil inzwi-

---

[1] www.neopresse.com – Stellt euch vor, wir werden von Goldman Sachs und Blackrock regiert, und niemanden stört es

schen Gesetzestexte für die Finanzpolitik formulieren. Sein Buch aus 2008 mit dem Titel „Mehr Kapitalismus wagen[1]/Wege zu einer gerechten Gesellschaft" erschien, als sich Banken verzockt hatten und die westliche Welt in eine Krise stürzte. „Es liegt nichts Verwerfliches darin, dass sich die Kapitalmärkte von den Gütermärkten abgekoppelt haben und mittlerweile auf der Welt mindestens 50 Mal so viele Geldtransaktionen stattfinden wie reale Warengeschäfte." So ein Zitat des Autors aus seinem Buch, das nicht meine Zustimmung findet.

Es wird nötig, den heutigen Finanzlobbyisten Friedrich Merz näher unter die Lupe zu nehmen und vor den Glauben an ihn als den deutschen „Macron" oder auch nur „Merkel-Nachfolger" die Recherche nach Information zu setzen. Erstaunlich nämlich, dass Merz gerade jetzt die Kritik über Merkel öffentlich formuliert, zu einer Zeit, da er als BlackRock Aufsichtsratschef weiß, wohin das Häufchen der Weltbesitzer die zukünftige Reise ihrer Neuen Weltordnung plant. Wenn also der Kapital- und Finanzinsider Merz zu singen beginnt, dann hat Merkel vermutlich so gut wie ausgesungen.

Für NRW hat Ministerpräsident Laschet heute schon einmal Friedrich Merz in den Dienst genommen. Er schleuste Merz in den Aufsichtsrat des Köln-Bonner Flughafens[2] mit den Worten: „Ich habe Friedrich Merz als Vertreter des Landes ausgewählt, weil ich den Flughafen Köln-Bonn stärken will." Merz sei mit Blick auf die transatlantische und internationale Ausrichtung des Flughafens genau der Richtige. Warum er genau der Richtige ist, wird sich früher oder später noch herausstellen. Auch deshalb darf man Merz nicht aus den Augen verlieren.

---

[1] www.zeit.de – Mantra des Neoliberalismus
[2] www.n-tv.de – Neuer Job für Friedrich Merz – NRW stoppt Airport-Privatisierung

Glyphosat weitere fünf Jahre verlängert

28. November 2017

Glyphosat ist gestern in Brüssel wie erwartet in die Verlängerung gegangen. 18 von 28 Ländern haben dafür gestimmt – skandalöserweise auch Deutschland.

CDU/CSU – ein unzuverlässiger Partner

Trotz der massiven Proteste aller Umweltorganisationen, denen auch ich mich angeschlossen habe und über die ich mehrfach berichtet habe, sorgten Lobbyisten und die Firma Monsanto dafür, auch weiterhin die Umwelt belasten, die Menschen gefährden und die Insekten sterben zu lassen.

Dieser europäische Skandal hat eine skandalöse Vorgeschichte. Monsanto ließ nichts unversucht, um auch zukünftig sein Gift auf europäischen Böden verstreuen zu können. Es ließ auch keine fragwürdigen Studien aus, um den Krebsverdacht vom Tisch zu bringen. So fußt Monsantos Behauptung, Glyphosat fördere keinen Krebs, auf einer Studie von FAO/WHO.[1] Später deckte allerdings der Guardian auf, dass der Vorsitzende der FAO/WHO-Arbeitsgruppe gleichzeitig für ein Institut, das von Monsanto eine 500.000$-Spende bekam, arbeitete. Alles, was mit Geld zu haben und auch gegen Widerstände zu entscheiden ist, hat System, wie ich in meinem letzten Beitrag darlegte.

Die Skandale um Glyphosat werden jetzt von einem weiteren begleitet, und zwar von einem vor der deutschen Regierungstür. Bekannt war, dass das SPD-geführte Umweltministerium gegen eine Verlängerung der Glyphosat-Zulassung war, während das Landwirtschaftsministerium einer weiteren Benutzung zustimmen wollte. Agrarminister Christian Schmidt[2] (CSU) hat nun ohne Abstimmung mit der noch amtierenden Umweltministerin Hendricks für eine Verlängerung votiert und damit bewiesen,

---

[1] www.blog.campact.de – Glyphosat – Skandal Monsanto spendet 500.000 Dollar an Institut, das Glyphosat für nicht krebserregend hält
[2] www.spiegel.de – Glyphosat-Genehmigung – Schmidts Solo und die Folgen

dass CDU/CSU das Spendenaufkommen und die Lobby-
einflüsse wichtiger sind als der Verbraucherschutz seiner
Bürger. In einem Kommentar erzürnte sich der bei den Grünen
beheimatete Martin Häusling, auch Landwirt, über ein
derartiges skandalöses Politikgebaren in Anbetracht einer so
heiklen Abstimmung. Er hält es für unwahrscheinlich, dass
Schmidt ohne Zustimmung/Auftrag der geschäftsführenden
Bundeskanzlerin Merkel gehandelt habe. Ich halte das Ganze
für ein abgekartetes Spiel. Nichts, was von Deutschland aus
Europa betrifft, geschieht ohne Merkels Wissen oder Zutun.

Bundespräsident Steinmeier sollte seinen Erpressungsversuch in
Richtung SPD dringend einstellen und die SPD sollte erkennen,
dass ein weiteres Mitgehen mit Merkel und ihrer Abnicktruppe
CDU für sie „Tod oder Untergang" bedeuten wird, wie der
Stern gestern titelte. Es scheint so, dass nichts mehr die SPD
daran hindern kann, auf den Wegen des politischen Selbstmords
weiter voranzuschreiten. Diesen Politikern, deren Beliebtheit
jede Woche auf einer Skala gemessen und veröffentlicht wird,
erhalten ihre Stimme von den potentiellen Wählern oder auch
Nicht-Wählern. Ihnen möchte ich eine Aussage von Orson
Wells mit auf ihren Abstimmungsweg geben: „Beliebtheit sollte
kein Maßstab für die Wahl von Politikern sein. Wenn es auf die
Popularität ankäme, säßen Donald Duck und die Muppets längst
im Senat." Im deutschen Parlament säßen dann heute aus Star
Wars Luke Skywalker und Prinzessin Leia und endlich wäre
mit diesen auch das Jungvolk auf den Beinen, um die politische
Bühne zu rocken.

Das Schwinden christlicher Kirchen in Deutschland

03. Dezember 2017

Es weihnachtet und nicht nur aus Tradition, sondern auch aus
Emotion erleben viele aktive, aber auch weniger aktive Christen
diese Zeit intensiver als das restliche Jahr. Auch die Kirchen

haben Hochsaison und rücken wieder ins Bewusstsein der Menschen.

Kirche ohne Auftrag?

Schauen wir einmal genauer auf die Rolle der christlichen Kirchen in unserem Land, die in einer Zeit der gesellschaftlichen Spaltung, einer zunehmenden Armut und Vereinsamung des Menschen vor großen Herausforderungen stehen müssten. Diesen Eindruck macht die Kirche allerdings nicht. Mit der Institution Kirche verhält es sich wie mit der EU: Sie predigen von der Kanzel Menschenrechte, Demokratie und Verantwortung, gelebt werden diese Werte aber nur durch Ehrenamt, Spenden, Nächstenliebe und das Miteinander und die Kommunikation von Mensch zu Mensch. Die Lenker und hochrangigen Vertreter dieser Institutionen scheinen da oft auf anderen Wegen oder mit anderen Überzeugungen zu wandeln.

„Die Kirche hat nicht den Auftrag, die Welt zu verändern. Wenn sie aber ihren Auftrag erfüllt, verändert sich die Welt." Das sagte Carl Friedrich von Weizsäcker, ein politischer Zeitgenosse und nicht nur evangelischer Christ, sondern auch ein engagierter Gläubiger, Humanist und Mahner, der aktiv an der Gestaltung, aber auch an der Verpflichtung von Kirche mitwirkte. „Seine von der Bergpredigt inspirierten und philosophisch, physikalisch, politisch wie historisch fundierten Einsichten zur Gefährdung des Weltfriedens im Schatten der nuklearen Bedrohung haben so wichtige Texte wie die Göttinger Erklärung von 1957, die Heidelberger Thesen von 1959, das Tübinger Memorandum von 1961 und den Aufruf zu einem Konzil des Friedens auf dem Düsseldorfer Kirchentag von 1985 hervorgebracht." So Bischof Huber zum Tode Weizsäckers. Bewundernswert, welchen Anspruch und Einfluss die Kirche hatte und welchen Einspruch Kirche durch Gläubige zuließ.

Kirche und Politik

2017 schmückt sie sich im Lutherjahr mit Reden von Angela Merkel und Barack Obama, nachdem die USA ein Jahr zuvor insgesamt 26.171 Bomben auf sieben Länder abgeworfen haben – eine Schätzung des Council on Foreign Relations.[1] Das ist ein Anstieg um 3.027 Bomben beziehungsweise mehr als 13 Prozent im Vergleich zum Jahr 2015. Was haben Merkel und Obama als Redner auf dem Evangelischen Kirchentag zu suchen und zu sagen? Natürlich nichts, für Merkel jedoch alles, was Obama mit dem Satz „Ich will Frau Merkel helfen" unumwunden zugab. Eine nette Komödie verglichen mit den Lebensengagement eines Carl Friedrich von Weizsäcker.

Kirche zum Zwecke einer Wahlkampfveranstaltung für Merkel verbunden mit einem amerikanischen Lob dafür, dass Merkel den Kriegsschmutz der USA in Deutschland zusammenkehrt. Welch ein erbärmliches Possenspiel!

Die katholische Kirche bekleckert sich schon längst nicht mehr mit Ruhm. Der Bischofsskandal in Limburg und aufgedeckte Missbrauchsfälle haben ihre Christlichkeit ins Wanken gebracht. Merkels spontane „Ehe für alle" mit dem Gesamtpaket, auch „Kinder für alle" zog an den Kirchen unbemerkt vorbei. Im Gegenteil – Deutschlands oberster Protestant, Heinrich Bedford-Strohm, reagierte erfreut auf die Entscheidung des Bundestages: „Ich wünsche mir, dass jetzt weder Triumphgefühle auf der einen Seite noch Bitterkeit auf der anderen Seite den Ton angeben", zitiert ihn spiegel online. Für die Katholiken kam Berlins Erzbischof Heiner Koch, seit Herbst 2014 Vorsitzender der Kommission für Ehe und Familie bei der Deutschen Bischofskonferenz, zu Wort. Er habe nichts gegen gleichgeschlechtliche Liebe – wohl aber gegen die Aushöhlung des Ehebegriffs. Und das ist alles, was die Kirchen, Kultur- und Bildungsgeber, moralische Wegweiser, Familien- und Ehebewah-

---

[1] www.berlinjournal.biz – 2016 warfen die USA mehr als 26.000 Bomben ab

rer, Seelsorger und Krankenbegleiter, nach Jahrhunderten zum großen Paukenschlag der Gender-Nation zu sagen haben?
Na dann ist ja alles im Sinne Merkels geregelt, die ja politisch die Ehe für alle schon längst umgesetzt hat.

Was sich nun aber Kardinal Marx aus München geleistet hat, darf nicht nur bloß mit Kopfschütteln beantwortet werden. Er sieht in dem gerade zur Diskussion stehenden „Bedingungslosen Grundeinkommen" eine Gefährdung der Demokratie. „Die Arbeit ist nicht irgendetwas. Es gehört zur Grundkonstitution des Menschseins, dass ich für mich und meine Familie etwas schaffe, das von Wert ist." Das sind die Worte des Bischofs, die mir offenbaren, dass dieser Mensch zu keinen tiefen Erkenntnissen über unsere Gesellschaft gelangt ist. Was nimmt denn er zeitlebens in Anspruch? Was ist das denn anderes als mindestens ein Grundeinkommen? Wie bedingungslos es ist oder sein wird, kann ich nicht beurteilen. Marx warnt vor den Folgen der Digitalisierung, glaubt an die Gefahren der Ungleichheit, sieht aber die größte Gefahr für die Demokratie im Bedingungslosen Grundeinkommen.

Aber was interessiert es das Fußvolk schon, wenn der Chef den Geldsack, auf dem er sitzt, zurechtrückt? Und so interessiert es auch die katholische Arbeiterbewegung nicht, was Kardinal Marx da vom Thron herunterspricht. Sie plädiert auch weiterhin für ein Bedingungsloses Grundeinkommen, damit alle Menschen die Möglichkeit bekommen, am Leben und an der Gesellschaft teilzunehmen. Das findet Winfried Gather, KAB-Diözesansekretär im Bistum Köln.[1] Diese Hoffnung auf ein Bedingungsloses Grundeinkommen sei ihm von Herzen gegönnt. Schließlich bewegt er sich zwischen den Besitztümern des Erzbistums Köln,[2] das mit einem geschätzten Vermögen von 3,35 Milliarden Euro das reichste in Deutschland ist. Zu den Immobilien und Wertpapieren kamen zeitweise auch Aktiengeschäfte mit dem Verhütungsmittelhersteller Pharma A und der Rüstungsfirma Schneider Electric. Das nahe dem Dom gelegene ehemalige Bankgebäude, heute Domforum, erwarb

---

[1] www.domradio.de – Katholische Arbeitnehmerbewegung plädiert erneut für Grundeinkommen – „Wieder am Leben teilnehmen"
[2] www.zeit.de – Bistum Köln verfügt über Milliardenvermögen

das Kölner Bistum für 79 Millionen. Im Kölner Grundbuchamt ist nicht das Erzbistum als Eigentümer eingetragen, sondern die „BRD Domkloster Cologne B.V." mit Sitz in Amsterdam, wie die „Zeit" herausfand. Angesiedelt ist diese mit einer Briefkasten-Adresse in Holland. Damit entging das Bistum der Verpflichtung, Gewerbesteuern zahlen zu müssen. Eine leider legale Finanztrickserei, die Deutschland um 1,6 Millionen Euro brachte. Und das leistet sich die katholische Kirche, die jahrhundertelang der moralische Finger für das Leben ihrer Gläubigen war. Gelder erhalten die christlichen Kirchen in Millionenbeträgen vom Staat als Entschädigung für ihre Enteignung vor über 200 Jahren. „In der Tat zahlen die Bundesländer bis heute jedes Jahr fast 500 Millionen Euro an die katholischen Bistümer und evangelischen Landeskirchen als Entschädigung für entgangene Erträge. Es sind Gehälter von Bischöfen und Pfarrern darunter ebenso wie der Unterhalt für bestimmte Gebäude – bezahlt von allen Steuerpflichtigen, egal ob Mitglied einer Kirche oder nicht", hieß es zum Thema „Kirche" im Deutschlandfunk.[1]

Experten schätzen, dass die Steuerzahler seit Gründung der Bundesrepublik etwa 15 Milliarden Euro gezahlt haben (Stand 2010).

Frankreichs Kirche im Vergleich

In Frankreich handelt es sich ganz im Gegensatz zu Deutschland um eine Armenkirche. Seit 1905 sind Staat und Kirche getrennt. Eine Kirchensteuer gibt es nicht. Die Gläubigen müssen spenden, damit die Gemeinde weiterleben kann. Es gibt keine Subventionen, weder vom Staat noch vom Vatikan. Ein Pfarrer versorgt bis zu neun Kirchen und verdient – wie ein Bischof auch – nur 960 Euro. Kirchen können nicht geheizt werden. Priesterseminare mussten verkauft werden.
In Köln gibt es beispielsweise doppelt so viele Gläubige wie in Lyon, das Vermögen beträgt hingegen das 40fache. Auch die christlichen Kirchen in Frankreich investieren in Firmen, die nicht immer etwas mit Ethik zu tun haben.

---

[1] www.deutschlandfunk.de – Finanzgeflecht zwischen Staat und Kirchen

Um Kirchen und Kathedralen zu erhalten, sind Gelder erforderlich. Kathedralen gehören in Frankreich dem Staat, Kirchen der Kommune.

Konflikte gibt es immer häufiger, weil viele Kirchen zerfallen. Bis 2030 werden 5.000 Kirchen zerfallen sein. Selbst Notre Dame leidet unter morschen Fundamenten.

Seit 1950 gibt es die Möglichkeit für die französische Kirche, Immobilien zu erben oder Gelder von Gläubigen zu bekommen. Das spült wenigstens etwas Geld in die kirchlichen Kassen.

Frankreich und Deutschland, politisch in Freundschaft verbunden, jedoch mit einer Armut der katholischen Kirche in Frankreich, wie sie Papst Franziskus predigt.

„Ihr könnt nicht beiden dienen, Gott und dem Mammon.“

So die Worte aus der Bibelstelle Lukas 16,13. Eine Mahnung für jeden, Kirchenvertreter inbegriffen. Es ist um die Kirchen in Deutschland nicht gut bestellt. Die Gebäude bleiben oft leer, müssen verkauft oder anderen Inhalten und Aufgaben zugeführt werden. Den Kirchen gehen ihre aktiven Christen immer mehr verloren. Eine groß angelegte Studie des Bistums Essen[1] erforschte die Gründe für die Kirchenaustritte. Danach sind Entfremdung und fehlende Bindung Gründe für die Abkehr von der Kirche. Der Hinweis auf den Mammon, der an die Stelle des Glaubens getreten ist, fehlt bei der Studie. Warum wohl? 2016 verließen etwas mehr als 162.000 Katholiken die Kirche, die EKD meldete 190.000 Austritte, was bei beiden Kirchen einen Rückgang von etwa 20.000 gegenüber dem Vorjahr bedeutete. Dass sich davon die Kirchenoberen etwas annehmen, sich wieder ihrer eigentlichen Aufgabe von Seelsorge zuwenden und das angehäufte Kapital in die „Armenspeisung“ stecken, ist eher unwahrscheinlich. Hans Hermann von Armins Buchtitel „Fetter Bauch regiert nicht gern“ findet auch hier seine Anwendung. Schließlich sprudeln die Kirchensteuern, dank der guten Konjunktur kletterten sie im vergangenen Jahr sogar auf neue Höchstwerte. Laut Tagesspiegel verbuchte die katholische Kirche 6,15 Milliarden Euro, die evangelische Kirche kam mit 5,45 Milliarden auf ihre Rekordsumme.

---

[1] www.bistum-essen.de – Kirchenaustritt hat viele verschiedene Gründe

Ist mit diesen Zuständen von Kirche und Menschen die in der Bibel beschriebene Endzeitprognose erreicht, die uns Paulus in seinem 2. Brief an Timotheus vorhersagt?

„In den letzten Tagen werden schwere Zeiten anbrechen. Die Menschen werden selbstsüchtig sein, habgierig, prahlerisch, überheblich, bösartig, ungehorsam gegen die Eltern, undankbar, ohne Ehrfurcht, lieblos, unversöhnlich, verleumderisch, unbeherrscht, rücksichtslos, roh, heimtückisch, verwegen, hochmütig, mehr dem Vergnügen als Gott zugewandt. Den Schein der Frömmigkeit werden sie wahren, doch die Kraft der Frömmigkeit werden sie verleugnen."

„Zensurminister" Heiko Maas erhält Toleranzpreis

06. Dezember 2017

„Diridi didudldö holera didadldo." Loriot (Viktor von Bülow) ließ seine Hausfrau ein Jodeldiplom absolvieren, damit sie was Eigenes hat. Justizminister Heiko Maas hat nun auch in Berlin sein Jodeldiplom bekommen.

Dekadenz im Endstadium

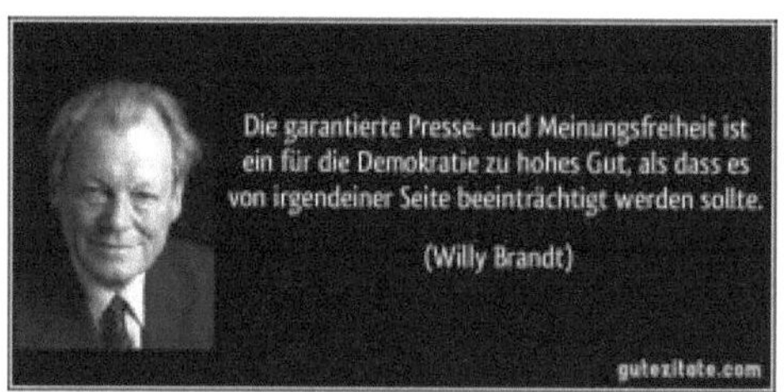

Offiziell ist es ein Preis für Toleranz. Wer die Zuordnung Maas und Toleranz nicht versteht, hat auch den Wecker in Deutschland noch nie gehört, der täglich als Nachricht des Irrsinns die Nation wachzurütteln versucht. Bei Maas war es das Durchpauken seines Netzwerkdurchsetzungsgesetzes, wofür er nun den Toleranz-Preis bekam. Aber was soll's? Haben Obama und die EU den Friedensnobelpreis verdient? Und wird ihn Merkel verdient haben, die auch weiter beharrlich darauf wartet und, so meine Prognose, ihn demnächst in Händen halten wird?

Überreicht wurde Maas der Toleranz-Preis von dem schwulen Anti-Gewalt-Projekt Maneo. Mir war Maneo bisher unbekannt und da dieses Projekt etwa nur sichere 3% der Gesamtbevölkerung repräsentiert, muss ich mir über meine Wissenslücke keine Sorgen machen. Den Preis darf man als Gender-Zugehörigkeitsauslobung verstehen.

Behauptet wird, dass man in Deutschland Lesben und Schwulen als gesellschaftlicher Minderheit nicht selten mit Angst oder gar Hass begegnet. Ein Coming Out ist, abhängig vom gesellschaftlichen und beruflichen Status sowie vom persönlichen Umfeld, meist noch immer mit einem nicht unerheblichen Risiko verbunden. (Aus Politik und Zeitgeschichte. Beilage zur Wochenzeitung „Das Parlament", Nr. 15-16/2010 „Homosexualität", 12.04.2010, S. 1.)

Wahr ist, dass Schwule und Lesben bei Muslimen einen schweren Stand haben und deren Beschimpfungen, Beleidigungen und Ausgrenzungen deutlich häufiger ausgesetzt sind als denen der durch die 68er Bewegung kulturell beeinflussten deutschen Ureinwohner. Da diese Wahrheit, die ich aus meinem Schulalltag so bestätigen kann, nicht mehr als Wirklichkeit erwünscht, sondern als rechtes Gedankengut angesehen wird, weiß man, wo „Maneo" mit dem Toleranzpreis für Heiko Maas politisch anzusiedeln ist. In dem immer und für alles förderbedürftigen gewünschten linksgrünen ideologischen Netzwerk, das mit seinen Umerziehungsinhalten Gender / Political Correctness / Sexismus / Fake News die Transformation in Deutschland weitestgehend vollzogen hat.

... der die Meinungsfreiheit mit Füßen tritt

In welcher Dekadenz-Phase wir uns befinden, beweist eben auch ein noch so kleiner Preis an Maas, weil dieser Preis einen Mann für Toleranz auszeichnet, der die Meinungsfreiheit mit Füßen tritt. Sein Netzwerkdurchsetzungsgesetz ist eine subjektive Zensierungskampagne gegen alles Unerwünschte. Es ist die Gleichschaltung in den Köpfen, nachdem sie bei den Geschlechtern schon vollzogen wurde. Nichts ist dekadenter als die Bekennung zur Toleranz unter Anwendung intoleranter Mittel. Es bedeutet den gesellschaftlichen und kulturellen Niedergang bis hin zu Zuständen von Anarchie.

Ob das von dem Journalisten Roger Boyes im Spiegel[1] als dekadent beschriebene Berlin oder die in einem Internet-Blog[2] einem veröffentlichte Beschreibung der Dekadenz dieser kapitalistischen Gesellschaft ... es endet damit, dass der Hirnbesitzer und Denkfähige in die „Geschlossene" geht, während der Ideologiebesessene und Intolerante weiter frei herumläuft und sich von den Beifall klatschenden Minderheiten seine Toleranzmedaillen um den Hals hängen lässt. Nein, eine Meinungsfreiheit, die nur für ausgewählte Menschen und Meinungen gilt, hat den Namen nicht verdient.

Wer sich über diesen Beitrag echauffiert, dem lege ich das Lesen zweier Bücher ans Herz, die ihm Klarheit verschaffen. Das eine schrieb Heiko Maas mit dem Titel: Aufstehen statt wegducken / Eine Strategie gegen rechts. Das andere schrieb ich mit dem Titel: Die Asche der Demokratie / Theatersaison 2016/17. Während ich im Buch des Herrn Maas eine Feindbild-Hauptrolle spiele, darf sich Maas über seine Antidemokratie-Hauptrolle in meinem Buch freuen. Dazu aber zu einem späteren Zeitpunkt mehr.

Die Toleranz in der Gesellschaft muß jedem Bürger die Freiheit sichern zu glauben, was er will.
»Der alte Fritz« - Friedrich II., der Große (1712 – 1786), preußischer König

---

1 www.spiegel.de – Dekadenz!
2 www.volksbetrug.net.wordpress.com – Schlagwortarchive: dekadenz – 06.Juli 2017 – Schwachsinnige Endzeit-Dekadenz

Wie ungebremster Lobbyismus die Demokratie gefährdet

09. Dezember 2017

Der Lobbyismus ist ein Zusammenspiel von Staat und Interessengruppen und bietet Firmen, Verbänden, Berufsgruppen, Industrie, Wirtschaft und Organisationen Möglichkeiten zur Einflussnahme auf Entscheidungen und Gesetze.

Zusammenfassung: Lobbyreport 2017

Während ein transparentes und begrenztes Verhältnis von Staat und Lobby in Verbindung mit Überwachung und Regulierung als notwendig und bereichernd für Politik und Gesellschaft angesehen wird, zerstört ein ungezügelter Lobbyismus Wohl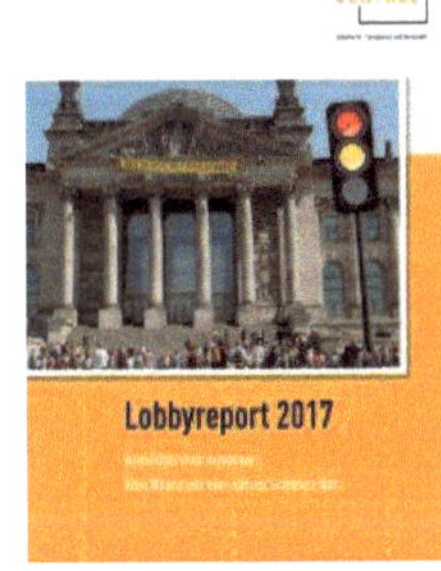stand und Demokratie. Schließlich können auch Umwelt, Gesundheit und Vertrauen durch ungebremste Einflussnahmen Schaden nehmen wodurch die Demokratie in eine Schieflage versetzt wird. Kuschelkurse von Politikern mit Lobbyisten verhindern Aufklärung, Objektivität und Gradlinigkeit und hinterlassen beim Bürger einen faden Geschmack. „Wenn viele Menschen sich nicht angemessen gehört und politisch vertreten fühlen, kommt es zu einer gefährlichen Schieflage und Polarisierung der Gesellschaft." (S. 7) Und so dürfen sich Politik und Lobbyisten aus meiner Sicht gemeinsam eine Schuld für das Abdriften demokratischer Werte und Spaltungstendenzen der Gesellschaft an die Brust heften. Der Moloch Europa hat durch seine Entscheidungsbefugnisse, die er den nationalen Parlamenten entzogen hat, einer Lobbywelt Tür und Tor geöffnet, die sich in den von der Kommission zur Kompetenzbeschaffung angeheuerten 800 Beratungsgremien tummelt. „Das Fehlen einer klassischen Opposition mit ihrer Kontrollfunktion, eine schwach ausgeprägte Öffentlichkeit sowie mangelnde demokratische Beteiligungsmöglichkeiten erleichtern die Lobbyarbeit außerhalb des Blickfeldes öffentlicher Kontrolle und Kritik." (S. 9) In einem Staat, in dem Politik nur in der Kommunikation themenbezogener Elitezirkel stattfindet

(TTIP, Diesel, Glyphosat usw.), werden die Bürgerinteressen mit Füßen getreten und die Demokratie zu Grabe getragen.

Wo tausend Lobbyisten nur das eine Ziel verfolgen, ihre Wünsche, ihre Ziele und ihr Machtpotenzial in Gesetzestexte zu gießen, ist Transparenz durch ein Lobbyregister unumgänglich, um die Einflüsse sichtbar zu machen. Das wurde allerdings von Schwarz-Rot in 2016 abgelehnt. Inzwischen liegt ein SPD-Entwurf für ein Lobbyregister vor. Die zwei Parteien, die sich in der Blockadehaltung befinden, sind die Union und die FDP.

Lobby Control schlägt vor, ergänzend zum Lobbyregister eine Legislative Fußspur (S. 16) einzuführen. „Sie würde konkret sichtbar machen, welche Interessenvertreter/innen auf welche Weise an der Erarbeitung von Gesetzentwürfen beteiligt waren.“ Halbherzig verfasste Lobbyregister mit Ausnahmeregelungen, wie es gerne wie zum Beispiel auch beim Mindestlohn verfasst wird, beseitigen nicht die Problematik von Gesetzestexten durch Lobbyhand, wie 2007 passiert beim Cum/Ex-Skandal mit zehn Milliarden Euro Schäden für den Steuerzahler.

Die Bilanz von vier Jahren Schwarz-Rot sieht laut Verein „Lobby Control“ schlecht aus. Als allgemeines Urteil beschreibt der Verein den Lobbyismus in Deutschland als intransparent und schlecht organisiert. Notwendige Reformen wurden durch die Union blockiert, sodass weder ein verpflichtendes Lobbyregister noch Transparenzen in der Parteifinanzierung und Gesetzgebung angegangen wurden. Als „Aussitzen statt Anpacken“ charakterisiert Lobby Control die letzte schwarz-rote Legislaturperiode.

Zur Lobbyregulierung gehören ebenfalls Regeln für den Seitenwechsel (S. 20) von Politik in die Wirtschaft, zu Unternehmen, Banken, Verbänden. Eine zu schwache Karenzzeitregelung existiert, es besteht aber weiterer Handlungsbedarf. Seitenwechsler wie Ronald Pofalla, Dirk Niebel und Franz Josef Jung sind der Öffentlichkeit bekannt, andere agieren im Verborgenen. So befinden sich inzwischen etliche Topleute aus dem engen Umfeld der Bundeskanzlerin in Diensten der Autoindustrie. Der wichtigste, Staatsminister Eckart von Klaeden, ging als Cheflobbyist zu Daimler. Interessenkonflikte sind so natürlich vorprogrammiert. Ein halbherziges Gesetz (Karenzzeit 12 Monate, Bundesregierung entscheidet, keine Sanktionen bei Nichteinhaltung, Gremium aus drei (fragwürdigen) Mitgliedern sind Mitentscheider) wird keinen Seitenwechsel verhindern. Ein Blick nach NRW offenbart gerade den Eintritt der ehemaligen Ministerpräsidentin Hannelore Kraft[1] in den Aufsichtsrat von RWE.

Ein großes Thema ist und bleibt die Parteienfinanzierung, von Lobby Control als „Dunkelkammer der Demokratie" bezeichnet. Die Geldgeber bleiben bis heute und das trotz des „Kohl-Skandals" weitestgehend anonym, obwohl das Grundgesetz in Artikel 21 Abs. 1 Satz 4 die Information über Herkunft und Verwendung der Gelder verlangt. Die praktische Handhabe ist jedoch eine intransparente. Parteien müssen Spenden erst ab einer Größenordnung von 10.000 Euro in ihren Rechenschaftsberichten veröffentlichen. Das hat zwei Jahre Zeit bis zur Veröffentlichung. Dann weiß niemand mehr, ob zwischen Spende und politischer Entscheidung ein unzulässiger Zusammenhang bestand. Nur Einzelspenden ab 50.000 Euro müssen sofort angezeigt werden, was durch Stückelung, also Trickserei verhindert werden kann, aber nicht muss. Nach der Wahl 2013 flossen von der BMW-Eignerfamilie Quandt-Klatten 690.000 Euro Großspende in die CDU-Kasse und 210.000 Euro an die FDP, wovon die Parteien schon weit vor den Wahlen in Kenntnis gesetzt waren. Gelder für Wahlkampfunterstützung unterliegen keiner Transparenzpflicht und bleiben somit völlig im Verborgenen. Eine Beschwerde bei Gauck durch Transparency International blieb erfolglos.
Erwähnt sei an dieser Stelle, dass sowohl Grüne als auch Linke eine jährliche Parteispendenobergrenze forderten und ein Spendenverbot für Unternehmer und Verbände. Seit 2011 läuft ein Mahnverfahren der GRECO[2] (Komitee des Europarats zur Bekämpfung der Korruption) gegen Deutschland wegen

---

[1] www.anja-schillhaneck.de – Hannelore Kraft: Erst den Kohleausstieg vereiteln, dann in den Aufsichtsrat der RAG
[2] www.coe.int – The Fight against Corruption: A priority for the Council of Europe

mangelnder Transparenz bei der Parteienfinanzierung. Dessen Berichte stellen 2014 und 2016 ein beschämendes Urteil aus.

Da der Ideenreichtum, an Geld zu kommen oder aber mit Geld Einfluss zu nehmen, groß ist, haben alle Geldgeber und -nehmer inzwischen das Parteiensponsoring für sich entdeckt. Das ist als Betriebsausgabe abzugsfähig und bedarf seitens der Parteien keiner Rechenschaft. So können die Gelder nur so fließen und der Einfluss auf politische Entscheidungen erfolgt gezielter. Dabei ist das Parteitagssponsoring nur die Spitze des Eisbergs. So lässt sich beispielsweise die CDU/CSU-Mittelstands-vereinigung ihre Geschäftsstelle von McDonalds und der Tabakindustrie sponsern. Der Tabakkonzern Philip Morris International (PMI) belohnte beispielsweise die CDU 2015 mit 98.000 Euro – davon 15% als Spende, 85% als Sponsoring, über das sich im Rechenschaftsbericht keine Zeile findet. (S. 27)

„2010 wurde bekannt, dass Treffen mit Spitzenpolitikern in Deutschland gegen Geld zu haben sind. Die CDU hatte unter dem Deckmantel des Parteisponsorings zahlungskräftigen Interessenten Termine mit ranghohen Politikern angeboten (Rent-a-Rüttgers, Rent-a-Tillich), was die SPD ebenfalls in der Form von „Kamingesprächen" anbot. Trotz der Kritik aus der Öffentlichkeit scherten sich Merkel und Lammert nicht darum. So sieht bis heute auch die CDU keinen Handlungsbedarf in Sachen Sponsoring. Man darf annehmen, dass der jahrelange Reformstau gewollt ist.

Besonders nett ist für Bundestagsabgeordnete der Zugang zu jedweder Nebentätigkeit in unbegrenzter Vergütungshöhe. Meine Nebentätigkeit als Kursleiter an der Volkshochschule bedurfte einer Erlaubnis meines Dienstherrn. Abgeordnete sind nur ihrem Gewissen verpflichtet und genießen Freiheiten ohne Ende. Wenigstens zur Offenlegung ihrer Nebeneinkünfte sind sie seit 2013 einer 10-Stufen-Liste folgend verpflichtet.

Laut einer Studie von Transparency International Deutschland kann bei einem Sechstel der Bundestagsabgeordneten von einem Interessenkonflikt durch die Verbindung Führungsfunktion/entgeltliche Nebentätigkeit ausgegangen werden. Als Beispiele genannt werden Florian Han (CSU), Rudolf Henje (CDU) und Martin Burkert (SPD). (S. 32 ff)

Geschafft hat die GroKo 2014 mit Einsatz der SPD gegen den Widerstand der CDU, den laschen Korruptionsparagraphen 108e StGB zu überarbeiten. „Der Straftatbestand der Abgeordnetenbestechung bleibt auch in der Neuregelung zu eng gefasst. So soll ein strafwürdiges Verhalten etwa nur dann vorliegen, wenn der oder die Abgeordnete ‚im Auftrag oder auf Weisung‘ handelt.“ Grauzonen der Gesetzesauslegung sind also inbegriffen und der Vorsitzende Richter am Bundesgerichtshof, Thomas Fischer, nannte das Gesetz „einen Witz“. (S. 35, 36)

Der größte Steuerskandal der BRD ist auch ein Lobbyskandal, bekannt unter der Bezeichnung Cum/Ex-Skandal. Die intensive Lobbyarbeit der Banken und politisches Versagen machten diesen Milliarden-Skandal möglich. Versagt hat die Steueraufsicht des Bundesfinanzministeriums. Es gelang den Banken, einmal gezahlte Steuern beim Finanzamt mehrfach geltend zu machen. „Cum“ steht für Aktien mit Dividendenanspruch, „Ex“ für solche ohne. Die Schätzung der Schadenshöhe durch Cum/Ex-Leerverkaufsgeschäfte beläuft sich auf 31,8 Mrd. Euro. Der größte Fall von Finanzkriminalität in Deutschland verdankt seine Inszenierung der Einschleusung eines Maulwurfs mal in die Steuerabteilung, mal ins Ministerium, mal in die Beratungsposition von Banken, mal in die Beurlaubung mit einem Jahresbezug über 80.000 Euro von vier Bankenverbänden. Nur der Mut einiger Whistleblower, auf die anfänglich nicht gehört wurde und die zum Teil ihre Jobs verloren, verdankt der Steuerzahler das Ende dieses Riesenskandals. (S. 38 ff.)

Ein weiterer Skandal mit einem Lobby-Hintergrund ist der Abgasskandal, der 2015 für Aufregung sorgte. Der Volkswagen-Konzern hatte seine Autos für die Abgasmessungen manipuliert. Diesel-PKWs hatte man zwecks Betrug bei der Abgasmessung mit einer speziellen Software ausgestattet, die für unterschiedliche Messergebnisse auf Prüfstation und Straße sorgten. Der VW-Abgasskandal weitete sich zum Diesel-Skandal aus und brachte die gesamte Autoindustrie in

Misskredit. Die Bundesregierung glänzte mit einer Kultur des Wegschauens und Verharmlosens. Hintergrund sind auch hier Verflechtungen von Politik und Autoindustrie nicht nur in Berlin, sondern auch in Brüssel. Matthias Wissmann, Chef des Verbandes der deutschen Autoindustrie war in den 1990er Jahren Kabinettskollege der damaligen Umweltministerin Angela Merkel und gilt noch heute als ihr enger Vertrauter. Auch Joachim Koschnicke, zuvor Opel-Cheflobbyist, wurde von Merkel ins Wahlkampfteam berufen. „Ihr ehemaliger Büroleiter Michael Jansen leitet heute die Hauptstadtrepräsentanz von Volkswagen. Ihr früherer stellvertretender Regierungssprecher Thomas Steg ist heute Cheflobbyist bei VW. Und mit Eckart von Klaeden saß im Sommer 2013 sogar ein designierter Autolobbyist mit am Kabinettstisch. Ob Lobbyarbeit, Seitenwechsel oder Parteispende – die Autobranche steht an vorderster Stelle. (S. 42 ff.)

Fazit: Kaum ein Land in der EU setzt Lobbyisten so wenig Grenzen wie Deutschland. Schwarz-Rot hat an diesem Zustand nichts geändert. Skandale werden zunehmen, wenn die notwendigen Maßnahmen und Gesetze gegen einen ungebremsten Lobbyismus nicht endlich in Angriff genommen werden. Der Schaden für die Demokratie ist enorm, der Verlust an Vertrauen der Bürger in Politik ist messbar.

Die Befürchtung ist berechtigt, dass auch die nächste GroKo im Sinne eines „Weiter-so" regieren wird.

Folgen von TRUMPs Jerusalem-Entscheidung

16. Dezember 2017

Der alte und der neue Antisemitismus

Während Frau Merkel ihren längst überfälligen Kaffeeklatsch mit Angehörigen von Polizisten und Soldaten im Auslandseinsatz abhielt – wo waren bis heute die Treffen mit Terroropfern – tobten sich wenige Straßenzüge weiter Palästinenser mit dem Vorwand aus, gegen Trumps Jerusalem-Entscheidung zu protestieren. Nein, einfach nur ein guter Anlass, dem gestauten Antisemitismus mal zügellos Raum zu geben. Das Verbrennen der israelischen Fahne war verbunden mit antisemitischen Parolen und der Ankündigung von weiteren Demonstrationen dieser Art. Verbal verurteilten der Innenminister und andere Politiker zwar diese Flaggenverbrennung, die sofortige Verhaftung solcher Menschen wäre allerdings das einzige Mittel zur Beendigung derartiger Ausschreitungen gewesen. Aber was bedeutet in Deutschland schon die Fahne eines Landes? Die Kanzlerin Angela Merkel hat ihre Ehrfurcht vor diesem Symbol[1] ihres eigenen Landes deutlich gemacht, als Minister Gröhe nach dem Wahlsieg 2013 freudvoll mit einer kleinen deutschen Fahne wedelte. Sie nahm sie ihm angewidert ab und legte sie auf irgendeine Ablage. Nationales ist der großen Europäerin lästig und gehört in die Dunkelkammer der Geschichte.

Da der Antisemitismus noch immer ein Thema ist – leider auch in Deutschland und leider auch noch immer unter Bürgern, „die schon länger hier leben", tut es nicht not, dieses Land zusätzlich mit Antisemiten zu füllen, die sich nicht scheuen, von ihrem Judenhass öffentlich Gebrauch zu machen.

Jeder von uns hat eine humanitäre Verpflichtung gegenüber allen von Krieg bedrohten und in Lebensgefahr befindlichen

---

[1] www.youtube.com – Frieden dir jerusalem

Menschen. Aber wir haben ebenso eine ererbte Verpflichtung zur absoluten Durchsetzung unseres Eides gegenüber der jüdischen Welt, der da lautet: „Nie wieder!" Es gibt genügend Hinweise, Forschungsergebnisse und Erfahrungsberichte von vielen mit dem Thema „Antisemitismus und Islam" beschäftigten Menschen, die wie Bernard Lewis[1] die „neuen Deutschen" als „die neuen Antisemiten" bezeichnen. In einem beeindruckenden Artikel zu diesem Thema analysiert der muslimische in Deutschland lebende Migrant Bassam Tibi im „Cicero"[2] den ins Land geholten Antisemitismus, den die Heerscharen von LinksGrünen und sonstigen „Gutmenschen" unter dem Begriff „Fremdenfeindlichkeit" abheften. Ich erlaube mir inzwischen, die „schöne neue Welt" dieser Idiotologen, die sie ja schon im großen Schlaflabor Deutschland zu 90 Prozent erschaffen haben, für ein Konstrukt einer Mutation zu halten, in welchem die Akteure schon längst nicht mehr merken, wes Geistes Kind sie sind. Wie posaunte noch Andrea Nahles ins Mikrophon? „Ich schaffe mir die Welt, wie es mir gefällt." Gut, dass die 10 Prozent der Aufgewachten nun dafür sorgen werden, dass die letzte Etappe zur Erschaffung der „schönen neuen Welt" ein langer beschwerlicher Hürdenlauf werden wird.

Befremdlich immer in der Diskussion um Islam, Judentum und Antisemitismus die Reaktion der Islamfunktionäre auf den Vorwurf Antisemitismus. „Sie behaupten,[3] dies sei ein Ausdruck von Islamophobie. Der Islam lehne jede Gewalt ab und wenn Muslime Krieg führten, dann nur defensiv. Doch im Koran werden Muslime an 25 Stellen aufgefordert, Ungläubige zu töten. Vom 7. bis zum 17. Jahrhundert haben Muslime Eroberungskriege zur Verbreitung des Islam geführt. Gegen islamische Lebenslügen und Propagandabegriffe wie ‚Islamophobie' führt die Jüdische Rundschau[4] den Bericht eines Forschers an, wonach in Europa seit 2000 alle ermordeten Juden von Islamisten getötet wurden."

---

[1] www.welt.de – „Europa wird islamisch"
[2] www.cicero.de – Antisemitismus im Islam – Nie wieder!?
[3] dto.
[4] www.juedischerundschau.de – „Im 21. Jahrhundert wurde alle antisemitischen Morde in Europa von Moslems begangen"

Auch aus Schweden meldet der Deutschlandfunk die Offenbarung durch den schwedischen Regierungschef Löfven, dass der Antisemitismus im Land ein „Problem" ist, welches die Opposition ein „Armutszeugnis" nennt. Ich habe über die Zustände im Land, über die „No-go-areas" und die verlorene Sicherheitslage dieses Landes berichtet. Der importierte Antisemitismus erzeugt ein weiteres Problem.

Während in Deutschland Politik, Medien und Kirchen mit ihrem Latein so gut wie am Ende sind, sind die Schweden schon einen Schritt weiter. Und Deutschland ist auf dem besten Weg, Schweden Konkurrenz zu bieten und den gesellschaftlichen Zusammenhalt im Land endgültig zu zerstören.

Der in Frankreich lebende deutsche Modefürst Karl Lagerfeld hat in einem Interview seine Meinung kurz und knapp auf den Punkt gebracht, für die man dir und mir in Schweden und in Deutschland die Nazi-Medaille um den Hals hängen würde. „Selbst wenn Jahrzehnte dazwischen liegen, kann man nicht Millionen Juden töten und später dann Millionen ihrer schlimmsten Feinde holen", so Lagerfeld. Ein harter undifferenzierter Satz eines Mannes, der nie gewählt hat, weil er seine eigene „Politik" machte. Und doch sollte dieser Satz Anlass bieten, das Nachdenken über und das Kämpfen gegen den Antisemitismus spätestens jetzt in Gang zu setzen.

Frieden Dir, Jerusalem!

Mein politisches Halleluja

Das Jahr 2017 geht zu Ende mit einem vorweihnachtlichen Wintereinbruch in Deutschland. Flugzeuge starten nicht, Züge fallen aus und Autos versagen ihren Dienst und stellen sich quer. Hunderte von Unfällen sorgten in ganz Deutschland für einen recht chaotischen Winterbeginn. Ein Zustand, der auch die politische, gesellschaftliche und sonstige Lage Deutschlands widerspiegelt.

Weihnachten 2017

Regierungslos wabern Parteien, Politiker und Kanzlerin in den Tümpeln der Macht in alle Richtungen, ein faulmodriger Geruch steigt auf, hier ein kurzes Blubbern, dort ein lautes Zischen – dann wird es wieder still. Die großartige Annette von Droste-Hülshoff hat mir mit ihrem „Knaben im Moor" eine wunderbare Vorlage gegeben und sie wird mir verzeihen, wenn ich den momentanen Berliner Zustand in Anlehnung an die erste Strophe ihres Gedichts wie folgt beschreibe:

O schaurig ist's, Politik zu sehn,
Wenn es wimmelt von Machtgebaren
sich wie Phantome die Zungen drehn
in den Mündern der Sonderbaren
Unter jedem Stuhle die Hoffnung springt
dass der Sitzer die richtige Meinung singt,
O schaurig ist's, Politik zu sehn
an herbeigezogenen Haaren

Der regierungslose Zustand in Deutschland ist kein Beinbruch. Er ist doch unter Merkel immer mehr zum Normalzustand geworden mit einer aktuellen bombigen Ausnahme, als Landwirtschaftsminister Schmidt in Brüssel seine Glyphosat-Zustimmung gab. So nahm die politische Eierei ein jähes Ende. Schmidts sofortiges Erscheinen in den Kaffeesatzrunden von Anne Will und Maischberger brachte niemanden auf die Palme – man „höfelte" mit dem Minister in einer Form, die bewies, dass die Patienten im deutschen Schlaflabor fast dankbar waren, für einen kurzen Moment durch einen Wecker der bayrischen Firma Schmidt geweckt worden zu sein.

Aussagen über deutsche Zustände erfährt man auch von draußen. Einige davon habe ich unter der Weihnachtsthematik zusammengefasst: „Von drauß' vom Walde komm' ich her und muss euch sagen, Deutschlands Zustand ist quer."

- da wird die Bahn-Schnellstrecke Berlin/München einge-weiht, mit großen Worten und Brimborium gefeiert … und 150 bis 200 Ehrengäste und Journalisten erleben gleich auf der Einweihungsfahrt von Berlin nach München, die ja stets in 4 Stunden geschafft sein soll, eine Panne mit zwei-stündiger Verlängerung. Grund für die Panne war nach ersten Erkenntnissen eine technische Störung am Fahrzeug. Am Sonntag, den 10. Dezember, startete der erste reguläre ICE Sprinter auf der neuen Strecke – und es gab erneut eine Panne. **Halleluja**!

- da verunglückt das argentinische U-Boot „ARA San Juan" mit 44 Besatzungsmitgliedern an Bord und deutsche Firmen geraten in den Verdacht,[1] eine Mitverantwortung zu tragen. Eine Generalüberholung 2011 sollte dem U-Boot eine um 30 Jahre verlängerte Dienstzeit bescheren. Ein Schwelbrand in der Batteriebank hat nun zwei deutsche Firmen in den Fokus gerückt, die 964 Batteriezellen zu Kosten von 5,1 Millionen Euro geliefert hatten. Schmiergeldzahlungen und Quali-tätsmängel stehen im Raum. **Halleluja**!

- da verlängert sich die unendliche Geschichte von bisher 2000 Tagen Bauzeit für den Berliner Flughafen auf einen Termin in unbestimmter Zukunft. Die Kosten für den Bau sind dem „Tagesspiegel" zufolge mittlerweile auf 6,6 Milliarden Euro gestiegen. **Halleluja**!

- da verkünden die Deutschen Wirtschaftsnachrichten, dass laut einer Bertelsmann-Studie viele deutsche Städte nicht mehr in der Lage sind, ihre Schulden abzubauen. Sollte irgendwann die Anhebung des Leitzinses durch die EZB beschlossen werden, droht diesen Städten die Zahlungs-unfähigkeit. **Halleluja**!

---

[1] www.br.de – U-Boot-Drama vor Argentinien – Deutsche Batterie-Lieferanten unter Verdacht

- da siedelt zu Weihnachten die OECD das deutsche Renten-
  niveau[1] ganz unten an. Besonders schlecht sieht es da in
  Deutschland für Frauen aus. Im Schnitt können künftige
  Rentner nur 51 Prozent des durchschnittlichen Netto-
  einkommens erwarten. Im OECD-Durchschnitt liegt das
  Rentenniveau bei 63 Prozent. Schlechter als in Deutschland
  sieht es laut Tagesschau vom 5. 12. nur in Mexiko, Polen,
  Chile, Großbritannien und Japan aus. Auf den schlechtesten
  Wert aller OECD-Staaten kommt die Bundesrepublik bei der
  sogenannten Rentenlücke zwischen Männern und Frauen.
  Sie liegt bei 46 Prozent vor den Niederlanden, Luxemburg,
  Großbritannien und Österreich. **Halleluja!**

- da verkündet gerade der jährliche Welt-Reichtums-Report,
  wie arm die Deutschen tatsächlich sind. Betrachtet wird die
  Vermögensentwicklung in der Welt, wobei nicht der
  Durchschnittswert zugrunde gelegt wird, weil er durch
  Einbeziehung von Reichen und Superreichen zu hoch wäre.
  Der benutzte Medianwert relativiert diesen Einfluss und
  verdeutlicht die finanzielle Wirklichkeit der Völker. In allen
  alten europäischen Ländern mit Ausnahme von Portugal
  besitzen die Bürger mehr als das Doppelte an Vermögen wie
  die Bürger hierzulande. Sowohl beim Bargeldbesitz als auch
  bei den Immobilien kann Deutschland nicht punkten.
  Halleluja!

- da eröffnet uns der Schuldner-Atlas Deutschland, dass
  sieben Millionen Bürger über 18 Jahre überschuldet sind, ein
  Anstieg von 65.000 Menschen, die ihre Schulden nicht mehr
  zurückzahlen können. **Halleluja!**

- da erfahren wir vom Friedensforschungsinstitut Sipri,[2] dass
  die Waffenverkäufe wieder weltweit zunehmen. In Europa
  verzeichnet Deutschland das höchste Verkaufsvolumen mit
  6,6 prozentiger Steigerung zum Vorjahr. Da hat sich
  beispielsweise Saudi-Arabien mit deutschen Kampfjets und
  Drohnen eingedeckt, um im Jemen laut der Vereinten

---

[1] www.tagesschau.de – OECD-Studie Deutsches Rentenniveau – ganz weit unten
[2] www.sipri.org – Global arms industry: First rise in arms sails since 2010, says SIPRI

Nationen die „schlimmste humanitäre Krise der Welt" zu
befeuern. Auch mit deutschen Waffen! **Halleluja**!

-    da wird der Friedensnobelpreis an die internationale Bewe-
     gung ICAN zur Abschaffung von Atomwaffen verliehen und
     Deutschland gehört nicht zu den Unterstützern. Wie auch?
     Schließlich lagert in Büchel eine unbekannte Menge an
     amerikanischen Atomraketen. Während sich 102 Staaten und
     450 Nichtregierungsorganisationen auf ein Verbot von
     Nuklearwaffen einigten, hält die deutsche Regierung eine
     atomare Abschreckung für notwendig, um das Gleich-
     gewicht der Mächte zu bewahren. **Halleluja** …

All meinen wachen Lesern, Freunden und Kritikern

EIN FRIEDVOLLES WEIHNACHTSFEST … und einen
wachsamen Geist für das politische Theater 2018.

Mein schönstes Weihnachtsgeschenk 2017

27. Dezember 2017

Das Jahr neigt sich seinem Ende zu, ein Jahr, das nicht mit
Ereignissen sparte, die sich in einer Schnelligkeit ereigneten,
der ich mit meinen Beiträgen kaum folgen konnte. Nun war
Weihnachten, das Fest der Liebe und Besinnung und ich
erlaubte mir eine journalistische Pause.

Die Beglückung durch Musik

Als Musikerin, Dirigentin und Chorleiterin schaute ich mir vor
Weihnachten den Chorwettbewerb im TV an, bei dem sich 40
Chöre im WDR präsentierten, um letztlich von Jury und
Publikum zum besten Chor des Westens erkoren zu werden.

Männer-, Jugend-, Jazz- und gemischte Chöre sowie Gospel-
und Kammerensemble präsentierten sich in bester Form und
hofften auf eine gerechte Beurteilung ihrer Leistungen durch die
Jury. Und diese bemühte sich redlich, leider häufig mit zu

deutlicher Zurückhaltung bezüglich einer differenzierten Kritik. Glücklicherweise sparte sie nicht mit Lob für den Chor, der jedem Sänger und Sangesfreudigen eine Gänsehaut bescherte. Noch nie habe ich einen besseren Jungen Chor gehört, noch nie mit tränengefüllten Augen einen solch vollendeten Klang in jeder Körperzelle gespürt. Und wenn man sonst glauben könnte, es reichte, einen Chor zu hören, dann belehrte uns dieser Chor eines Besseren. Diesen Chor muss man einfach auch sehen, weil die Körpersprache der einzelnen Sänger und deren Körpereinsatz bei der Tonformung und Interpretation die Berührung und Begeisterung des Zuhörers potenzieren.

Lange Rede, kurzer Sinn. Der beste Chor des Westens, Nordrhein-Westfalens ist mit Abstand der Jazz-Chor der Uni Bonn. Und der gewann die Mitwirkung bei dem Swinging Christmas Konzert am ersten Weihnachtstag in der Philharmonie Köln. Das wurde zu meinem schönsten Weihnachtserleben, das ich Ihnen, meinen Lesern, nicht vorenthalten möchte.[1]

Lassen Sie sich auch nach Weihnachten noch einmal in Weihnachtsstimmung versetzen mit den Künstlern:

* Tom Gaebel, Gesang und Moderation
* WDR Kinderchor Dortmund
* Jazz-Chor der Uni Bonn, Leitung Sascha Cohn
* WDR Rundfunkchor
* WDR Funkhausorchester
* Stefan Parkman, Gesamtleitung und Dirigent

DANKE für dieses Seelen- und Körpererlebnis!

Ihnen allen

EINEN GUTEN RUTSCH INS NEUE JAHR 2018

---

[1] www1.wdr.de – Video: Swinging Christmas mit Tom Gaebel

Neujahrsansprache der Kanzlerin 2017/18

02. Januar 2018

Im Dialog mit Angela Merkel

Merkel:

Aus zahlreichen Gesprächen[1] und Begegnungen in diesem Jahr weiß ich, dass sich viele von Ihnen Sorgen über den Zusammenhalt in Deutschland machen. Schon lange gab es darüber nicht mehr so unterschiedliche Meinungen. Manche sprechen gar von einem Riss, der durch unsere Gesellschaft geht.

Gespräche und Begegnungen mit Menschen, die endlich mal den Mut hatten, unbequeme Fragen zu stellen, sich einer Demonstration, sogar einem Pfeifkonzert anzuschließen und die begannen, sich gegen Beleidigung, Diffamierung, Ausgrenzung und Hetze zu wehren. Der Riss in der Gesellschaft[2] ist die Auswirkung Ihrer Politik, das Erstarken einer AfD ist Ihr Werk. Diese von Ihnen als rechts und radikal bezeichneten abgelehnten Menschen sind wie die Vögel aus dem Märchen „Hänsel und Gretel", die sich von den „Brotkrumen" ernähren, die Sie haben fallen lassen. Die konservativen Werte Ihrer Partei haben Sie denen zum Fraß hingeworfen, die nicht verstehen und akzeptieren wollten, dass Sie die Lebensleistung, die christlichen Wurzeln und die Mühen um die Wiedererlangung einer deutschen Identität nach Kriegsschuld Ihrer neuen Zeitrechnung opfern. Das Erstarken der AfD ist Ihr Werk, vollbracht durch Ihre Abkehr von Inhalten und Werten Ihrer CDU.

Merkel:

Die einen sagen: Deutschland ist ein wunderbares Land, in dem die Werte unseres Grundgesetzes gelebt werden. Ein Land, das stark und wirtschaftlich erfolgreich ist. In dem noch nie so viele Menschen Arbeit hatten wie heute. Ein Land mit einer weltoffenen und vielfältigen Gesellschaft, mit einem starken Zusammen-

---

[1] www.faz.net – Die Neujahrsansprache der Kanzlerin im Wortlaut
[2] www.nachdenkseiten.de – Neujahrsansprache der Bundeskanzlerin – Eine atemberaubende Flucht aus der Wahrheit

halt, in dem sich tagtäglich Millionen Menschen ehrenamtlich für andere engagieren, zum Beispiel im Sport, für Kranke und Schwache oder auch in der Flüchtlingshilfe.

Deutschland ist tatsächlich ein wunderbares Land, in dem leider die Werte unseres Grundgesetzes immer weniger Bedeutung haben. Papier ist geduldig – und so gehören Werte wie Meinungsfreiheit, Gleichheit vor dem Gesetz, gleiche Bildungschancen für alle, soziale Gerechtigkeit und das Grundrecht auf Arbeit, von der der Einzelne auch leben kann, in die Kiste der Illusionen. Und Ihre Existenz als Kanzlerin verdanken Sie seit Ihrer eigenmächtigen Grenzöffnung 2015 allein den Tausenden von Ehrenamtlichen, die unter schwierigsten Bedingungen das von Ihnen verursachte Chaos angenommen und teilweise geordnet haben. Sie haben Ihren Bürgern, vorrangig Polizisten, Lehrern, Krankenschwestern, Frauen und Mitarbeitern in Suppenküchen, Kleiderkammern, Behörden Arbeit und Einsatz abverlangt, die Sie mit einem salbungsvollen Dankeschön quittieren, um sich hinter den Kulissen ins Fäustchen zu lachen, weil der Staat diese Pflichten nicht mehr erbringen und finanzieren muss.

Merkel:
Die anderen sagen: Es gibt zu viele Menschen, die an diesem Erfolg nicht teilhaben. Die nicht mit dem Tempo unserer Zeit mitkommen. Die sehen, dass es ihre Kinder in die Großstädte zieht und sie allein bleiben, in Gebieten, in denen vom Einkauf bis zum Arztbesuch der Alltag immer schwieriger wird. Die sich sorgen, dass es zu viel Kriminalität und Gewalt gibt. Die sich fragen, wie wir die Zuwanderung in unser Land ordnen und steuern können.

Für diese Aussage erhalten Sie meine volle Zustimmung verbunden mit der Frage, wer wohl für diese Zustände die Verantwortung trägt. Das sind Sie, die Sie die Richtlinien der Politik bestimmen und einer Entwicklung zusehen, die von Tatenlosigkeit Ihrer Regierungsmannschaft zeugt. Altersarmut, das Auseinanderdriften der Arm-Reich-Schere, Mieten, Arbeit ohne Lebenssicherung, Bildungsnotstand, beschämende Infrastruktur, Finanznot der Kommunen, Defizite in der Gesundheitsversorgung, ausrüstungsblamable Bundeswehr, überforderte Polizei – all das Ihr Werk, satirisch von Ihnen zusammengefasst unter dem Slogan eines Deutschland, in dem wir gut und gerne leben.

Merkel

Für mich ist beides Ansporn. Denn Sie, liebe Mitbürgerinnen und Mitbürger, haben uns Politikern den Auftrag gegeben, uns um die Herausforderungen der Zukunft zu kümmern und dabei die Bedürfnisse aller Bürgerinnen und Bürger im Auge zu haben. Diesem Auftrag fühle ich mich verpflichtet – auch und gerade bei der Arbeit daran, für Deutschland im neuen Jahr zügig eine stabile Regierung zu bilden.

Sie rudern nun seit 12 Jahren das Schiff „Deutschland" und stellen hier eine solche Behauptung auf!? Die Bedürfnisse aller Bürger und Bürgerinnen mögen Sie im Auge haben – das reicht nicht! Sie sind verpflichtet, die Geschicke dieser Bürger und Bürgerinnen in eine Richtung zu lenken und zu beeinflussen, die Schaden von ihnen abwendet und ihre Sicherheit eines Lebens in Deutschland gewährleistet. Dabei sind Sie gescheitert und haben vollends versagt!

Merkel:

Denn die Welt wartet nicht auf uns. Wir müssen jetzt die Voraussetzungen dafür schaffen, dass es Deutschland auch in 10, 15 Jahren gut geht. Dabei kann der Leitgedanke der Sozialen Marktwirtschaft, dass wirtschaftlicher Erfolg und sozialer Zusammenhalt zwei Seiten einer Medaille sind, auch in der Zeit des digitalen Fortschritts unser Kompass sein.

Sehr richtig. Die Welt wartet nicht auf uns. Schließlich warten wir auf die Welt, auf die Menschen, die hier zu Recht Schutz vor Krieg und Verfolgung suchen, auf diejenigen, die hier Arbeit gefunden haben und ihre Steuern zahlen, auf die, welche es sich im wunderschönen Deutschland gerne arbeitslos gemütlich machen und auf die, welche hier für Übergriffe und Randale sorgen, damit auch endlich Deutschland begreift, was Vergewaltigung, Messerstecherei, Mord und Totschlag und Bombenlegung bedeuten. Schön, dass Sie uns den Leitgedanken der Sozialen Marktwirtschaft einmal kindgerecht erklären … „dass wirtschaftlicher Erfolg und sozialer Zusammenhalt zwei Seiten einer Medaille sind." Für den wirtschaftlichen Erfolg arbeiten hier Bürger und Bürgerinnen tagtäglich, zum Teil für Hungerlöhne. Dann sorgen Sie jetzt mal für den sozialen Zusammenhalt, nachdem Sie diesen gründlich versaut haben! Und bitte, missbrauchen Sie diesen Begriff der Sozialen Marktwirtschaft nicht weiterhin. Der damalige Wirtschaftsminister Erhard verstand darunter unter anderem „Wohlstand für alle". Damit haben Sie doch nun gar nichts im Sinn!

Merkel:

Das bedeutet zum einen:
- *bestehende Arbeitsplätze zu sichern wie auch ganz neue Jobs für die Zukunft zu schaffen,*
- *die Unternehmen noch mehr bei Forschung und Entwicklung in innovative Technologien zu unterstützen,*
- *den Staat zum digitalen Vorreiter zu machen,*
- *und vor allem uns und unsere Kinder mit bester Bildung und Weiterbildung auf den digitalen Fortschritt vorzubereiten.*

Und das heißt zum anderen:
- *die Familien in den Mittelpunkt zu stellen, sie finanziell zu entlasten, damit sie Familienleben und Beruf noch besser vereinbaren können,*
- *eine gute und würdevolle Pflege zu ermöglichen, indem wir die Pflegeberufe stärken und die Menschen, die ihre Angehörigen zu Hause pflegen, noch besser unterstützen.*

Mit dieser *Märchen-Aufzählung*, die wir uns nun seit 12 Jahren so und in ähnlicher Weise anhören, beende ich meine politische Neujahrsbetrachtung. Ihr Ruf nach einer möglichst schnellen und stabilen Regierung höre ich wohl, allein mir fehlt das Vertrauen. Die SPD klöppelt sich gerade mit ihrem und des Bundespräsidenten Dazutun den Strick, an dem sie sich früher oder später erhängt … Sie haben von ihrem Wahlvolk schon längst die Nase voll und warten ungeduldig auf die Tretmaschine ihres „Weiter-so-Rollators" und Europa wartet längst auf Sie, um auch weiterhin sicher sein zu können, dass die Firma „Zahlemann und Söhne" wieder an Bord ist. Humor ist, wenn man trotzdem lacht, heißt ein schönes Sprichwort. Deshalb hat hier Frau Merkel das letzte Wort …

Merkel:
Deutschland und Frankreich wollen gemeinsam dafür arbeiten, Europa für die Zukunft fit zu machen. Es wird darum gehen, ob wir Europäer in der globalen und digitalen Welt unsere Werte solidarisch und selbstbewusst nach innen wie nach außen vertreten, ob wir so auch für ein wirtschaftlich erfolgreiches und gerechtes Europa arbeiten und konsequent für den Schutz unserer Außengrenzen wie auch für die Sicherheit der Bürgerinnen und Bürger eintreten.

PROSIT NEUJAHR

Klage gegen Polen ...

05. Januar 2018

… vor dem Europäischen Gerichtshof

Europa ist auf vier Hügeln errichtet worden: auf dem Berg Sinai, auf Golgatha, der Akropolis und dem Kapitol in Rom. Nach den Kriegen des 20. Jahrhunderts, in denen sich der Kontinent selbst zerstört hat, ging es den Vätern der europäischen Einheit von Anfang an auch darum, diese Werte-gemeinschaft der Freiheit, der Rechtsstaatlichkeit, des Humanismus, der Aufklärung, kurz, der Westlichkeit den Feinden der offenen Gesellschaft entgegenzustellen und fortan mit europäischen Gleichgesinnten in dieser Wertegemeinschaft zu leben…

Es ist das erste Verfahren nach Artikel 7 der EU-Verträge in der Geschichte der Gemeinschaft. Grund sind die Justizreformen der nationalkonservativen Regierungspartei PiS, die aus Sicht der Kommission die Rechtsstaatlichkeit und die Gewaltenteilung aushöhlen...

Warschau habe insgesamt 13 Gesetze verabschiedet, die „eine ernsthafte Gefahr für die Unabhängigkeit der Justiz" darstellten, sagte EU-Vize-Kommissionspräsident Frans Timmermans am Mittwoch. Darüber hinaus verklagt die Behörde Polen in einem laufenden Vertragsverletzungsverfahren zur Justizreform nun vor dem Europäischen Gerichtshof.

So die Sprache der Presse, hier des Kommentators J. Schuster[1] zur „Fehlstaatlichkeit" in Polen, für die die PiS-Regierung verantwortlich zeichnet. Meine Arbeitsaufenthalte in Polen haben sowohl zu Zeiten einer PiS-Minderheiten-Regierung 2006/2007 als auch danach zu Zeiten der liberalen Regierung unter Tusk stattgefunden und so erlaube ich mir eine Meinung über die Vorgänge in Polen und über die angeschlagene Beziehung zwischen der EU und Polen.

Der intellektuelle weltoffene Pole lässt keinen Zweifel daran, dass er europafreundlich denkt und Tusk gewählt hat. Und doch unterscheidet sich der praktizierende Katholik unter ihnen vom „Antichrist" durch die Überzeugung, dass ein Zuviel an Einfluss von außen Traditionen, Werte und Familienstrukturen angreifen könnte. Was das streng katholische Volk der Landgemeinden von Europa und seiner Einmischung hält, hat der Wahlsieg der PiS-Partei deutlich gemacht. Doch es wäre zu einfach, diesen Sieg nur als einen Rechtsruck in ein populistisches Denkmuster zu bezeichnen. PiS war die Partei mit einem festen Sozialprogramm, das den Menschen eine bessere Perspektive versprach, die für den Fortbestand des Landes sorgt. Dass Frauen dort trotz Geburten von Kindern berufstätig sind, ist ein Erbe aus Zeiten des Kommunismus und hat heute noch Bestand. Die Befürchtung und das Argument, dass das für polnische Verhältnisse fürstlich bemessene Kindergeld der Faulheit der Mutter oder dem Alkoholkonsum des Vaters dient, sind nicht ganz von der Hand zu weisen, aber die Ausnahme.

---

[1] www.welt.de – Polen wird zu Randeuropa gehören

Eine höhere Verschuldung nimmt die Regierung für ihr Sozialprogramm in Kauf. Über das Wirtschaftswachstum mit einer BIP-Zunahme von fast 4% kann sich Polen auch nicht beklagen, obwohl es in den eigenen Reihen der Partei Mahner gibt, die vor einer Stagnation oder mindestens vor einer verlangsamten wirtschaftlichen Entwicklung durch Investitionsstau ausländischer Firmen warnen. Diese halten sich möglicherweise zukünftig zurück, weil Polen durch seine Isolationspolitik in der Europäischen Union die Möglichkeit eines Austritts aus der EU nicht für ausgeschlossen hält. So der westliche mediale Konsens. Nein, Polen wird die EU nicht verlassen, weil es seine auch aus kommunistischen Zeiten übernommene desaströse Infrastruktur längst fleißig mit EU-Geldern ausgebaut hat und natürlich noch weiter ausbauen will. Nur die Streichung von EU-Geldern auf ein „Maß der Schande" wird zu der Androhung führen, die EU verlassen zu wollen.

Dabei weiß aber auch die konservative Regierung, dass ihre 15-18 Millionen im Ausland lebenden Polen, verbunden in der Organisation Polonia, eine Rückkehr in ihr Land ablehnen, wenn es sich weiter isoliert und der Zugehörigkeit zu Europa den Rücken kehrt.

Wer Polen verstehen will, die Sturheit der Konservativen für Populismus hält oder diesem Land einen europäischen Gleichmachstempel aufzudrücken versucht, muss scheitern. Polen ist und empfindet sich als etwas Besonderes und beweist es immer wieder. Darüber kann man lästern, lächeln oder schimpfen – ohne Verstehen kein Verständnis.

In Deutschland wurde den Polen schon vor dem Krieg durch ihre politischen, international angelegten Bemühungen der Status der nationalen Minderheit zuerkannt, was mit der deutschen Minderheit in Polen vergleichbar war. Der Bund der Polen in Deutschland wurde zum offiziellen Vertreter der polnischen Minderheit.

Im März 1938 führte der Bund der Polen in Deutschland in Berlin einen Kongress der Polen in Deutschland durch. Ziel war die Demonstration polnischer Stärke, Einigkeit, kultureller Eigenständigkeit und nationalen Bewusstseins.

„Fünf Wahrheiten der Polen"[1] wurden auf diesem Kongress der Polen in Deutschland formuliert:

1. Wir sind Polen
2. Der Glaube unserer Väter ist der Glaube unserer Kinder
3. Der Pole ist für den Polen ein Bruder
4. Der Pole dient jeden Tag dem Volke
5. Polen ist unsere Mutter – über die Mutter spricht man nicht schlecht.

Diese Wahrheiten haben bis heute Bestand, und das nicht nur in Polen, sondern auch bei den Auslandspolen der Polonia. Welch Zwangsjacke, aber auch welch Identitätsreichtum, die sich hinter den „Wahrheiten der Polen" verbergen!

Natürlich ist das alles kein Freibrief für das Verlassen von Rechtsstaatlichkeit! Aber wir Deutsche sollten lieber vor der eigenen Tür kehren als vor den Türen anderer, schon gar nicht vor der polnischen. Wer das Recht hat, zu meckern und zu demonstrieren, sind die polnischen Wähler, die Liberalen und Demokraten. Gründe finden sich augenblicklich genügend: Der Umbau von Bildungsinhalten, die Beeinflussung von Kultur und Medien, die Überhöhung kirchlicher Dogmen, die Entlassung nicht linientreuer Mitarbeiter aus Funk und Fernsehen usw. usw.

Also, hören wir hinein in des polnischen Volkes Stimme, die sich nicht erst wie in Deutschland entscheiden muss, ob sie zur Gutmenschen- oder aber zur Rechtspopulismusstimme gehören will. Edward Kubica kann sich vorstellen,[2] künftig Nachbar von Flüchtlingen zu sein – unter Bedingungen: „Wenn sie keine Krankheiten bringen und es nur Frauen und Kinder sind", sagt er. Die männlichen Syrer nämlich sollten lieber für ihre Heimat kämpfen und nicht flüchten. So spricht der gemäßigte Pole. Der Vorsitzende Kaczynski seiner gewählten Partei PiS (Recht und Gerechtigkeit) lehnte bei einer Debatte im Sejm, der ersten Parlamentskammer, die Aufnahme von rund 7.000 Flüchtlingen, die Regierungschefin Kopacz der EU zugesagt hatte, scharf ab. Er wolle in Polen „keine Scharia-Bezirke wie in

---

[1] www.berlin.msz.gov.pl – Botschaft der Republik Polen in Berlin - Auslandspolen
[2] www.zeit.de – Flüchtlinge in Polen – Wer kommt denn da?

Schweden" und keine Zustände wie in Italien, wo „Flüchtlinge Kirchen als Toiletten nutzen".

GroKo Sondierung – zweiter Versuch Regierungsbildung

07. Januar 2018

Zukunftsperspektive Fehlanzeige

Am 21. Januar wird der SPD-Parteitag stattfinden, der auch über die Zukunft von Martin Schulz entscheidet. GroKo oder nicht bedeutet für Schulz: Sein oder Nicht-Sein auf der Großbühne Deutschlands. Seehofer weiß zwar, wohin er selber in Bayern steuert, nämlich weg vom Ministerpräsidentenposten auf den Stuhl des Vorsitzenden seiner CSU. Unter Druck steht er dennoch, weil ihm die Wahlen in Bayern im Nacken sitzen. Seine Sondierungen haben demnach eine Bedeutung für ganz Bayern und stärken oder schwächen Söders Premiere als neuer Ministerpräsident des Freistaats Bayern. Die Einzige, deren Schicksal mit keiner Änderung verbunden sein wird, ist Angela Merkel, die mit folgenden Worten in die Sondierungsgespräche geht: „Wir glauben, dass die Aufgaben, die auf uns zukommen, gewaltig sind. Wir richten uns danach: Was erwarten die Menschen von uns."

Phrasenhaft wie immer, eine Provokation für jeden Kabarettisten, der gleich seine Entlarvungskampagne mit folgendem Statement untermauern würde:

- Merkel ist Mehrzahl und hat sich von der ersten Person Singular, dem Ich, seit Jahren losgesagt. Ein schwerer Fall von Persönlichkeitsstörung, gehört in die Hände eines Psychiaters.
- Die Funktion einer Kanzlerschaft sollte mit entsprechenden Kenntnissen und politischem Wissen gekoppelt sein. Ihr aber reicht der Glaube an etwas, der beweisen soll, dass sie

dasselbe glaubt wie alle, die ihr deshalb auch nicht widersprechen.

- Klar sind die Aufgaben der Zukunft gewaltig – und das im wahrsten Sinne des Wortes. Frage nur, wer 12 Jahre lang bei den Geschicken Deutschlands und Europas die Finger auf den Tasten hatte und die Sinfonische Dichtung vorrangig komponiert hat. Bedenklich, dass sie dabei die konventionelle Kompositionslehre verlassen und sich im Bereich der Zwölftonmusik angesiedelt hat, die viele Bürger nicht mochten und auch nicht verstanden haben.

- Ihre Aussage, man richte sich nach dem, was die Menschen im Land (hier wieder in der Mehrzahl „von uns") erwarten, ist damit ad absurdum geführt und gehört in Thomas Hermanns Quatsch Comedy Club.

Reicht es eigentlich, mit einer einzigen Übereinstimmung eine Regierung zu bilden? Schließlich ist diese Eine vorhanden. Sie lautet: Keinesfalls Neuwahlen! Begründung: Alle können nur verlieren! Das bedeutet so viel, dass jede etablierte Partei einen akuten aktuellen Druck verspürt: Alles tun, um die eigene Brut, die AfD, nicht weiter zu ernähren. Bekämpfen, verhungern lassen und juristisch verfolgen.

Seit Wochen kümmern sich Politiker und Parteien um sich und ihren Machterhalt. Deutschland braucht keine „Klammeraffen", die mit ihrer Sicherheit und Karriere mehr beschäftigt sind als mit den Herausforderungen der Zukunft und den Belangen der Bürger. Fort mit den ideenlosen, phrasendreschenden Dauergesichtern einer Zeitenwende, die sie selber eingeläutet haben. Leider sind sie aber zu taub, dieses eindringliche Glockengeläut auch zu hören und Wege zu suchen, sie in Musik zu verwandeln.

Weihnachten ist vorbei – Wünsche wurden erfüllt oder auch nicht. Mein Wunsch einer Minderheitenregierung, der auch derjenige des Oliver-Welke-Teams (Heute-Show)[1] ist, ging noch nicht in Erfüllung, aber die Hoffnung stirbt bekanntlich zuletzt. Nur eine solche würde das gesamte bisher demo-

---

[1] www.youtube.com – Bitte nicht schon wieder eine GroKo! | heute-show vom 15.12.2017

kratieschläfrige und abnickende Parlament in die Pflicht nehmen und die Spaltung des Volkes wahrnehmen.

Sprechen Sie etwa noch nicht Arabisch?

09. Januar 2018

Und wo blieben die polnischen Neujahrsgrüße?

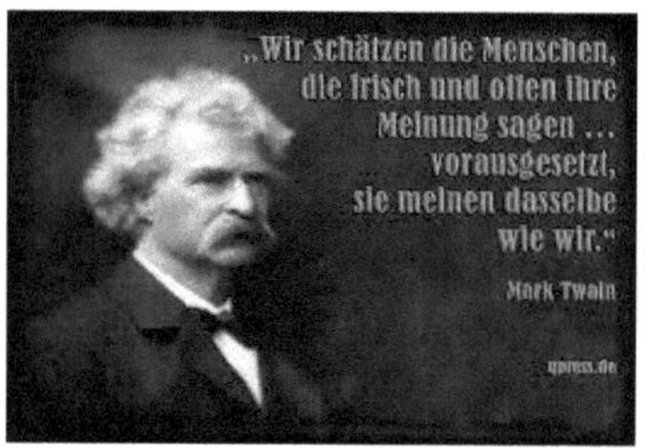

Deutschlands vier Gewalten Legislative (Gesetzgebung), Exekutive (Ausführende Gewalt), Judikative (Rechtsprechung) und die Medien als Kontrollgewalt sind nur noch für Überraschungen gut. So gehören die folgenden Hieroglyphen neuerdings zum Neujahrsgruß 2018 der Kölner Polizei in Arabischer Sprache.

كولن لجميع الناس في منطقة كولن وليفركوزن والمدن ت تمنى ال شرطة ف ي الجديد 2018الأخرى إحتفالاً سعيداً بعام.

Was twitterte daraufhin die AfD-Politikerin Beatrix von Storch?

„Was zur Hölle ist in diesem Land los? Wieso twittert eine offizielle Polizeiseite aus NRW auf Arabisch. Meinen Sie, die barbarischen, muslimischen, gruppenvergewaltigenden Männerhorden so zu besänftigen?", schrieb sie.

Ein großartiges Fressen für alle „Gutmenschen", die sich durch das Zensurgesetz des Justizministers Heiko Maas jetzt auch öffentlich und politisch vertreten fühlen. Er taufte es „Netzwerkdurchsetzungsgesetz", kurz NetzDG, für das Facebook inzwischen zwei Löschzentren in Deutschland betreibt. Eines wird in Berlin vom Dienstleister Arvato betrieben, ein zweites mit 500 weiteren geschulten Mitarbeitern der Firma Competence Call Center in Essen. Gilt ein Inhalt als offensichtlich rechtswidrig, muss dieser nunmehr binnen 24 Stunden gelöscht oder für Nutzer in Deutschland gesperrt werden. Halten sich die Anbieter nicht an die gesetzlichen Regelungen, kann das Bundesamt für Justiz gegen sie vorgehen und Bußgelder nach dem Ordnungswidrigkeitengesetz verhängen. Diese können bei groben Verstößen bis zu 50 Millionen Euro betragen. Ein Verfahren, um unrechtmäßig gelöschte Inhalte wieder einstellen zu können, ist im Gesetz bislang nicht vorgesehen. Und so wird es massenhaft passieren – wie es auch schon passiert ist – dass eher zu viele als zu wenige Inhalte gelöscht werden, um Bußgelder zu vermeiden, womit die berechtigte Diskussion über die Meinungsfreiheit eröffnet ist.

Die Kölner Polizei zeigte von Storch an: Es werde ein Ermittlungsverfahren wegen des Verdachts der Volksverhetzung eingeleitet. Nun war es raus – das Wort, um das es den „linken Gutmenschen" im Kampf gegen die „rechten Schlechtmenschen" geht. Die AfD-Fraktionsvorsitzende Alice Weidel mischte sich mit folgendem Kommentar in die Debatte ein: „Das Jahr beginnt mit dem Zensurgesetz und der Unterwerfung unserer Behörden vor den importierten, marodierenden, grapschenden, prügelnden, Messer stechenden Migrantenmobs, an die wir uns gefälligst gewöhnen sollen. Die deutsche Polizei kommuniziert mittlerweile auf Arabisch, obwohl die Amtssprache in unserem Land Deutsch ist." (dpa/ac)

Es folgte prompt eine Strafanzeige des Rechtsanwalts Dr. Christian Stahl gegen die Kölner Polizei, die hier[1] bei Interesse ganz zu lesen ist. Und diese Strafanzeige erfolgt im eigenen Namen, nicht im Namen eines Mandanten. In seiner rechtlichen Würdigung kommt Stahl zu dem Ergebnis, dass von Storchs Aussage bei einer rechtlichen Prüfung auf keinen Fall als Straftat aufgefasst werden kann.

Ob nun die AfD mit ihrer Meinung über die Zustände übertreibt oder sie laut Martin Schulz „eine Schande für Deutschland ist", beantwortet uns der SPD-Super-Experte Pfeiffer, der immer wieder gerne aus der Experten-Mottenkiste genommen wird

---

[1] www.facebook-sperre.de – von-Storch-Affäre – REPGOW erstattet Strafanzeige gegen Polizei Köln

und Wahrheiten verkündet, die einem die Haare zu Berge stehen lassen. Ines Laufer hat sich in einem detaillierten Beitrag ausführlich mit Professor Pfeiffers Logik auseinandergesetzt und sorgt nach dem Lesen ihres Gastbeitrags auf juergenfritz-blog[1] für Unverständnis und Kopfschütteln ... denn das Fähnchen dreht sich mal wieder im Wind. Ein Hoch auf unsere Partei-Experten mit der großartigen Fähigkeit, die Realität ihrem eigenen Parteiprogramm anzupassen!!!

Offener Brief an alle SPD-Mitglieder

14. Januar 2018

GroKo 2018 – womit haben wir das verdient?

Merkel hat's geschafft! Einer Aufnahme von Koalitions-gesprächen steht nur noch die SPD-Basis im Wege. Aber wie heißt es so schön? Man hat schon Pferde vor der Apotheke kotzen sehen und so werden die Druckmittel von oben nach unten gewiss voll ausgeschöpft werden. Ich zweifle nicht daran, dass die alte GroKo, gedopt mit einigen Inhalten, die ihnen jahrelang abhandengekommen waren, wieder an den Start geht. So, nun hat Frau Merkel ihre „stabile" Regierung und kann wieder in sich zusammensacken, um nach einer kurzen Zeit des bekannten Nichtstuns im eigenen Land erneut in Europa einzulaufen. Macrons Ziel einer Transferunion und das Vakuum der Finanzen verursacht durch den Brexit wird Deutschland angehen, auch annehmen – so die Kommentatoren, die das Sondierungspapier derart interpretieren.

Martin Schulz vor den Mikrophonen betonte die hervorragen-den Ergebnisse, die man gemeinsam erarbeitet hätte und mir fiel dabei das hervorragende Ergebnis von 100 Prozent ein, mit dem er von seiner Partei zum Kanzlerkandidaten gekürt worden war. Seine Überzeugung und sein Statement zum Aufbruch und zur

---

[1] www.juergenfritz.com – noch mehr „Flüchtlinge" als Antwort auf explodierende „Flüchtlings"-Kriminalität – Professor Pfeiffers ganz eigene Logik

Erneuerung der SPD und der gesamten Gesellschaft konnte ich nicht verspüren. Seiner Stimme fehlte jede Festigkeit und seine Formulierungen wurden wie üblich dem Wunschdenk-Kanon entnommen. Er faselte von dem Ziel eines gesellschaftlichen Zusammenhalts, beginnend bei der Kita über Schule, Universität, Betriebe, Altenheime – dort wolle man für eine Erneuerung sorgen und den Zusammenhalt organisieren.

Ihr Traumtänzer der SPD! Merkt Ihr eigentlich nicht, dass Ihr schon jetzt wieder von Merkel und ihren Machtbewahrern vor DEN Karren gespannt werdet, den Merkel in diesem Land und in Europa (leider auch mit Euch in der Regierung) -höflich ausgedrückt – vor die Wand gefahren hat? Ihr dürft ein wenig in den Vordergrund treten, ein paar Geschenke an das (Fuß-)Volk verteilen und Euch wichtigmachen.
Und hineingetrieben in die Wiedergeburt des Elends hat Euch Euer auf den deutschen Ruheposten gewählter Parteigenosse Steinmeier, der da oben auf geordnete Verhältnisse blicken und nicht durch eine Minderheitsregierung oder Neuwahlen in Trab gehalten werden will. Ihm habt Ihr den eigentlichen Todesstoß zu verdanken. Damit wird er zumindest parteiintern in die Geschichte der SPD eingehen.

Merkel hat das, was sie wollte: Eine – wie sie es nennt – „stabile" Regierung für die Zukunft Deutschlands und Europas! Und mit ihr glaubt nun die SPD, die Gesellschaft erneuern und einen zu können. Wer hat denn für den sozialen Stillstand/Rückschritt und die gesellschaftliche Spaltung gesorgt? Und wer bewahrt die mit Lobbyisten getränkte politische Landschaft der Intransparenz? Wer heftet sich als Erfolg den deutschen Wirtschaftsboom ans Revers unter gleichzeitiger Inkaufnahme der Armutssteigerung, der rücksichtslosen Verschlechterung von Arbeitsverhältnissen und der jahrelangen Untätigkeit im Gesundheits-, Alten- und Pflegebereich? Wer trägt die Verantwortung für eine Steueroase Deutschland? Und wer hat das Chaos, das durch ein planloses und unprofessionelles Management im Asyl-, Zuwanderungs- und Flüchtlingsbereich entstanden ist, in Gang gesetzt?

Als weitere Stichworte seien hier noch genannt: Europa mit Brexit, Griechenland-Rettung, Schuldenunion, Polen, Ungarn, Ukraine, Umwelt und Klima, Bildung, Atomaufrüstung (Büchel), Sicherheit und Ordnung, Kriminalitätssteigerung, Parallelgesellschaften, EZB-Befugnisse und nicht zuletzt das fragwürdige Verhältnis zu Russland. Unvollständig, aber schon bezeichnend. Eine Bilanz einer alternativlosen Regentschaft – eher doch wohl ein riesiger Scherbenhaufen, den Merkel selber in dezente Worte hüllt. „Wir glauben, dass die Aufgaben, die auf uns zukommen, gewaltig sind."

Einziger Trost: Die deutsche Wirtschaft boomt ... dank der schlecht bezahlten Arbeiter, dank der ausgebrannten Kranken- und Pflegekräfte, dank der steigenden Zahl der am finanziellen Limit Lebenden, dank der von Altersarmut Bedrohten, dank der Mehrfachjobber, dank der steigenden Zahl von Steuervermei- dern im Steuerparadies Deutschland, dank der steigenden Zahl von Dilettanten in der Führungsriege (Berliner Flughafen, Stuttgart 21, Toll Collect, Abgasskandal und unzählige weniger bekannte Beispiele aus dem Schwarzbuch der Steuerzahler).

Retter dieser Chaos-Politik kann keinesfalls eine wie bisher oppositionslose GroKo sein! Und eine überlebensnotwendige Erneuerung einer abgewrackten SPD kann durch einen besin- nungslosen Sturzflug hinein in die nächste Regierungsarbeit nur mit einem Desaster enden. Darum ist es ein Skandal, dass dies Bundespräsident Steinmeier mit ruhender SPD-Mitgliedschaft nicht begriffen hat und er Martin Schulz gegen dessen Über- zeugung aufs Eis drängte.

Wie kann man diese Kanzlerin, die mit ihren Richtlinien der Politik diesen Scherbenhaufen maßgeblich zu verantworten hat, mit einer erneuten Führung einer GroKo belohnen? Jeder Pädagoge hätte ihr eine Minderheitsregierung auferlegt.

So kann ich nur noch in Anlehnung an ein Merkel-Zitat das Resümee ziehen:
Wenn für eine Stabilisierung und Zukunftssicherung dieses Landes und für den gesellschaftlichen Zusammenhalt nur wieder eine GroKo zur Verfügung steht, dann ist das nicht mein Land!

Schlagzeilen aus einem anderen Deutschland

17. Januar 2018

Jagdsaison speziell auf Frauen längst eröffnet

Ich lag kurz vor Jahresende schlaflos in meinem Bett. Der Tod meiner guten Freundin ließ mich nicht zur Ruhe kommen und ich verspürte den Wunsch, aufzustehen und eine Stunde durch die Landschaft zu laufen, was ich früher immer dann tat, wenn meine Gedanken und Gefühle nicht zur Ruhe kamen. Doch zum ersten Mal in meinem Leben kam in mir die Frage auf, ob ich das wirklich tun sollte. Links herum führte der Weg ins freie Feld, rechts herum durch eine Siedlung an einem Bauernhof vorbei ebenfalls in die Felder. Oder ich könnte den Friedhof umrunden, was auch ein mulmiges Gefühl in mir auslöste. War ich tatsächlich nach 60 Jahren Leben in einer Zeitenwende angekommen, die dabei war, uns allen, speziell uns Frauen die Freiheit zu stehlen, die uns jahrelang sicher war? Ja, es ist so, selbst wenn alle Politiker, Medien und Superexperten in ständiger Anstrengung uns vom Gegenteil überzeugen wollen.

In einem Beitrag in „Die Achse des Guten" beschäftigte sich der in Damaskus geborene Bassam Tibi,[1] der sich als emeritierter Professor für internationale Beziehungen mit dem Islam und der arabischen Welt auseinandersetzt, mit der Migration und der Kriminalität in Europa. Auf der Grundlage der im Wall Street Journal veröffentlichten Zahlen stellt Tibi einen Zusammenhang fest zwischen Islam und Terror. Die Kriminalität, die durch Zuwanderer verübt wird, habe in Deutschland um 52 Prozent zugenommen, berichtet er. „Im Jahr 2016, so der Bericht, hätten Flüchtlinge 174.438 kriminelle Taten in Deutschland verübt; ein Jahr davor seien es 114.238 gewesen. Die Kriminalität durch deutsche Bürger habe sich dagegen im selben Zeitraum um 3,4 Prozent verringert. … Europa benötigt eine verantwortliche Politik, keine Gesinnungsethik und erst recht keine Flüchtlingsromantik. Es steht an, sich der Realität einer steigenden Kriminalität und religiösen Radikalisierung zu stellen."

---

[1] www.achgut.com – Migration und Kriminalität: Wann wacht Europa auf?

Ein formulierter Zusammenhang zwischen Islam und Terror, der von etlichen Bürgern, auch von mir, gesehen, befürchtet und öffentlich diskutiert wird, ist politisch und gesellschaftlich unerwünscht. Diese Diskrepanz zwischen Wunsch und Wirklichkeit beschleunigte die Spaltung der deutschen Gesellschaft.

Werfen wir einen Blick auf den jetzigen Monat Januar 2018:

- Autofahrer überfährt Türsteher absichtlich
- Diebe plündern Goldhandel
- Mädchen (12) in Silvesternacht angeschossen
- Bedrohte Polizei – eine Gefahr für unser Land
- Frau von 4 jungen Männern begrapscht und Mann verprügelt
- Messerstreit in Flüchtlingsheim, Mann getötet
- Junge (16) aus Köln-Zollstock vermisst
- 24-Jähriger vergewaltigt Frau zweimal auf dem Schulhof
- Afghane (16) stach auf Ex-Freundin (17) ein
- Mann attackiert Sanitäter mit Böllern
- 42-Jähriger am Bahnhof von Rheine brutal zusammengeschlagen
- Prozess um Gruppenvergewaltigung in Hamburg
- München: Vergewaltiger gab sich als Handwerker aus
- 29-jährige Dzengis D. soll 82-Jährige fünfmal vergewaltigt haben.
- 23-Jährige in Hanau vergewaltigt
- Angelina (14-Jährige) aus Pinneberg vermisst
- Mann zerrt 9-Jährige vom Fahrrad und stürzt sich auf sie
- Obduktion bestätigt: Arzt vor eigener Praxis getötet
- Mit Metzgerbeilen bewaffnet: Räuber überfallen Rewe in Essen
- Bahnhof Dillingen: Sexueller Übergriff auf junge Frau
- Übergriff in der Altstadt: Mädchen (14, 17) bedrängt und beklaut
- Berlin – Toter Mann ist Opfer eines Gewaltverbrechens
- Täter mit Machete und Messer überfällt Schnellrestaurant
- Tankstelle überfallen – Angestellte mit Messer und Schlagstock bedroht
- Mann zerrt Schwangere in Zug, tritt ihr gegen den Bauch
- Multiresistente Tuberkulose-Keime bei Flüchtlingen entdeckt

- usw. usw.

Ja, liebe Gutmenschen. Mord und Totschlag hat es immer schon gegeben. Fragen Sie doch einmal bei der Redaktion XY-ungelöst nach, ob sie nicht an aktuellen Fällen genug auf dem Tisch liegen hat und auf alte Fälle wie früher üblich vor lauter Bergen von neuen Fällen gar nicht mehr zugreifen muss.

Wie hatte ich mich nun in der Nacht entschieden? Ich habe mich nicht getraut, meinen nächtlichen Spaziergang zu machen, erzählte dies allerdings meinen guten Freunden. Jede(r) von ihnen stimmte mir zu, das Richtige getan zu haben. „Geht als Frau gar nicht mehr", war ihr Kommentar.

Erstaunlich, dass jeder so denkt, aber niemand merkELt, wer in diesem Staat bei den Theateraufführungen Regie führt. Das erklärt Albert Einstein mit folgenden Worten: Um ein tadelloses Mitglied einer Schafherde sein zu können, muss man vor allem ein Schaf sein.

Österreichischer Kanzler Kurz zu Besuch in Deutschland

20. Januar 2018

Teil 1: Pressekonferenz mit Angela Merkel

Der junge gut aussehende österreichische Kanzler Sebastian Kurz, der seinen Antrittsbesuch in Deutschland absolvierte, machte dabei nicht nur neben Kanzlerin Merkel eine gute Figur. Beide traten zu einer Pressekonferenz[1] an die Mikrophone und gleich die erste Frage einer Journalistin an den österreichischen Kanzler bezog sich nicht auf politische Inhalte, sondern auf die Regierungskonstellation in Österreich, wo Kurz mit einer Partei, „die NS-Symbolik und NS-Begriffe für sich in Anspruch nimmt", (so die fragende Journalistin) regiert. „Wie wollen Sie

---

[1] www.youtube.com – Antrittsbesuch: Kanzler Sebastian Kurz bei Kanzlerin Angela Merkel – PK vom 17 Januar 2018

verhindern, dass diese Ideologie in die österreichische Gesellschaft und in die Politik Einzug hält und von da aus auch in Europa immer mehr Raum einnimmt – oder wollen Sie das gar nicht verhindern?"

Kurz antwortete auf alle Fragen in einer Sachlichkeit und Verständlichkeit, die wir in Deutschland längst nicht mehr gewohnt sind. Er verwies auf das gemeinsame Regierungsprogramm,[1] das nachzulesen sei und das für extreme Positionen keinen Raum lasse, sondern für Österreich und im europäischen Sinn die Probleme zu benennen und zu lösen suche.

Schon in der Pressekonferenz machte er deutlich, dass seine Position in der Flüchtlingspolitik stets eine andere war als die in Deutschland und er nicht einverstanden sei mit einer Verteilerquote, die nur mit Zwang durchzusetzen sei. Nicht die Schlepper, sondern die Länder müssten entscheiden, wer zu uns kommen darf und wer nicht.
Ein diplomatischer, höflicher und durchaus selbstsicherer junger Mann, der Meinungsgegensätze nicht scheut und der genau deshalb im Unterschied zu Merkel kein oder wegen seiner erst beginnenden Amtszeit noch kein Glaubwürdigkeitsproblem hat.

Insgesamt hinterließ diese Pressekonferenz aus meiner Sicht den Eindruck „Jung und Alt", „Wach und Müde", „Anfang und Ende" mit einem unbedingten Wunsch nach einer deutschen Kanzler- und Politikerneuerung.

Teil 2: Sebastian Kurz bei Maischberger

Kanzler Kurz war nicht bange, sich bei seinem Besuch in Deutschland auch ins Zentrum der deutschen Mainstream-Ideologie[2] zu begeben. So konnte man ihn recht entspannt bei Sandra Maischberger erleben, die dann noch für ein Pro und Kontra vorzüglichster Art unter Zuhilfenahme ihres Wunsch-Einpeitschers der alten Garde, Jürgen Trittin, sorgte. Der begann auch

---

[1] http://www.salzburg.com/download/2017-12/Regierungsprogramm.pdf
[2] www.youtube.com – Kanzler Kurz: Wunderknabe oder politischer Scharfmacher? Maischberger 17.01.18

gleich mit der moralischen Bewertung der Rechtsparteien AfD und FPÖ, indem er klug und frech wie gewohnt den österreichischen Kanzler dadurch abwertete, dass er auf den Konsens aller etablierten Parteien in Deutschland hinwies, keine Koalition mit der AfD einzugehen, was ja in Österreich (schändlicher Weise – das war die gefühlte Aussage) nicht der Fall ist. Eigentlich hatte Trittin damit schon seine Antwort auf den Titel der Sendung erledigt, der die Frage stellte: „Wunderknabe oder Scharfmacher".

Wie selbstverständlich stand fast ausschließlich die Flüchtlingspolitik im Zentrum dieses Gesprächs und es war ziemlich schnell klar, wo der Wunderknabe und wo die Scharfmacher saßen. Leider war damit der Titel der Sendung verfehlt. Es hätte heißen müssen: „Wunderknabe und Scharfmacher".
Der Umgang mit Flüchtlingen, wie Kurz ihn für richtig hält, sieht vor, dass man ihnen zwecks Identifikation und Herkunftsfeststellung vorübergehend das Handy abnimmt, sie bis zur weiteren Klärung ihres Verbleibs in speziellen Unterkünften unterbringt und ihnen das Bargeld für ihre Lebenshaltungskosten abnimmt. Es soll für beschleunigte Asylverfahren gesorgt werden. Dazu müsse der Richter, der die Asyl-Entscheidung trifft wissen, mit wem er es zu tun hat, denn die Mehrzahl aller besitzt ja keine Papiere.
Zu Gegenvorschlägen seitens Trittin kam es nicht, jedoch zu einer massiven Kritik bezüglich des monate- und jahrelangen Einsperrens von Kindern in besagten Unterkünften. Als Antwort wies Kurz darauf hin, dass Lösungen nicht angezeigt würden, solange in der Flüchtlingspolitik nur emotionalisiert wird und Bilder die Argumente sind.
Trittin schien verhältnismäßig ruhig, allein seine Körperhaltung und sein ununterbrochenes Grinsen ließen erkennen, was er zum Ausdruck bringen wollte.

Aber bewerten wir einmal in diesem Gespräch die Gastgeberin Sandra Maischberger und ihren journalistischen Auftrag. Erinnern wir uns, wie ihr Gespräch mit Merkel derzeit ablief. Niemals hätte sie mit dieser Arroganz und Schnodderigkeit ihren Gast – ihn ständig unterbrechend – eine Stunde lang nur vorgeführt. Ihre Ablehnung gegenüber diesem Kanzler, der eine

Regierung mit einer ultrakonservativen Partei wie der FPÖ führt, sprudelte ihr bei fast jeder Bemerkung und Frage aus dem Mund. Ihr Gezähmtsein und ihre fast arschkriecherische Freundlichkeit im Umgang mit Merkel stehen da in deutlichem Widerspruch zu ihrer Rotzigkeit im Umgang mit Sebastian Kurz. Ich habe mich fremdgeschämt und möchte mich für diese Inszenierung bei Kurz und seinem Volk entschuldigen. Maischbergers letzte Frage an Trittin „Was glauben Sie, wo DER in 10 Jahren ist?" bewies dann endgültig, dass sie sich an ihrer eigenen Überheblichkeit verhoben hatte und der Zuschauer ihren servierten Mainstream ungenießbar fand. Resümee aus der Sicht des journalistischen Auftrags: Ich stelle den Antrag, nach dem Vorbild des Herrn Maas und seinem Netzwerkdurchsetzungsgesetz, bei dem der Bürger diszipliniert werden soll, das Mediendurchsetzungsgesetz einzuführen, bei dem die Moderatoren von der Bildfläche beseitigt werden, die in ihrer Arroganz die Grenzen des guten Geschmacks und des höflichen Umgangs miteinander und nicht zuletzt auch die Vermeidung der manipulativen Elemente nicht beherrschen. Scheinbar hat der jahrelange miserable Umgang mit Anders-denkenden im Allgemeinen, mit Mitgliedern der AfD im Speziellen, ihnen jegliches journalistische Know-how geraubt. Ein „PFUI" an die Verantwortlichen, die das zulassen!

Totengesänge auf SPD-Bundesparteitag

24. Januar 2018

„Zwergenaufstand" der SPD von Nahles niedergebrüllt

Mit einer „In-die-Fresse-hau-Rede" schrie Andrea Nahles am Rednerpult ihren Frust auf dem SPD-Bundesparteitag am letzten Sonntag raus, um noch die Unentschlossenen und Schlafmützen der SPD in die Spur zu bringen. Und es gelang ihr als Einzige aus der Frauenriege der Regierenden, Teile des Saales FÜR eine GroKo zum Kochen zu bringen und den Selbstmord ihrer Partei[1] weiter zu beschleunigen. In Anlehnung an Norbert Blüms Zitat „Die Rente ist sicher", Arbeitsminister unter Helmut Kohl, hörte man die Zwerge aus den vorderen Reihen sich zuflüstern: „Unsere Pöstchen sind sicher." Besagter Norbert Blüm konnte ja damals nicht ahnen, dass ausgerechnet die sozialdemokratische Partei die Schleppen der Kanzler Schröder und Merkel ins Armenviertel, in die Suppenküchen und unter die Obdachlosenbrücken der Nation tragen würde.

Mit Schröder und seiner Agenda 2010, seinen Freunden Riester, Maschmeyer, Rürup und Konsorten begann mit der Renten-Jahrhundertreform der Abstieg der SPD. Die Altersversorgung sollte besser werden. 2002 kam sie dann, die private Altersvorsorge, genannt „Riester Rente". Im Gegenzug wurde die Gesetzliche Rente heruntergefahren. Drücker-König und AWD-Gründer Carsten Maschmeyer mischte für Deutschland die Karten[2] neu. Was ihm half, war seine dicke Freundschaft mit Kanzler Gerhard Schröder. Das passte gut. Der Drücker-König (Markenzeichen Facelift, mondäne Villen, früher trug er Goldkettchen) schickte seine Lobbyisten zu Schröders Mitarbeitern und sorgte dafür, dass es ihnen, den Erfindern der Altersarmut, in ihrem Alter an nichts fehlen würde.

Sonntag nun beendete die SPD mit ihrem Votum FÜR einen weiteren „Bruderkuss" mit Merkel ihr langes Leben als Volkspartei.[3] Bewundern darf man den Einsatz der Jusos, die auch die

(Kevin Kühnert, Juso-Chef)

Stimmen der Menschen hören, mit denen sie scheinbar in besserem und intensiverem Kontakt stehen als ihre „Zwergenkönige", die weiterhin die Rufe von draußen nicht wahrnehmen. Ihr Kampf gegen eine GroKo ist noch nicht zu Ende. Sie starteten sofort ihre Kampagne: „Tritt ein, sag nein!"[1] Und schon am Dienstagabend veröffentlichte die Tagesschau 2.100 bundesweite Eintritte in die

---

[1] www.welt.de – SPD nur noch vier Punkte vor der AfD
[2] www.timschaefermedia.com – Schröder, Riester, Rürup, Maschmeyer und das Geld der Rentner
[3] www.welt.de – SPD nur noch vier Punkte vor der AfD

SPD, davon 600 aus NRW. Meine Prognose dazu: Die Hochgedienten der SPD in Berlin werden den Jusos und ihrer Kampagne einen Strich durch die Rechnung machen, indem sie den Stichtag für die Teilnahme an der Mitgliederbefragung so festlegen, dass neue Mitglieder noch nicht mitstimmen dürfen.

Schulz hatte wenige Tage nach der Bundestagswahl gesagt: *„In eine Regierung von Angela Merkel werde ich nicht eintreten."* Er hatte ebenfalls direkt nach der Wahl gesagt: *„Wir stehen angesichts des Wahlergebnisses vom 24. September für den Eintritt in eine große Koalition nicht zur Verfügung."*
Einen solchen Schlingerkurs hätten sich seine Vorgänger, selbst Schröder nicht geleistet. Aber wer sich die „Vereinigten Staaten von Europa" zum Ziel gesetzt hat, darf in Deutschland ruhig Tango tanzen. Daran ist das Wahlvolk längst gewöhnt. Schließlich leben wir ja gut und gerne unter einer Kanzlerin, die uns mit ihren politischen Pirouetten schon jahrelang beglückt.
Erinnern und würdigen wir deshalb noch einmal Helmut Schmidt,[2] den Kanzler der SPD, der selbst noch als alter weiser Mann mehr Weisheit, Klarsicht und Realitätsbewertung besaß als Schulz und Merkel zusammen.

---

[1] www.n-tv.de – SPD erlebt Eintrittswelle nach Juso-Aufruf
[2] www.youtube.com – Der TV-Eklat – Altkanzler Schmidt über Einwanderung und Integration

Die Zeit ist reif ...

... für zivilen Ungehorsam

Vor wenigen Tagen berichteten die Medien, dass 45 deutsche Millionäre und Milliardäre so viel besitzen wie die Hälfte der deutschen Bevölkerung. Diese Information[1] wirft automatisch die Frage auf: Wer profitiert demnach von Wirtschaftswachstum und Unternehmensgewinnen – die ganze Gesellschaft oder nur einige wenige? Wie ist ein solcher Zustand für Geringverdienende und „Arbeitstiere" zu verkraften, die erst den Niedriglohn, dann die Altersarmut zu ertragen haben?

Hier meine tröstende und augenzwinkernde Antwort auf eine Welt ohne Maß und Mitte.

Der Millionär

In übergroßer Dimension
sitzt der Reichling auf dem Thron,
den Kopf erhoben, selbstbewusst,
in Reichtum badend voller Lust.
Arme Würstchen um ihn rum
biegen ihre Rücken krumm,
putzen, laufen, fahren, dienen
voller Fleiß, grad wie die Bienen.

Gott, was man nicht alles tut,
damit der Reiche fühlt sich gut!
Köche sorgen für den Magen,
Schneider richten seinen Kragen,
der Chauffeur steht prompt bereit,
Tag und Nacht –zu jeder Zeit;

---

[1] www.spiegel.de – 45 Deutsche besitzen so viel wie die ärmere Hälfte der Bevölkerung

erst zur Party, auch zur Bank,
dann zum Weltwirtschaftsempfang.

Der größte Immobilienhai
schaut demnächst bei ihm vorbei.
Im Angebot die Galerie
Nähe Oper, vis-à-vis.
Dort wird er die Kunst anmelden,
seine Sammlung von Gemälden,
Gold und Silber, Porzellan …
er wird auch selber Bilder mal'n.

Inge kann den Staub dann wischen,
Gregor das Buffet auftischen,
Koch Paolo kocht das Essen,
Hassan soll den Saal vermessen,
Nesrin putzt das Silber blank,
Raphael poliert den Schrank.
Für ein glänzend' Pferdefell
sorgt im Stall der Samuel

Alle sind vom Dauerbuckeln
und vom vielen Runterschlucken
ganz geschafft – die Rückenschmerzen
sind schon längst nicht mehr zum Scherzen.
Trotz der harten Schufterei
ist kein Einziger dabei,
der von seinem Sklavenlohn
kann ernähren seinen Sohn.

Da! Ein kluger Geistesblitz,
ernst gemeint vom Gärtner Fritz:
„Nicht länger sind wir ihre Schafe,
lasst uns ersinnen eine Strafe
für alle, die aus Geiz und Gier
für uns haben kein Gespür!
Wir stellen unsere Arbeit ein
bei diesem Millionärsverein!"

Gesagt, getan – der Streik brach aus,
kein armer Teufel hielt sich raus.

Chauffeur, Koch, Putzfrau und Friseur
taten ab sofort nichts mehr.
Schmutz, Müll, Unrat, Staub und Dreck
fand man bald an jedem Fleck.
Nach zwei, drei, vier, fünf, sechs Wochen
kommt das Kapital gekrochen.

In den Villen und den Firmen
begann der Unrat sich zu türmen.
Auch im Exklusiv-Büro
sitzt der Reichling auf dem Po.
Um ihn rum ist's öd' und leer,
nirgendwo ein Sklave mehr,
der für einen Hungerlohn
dient dem Boss auf seinem Thron.

Auf den Knien händeringend
bittet er um Hilfe dringend.
Endlich spür'n die Arroganzen,
dass für sie wird niemand tanzen.
Erst wenn Demut sie befällt,
sie geheilt von Gier nach Geld,
wenn der Mensch den Menschen ehrt,
erst dann ist Reichtum etwas wert.

(Aus meinem satirischen Buch
„Ein Mensch seine Frau sieht ROTH")

Weltwirtschaftsgipfel 2018 in Davos

29. Januar 2018

... mit Merkel und Trump

Im mondänen Davos, der Stadt der Schönen und Reichen, versammelten sich die Player der Welt, um sich gegenseitig ihre eigenen Lobhudeleien per Rede vorzuführen. Als interessantes Paar der (scheinbaren) Gegensätze traten der Präsident der Vereinigten Staaten Donald Trump und die deutsche Bundeskanzlerin Angela Merkel auf – beides Personen, die in ihrem eigenen Land für große Widersprüche sorgen.

Trumps Ruf eilt ihm stets voraus. Die deutschen Politiker sowie die deutschen Medien[1] haben nichts ausgelassen, um uns Trump als Vollidioten, Deppen, Wahlbetrüger, Verrückten und unzurechnungsfähigen Populisten zu präsentieren, der mit seinem Machogehabe nichts als Ablehnung und Fremdschämen verursacht. Dass er ein für Führungspersönlichkeiten ausgesprochen seltenes Exemplar ist, ist kein Geheimnis. Dass aber gerade sein exzentrisches Benehmen auch Erstaunen hervorruft, verbunden mit der Frage „Wie konnte ein solcher Mann überhaupt Präsident werden" ist auch nicht von der Hand zu weisen. Reicht da die Antwort: Geld, Geld und nochmals Geld? Oder hat er doch eine Vision für sein Amerika, das über seinen banalen Slogan „America First" hinausführt und die zwischen seinen Golfturnieren neue Formen und Inhalte von Politik hervorbringt.

Als Gegenspielerin Angela Merkel auf dem Weltwirtschaftsgipfel, die eine Rede hielt, die sie mit vier zentralen Wörtern bestückt hatte und mir damit einen vergnüglichen Nachmittag bescherte. Diese vier bedeutungsträchtigen Wörter ihrer wie immer „leidenschaftlichen" Rede – leidenschaftlich deshalb, weil sie beim Hörer nur Leiden schafft – heißen „wir", „digital", „disruptiv" (revolutionär) und „soziale Marktwirtschaft". Drum herum, wie gewohnt, ein emotionsloses Umkreisen von Hilflosigkeiten. Dabei vergaß sie natürlich nicht die entsprechenden Seitenhiebe in Richtung Trump, osteuropäische Admi-

---

[1] www.stern.de – „Tagesschau" verstärkte Buh-Rufe für Donald Trump

nistrationen und AfD, sowie ihre übliche Kritik über populistische Politik, in der sie sich schon längst selbst befindet.

Merkels Rede[1] näher betrachtet

„Ich will an diesem Tag, an dem Europa ja sehr im Zentrum der Diskussionen dieses Davoser Forums steht, daran erinnern, dass 1918, vor hundert Jahren, der Erste Weltkrieg endet. Schlafwandlerisch sind damals die politischen Akteure in eine schreckliche Situation hineingeraten ... Haben wir aus der Geschichte wirklich gelernt oder haben wir es nicht? Ich denke, die Generationen derer, die nach dem Zweiten Weltkrieg geboren wurden, werden beweisen müssen, ob sie wirklich etwas gelernt haben.

Übertragung von Verantwortung auf die Nachkriegsgenerationen? Ich gehöre auch dazu … und ich habe als Deutsche mit polnischen Wurzeln längst bewiesen, dass ich aus der Geschichte gelernt habe und es an die nächste Generation weitergegeben. Ich kontere daher: Es wird höchste Zeit, dass auch Sie, Frau Merkel, nach 12 Jahren Kanzlerschaft beweisen, dass Sie aus Ihrer Selbstgefälligkeit gegenüber anderen Ländern und aus der Beteiligung an Konflikten durch Waffen-lieferungen etwas gelernt haben.

„ ... Wir hatten die Präsidentschaft im vergangenen Jahr; wir hatten als deutsche Präsidentschaft das Motto: „Eine vernetzte Welt gestalten“. Wir haben Fortschritte bei der globalen Kooperation im Gesundheitsbereich, bei der Partnerschaft mit Afrika und beim weltweiten Stahlforum, bei dem es um Dumping und fairen Handel geht, gemacht. Wir haben versucht, die Rolle der multilateralen Organisationen zu stärken und uns für ein offenes Welthandelssystem eingesetzt. Bei der großen Menschheitsherausforderung, dem Klimaschutz, haben wir – leider ohne die Vereinigten Staaten von Amerika – unsere Schlussfolgerungen ziehen müssen. Trotzdem bleibt der Klimawandel eine große Gefahr.

---

[1] www.bundesregierung.de – Rede von Bundeskanzlerin Merkel beim Jahrestreffen des World Economic Forum am 24. Januar 2018 in Davos

Fortschritte, Versuche, Bereitschaft für offenes Welthandelssystem – die Diskussionen über das unsägliche Freihandelsabkommen TTIP sind mir noch gut im Gedächtnis, das letztlich Trump beendet hat. Man höre und staune: Was für Schlussfolgerungen haben „wir", wer immer das auch ist, ziehen müssen? Sehr kindgerecht dann der Satz: „Trotzdem bleibt der Klimawandel eine große Gefahr." Es müsste heißen: „Aufgabe", „Herausforderung" oder „erfordert globale Anstrengungen". Merkel begnügt sich mit dem Wort „Gefahr". Sie ist still geworden, unsere ehemalige Klima-Kanzlerin, die mit deutschen Errungenschaften hier nicht punkten kann.

„Wir sehen, dass es nationale Egoismen gibt. Wir sehen, dass es Populismus gibt. Wir sehen, dass in vielen Staaten eine polarisierende Atmosphäre herrscht. Vielleicht gibt es an vielen Stellen auch die Sorge, ob multilaterale Kooperation wirklich in der Lage ist, die Probleme der Menschen ehrlich und fair zu lösen, und ob es angesichts der großen technologischen Herausforderungen der Digitalisierung und der disruptiven Veränderungen gelingt, alle Menschen mitzunehmen. Daran gibt es in allen Ländern Zweifel. Deshalb finde ich, Herr Professor Schwab, dass ‚Creating a Shared Future in a Fractured World' (Eine gemeinsame Zukunft schaffen in einer zerrissenen Welt) genau das richtige Motto für das Jahr 2018 ist."

Wieder das „Wir" im Zentrum ihrer Aussage. Die Begriffe „ehrlich", „fair" und „alle Menschen mitnehmen" aus Merkels Mund, die in ihrem eigenen Land weder mit Ehrlichkeit, noch mit Fairness die Menschen mitgenommen hat! Nie war Deutschland so gespalten wie unter ihrer heutigen Kanzlerschaft. Schön, dass ihr das hochgesteckte Motto dieses Gipfels gefällt und es genauso wenig bewirken wird wie ihr eigenes Motto im letzten Jahr, das lautete: Eine vernetzte Welt gestalten.

„Ehrlich gesagt, hat auch das Land, aus dem ich komme und in dem ich Bundeskanzlerin bin, Schwierigkeiten und erlebt eine Polarisierung, wie wir sie seit Jahrzehnten nicht hatten ... Aber ich darf Ihnen sagen: Deutschland will ein Land sein, das auch

in Zukunft seinen Beitrag leistet. ... Wir glauben, dass uns Abschottung nicht weiterführt. Wir glauben, dass wir kooperieren müssen, dass Protektionismus nicht die richtige Antwort ist."

Polarisierung ist es nicht, was Deutschland erlebt. Es muss Spaltung heißen. Merkel hält die falsche Rede am falschen Ort. Sie befindet sich auf dem WeltWIRRSCHFTsgipfel und was redet sie von Abschottung. Kein Staat, nicht Russland, nicht Polen, nicht Österreich schottet sich wirtschaftlich ab, nicht einmal die USA. Ein Blick auf die Geldströme in der Welt beweist, dass Kooperation die Grundlage der Globalisierung ist und jeder Staat bemüht ist, bei dem Spiel um Geld auch mitzuspielen.

„Wir sind in Deutschland momentan in einer Situation, in der wir sagen können: Uns geht es gut, uns geht es sehr gut. Aller Voraussicht nach könnten wir 2020 dann elf Wachstumsjahre in Folge hinter uns haben. Das gab es zuletzt in den 50er Jahren. Wir haben mehr Menschen in Arbeit als jemals zuvor. Wir haben eine solide Finanzsituation. Wir haben gute Fortschritte bei der Digitalisierung unserer Wirtschaft mit der Industrie 4.0 gemacht."

Meine umfassende Antwort auf diese Erfolge befindet sich auf ca. 350 Seiten meines Buches „Das Ende der Demokratie". Allein die starke wirtschaftliche und finanzielle Spaltung der deutschen Gesellschaft in Arm und Reich mit der Vernachlässigung der Mittelschicht[1] stellen diese Worte in ein ganz anderes Licht.

„Für die nächsten vier Jahre heißt die Aufgabe daher, Digitalisierung in unser Bildungssystem zu bringen, den Staat digital auszurichten, den Bürgern eine Möglichkeit zu geben, mit ihrem Staat im Zeitalter der Digitalisierung digital zu kommunizieren, und ein besseres Ökosystem für Start-ups zu schaffen, damit wir weiter ein Ort der Innovation sind."

---

[1] www.sueddeutsche.de – Die Angst der Mittelschicht vor dem Abstieg droht die Republik zu zerreißen

Ich hätte so gern gewusst, warum Deutschland seine digitale Innovationsfähigkeit unter Merkel so stark eingebüßt hat. Jeder Satz Merkels in Sachen Digitalisierung ist für Fachleute der Beweis, dass sich zwischen Merkel und der Digitalisierung keine Verständnis- und Kenntnisebene auftut.

„Wir müssen uns mit lebenslangem Lernen beschäftigen und wir müssen uns mit völlig neuen Lösungsmöglichkeiten beschäftigen, was unsere sozialen Systeme anbelangt."

Wer ist denn nun wieder „wir"? Und wo sind denn nach 12 Jahren Merkel-Regierung die völlig neuen Lösungsmöglichkeiten für unsere sozialen Systeme?

„Die Frage ‚Was kann ich jetzt noch verteilen?‘ und die Frage ‚Was investiere ich in die Zukunft?‘ beschäftigen uns sehr in unseren Gesprächen."

Dann seid „Ihr" ja die nächsten vier Jahre mit der Suche nach Antworten gut beschäftigt.

„Wir wissen: Wenn wir das Wohlstandsversprechen für alle in der Zeit der Digitalisierung einlösen wollen – auch für unsere Menschen in Deutschland, dann bedeutet das: Wir brauchen eine Soziale Marktwirtschaft 4.0, nicht nur eine Industrie 4.0. Das heißt, wir müssen uns auch mit der Frage beschäftigen: Wie nehmen wir alle mit? Ich glaube, das ist eine der drängenden Fragen. Denn Länder, die in sich gespalten sind, sind viel weniger fähig, multilateral zu agieren, kooperativ zu agieren. Vielmehr ist die Gefahr, dass sie sich in sich zurückziehen, sehr groß."

Und immer wieder muss die „Soziale Marktwirtschaft" herhalten. Neoliberalismus, Turbokapitalismus, Freihandelsabkommen à la TTIP, Finanzgebaren und Finanzkrise, Steuerparadiese und Börsenwelt, Altersarmut und Obdachlose – das alles fällt bei Merkel unter den Begriff „Soziale Marktwirtschaft". Auch wieder nur das Kinderprogramm!

„All diese Fragen sind national nicht zu lösen. Deshalb ist mit der Frage „Wie geht es in Deutschland weiter?" untrennbar die Frage verbunden: Wie geht es in Europa weiter?"

Der Beweis ist erbracht. Was in Deutschland nicht weiter geht, liegt an Europa. Für Klein-Deutschland ist Merkel nicht mehr zu haben. Ihr Terrain ist schon lange die europäische Bühne. Deutschland schenkte sie den spontanen Atomausstieg und die wunderbare Jung-Männervermehrung durch Grenzöffnung. Das muss national reichen.

„So bedauerlich die Entscheidung der Bürgerinnen und Bürger Großbritanniens war, die EU zu verlassen, so sehr hat sie uns doch auch Mut gegeben, uns auf die wirklich großen Aufgaben zu konzentrieren. Ich sage ausdrücklich: Mit der Wahl des französischen Präsidenten Emmanuel Macron ist noch einmal zusätzlich Schwung in die Europäische Union gekommen; und das wird uns stärken.“

Wer ist hier wieder mit „uns“ gemeint? Eine großartige politische Reaktion auf den Brexit, den sie selber mit verursacht hat. Der neu erstandene Sonnenkönig Macron wird Merkel und Deutschland schon zeigen, wer wohin welche Gelder zu überweisen hat. Dieser Mann ist so wenig volksnah, dafür so machtbesessen wie Merkel – das sind die Gemeinsamkeiten.

„Es gibt große amerikanische Unternehmen, die Zugriff auf Daten haben – Daten sind der Rohstoff des 21. Jahrhunderts. Die Antwort auf die Frage ‚Wem gehören diese Daten?‘ wird letztendlich darüber entscheiden, ob Demokratie, Partizipation, Souveränität im Digitalen und wirtschaftlicher Erfolg zusammengehen. ... Die Europäer haben sich noch nicht richtig entschieden, wie sie mit Daten umgehen wollen ... Ich glaube, mit unserem europäischen Modell der Sozialen Marktwirtschaft haben wir auch eine Chance, einen Beitrag zu einem gerechten digitalen Zeitalter zu leisten, in dem eben nicht die Privatisierung aller Daten über die Persönlichkeit die Normalität ist, aber in dem wir akzeptieren und annehmen, dass, um das Beste für die Menschen daraus machen, Daten die Rohstoffe des 21. Jahrhunderts sind.“

Welch ein Blödsinn! Deutschland hat sich schon im letzten Jahr entschieden, wie es mit Daten umgeht. Der Staatstrojaner ist Gast in jedem Computer, iPad und Smartphone. Heribert Prantl bezeichnet dies als „Digitale Inquisition".[1] Die kontrollierte Gesellschaft hält still oder weiß nichts davon. Das ist Merkels „gerechtes digitales Zeitalter" in ihrer „Sozialen Marktwirtschaft", also das Beste für die Menschen! Diese Rede ist einfach nur haarsträubend.

„Wir müssen unsere Eurozone festigen. Das heißt, wir brauchen eine Kapitalmarktunion – im Kapitalmarkt sind wir immer noch zersplittert. Wir müssen die Bankenunion vollenden."

Herr Macron lässt grüßen! Eine Bankenunion[2] vollenden heißt: die Pleite einer Bank nicht länger zu einem nationalen, sondern zu einem europäischen Problem machen. Es reicht also nicht, dass die deutschen Steuerzahler belastet sind, es sollen jetzt auch noch die Sparer dran glauben müssen.

„Wir haben im Grunde die sunnitisch-schiitischen Konflikte vor unserer Haustür. Wir haben den IS vor unserer Haustür."

Falsch! Wir haben sunnitisch-schiitische Konflikte, kurdisch-türkische Konflikte und den IS nicht vor der Haustür, sondern schon längst im Haus!

„Wir sind uns inzwischen darüber klar, dass wir unsere Außengrenzen schützen müssen. Aber was bedeutet das? Europa ist ja ein interessanter Kontinent oder ein interessantes Gebilde. Wir haben uns eine einheitliche Währung gegeben, haben uns aber nie Gedanken darüber gemacht, was denn passiert, wenn diese Währung einmal in eine Krise gerät. Jetzt arbeiten wir nach und schaffen im Grunde das Fundament, auf dem wir das hätten aufbauen müssen."

Viele Länder und Menschen waren sich immer darüber klar, dass die Außengrenzen der EU zu schützen sind. Schön, dass nach zig Morden, Terroranschlägen, Vergewaltigungen und Messerattacken „Ihr Euch inzwischen klar seid". Meine Frage zum hundertsten Mal: Wer ist „wir"? Und schön, dass nach dem Bau des „Währungshauses Euro" nun endlich auch über das Fundament dieses Hauses nachgedacht wird. Traurig nur, dass

---

[1] www.sueddeutsche.de – Die digitale Inquisition hat begonnen
[2] www.handelsblatt.com – Bankenunion ist eine Chiffre für Transferunion

wir nie gefragt wurden, ob wir Bürger da auch einziehen wollten!

„Ich brauche vielmehr auch immer ein gutes Miteinander mit meinen Nachbarn, ich brauche Abkommen, ich brauche staatliche Verträge, um zu wissen, wie ich die Herausforderung auch der illegalen Migration in den Griff bekomme. Genau das haben wir gelernt. Das zeigen das EU-Türkei-Abkommen und unsere Migrationspartnerschaften mit Afrika. Aber natürlich haben wir noch viel zu tun.“

Was ist passiert, dass Angela Merkel an dieser Stelle ihr „Ich“ entdeckt hat. Sie hält diese Dinge für ihre persönliche Angelegenheit – ohne Partei, ohne Parlament, ohne Volk. Merkels Lösung für die Flüchtlingskrise wird also außerhalb Deutschlands geregelt – Maßnahmen, Gesetze, Regelungen und eine neue Asyl- und Einwanderungsgesetzgebung zum Schutz des eigenen Landes gehören nicht zu ihrem Ideenreichtum.

„Wir sind mitverantwortlich. Wenn die Wohlstandsunterschiede unendlich groß werden, wird es nicht klappen, in einer offenen Welt Verträge miteinander zu schließen. Wir sind mitverantwortlich für die Entwicklung des afrikanischen Kontinents. Wir sind mitverantwortlich bei der Frage, wie es im Irak weitergeht. Wir sind mitverantwortlich bei der Frage, wie es in Libyen weitergeht.“

Und wer, bitte, ist in diesem Fall „wir“? Ich bin nicht verantwortlich für die wirtschaftliche Plünderung des afrikanischen Kontinents. Ich bin nicht verantwortlich für die Kriege im Nahen Osten und auch nicht für die geschlossenen Verträge mit unberechenbaren Staaten wie der Türkei und Libyen.

„Wir dürfen niemanden zurücklassen. Gerade in der Zeit riesiger disruptiver Herausforderungen der Digitalisierung ist das Verhindern der Spaltung vielleicht eine der größten Aufgaben.“

50.000 Jugendliche ohne Hauptschulabschluss, 2,5 Millionen Menschen bekommen keinen Mindestlohn.[1] Und was die Spal-

---

[1] www.sueddeutsche.de – 2,7 Millionen bekommen weniger als den Mindestlohn

tung in Deutschland betrifft, braucht es nicht erst die disruptive Herausforderung der Digitalisierung. Die haben wir schon jetzt.

„Was ist eine ethische Form des Managements disruptiver Entwicklungen? ... Wir liegen falsch, wenn wir glauben, dass die Begeisterung von 20 oder 30 Prozent eines Landes, sozusagen eine Mega-Begeisterung, für disruptive Entwicklungen ausreicht, um ein ganzes Land mitzunehmen."

Wer eine ethische Form eines Managements kennt, möge sich bei Frau Merkel melden! ... Wir Bürger in Deutschland haben von ihr keine disruptiven Innovationen zu befürchten. Da sich ihre Begeisterung an nichts erkennen lässt, leiste ich mir bezüglich dieser Rede ebenfalls eine fehlende Begeisterung.

„Wir wissen, dass die Möglichkeiten, mit disruptiven digitalen Entwicklungen großen Schaden anzurichten und Gesellschaften zu verwirren, ganz anderer Natur sind, als wir sie aus dem 20. Jahrhundert kennen. Sie sind aber mindestens so schädlich. Deshalb geht es darum, auch hierbei wirklich eine Soziale Marktwirtschaft, wie wir in Deutschland sagen würden, hinzubekommen."

Und zum Schluss der Rede ein Paradebeispiel für die Zusammenführung ihrer Superwörter „wir", „disruptiv" und „soziale Marktwirtschaft".

Fazit: Das Zusammenschreiben von Sätzen mit Schlauwörtern ohne inhaltliche Zuordnung, verbunden mit dem beliebten „Wir" ergibt noch keine Rede einer deutschen Bundeskanzlerin auf einem Weltwirtschaftsgipfel.

Zur Erholung und zum Erstaunen hier die Rede des amerikanischen Präsidenten Donald Trump[1] in deutscher Sprache.

---

[1] www.achgut.com – Donald Trumps Davos-Rede auf Deutsch

Ein wenig Zynismus über Sexismus

31. Januar 2018

Wie ich las, darf ein Syrer seine Zweitfrau nach Deutschland[1] holen, weil die vier Kinder, die er bei sich hat, von der Frau stammen, die noch nicht in Deutschland ist. Da fragt man sich doch, warum er die Mutter der Kinder nicht zuerst angefordert hat.

Nach Ehe für alle nun auch Zweitfrau für alle?

Das ist endlich der Schlachtruf für alle Männer in Deutschland, die zwar mit dem Islam als solchem nichts anfangen können, aber die Erlaubnis für erstrebenswert halten, mehr als eine Frau zu haben. Eine fürs Grobe, eine fürs Feine, eine Kinderfrau, eine Chauffeurin usw. usw. – diese Vorstellung wurde schon immer in Männerwitzen verarbeitet.

Jetzt, Männer, ist eure Zeit gekommen! Wie in dem Bremer Tatort „Zurück ins Licht", in welchem sich eine Frau unbesiegbar wieder ins Leben zurückkämpft, werdet ihr Männer die Schmach, euren Rollenverlust und die Identitätssuche zu euren Gunsten entscheiden und zu neuen Ufern aufbrechen.

Das in Amerika ausgebrochene MeToo-Zeitalter, das den Männern nun endgültig klarmacht, wer die Hosen zukünftig anhat, lässt so manchen Herrn der Schöpfung erschaudern und in seiner Vergangenheit nachforschen, ob er nicht selber in seinem früheren Leben entsprechenden Rockzipfeln mehr als nur Avancen gemacht hat. An den Beispielen des amerikanischen Filmmoguls Harvey Weinstein und des deutschen Regisseurs Dieter Wedel kann Mann ermessen, was ihm blüht, wenn er in die Fänge dieser Debatte gerät.

Nicht um vernünftige Dinge wie die Aufklärung von Vorgängen, die Erhellung von Strukturen, das Beleuchten von sexuellem Missbrauch als Form des Machtmissbrauchs geht es

---

[1] www.focus.de – Familiennachzug: Syrer darf Zweitfrau nach Deutschland holen

nunmehr, sondern es ist eine hysterische Jagd[1] eröffnet worden, die einen erschrecken kann …

Als sich die französische Diva Catherine Deneuve zuletzt mit anderen Frauen um den Flirt sorgte, der im hysterischen Wortgeklirr auf der Strecke zu bleiben drohe, ist sie dafür hart kritisiert worden.

Nach dem MeToo-Welt-Frauen-Theater, bei dem Karrierefrauen (von den Unbekannten hört man zumeist erst nach *Vergewaltigungen* etwas) sich an Ereignisse erinnern, die 20 Jahre und länger zurückliegen, bricht jetzt das Zeitalter der „Vielweiberei" an. Endlich kann sich nun die gesamte Männerwelt die Maßgabe zu eigen machen, die die Politik ihr lange genug vorexerziert hat: Das Spiel mit der Diskriminierung. Kurz und klar für alle: Was den syrischen Männern recht ist, muss allen anderen Männern billig sein!
Euer Weg, Männer, war steinig und die Frauenrechtlerinnen tragen diesen Namen nicht aus Jux und Dollerei. Als bekannteste Frauenrechtlerin der Gegenwart tat sich Alice Schwarzer hervor, Herausgeberin der Frauenzeitschrift „Emma". Ich als Frau profitiere durchaus von den Frauen, die mir mein Wahlrecht erkämpft, meine Berufstätigkeit ermöglicht und mir meine sexuelle Freiheit und die durch das Grundgesetz verbriefte Gleichheit zur Grundlage gemacht haben.

Aber was zu viel ist, ist zu viel! Für mich bleiben die öffentlichen Anschuldigungen bis hin zur gesellschaftlichen Zerstörung der beschuldigten Person so lange dubios oder unverschämt bis ein Gericht per Urteil den Mann für schuldig erklärt. Wollen wir verschweigen, wie viele der heute in Film und Fernsehen bekannten Frauen ihre Reize für ihre Karriere bewusst einsetzten und sich die Karriereleiter hochschliefen?
Und diese ganze MeToo-Kampagne ist eine Kriegserklärung an das erotische Knistern zwischen Mann und Frau. Ob Witze, ob Anzüglichkeiten, ob Komplimente, ob Anmache zwischen den Geschlechtern – all das gerät in die Fänge der MeToo-Kampagne und ich würde mir als Mann überlegen, ob ich nicht

---

[1] www.mz-web.de – „MeToo"-Debatte – Es ist eine hysterische Jagd eröffnet worden

buchstäblich die Finger von jeder Frau lassen sollte ... und lieber schwul werden.

Jetzt aber kommen andere Zeiten, vergessen sind die Leiden des „jungen Werther" (Sven, Dominik, Bodo ...), die der alte Lüstling Goethe über das Elend der Unberührbarkeit einer geliebten und begehrten Frau niederschrieb, das den armen Werther in den Selbstmord trieb.

Männer seht, was ihr von fremden Männern lernen könnt! Macht euch auf den Weg zur Vielweiberei! Wo zwei, drei, vier oder fünf Frauen mit einem Mann zusammenleben, wird MeToo überflüssig. Wenn Frau A unpässlich ist, Frau B grippig, stehen immer noch Frau C und D zur sexuellen Bedürfnisbefriedigung des Mannes zur Verfügung.

Nach dem jahrzehntelangen Höllengang der Männer durch den Irrgarten feministischen Unkrauts sehen sie nun endlich die blühende Wiese der Bigamie mit Aussicht auf das Paradies der Vielweiberei.

Abschließend der Gruß des Imams von Izmir aus 1999:

„Dank eurer demokratischen Gesetze werden wir euch überwältigen, dank eurer religiösen Gesetze werden wir euch beherrschen." (Imam von Izmir, 1999 – Quelle: Hans-Peter Raddatz, Von Gott zu Allah, 1. Auflage, München 2001, S. 349)

Fragen über Fragen ...

03. Februar 2018

... an die gespaltene Nation

Seit 2015 ist Deutschland eine gespaltene Nation. Man unterscheidet Mainstream-Taugliche und Mainstream-Skeptiker, wobei erstere die Guten und letztere die Schlechten sind. Das Ergebnis ist eine gesellschaftliche Spaltung, die inzwischen bis hinein in den Bundestag reicht. Ich möchte mich mal einigen der vorhandenen Probleme nähern und um Antworten bitten

1.) Kanzlerin, Politiker und Meinungsmacher argumentieren in puncto Flüchtlingsproblematik im Dauerstaccato, man müsse den Menschen vor Ort helfen, damit sie sich gar nicht erst auf den Weg machen. Vor Ort flieht der Mensch aber nicht vorrangig aus Armut, sondern aus mangelnder Lebensperspektive, Unterdrückung oder Kriegsbedrohung. Müssen nicht statt der kostenaufwändigen Weltwirtschaftsgipfel, G-20 Treffen und sonstiger politischer Verschwendungsmaßnahmen „Welthungergipfel", „Weltfriedensgipfel" oder „Weltflüchtlingsgipfel" stattfinden, bei denen der Mensch und nicht das Geld den ersten Rang einnimmt?

2.) Die „alte" GroKo hat 21% mehr Rüstungsgüter[1] verkauft als die Regierung zuvor. Allein die deutschen Waffenlieferungen an die Türkei sind von 26 Millionen Euro seit 2015 auf 56 Millionen im Jahr 2017 gestiegen. Wie kann es dafür eine Rechtfertigung geben, wenn man weiß, dass Erdogan jeden zum Terroristen erklärt, der ihm die Stirn bietet und einen Kurdenstaat auch mit importierten Waffen aus Deutschland zu verhindern sucht?

3.) Ein „unbeschulbarer" 15-jähriger Schüler ersticht in einer Lünener Schule seinen Mitschüler, weil das Opfer die Mutter des Täters provozierend angeschaut habe. Der SPD-Fachmann und Kriminologe Christian Pfeiffer,[2] Realitätsbeschwichtiger von Regierungs Gnaden, betont den Ausnahmecharakter einer solchen Tat. Und weil ja alles statistisch in Ordnung ist, fordern

---

[1] www.spiegel.de – GroKo genehmigte mehr Waffenlieferungen als Schwarz-Gelb
[2] www.tichyseinblick.de – Talkshow-Nomade Pfeiffer schadet sich selbst

die Lehrerverbände als Konsequenz auf die Gewalttat „eine Offensive für Werteerziehung in der Gesellschaft und an Schulen". Wann ziehen Benehmen, Herzensbildung und emotionale Bildung endlich auch in den Schulen ein?

4.) Das deutsche Rentenniveau[1] liegt deutlich unter dem Schnitt vieler Industriestaaten. Das besagt eine aktuellen Studie der Organisation für wirtschaftliche Zusammenarbeit und Entwicklung (OECD). Deutsche Rentner müssen sich mit 51 % ihres ehemaligen Nettoeinkommens begnügen, während der OECD-Durchschnitt bei 63 % liegt. Mehr als 230 Berufs-gruppen, Frauen und Selbstständige sind von Altersarmut bedroht. Mit welchen Argumenten können mir die deutschen Politiker eines der reichsten Länder der Welt diesen Skandal erklären?

5.) Die Zahl der Salafisten in Deutschland[2] wächst auf 10.800 Menschen an, ein Plus von 500 Anhängern in nur drei Monaten. Die deutliche Mehrzahl agiert politisch. Ihnen geht es in erster Linie darum, ihre extremistische Ideologie zu verbreiten und „Ungläubige" zu missionieren. Salafisten geben vor, sich an den Anfängen ihrer Religion zu orientieren. Warum erlaubt der deutsche Staat eine solche grundgesetzfeindliche Agitation wie beispielsweise derzeit das Verteilen des Korans auf öffentlichen Plätzen und das politische Agieren dieser Verfassungsfeinde?

6.) Europa hat Umweltministerin Hendriks zu sich gerufen, um anzumahnen, dass Deutschland noch immer nicht die seit 20 Jahren von allen festgelegten Grenzwerte bei Stickoxiden erreicht hat und um zu fragen, warum die deutsche Auto-industrie Abgasversuche an Affen und Menschen durchführte. Klagen wegen immer noch zu hoher Luftverschmutzung in deutschen Städten stehen jetzt an. Alle von der EU vorgelegten Maßnahmen, um die Emissionswerte in Deutschland zu reduzieren, wurden von der deutschen Regierung nicht befolgt. Warum nicht?

7.) NRW, Bundesland-Antipode zu Bayern, offenbarte stets seine superliberale grün-rote Gesinnung als beispielhaft. Ob es

---

[1] www.tagesschau.de – OECD-Studie deutsches Rentenniveau – ganz weit unten
[2] www.handelsblatt.com – Zahl der Salafisten in Deutschland steigt weiter

um die freiwillige Mehr-Aufnahme von Flüchtlingen geht, um die Abschaffung der Eidesformel im Kabinett, wo jetzt nicht mehr „auf das deutsche Volk", sondern mit Rücksicht auf alle Nicht-Deutsche auf Nordrhein-Westfalen geschworen wird oder um den unter Rot/Grün eingeführten Islamunterricht an Schulen. Integration findet dort statt, wo Kinder und Jugendliche nicht nur per Sexkoffer über 60 sexuelle Identitäten informiert werden, sondern an einem gemeinsamen Religionsunterricht[1] mit wechselnden Lehrern teilnehmen. Wie sollen anders Wissen und Verständnis, später auch Auseinandersetzung über die Religionen für Toleranz sorgen?

8.) Laut einer aktuellen Bertelsmann-Studie[2] werden in Deutschland bis zum Schuljahr 2020/21 jährlich mindestens 9800 Grundschullehrer neu eingestellt werden müssen, um allein die Zahl der Abgänge zu decken. Hinzu kommen im selben Zeitraum aufgrund der steigenden Schülerzahlen weitere 1300 Lehrer pro Schuljahr. Inzwischen bewerben sich auf das Pilot-Projekt „Lehrkräfte plus" viele Afghanen, Türken und Syrer, die in ihren Ländern Lehrer waren und auf der Suche nach einer sicheren Zukunft in Deutschland sind. Sind das die politischen Versuche, nach den unvorhergesehenen wunderbaren Kindervermehrungen so schnell wie möglich auch eine wunderbare Lehrervermehrung hinzubekommen?

9.) "Eine 17-köpfige Expertengruppe sieht durch schlecht qualifizierte Heilpraktiker das Wohl von Patienten in Deutschland gefährdet und spricht sich für tiefgreifende Reformen aus. Der Beruf des Heilpraktikers[3] sollte entweder ganz abgeschafft oder grundlegend reformiert werden, heißt es im ‚Münsteraner Memorandum'." Und wie beurteilen die 17 Experten die Gemeinschaftspraxen, die bei Computerausfällen oder Rosenmontag spontan ihre Praxen schließen oder im Eilverfahren ihre Patienten mit Antibiotika, Cholesterinsenkern und Bludrucksenkern entlassen? 19.000 Tote durch Behandlungsfehler

---

1 www.books.google.de – aus: Religion in der veränderten Grundschule, S. 95
2 www.tagesspiegel.de – Bertelsmann-Studie In Deutschland fehlen 35.000 Grundschullehrer
3 www.stern.de – „Irrsinn": Soll der Heilpraktiker-Beruf in Deutschland abgeschafft werden?

und der Tod meines Vaters gehen nicht auf das Konto von Heilpraktikern, sondern auf das der Ärzte. Kann mir die Expertengruppe bitte dazu eine Erklärung geben?

10.) Die Zustände in den Pflegeheimen sind zum Haare raufen, es fehlt an Pflegepersonal und die Bezahlung dieser Berufsgruppe, die einen bewundernswerten Dienst am Menschen leistet, ist miserabel. Ein Herr Gröhe, Bundesgesundheitsminister, hat jahrelang den Schlaf der Gerechten gehalten und gehört längst in die Wüste geschickt. Was die neue GroKo plant, ist wieder nur eine Flickarbeit, wie der Pflege-Azubi Alexander Jorde (21)[1] die Pläne öffentlich bewertet. Welches Menschenbild haben eigentlich die mit dem „C" wie christlich und „S" wie sozial gekennzeichneten Politiker?

11.) 72.000 abgelehnte Flüchtlinge belasten die deutschen Kommunen. Einige wehren sich inzwischen, durch noch mehr Flüchtlinge weiter belastet zu werden und schließen ihre Pforten. Mülheim beispielsweise muss 500 von ihnen ernähren, weil sie trotz Ablehnung nicht abgeschoben werden können. Das sind 6 Millionen Euro pro Jahr. Dieses Geld fehlt, um andere wichtige kommunale Projekte, die den Bürgern zugutekämen, umzusetzen. Trotz dieser Tatsachen macht die Politik weiter und öffnet auch weiterhin die Grenzen für den Flüchtlingsnachzug. Bei so viel Realitätsverweigerung frage ich: Warum geht nicht die gesamte Bürgerschaft auf die Straße, um die Verursacher des größten Chaos zu benennen und unter Druck zu setzen?

12.) Türkische Offiziere und jetzt auch der mutmaßliche Putschanführer Ilhami P.,[2] einer der meistgesuchten Männer der Türkei, erhalten in Deutschland Asyl. Nun, Deutschland nimmt alles, was es kriegen kann, warum dann nicht türkische Militärangehörige, von denen man nicht weiß, ob sie den Putsch organisiert haben oder im Auftrag des Herrn Erdogan gehandelt haben. Auch in der Außenpolitik mit der Türkei herrscht das typische Merkel-Chaos: Massenhaft Gelder an die Türkei, Rüstungsexporte in immer weiter steigendem Umfang, deutsche

---

[1] www.bild.de – Merkels Pflege-Azubi zerpflückt GroKo-Pläne
[2] www.spiegel.de – mutmaßlicher Putsch-Anführer erhält Asyl in Deutschland

Soldaten zum Schutz türkischer Grenzen und deutsche Panzer zum Töten im Kampf gegen die Kurden und nun Asylbewerber aus einem „demokratischen" Nato-Land. Wann wird sich Merkel gegenüber Erdogan endlich emanzipieren und ihm den Zahn seiner despotischen Unverschämtheiten ziehen?

Das, liebe Schlummernde, Schläfer, Langschläfer, Dauerschläfer, Wachgewordene, Hinschauende, Aufmerksame, kurz liebe Gut- und Schlechtmenschen, sind nur wenige Fragen, die nicht beantwortet sind!
Was ist aus diesem Deutschland eigentlich geworden? Wieviel an Rechtsbrüchen, Wahlprogrammlügen, Parteiengezetere, Vertrauensbrüchen und Postengeschachere werden sich unsere sogenannten Volksvertreter noch leisten, ohne dass wir Bürger aufstehen, um es ihnen zu verbieten?

Fordert mit mir endlich die Mitbestimmung durch eine direkte Demokratie, das Bedingungslose Grundeinkommen noch vor den Verlusten von zig Arbeitsplätzen,[1] die uns das Zeitalter 4.0 der Digitalisierung bescheren wird!

Wenn die Zerstörer der Demokratie in Deutschland, die GroKo und ihre Lobbygehilfen sowie die über Jahre das Unheil abnickende Schein-Opposition ein größeres Interesse zeigen an einem Vereinigten Europa als an dem Wohlergehen seiner Bürger jedes einzelnen Landes, dann werden „Trumps, Kaczynskis und Höckes" die logische Antwort darauf sein.

Was bist du? Gutmensch oder Schlechtmensch?

07.Februar 2018

Gutmensch näher betrachtet

Gutheit ist Dummheit, sagt ein altes Sprichwort und ich wage die Provokation, die in der Frage steckt: Sind die heutigen Gutmenschen also dumm? Diese Frage ist natürlich nicht pauschal mit ja oder nein zu beantworten. Zu den Guten aus

---

[1] www.faz.net – Digitalisierung zerstört 3,4 Millionen Stellen

heutiger Sicht zählen alle, die der allgemeinen Mehrheits-
meinung zustimmen und diese bewusst oder unbewusst für sich
in Anspruch nehmen.

Was ist einfacher als dem Strom der Meinungsmacher zu
folgen, die mir das Denken abnehmen und mir die Argumente
für das Abnicken gleich mitliefern? Entschuldbar ist diese
Haltung von „Gutmenschen", die mit einem oder mehreren
Jobs, mit befristeten Arbeitsverträgen, mit Beruf, Familie und
Kind keine Zeit und Möglichkeit haben, sich um Politik und
Informationen so zu kümmern, dass ihnen ein Pro und Contra
Hilfe zur Meinungsbildung böten. Da werden maximal
Tagesschau und Tageszeitung die gewünschte Meinungsbildung
in ihre vier Wände befördern und damit eine bewusst
transportierte manipulierte Dummheit verbreiten, die als Auto-
matismus ins Hirn der Adressaten gelangt.

Nicht zu entschuldigen ist die Selbsternennung zum Gutmenschen, wie wir es in den Parteien, bei Politikern und bei den
Medien erleben. Das ist der Missbrauch von Verantwortung,
eine Zerstörung demokratischer, gesellschaftlicher und frei-
heitlicher Strukturen.

Totschweigen, Beschwichtigen und Harmonisieren von unhalt-
baren Zuständen in den Bereichen Bildung, Arbeitsmarkt,
Flüchtlingspolitik, Sicherheit und Integration mit dem Selbstbewusstsein zum Gutmenschentum verhöhnen Rechtsstaatlichkeit und Demokratie. Und obwohl der uninformierte und
uninteressierte Bürger beliebtes Opfer für Infiltration und
Manipulation durch Politik und Medien ist, hat er dennoch
begriffen, dass etwas schief läuft im Staat. Wieder offenbart ein
benutztes Bonmot, dass selbst der Uninformierteste – wenn
auch nur am Rande – gesellschaftliche Schieflagen mitbe-
kommt: „Die Kleinen hängt man, die Großen lässt man laufen",
oder „Geld regiert die Welt". Beispiele dafür gibt es genug.
Maschmeyer, Hönes, Schlecker, Alice Schwarzer, Helmut
Kohl, 28 russische Olympiateilnehmer, Whistleblower wie der
Journalist Édouard Perrin oder Edward Snowden. Auch gegen
die Bundeskanzlerin Angela Merkel liegen 1000 Anzeigen

wegen Hochverrats[1] vor, die – so die Presse – die Bundes-
anwaltschaft in Karlsruhe alle abwies.

„Die Gerechtigkeit wohnt in einer Etage, zu der die „Justiz
keinen Zutritt hat" heißt es im Film „Justiz" nach einem Roman
von Friedrich Dürrenmatt.

Um nicht allein über Gut-, Schlecht-, Klug- und Dummmen-
schen zu fabulieren, übertrage ich einmal bekannten denkenden
Menschen dazu das Wort.

*„Wenn man ganz genau hinschaut, dann sieht man, daß die
politischen Journalisten eigentlich mehr zur politischen
Klasse gehören und weniger zum Journalismus."*
(Helmut Schmidt, 2010, Zeit Magazin)

*„Die multikulturelle Gesellschaft ist eine Illusion von
Intellektuellen"*
(Helmut Schmidt, Die Zeit 2004)

*„Die diffuse Angst, die die Menschen äußern, ist das
Spiegelbild einer diffusen Politik, die zunehmend von
Lobbyarbeit bestimmt wird. Das Wegdelegieren von
politischen Entscheidungen in die Wirtschaft halte ich für
sehr gefährlich."*
(Günter Grass, RP 2015)

*„Demokratie ist nur vor der Wahl ein Wunschkonzert. Wir
müssen das jetzt annehmen, was die Wähler da so zusam-
mengewählt haben."*
(Winfried Kretschmann, 2017)

*„Gibt es einen einzigen Fall in der Geschichte, wo die
Mehrheit recht hatte?"*
(Robert Heinlein, amerikanischer Science-Fiction-Autor)

*„Der Demokratie wird vorgeworfen, sie behaupte, die
Mehrheit habe immer recht. Der Fortschritt lehrt uns, dass
vielmehr die Minderheit immer recht hat. Die Fort-
schrittlichen sind Propheten; und zum Glück sind nicht alle
Menschen Propheten."*
(Gilbert Chesterton, britischer Schriftsteller)

---

[1] www.welt.de – 1000 Strafanzeigen gegen Merkel seit Beginn der Flüchtlingskrise

„Man kann in einem Diktaturstaat leben und dennoch frei sein, unter einer Bedingung: Man muss die Diktatur bekämpfen. Der Mensch, der seinen Kopf zum selbständigen Denken benutzt und dessen Herz unbestechlich bleibt, ist frei. Der Mensch, der für das kämpft, was ihm richtig scheint, ist frei. Dagegen kann man im demokratischsten Lande der Erde unfrei sein, wenn man feige, stumpf und innerlich träge ist."
(Ignazio Silone, italienischer Schriftsteller und Politiker)

„Durch Ruhe und Ordnung kann die Demokratie ebenso gefährdet werden wie durch Unruhe und Unordnung."
(Hildegard Hamm-Brücher)

„Jede demokratische Gesellschaft, die ihre Konflikte nicht austrägt, sondern durch Verbotserlasse konserviert, hört auf, demokratisch zu sein, bevor sie beginnt, Demokratie zu begreifen."
(Günter Grass)

„Wir haben wahrlich keinen Rechtsanspruch auf Demokratie und soziale Marktwirtschaft auf alle Ewigkeit."
(Angela Merkel, Die Welt, 16. Juni 2005)

Dieses letzte Zitat der immer noch amtierenden Bundeskanzlerin soll hier den Beweis erbringen, dass das Schwinden von Demokratie und Marktwirtschaft geduldet, erwartet, in Kauf genommen und sogar – wie wir heute nach 13 Jahren Merkel sogar wissen – beabsichtigt ist, um mindestens eines zu erreichen: an der Macht zu bleiben. So können ihre Fehler übertüncht, ihre Entscheidungen gesichert und ihre Unfähigkeit legitimiert werden. Schließlich beweist ja ihre eigene Partei über Jahre, dass demokratische Auseinandersetzungen seit der Ära Kohl nicht einmal mehr zur Standardausrüstung gehören. Da läuft die Kanzlermeinung als Fabrikationsprodukt vom Band direkt in die Köpfe ihrer „Parteisoldaten" und die nicken sie dann gehorsam weiter ins Volk.

Gerade teilte mir der Deutschlandfunk in meinem Auto mit, dass die nächste GroKo steht und man nach dem Duschen dem Volk den großen Wurf mitteilen werde. Der fast 200 Seiten starke „Ehevertrag" wird auf dem geduldigen Papier so bedeutungsvoll sein wie all die Regierungsprogramme zuvor und trägt das Prädikat „null und nichtig".

Wie der Kabarettist Volker Pispers[1] schon prognostizierte: Mit Volldampf in den Abgrund – und dieses Mal wurden nicht einmal die alten Köpfe ausgetauscht.

Ein neuer Aufbruch für Europa

08. Februar 2018

Ein neuer Aufbruch für Europa // Eine neue Dynamik für Deutschland // Ein neuer Zusammenhalt für unser Land

Neuer Aufbruch, neue Dynamik und neuer Zusammenhalt – schicke Worte auf geduldigem Papier! „Die CDU wurde von einer 20-Prozent-Partei über den Tisch gezogen. Alle zentralen Ressorts gehen an die SPD oder die CSU. Ist das der Preis dafür, dass Angela Merkel Bundeskanzlerin bleibt?" fragt Holger Steltzner, einer der Herausgeber der Frankfurter Allgemeinen Zeitung.[2] Die Antwort ist „Ja", nachzulesen in meinen bisherigen Beiträgen mit der Prognose, dass Merkel alles verkauft, nur um Kanzlerin zu bleiben. Von den Inhalten einer CDU hat sie im Laufe ihrer Kanzlerschaft schon so viel verhökert, dass es ihr um den Restbestand christdemokratischer Inhalte nun auch nicht mehr ankommt. Ihr Stuhl, der seit Jahren in Europa steht, sorgt für ihre bequeme Sitzposition. In Deutschland steht ihr unbequemes kleines Höckerchen, das sie nur zu gerne nach unnötigen und unerfreulichen Aufenthalten wieder schnellstens verlässt. Sie, die große Meister-Europäerin, besetzt die erste Aussage des Koalitionsthemas „Ein neuer Aufbruch für Europa". Ich dachte, es habe eine Bundestagswahl in Deutschland stattgefunden … aber womöglich war es eine Europawahl, die ich gar nicht mitbekommen habe. „Eine neue Dynamik für Deutschland" überlässt sie der heruntergekom-

---

1 www.youtube.com – Volker Pispers: „Wir müssen den Zug anhalten" (3sat)
2 www.faz.net – Durchmarsch der SPD

menen SPD mit den Ressourcen Justiz, Außen, Arbeit, Finanzen, Familie und Umwelt. Für einen „Neuen Zusammenhalt in unserem Land" bekommt Seehofer das „Innere" von dem armen de Maiziere, der als Merkels Chaos-Minister seit Merkels Grenzöffnung keine ruhige Minute mehr hatte. Ob der Schlafexperte in Sachen Gesundheit, Gröhe, zukünftig auch weiterhin im Paradies der Ideenlosigkeit in seinem Ministerium herumwabern wird, steht zum heutigen Tag noch nicht fest, darf aber schon Patienten, Heimbewohner, Pfleger und Ärzte in Verzweiflung versetzen. All das berührt die schmerzfreie Frau Merkel nicht mehr. Ihre eigene Partei völlig zu entkernen, die Restbestände des Christlich-Konservativen einer Volkspartei mit dem Namen CDU zu verhökern, nur um ihre Kanzlerschaft zu retten, fasst sie mit den Worten zusammen: "Es hat durchaus auch Freude gemacht."

So sollen die Ministerien der neuen GroKo vergeben werden.

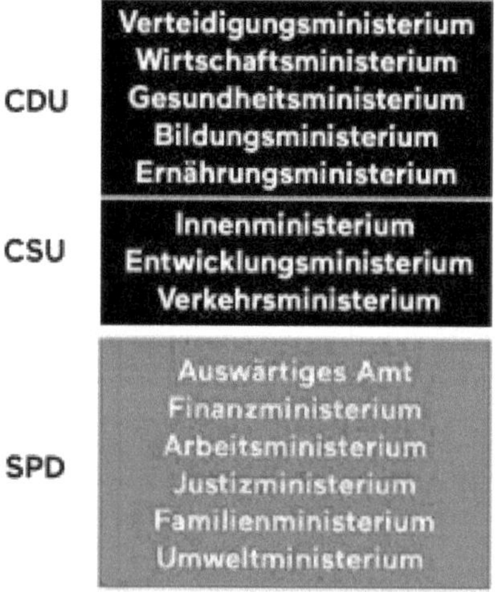

Über die SPD braucht man keine Aufsätze mehr zu schreiben. Diese Partei hat ihre letzten Kräfte mobilisiert und sicher mit allen ihr zur Verfügung stehenden Mitteln alles herausgeholt, was möglich war. Dabei waren die künftigen Koalitionspartner in einem Ziel vereint, nämlich die SPD-Basis zu befrieden. Das verstanden selbst Seehofer und Merkel, denn letztlich hängt auch ihr politisches Weiterwirken als Regierungspersonen davon ab, ob die Basis den Daumen auf Sieg oder Niederlage stellt. Dass sich diese schon am Boden kriechende Volkspartei SPD dummerweise dem Dirigat eines Martin Schulz unterworfen hat, wird sie zukünftig noch teuer zu stehen kommen. Einen solchen Affentanz auf der Showbühne der Politik hat es in der Geschichte der SPD noch nicht gegeben. Martin Schulz hat den Genossen einmal deutlich gemacht, was politische Überzeugung ist. Heute überzeugte Opposition, morgen aus Überzeugung niemals ein Mitglied der Regierung Merkel, übermorgen Außenminister unter der Regierung Merkel und nächste Woche Präsident der Vereinigten Staaten von Europa.

Politik wird nicht zu Unrecht als schmutziges Geschäft bezeichnet. Dieser Empfindung leisten Politiker wie Schulz und Merkel Vorschub. Das Ende ihrer großen Volksparteien sowie den Aufstieg einer AfD haben solche Politiker deutlich mit zu verantworten.

Dieses Land Deutschland hat bei einer derartig dilettantischen und charakterlosen Regiererei zwecks Postensicherung auch zukünftig nichts Großes, Visionäres und Zukunftsvorbereitendes zu erwarten. Dafür darf sich Europa freuen, zwei im wahrsten Sinne des Wortes „alten Hasen" das Gnadenbrot spenden zu dürfen.
Olaf Scholz flieht nach seinem Desaster in Hamburg beim G20-Gipfel auf den Posten des Finanzministers und Vizekanzlers nach Berlin. Schulz und Merkel zieht es nach Brüssel. Übrig bleiben die reichen Irren, die sich nun in Berlin mit den 177 Seiten Koalitionsvertrag und dem keifenden Volk herumschlagen dürfen.

„Was denken Sie was in diesem Land los wäre, wenn mehr Menschen wüssten, was in diesem Land los ist?"
(Volker Pispers)

Der GroKo-Machtkampf hat begonnen

10. Februar 2018

GroKo-Machtkampf: Ring frei zur ersten Runde

„Arm, stillos und niederträchtig" bezeichnet Daniel Pokraka vom ARD-Hauptstadtstudio[1] in einem Kommentar die Beschwerde des Noch-Außenministers Sigmar Gabriel zum Auftakt des GroKo-Machtkampfes. Er habe sich damit politisch ins Aus geschossen, heißt es.

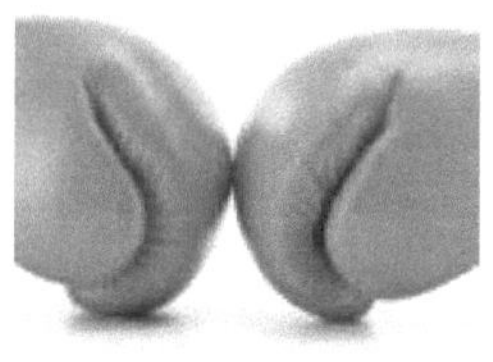

Meine Meinung dazu hat einer der Bürger zusammengefasst, der dem Tagesschau-Kommentar des Daniel Pokraka wie folgt widerspricht:
„Was bitte, ist daran ‚arm, stillos und niederträchtig'? Herr Schulz selbst und ausnahmslos Herr Schulz hat sich hier ‚arm, stillos und niederträchtig' verhalten! Warum sollte sich Sigmar Gabriel den Posten als Außenminister verbaut haben? Wer entscheidet das, Sie, als unmaßgeblicher Kommentator der Tagesschau? Also noch entscheidet die SPD selbst darüber! Im Übrigen ist es genau ihre Denkweise, die ein Verhalten wie das von M. Schulz und dem SPD Vorstand beflügelt und durchpeitscht! Man darf beleidigt sein, aber bitte still im heimischen Kämmerlein und nur ja nicht öffentlich machen, was zum Himmel stinkt! Ihr Kommentar ist eine heillose Fehlanalyse, weil sie die Tatsachen auf den Kopf stellt."

Wer hat schließlich den Weg frei gemacht für den aus Europa emigrierten Schulz? Wer hat großspurig trompetet, er würde nicht in ein Kabinett Merkel eintreten? Und wer will die Vereinigten Staaten von Europa aus der Wiege heben? Was also bewegt einen Hip-Hop-Tänzer wie Schulz dazu, für Deutschland den Außenminister zu mimen statt weiterhin in Europa seinen Herzensjob zu erledigen? Eine letzte Frage an den Superhelden der SPD, den Bundespräsidenten Frank Walter Steinmeier, der ja seine eigene Partei dazu brachte, Wortbruch zu begehen. Wie, Herr Steinmeier, können Sie als Aktiver der

---

[1] www.tagesschau.de – Gabriels Attacke gegen Schulz – Arm, stillos und niederträchtig

Schröder'schen Agenda 2010 sich als fest in der Tradition von Willy Brandt und Egon Bahr verwurzelt sehen und für einen Schongang der Kanzlerin ihre eigene Partei ins Elend jagen?

Es ist Freitag, 14.15 Uhr und Phoenix berichtet aus Berlin, dass es einen Shitstorm gegen Martin Schulz gegeben hat und die SPD-Spitze nun darauf reagiert, um die positive Abstimmung der Basis für den Koalitionsvertrag nicht zu gefährden. Martin Schulz hat daraufhin mit seinem Rückzug aus allen Regierungsämtern reagiert. So funktioniert Demokratie! Von 100 Prozent Zustimmung im März 2017 auf 0 Prozent am 9. Februar 2018. Glaubwürdigkeit muss endlich von uns Bürgern eingefordert werden und zur Politik dazugehören. Das allerdings garantiert die neue GroKo keinesfalls. Das geforderte Lobbyregister findet mit keinem Wort Erwähnung, womit sich Merkel mal wieder durchgesetzt hat.

Den Weg einer Demokratisierung und Erneuerung ist die CDU noch nicht gegangen. Da wird zwar hinter den Kulissen gemeckert, doch kaum ist Mutti auf der Bühne, erhält sie minutenlange Standing Ovations. Welch eine Inszenierung! Was bei Kohl gelernt wurde, hat Merkel noch weiter perfektioniert. Schulz sagt dazu: „Angela Merkel ist eine kühl kalkulierende Machtpolitikerin. Wer von ihr Fairness erwartet, liegt falsch." Sicher ist es so, doch wer kritisiert, darf seine eigenen Prinzipien nicht über den Haufen werfen. Und eine seiner Prinzipien hat er so formuliert: „Sage, was du machst und mache, was du sagst."

Die Ereignisse durch die neue GroKo, den 177 Seiten langen Koalitionsvertrag und die dadurch ausgelösten Parteiquerelen auf der Bühne (SPD) und hinter der Bühne (CDU) haben nun auch die kühle Frau Merkel aufgeweckt. Auf ihren eigenen Wunsch wird sie am Sonntag um 19.10 Uhr in „Berlin direkt"[1] die Wogen in ihrer Partei wieder glätten wollen. Wer bis heute Merkels Politik mit Applaus bedacht hat, durfte doch damit rechnen, dass „Mutti" vor ihrem Abgang auch noch das letzte Tafelsilber ihrer Partei verhökert, um ihre so genannte „stabile Regierung" zu bekommen.

---

[1] www.bild.de – Kanzlerin lädt sich selbst in ZDF-Sendung

Spannend wird die nächste Theatersaison auf jeden Fall. Vielleicht sind wir schon mittendrin und wissen es noch gar nicht. Wer diesen Scherbenhaufen in unserem heutigen Deutschland nach Merkel übernimmt, sollte starke Nerven und eine eiserne Gesundheit mitbringen. Derjenige übernimmt eine Bröckelpartei und tausend liegengebliebene unbearbeitete Politikfelder. Ob es da reicht, mit aufgekrempelten Ärmeln guten Willens an die Arbeit zu gehen, bleibt fraglich. Lassen wir uns überraschen, wer wie wann die Hinterlassenschaften einer Frau Merkel zu sortieren beginnt.

Freuen wir uns also auf Angela Merkels sprachakrobatische Einlassungen zu diesem Thema am morgigen Abend.

Honeckers ewige Rache

17.Februar 2018

Kohls Mädchen und Honeckers Rache

„Die Merkel hat keine Ahnung" soll Kohl in seinem unautorisierten Buch über „sein Mädchen" gesagt haben und so wie Honecker 1989 die Wirklichkeit ausblendete, blendet auch Merkel große Teile der deutschen Wirklichkeit aus. Machterhalt heißt ihre Wirklichkeit. Ihre politischen Erfolge in Deutschland, Europa und der Welt bleiben fraglich. Die Ermüdungserscheinungen der Volksparteien sind überdeutlich. Volkes Unzufriedenheit nimmt selbst bei den Kanzlervasallen langsam Form an und die Kritiker kriechen allmählich aus ihren Schweigekartellen an die Öffentlichkeit. Einige von ihnen sollen hier vor dem nächsten Elend einer erneuten GroKo zu Wort kommen.

1. Peter Sloterdijk

Der Karlsruher Philosoph Peter Sloterdijk („Die schrecklichen Kinder der Neuzeit", „Du mußt dein Leben ändern"), einer der zeitgenössischen Denker in Deutschland, kann der Flüchtlingspolitik von Bundeskanzlerin Angela Merkel nichts abgewinnen.

Es gebe keine Pflicht zur Selbstzerstörung, sagte er in einem Interview.

Mit Blick auf die EU sagte Sloterdijk,[1] die Union habe als ‚lockerer Bund' mehr Zukunft als eine verdichtete Gemeinschaft. ‚Europa ist falsch formatiert' ergänzte er. Durch den Euro sei die EU zu einer überforderten Zwangsgemeinschaft geworden, in der sich die Mitglieder entfremdeten. Der jetzt entstehende Nationalismus sei eine ‚lokale Notwehr'.

Doch für Sloterdijk ist Merkel auch eine „Hohlraumfigur", in der zahllose Menschen „etwas von ihren Hoffnungen, ihren Ärgernissen, ihren Träumen, ihren Niederlagen, ihren Sorgen, ihren Müdigkeiten" deponiert hätten, was aber nicht ohne Folgen bleibe. „Der natürliche Preis einer solchen Delegation ist Entpolitisierung", resümiert Sloterdijk. „Wo Politik war, wird betreutes Dahindämmern."

2. Ralf Stegner, SPD

Stegner, heutiger GroKo-Befürworter, kritisierte noch 2016 Merkel[2] für ihre Dämmerpolitik in politikfreier Zone. Sie agiere nach dem Grundsatz „Alles ist richtig, auch das Gegenteil". Vom Soli bis zur Ausländermaut, von der Atomenergie bis zum Mindestlohn könne heute immer auch das Gegenteil dessen gelten, was sie gestern noch vertreten habe. Ihre „Sie kennen mich"-Beruhigungsattitüde mache politische Führung überflüssig, deaktiviere politische Gegner und ködere die Wähler. Konkurrenz in der eigenen Partei habe sie dezent zum Verstummen gebracht und „inhaltliche Impulse in der Großen Koalition" der SPD überlassen.

3. Karl Lagerfeld

Mit Kritik an der Flüchtlingspolitik von Kanzlerin Merkel hat Karl Lagerfeld in Frankreich für viel Wirbel gesorgt. Der Modeschöpfer sagte,[3] man könne nicht Millionen Juden töten

---

[1] www.rp-online.de – Flüchtlingskrise – Philosoph Sloterdijk: Deutschland wird überrollt
[2] www.handelsblatt.com – Zehn Jahre Kanzlerin Merkel – Nicht ganz ungefährlich für eine Dekomkratie
[3] www.toptwitter.com/de/Lagerfeld-hash

und dann Millionen ihrer schlimmsten Feinde ins Land kommen lassen. Die Logik ist nicht ganz abwegig, doch auf dem Fuß folgte Lagerfelds Beförderung zum Rassisten. Die Aussagen Lagerfelds gegen Merkels Flüchtlingspolitik und das Ins-Land-Holen der größten Judenhasser seien rassistische Volksverhetzung. Diese Beurteilung maßt sich kein Geringerer an als der Rebell und Radikaldenker Jürgen Todenhöfer, der den Islam für ebenso barmherzig einstuft wie das Christentum und Jesus und Mohammed auf eine Stufe stellt. Der verrückteste Satz aus dem Repertoire seines Gutmenschentums lautet: „Muslime tragen den neuen Judenstern.“

4. Gertrud Höhler

Ein Buch mit dem Titel „Die Patin“ brachte die Publizistin Gertrud Höhler 2012 auf die Bestsellerliste. „Angela Merkel bedient sich der Kernbotschaften anderer Parteien, ohne sich zu deren Werten zu bekennen. Machterhalt geht vor Parteienvielfalt“, kritisiert sie das System Merkel. Angela Merkel untergräbt das rechtliche und moralische Fundament des Staates, lautete ihre These, die von den Medien kritisiert wurde und als prophetisches Raunen vom Deutschlandfunk[1] bezeichnet wurde. Heute hat sich ihre Propheterie als wahr erwiesen. Merkel hat sowohl das rechtliche als auch das moralische Fundament dieses Landes unkenntlich gemacht und ihre Partei entkernt. „Für alle, die die Faust noch in der Tasche haben … will Höhler das Wort ergreifen.

„Die Leute sagen: ‚Ich hab die Faust in der Tasche. So! Und ich sage: Nimm die Faust aus der Tasche, weil: Dann wirst Du den gerechten Zorn entwickeln können, den man entwickelt, wenn die kostbarsten Spielregeln unserer Verfassung gebrochen werden‘.“

5. Wolfgang Herles

Der politische Journalist Wolfgang Herles, früher einmal dem „Posaunenchor des Mainstreams“ zugehörig, analysiert das

---

[1] www.deutschlandfunk.de – Kampfschrift um jeden Preis?

augenblickliche politische Chaos.[1] Er hält den Streit für ein wesentliches Merkmal der Demokratie. Die Ununterscheidbarkeit der Parteien sei für die Bürger ein Desaster. Und Merkel „hat nichts auf der Pfanne" und steht nur noch für ein „Weiterso". In dieser vierten Periode ihrer Kanzlerschaft hat sich nichts als Verschleiß eingestellt. Dieser Merkelismus ist ein andauerndes Managementproblem, ob Energie oder Flüchtlinge. Merkel hat nur Unheil angerichtet. Die innerparteiliche Demokratie ist am Boden. Die Parteitage sind Huldigungsexzesse. Jüngere Ideenträger und Visionäre sind nicht in Sicht. Die CDU ist entkernt und genauso am Ende wie die SPD.

6. Thilo Sarrazin

Der umstrittene, aber auch erfolgreichste Sachbuchautor Thilo Sarrazin bemängelt,[2] dass sich die meisten Politiker von Hoffnungen und Erwartungen statt von Fakten und Sachkenntnis leiten ließen. Kanzlerin Merkel fehle schon längst der Einsatz für ihre Bürger und das Interesse an der Zukunft der eigenen Nation. Deutschland müsse zu einer geregelten Einwanderungspolitik finden, die sich nach Leistungs- und Integrationsbereitschaft richte und den Zuzug aus islamischen Ländern stark begrenze.

7. Vera Lengsfeld

Kanzlerin Merkel hat aller Welt deutlich gemacht, dass sie lediglich an der Erhaltung ihrer Macht interessiert ist. Das Land interessiert sie nicht,[3] die Folgen ihrer „Flüchtlingspolitik" interessieren sie nicht („Ist mir egal, ob ich schuld am Zustrom der Flüchtlinge bin, nun sind sie halt da."), die Partei interessiert sie schon gar nicht, oder nur insofern, als sie auf einen Kanzlerwahlverein nicht verzichten kann. In Ewald Königs Buch „Merkels Welt zur Wendezeit" kann man seit Jahren nachlesen, wie sehr Merkel die CDU verachtet. Die CDU-Mitglieder haben das leider nie zur Kenntnis genommen. …

---

[1] www.youtube.com – ZDF Journalist Wolfgang Herles bei Maischberger: Frau Merkel hat nur Unheil angerichtet! 14.02.2018

[2] www.luzernerzeitung.ch – Autor Thilo Sarrazin zur AfD: „Merkel hat nichts verstanden"

[3] www.vera-lengsfeld.de – Schluß mit dem Lügentheater! Neuwahlen jetzt!

Noch nie sind die Bürger unseres Landes so belogen und betrogen worden. ... Man kann allen nur raten, sich den Koalitionsvertrag genau anzusehen und zur Kenntnis zu nehmen, welche Zumutungen die Merkel-Regierung für die „Menschen" plant.

8. Alexander Marguier

Alexander Marguier, Redakteur der Zeitung „Cicero" spricht vom System Merkel,[1] das zum Opfer seiner eigenen Machtarroganz geworden ist. „Und das Scheitern der Jamaika-Sondierungen ist keineswegs das erste Beispiel für diese Deformation politischer Kultur. Man denke nur an die Unwilligkeit mitteleuropäischer EU-Partner, sich der kanzleramtlichen Flüchtlingsdoktrin zu unterwerfen. ... Angela Merkels selbstherrliche Attitüde hat ihre Partei jetzt in die schwerste Krise seit der Spendenaffäre geführt. Das desolate Bundestagswahlergebnis von 32,9 Prozent harrt der Aufarbeitung, doch dazu wird es nicht kommen. ,Ich kann nicht erkennen, was wir jetzt anders machen müssen', lautet das Credo der Vorsitzenden, frei nach der Honecker-Losung: ,Vorwärts immer, rückwärts nimmer!'"

9. Norbert Bolz

Norbert Bolz ist Philosoph, Medien- und Kommunikationstheoretiker. Er erklärt in seinem Buch „Merkel – eine kritische Bilanz",[2] warum Demokratie unter Merkel nur eine von ihr erlernte Tugend ist. Sie hatte vor ihrem Sprung in die westdeutsche Politik nur unter der SED-Diktatur gelebt. Da konnte sich Freiheitsverlangen bilden, aber kein alltägliches Demokratieverständnis.

Demokratie hat sie sich buchstäblich angelesen. Ihre analytische Schärfe und ihre Durchsetzungskraft werden ja weltweit bewundert, aber sie gehen mit der autoritären Attitüde einher, stets die absolut richtige Entscheidung getroffen zu haben. Wer das in Zweifel zieht, wird aus dem Verkehr gezogen oder mundtot gemacht. Diese Methode weckt bei vielen Menschen

---

[1] www.cicero.de – Die Machtarrogant des Systems Merkel
[2] www.focus.de – Merkel eine kritische Bilanz – Bestsellerautor Norbert Bolz analysiert Schwächen und Stärken der Kanzlerin

den Eindruck, man müsse nur „Mutti" folgen, dann sei man auf der sicheren Seite. Dass dieser Schein trügt, begreifen inzwischen immer mehr Bürger.

10. Barbara Erdmann

Die gesamte CDU ist unter Merkel kollabiert, Kritiker befinden sich in der Wüste und wie in der römischen Kampfarena hebt sie als Herrscherin aller Dinge den Daumen für sich und ihre Applaudierer in die Höhe und senkt ihn in Richtung Höllenfeuer für diejenigen, die es wagen, ihre verordnete Tabuisierung der Probleme zu durchbrechen. Kriminelle Messerstechereien, Tötungen auf offener Straße, Vergewaltigungen und Terroranschläge waren vor 2015 Einzelereignisse, ohne dass der Bürger einen Verlust an Sicherheit beklagte und das Verlangen nach betonierten Schutzmaßnahmen äußerte. Angela Merkel hat den Verlust der öffentlichen Ordnung durch Mangel an Sicherheit zu verantworten. Die Menschen, die sie mit ihrer Alternativlosigkeit in den Wahnsinn treibt, sind Lehrer, Polizisten, Kranken- und Altenpfleger, Klimaschützer und all diejenigen, die sich aus Hilflosigkeit, Sorge und Wut über das Verschwinden demokratischer Werte und gesellschaftlicher Normen in Hassrhetorik, Polemik, Populismus, Resignation, Rückzug und Schweigen stürzen.

Nein, sie trägt nicht allein die Schuld an der Spaltung der deutschen und europäischen Gesellschaft. Es ist auch die Truppe ihrer Applaudierer und „Kriecher", die uns und Europa in diesen desaströsen Zustand manövriert hat.

Das letzte Wort der Verteidigung soll hier die Beklagte haben dürfen:
„Unser Anspruch heißt: Wir wollen Volkspartei bleiben, auch im 21. Jahrhundert. (...) Wir wollen die große Volkspartei der Mitte sein."
(am Wahlabend des 27. September 2009)   … und …

„Diese Bundesregierung ist die erfolgreichste Bundesregierung seit der Wiedervereinigung."
(am 21. November 2012 im Bundestag)

... und für alle, die nicht wissen, was Zukunft ist, noch die Erklärung einer Physikerin:

"Alles, was noch nicht gewesen ist, ist Zukunft, wenn es nicht gerade jetzt ist."

(am 2. Juli 2012 im Kanzleramt)

(Un)Sicherheitskonferenz in München

20. Februar 2018

Deutsch-türkische Spielchen auf der Münchener Sicherheitskonferenz

Noch nie habe eine Sicherheitskonferenz eine so düstere Stimmung verbreitet, war die einhellige Verlautbarung quer durch alle Medien. Atomare Bedrohungen und eine Konfrontation der Großmächte seien neu entbrannt und man stelle fest, dass die mehr als 600 Teilnehmer aus allen Teilen der Welt darauf keine Antworten hätten. Immerhin war wenigstens die Sicherheit der Teilnehmer, Rüstungsexperten und Kriegsteilnehmer durch 4.000 Polizisten gewährleistet.

„Dass der Journalist Yücel freigelassen wurde, ist keine politische Entscheidung, sondern eine Gerichtsentscheidung." Mit dieser Blödsinnsaussage lässt sich Sigmar Gabriel als Held der Freilassung des seit einem Jahr in der Türkei inhaftierten deutsch-türkischen Journalisten feiern. Gleichzeitig möchte Gabriel aufgrund seines Erfolges, der lediglich als Geschenk an ihn für seine Gastfreundschaft gegenüber seinem türkischen Amtskollegen Mevlüt Cavusoglu in Goslar im Januar verstanden werden kann, die Zusammenarbeit zwischen Deutschland und der Türkei wieder stärken – ganz besonders auf wirtschaftlicher Ebene.

In Goslar nannte Cavusoglu wie schon in der Vergangenheit Gabriel einen „persönlichen Freund". Und so werden halt Gastgeschenke ausgetauscht – mal früher, mal später. Offen bleibt die Frage, welches politische Gastgeschenk wohl der türkische Außenminister seitens Gabriel erhalten hat. Viel bleibt da nicht übrig: Geld oder Zusagen für „Kriegsspielzeug". Die Wiederaufnahme von Rüstungsexporten in die Türkei, eine Panzerfabrik oder andere Nettigkeiten für den Kampf und das Töten ihrer Kurdenfeinde wären mögliche „Geschenke". Gabriel allerdings dachte „nur" an Minenschutzkleidung für türkische Soldaten beim Kampf gegen den IS (gegen andere kämpft Erdogan ja nicht).

Schön, dass es die Türkei mal wieder geschafft hat, mit der Freilassung nur EINES Journalisten von insgesamt 150 (6 davon lebenslänglich) den deutschen Außenminister weich zu kochen und Freundschaft zu schließen. Während die tollen Freunde womöglich Hand in Hand durch die Goslarer Altstadt[1] schlenderten, durfte der türkische Gast von den Menschen, die schon länger hier leben (Merkels Wort für „die Deutschen") die Forderung hören „Freiheit für alle politischen Gefangenen in der Türkei", die glücklicherweise im Jubel seiner türkischstämmigen Landsleute über die Begegnung mit einem ihrer Überväter unterging.

Der große Sultan Erdogan ließ nun auch gleich auf der Sicherheitskonferenz in München durch Yildirim verkünden, dass er einen Besuch bei Merkel plant und sich wieder Auftritte vor Landsleuten in Deutschland vorstellen kann. Diese Treffen mit den Menschen aus der Türkei seien keine Anlässe, die Deutschland stören sollten, hieß es. Noch im letzten Jahr bezeichneten unsere türkischen „Freunde" das Verbot, in Deutschland wie gewohnt türkischen Wahlkampf zu machen, als „Nazi-Methoden". Und in der Köln-Arena verbot noch Erdogan vor Jahren seinen hier lebenden Landsleuten, sich zu assimilieren und ihre türkische Kultur zu vernachlässigen.

Ganz gleich, ob schon Geschenke übergeben oder versprochen wurden oder Merkel erst beim Besuch des Sultans in die Tasche

---

[1] www.ndr.de – Türkischer Außenminister bei Gabriel in Goslar

greift ... diese Regierung ist eine Witznummer für Erdogan und seine Spielchen mal pro, mal contra Deutschland. Das macht allerdings gar nichts. Außenminister Gabriel will alle Gesprächskanäle mit der Türkei öffnen. Es ist nicht nur ein europäisches Trauerspiel, dass es den NATO-Ländern, Europa und Deutschland nicht gelingt, einen derartig diktatorischen Staat mit der Ausgeburt seines Rechtssystems zu bändigen.

Der Gipfel der Frechheiten seitens der „Sultanei" ist das Lächerlichmachen einer so genannten Sicherheitskonferenz. Dort musste der Grüne Cem Özdemir,[1] der wahrscheinlich wegen seines türkischen Namens in einem Hoteltrakt mit der türkischen Delegation unterkam, unter Polizeischutz gestellt werden. Seine kritischen Äußerungen in Richtung Erdogan hatten ihn sicher längst auf Erdogans „rote Liste" befördert und wie Beamte der Münchner Polizei Özdemir erklärten, hätten sich die Türken bei ihnen darüber beschwert, dass offensichtlich ein „Terrorist" im Hotel untergebracht sei. Cem Özdemir, der „Terrorist", gibt uns einen Einblick in die Vorstellung der türkischen Regierung, was sie unter einem Terroristen versteht. Es sollte uns dann aber auch die Frage beantwortet werden, wie die türkische Regierung die Mörder, Messerstecher und Gewalttäter zu nennen pflegt, die in Berlin, Paris, Brüssel, London und sonstwo Menschenleben ausgelöscht und vernichtet haben.

Der türkische Außenminister Mevlüt Cavusoglu wies Özdemirs Vorwürfe gegen seine Delegation bei der Sicherheitskonferenz zurück. „Sie sind nicht wahr, sie sind erfunden", sagte er vor Journalisten. „Er (Özdemir) lügt." Cavusoglu warf ihm weiter vor, sich damit wichtig tun zu wollen. „Das ist unerhört", sagte er. „Er verliert Einfluss und wird sogar in seiner eigenen Partei diskriminiert. Ich glaube, er will wieder populär, oder zumindest sichtbarer werden." Das sei eine „billige Taktik".

Wer einen solchen Freund hat wie diesen Außenminister Cavusoglu, kann sich wahrhaft glücklich schätzen und alle Gesprächskanäle mit der Türkei öffnen.

---

[1] www.welt.de – Cem Özdemir, der „Terrorist" im Münchner Hotel

Meinen herzlichen Glückwunsch, Herr Gabriel, zu diesem Freund. Eine Wanderung durch das Ruhrgebiet dürfte Sie darüber aufklären, dass das, was Sie unter Integration verstehen, per Plakaten in nur türkischer Sprache ad absurdum geführt wird. Während deutsche Organisationen stets darauf bedacht sind, dass unsere türkischen Mitbürger sprachlich, lukullisch und religiös zufriedengestellt werden, grenzen sich türkische Organisationen gerne mal dadurch ab, dass sie die Öffentlichkeit nur in türkischer Sprache informieren. Was geht es die hier schon länger Lebenden an, was so manche türkische Gruppe in Deutschland zu sagen hat? Ein Armutszeugnis für Integrationsbeauftragte und Stadtverwaltungen, letztlich auch ein Hinweis darauf, dass die Laissez-fair-Methode der politischen Führung in Land und Bund falsch ist. Keine Meinung, keine Regel, keine Forderung, keine Verbote, keine Rücksichtnahme, keine Empathie, kein Verständnis – mit einer solchen leeren Menge auf beiden Seiten wird echte Integration niemals gelingen.

Es geht rund im deutschen Bundestag

24. Februar 2018

AfD, Grüne, Meinungsfreiheit, Rassismus

Extreme Positionen bieten immer einen Grund zur Vorsicht. Deshalb sollte man mit Argusaugen auf die Linken wie auf die Rechten schauen. Was uns die Grün/Linken zu bieten haben, durften, nein mussten wir seit der Kulturrevolution der 68er erleben und können uns ein Urteil erlauben.

Erinnern wir uns an die Anfänge der Grünen

Mit kommunistischen, neo-marxistischen, antiautoritären und revolutionären Ideen, verpackt in eindringliche Parolen, sorgte eine befreite und entfesselte Jugend für eine Revolte, die so gut wie alles in Frage stellte, was bis dato Bestand gehabt hatte. Es begann mit der vollständigen Loslösung von der Familie, die als hierarchisches Gebilde mit autoritärem Charakter angesehen wurde, in welcher die Frau auf die drei K (Kinder, Küche, Kirche) reduziert war. In das Zentrum der Revolte gerieten Kindererziehung, das Hausfrauendasein und Autoritäten. Insgesamt entpuppte sich die gesamte Bewegung bald als Befreiungsschlag von allen Regeln und Normen zugunsten einer absoluten und totalen nicht nur individuellen Freiheit. Jegliche Autorität wurde verhöhnt, ein Dorn im Auge waren den jungen Rebellen Menschen in Machtpositionen: Eltern, Großeltern, Lehrer, Professoren, Politiker, Unternehmer usw. Parolen wie „Trau keinem über 30" oder „Brecht dem Staat die Gräten – alle Macht den Räten" schweißten zusammen, was zusammen gehörte. Mit der sexuellen Befreiung ohne Tabus und Grenzen geisterte der Satz umher: „Wer zweimal mit derselben pennt, gehört schon zum Establishment". Und das alles gipfelte dann in dem feministischen Glaubensbekenntnis: „Mein Bauch gehört mir". (*Die 68er – das neues Volksgericht mit seinen Richtern, die teilweise heute noch richten.*)

„Das halbe Kabinett und prominente Figuren der Parlaments- und Parteiszene haben ihre politische Biographie als Marxisten, Kommunisten und sozialistische Systemveränderer verschiedener Couleur begonnen, als Sponti, Militante oder K-Grüppler, RAF-Anwälte, SDS-Aktivisten oder Juso-Antirevolutionisten", schrieb G. Koenen 2001 in „Das rote Jahrzehnt". Fischer, Trittin, Roth, Becker, Beck, Ströbele und der Europa-Karrierist Cohn-Bendit, der den Sex mit Kindern straffrei machen wollte, sind einige Namen jener Ära. Diese Personen haben sich zum Teil mit Ellenbogen und Frechheit in die oberen Etagen begeben, ihre Wahrheiten mit Vehemenz durchgesetzt, wozu sie auch vor Beleidigung, Missbilligung und Diffamierung Andersdenkender nicht haltmachten. Ihre gepriesene und mit Macht durchgesetzte veränderte Gesellschaftsstruktur mit inzwischen über 60 sexuellen Identitäten (Gender-Mainstream), ohne Trauschein sowie ohne Kind erwiesen sich volkswirtschaftlich als eine Katastrophe. Der Ruf nach Facharbeitern, nach Pflegekräften aus dem Osten, nach Einwanderung, ja sogar nach jungen Männern ohne Papiere und Herkunftsnachweis wurde geführt und so schließt sich mit Merkels Grenzöffnung 2015 der Kreis, den Joschka Fischer schon zu zeichnen begann, als er im März 2000 durch Visumerleichterungen rund 300.000 Ausländern völlig unkontrolliert die Einreise in die Bundesrepublik ermöglichte. Schleuserbanden, Prostituierte und Schwarzarbeiter sowie tschetschenische Terroristen fluteten Deutschland und so wurde schon unter „Grüner Flagge" die Sicherheit der BRD einem multikulturellen Gesinnungsfuror geopfert.

Was die Deutschen gestern mit den 68ern, heute mit der Flüchtlingspolitik und morgen mit den Auswirkungen der Digitalisierung feiern, sollte man nicht nur schönreden. Der Preis von Freiheit und Toleranz ist am Ende womöglich die Freiheit selbst. Deutliche Zeichen sind schon erkennbar.

Die AfD – neue Partei im Bundestag

Die AfD ist eine junge Partei, von der wir täglich über Politik und Medien zu hören bekommen, sie sei menschenverachtend, rassistisch und islamophob und habe Nazi-Tendenzen. Nun befindet sich die gesamte Bandbreite der deutschen Bevölkerung in dieser Partei … Konservative, Traditionalisten, Wutbürger, Politik-Kritiker, Patrioten, SPD-Gewesene und CDU-Gewesene, Normalbürger, Verrückte, Nationalisten, Rassisten und Neonazis. Diese Partei gründete sich erst 2013 und macht seitdem immer mehr von sich reden. Man mag nun von ihr halten, was man will. So viel allerdings darf man als parteiloser Beobachter der Parlamentsdebatten im Bundestag behaupten: Der Schlaf- und Merkel-Abnickverein hat sich selber einen Wecker der Firma AfD ins Hohe Haus geholt und endlich gibt es wieder Debatten, Streit und das, was man Opposition nennt. Und warum sollten wir dieser Partei bei ihrer Entwicklung weniger Rechte einräumen als den Grünen? („Mit Verlaub, Herr Präsident, Sie sind ein Arschloch" – Joschka Fischer im Bundestag, 1984)

Der Aufruhr um Deniz Yücel im Bundestag

Die AfD stellte nach der Freilassung des deutsch-türkischen Journalisten Yücel den Antrag, nach der erfreulichen Freilassung nun auch zur Realität überzugehen und seitens des Parlaments eine Missbilligung zweier seiner deutschland-feindlichen Schriften auszusprechen.

Im Antrag der AfD heißt es: *„Zu vermeiden ist der mögliche Eindruck, dass mit seiner ganz außerordentlichen Vorzugs-behandlung eine stille Billigung seiner wohlbekannten deutsch-landfeindlichen Äußerungen einhergeht. Geboten scheint deshalb, dass die Bundesregierung eine Missbilligung dieser Äußerungen ausspricht."*

Gemeint war einerseits die Aussage Yücels in der taz über Thilo Sarrazin:
" ... So etwa die oberkruden Ansichten des leider erfolgreichen Buchautors Thilo S., den man, und das nur in Klammern, auch dann eine lispelnde, stotternde, zuckende Menschenkarikatur nennen darf, wenn man weiß, dass dieser infolge eines Schlag-anfalls derart verunstaltet wurde und dem man nur wünschen kann, der nächste Schlaganfall möge sein Werk gründlicher verrichten" ...

... sowie eine Passage folgenden Inhalts: *„Der baldige Abgang der Deutschen aber ist Völkersterben von seiner schönsten Seite. (...) Eine Nation, die seit jeher mit grenzenlosem Selbst-mitleid, penetranter Besserwisserei und ewiger schlechter Laune auffällt; eine Nation, die Dutzende Ausdrücke für das Wort ‚meckern' kennt, für alles Erotische sich aber anderer Leute Wörter borgen muss, (...) diese freudlose Nation also kann gerne dahinscheiden."*

Diese Passagen eines Journalisten sorgten für den Antrag der AfD und dieser wiederum ließ den Grünen Cem Özdemir im Bundestag[1] alle Register seines „grünen" Könnens wie folgt ziehen:
„Die AKP hat einen Ableger in Deutschland. Er heißt AfD, und er sitzt hier.... Dieses Deutschland ist stärker, als es Ihr Hass jemals sein wird."

Für die CDU erklärte Elisabeth Motschmann, Meinungsfreiheit und Pressefreiheit seien nicht verhandelbar. Der Sozialdemokrat

---

[1] www.tagesschau.de – Kritisierte Yücel-Texte - AfD-Antrag sorgt für heftige Attacken

Martin Rabanus sagte, es dürfe in Deutschland nie wieder auch nur der Verdacht aufkommen, dass politische Zensur zulässig sei. (Netzwerkdurchsetzungsgesetz, Herr Rabanus! ist etwa keine Zensur?[1] - Verursacher: der Sozialdemokrat Minister Maas.

Sarrazin hatte die taz derzeit wegen der Verunglimpfung seiner Person verklagt und die taz wurde zu einer Zahlung von 20.000 Euro[2] an Sarrazin verklagt.

Natürlich wurde der Antrag der AfD mit großer Mehrheit abgelehnt und natürlich wusste das auch die AfD, dass dieser Antrag abgelehnt würde. Ihnen ging es wahrscheinlich darum, die Lichtgestalt Yücel zu dimmen und seine Sonderbehandlung zu kritisieren.

Man mag den Kopf schütteln ob dieses Antrags, ich jedenfalls habe mich erst dadurch mit dem Journalisten Yücel näher beschäftigt.

Nachtrag:

„tagesschau.de":[3] Die Bundesregierung hat in den Wochen vor der Freilassung des „Welt"-Korrespondenten Deniz Yücel aus türkischer Haft zahlreiche Rüstungsexporte in die Türkei genehmigt.
Genehmigt wurden nach Ministeriumsangaben unter anderem Rüstungsgüter mit Codenummern, die die Bereiche Bomben/Torpedos/Raketen/Flugkörper, Feuerleit- und Überwachungssysteme, Landfahrzeuge, Schiffe und Marineausrüstungen, Luftfahrtgeräte und elektronische Ausrüstungen sowie Spezialpanzer und entsprechende Teile und Ausrüstungen abdecken.
Dagdelen kritisierte die Waffenlieferungen scharf. „Praktisch täglich genehmigt die Bundesregierung einen Rüstungsexportantrag für den türkischen Präsidenten Recep Tayyip Erdogan." Während die Türkei den „völkerrechtswidrigen Einmarsch der türkischen Armee" ins syrische Afrin vorbereitet

---

[1] www.shz.de – Kritik am #NetzDG: „Gefährliches Experiment mit der Meinungsfreiheit"
[2] www.spiegel.de – taz muss Sarrazin 20.000 Euro zahlen
[3] www.tagesschau.de – Waffenexporte genehmigt – Gab es doch einen schmutzigen Deal?

habe, seien innerhalb weniger Wochen 31 Rüstungsexporte genehmigt worden. „Das ist skandalös", sagte die Vizefraktionschefin der Linken.

Essener Tafel nimmt nur noch Deutsche auf

26. Februar 2018

Die deutschen „Gutmenschen" schreien auf

Eine Presse-Nachricht über eine Essener Tafel verbreitete sich wie ein Lauffeuer und sorgte für Furore. Seit Dezember nimmt die Tafel in Essen nur noch Menschen mit deutschem Pass neu auf. Die Begründung: Es habe sich seit zwei Jahren die Stimmung verschlechtert. Schlimme Zustände habe es teilweise vor der Lebensmittelausgabe gegeben. Der Vorsitzende der Tafel, Jörg Sartor, erzählt von Schubsereien und Gedrängel. Sogar ältere Menschen seien einfach weggeschubst worden. Er wolle aber nicht länger zusehen, sondern die alten Menschen, die inzwischen aus Angst weggeblieben sind, wieder an die Tafel zurückholen. „Da aufgrund der Flüchtlingszunahme in den letzten Jahren der Anteil ausländischer Mitbürger bei unseren Kunden auf 75 Prozent angestiegen ist, sehen wir uns gezwungen, um eine vernünftige Integration zu gewährleisten, zurzeit nur Kunden mit deutschem Personalausweis aufzunehmen", heißt es auf der Internetseite des Vereins.

Kaum veröffentlicht, geriet das deutsche Gutmenschentum in helle Aufregung. Und sie reicht wie gewohnt von menschenverachtend über diskriminierend bis an die Grenze zum

Rassismus (Kerstin Griese (SPD)). Unbekannte beschmierten die Türen[1] der „Tafel" im Wasserturm an der Steeler Straße sowie Fahrzeuge des Vereins, die dort parkten, mit Graffiti. Die Täter hinterließen die Worte „Nazis" und „Fuck Nazis", berichtete die Polizei. Eine deutliche Antwort auf die Frage: „Auf welcher Seite lagert eigentlich das Gewaltpotential, auf der rechten oder auf der linken Seite der Gesinnungsvertreter?" So sieht also eine „Gutmenschen-Unterschrift" aus! Der deutsche Irrsinn hat Hochkonjunktur!

Fast 1.000 Tafeln in Deutschland mit 60.000 ehrenamtlichen Helfern erledigen im reichen Deutschland die Arbeit und Aufgabe der Politik.[2] Sie sind der Ersatz für anständige Sozialleistungen und Renten. 2014 wurden über die Tafeln 1,5 Millionen Bedürftige versorgt und der Andrang erhöhte sich seit der Grenzöffnung 2015 um einiges. Dabei wurde die Dreistigkeit,[3] mit der häufig Menschen ohne deutschen Pass ausgestattet sind, vielfach festgestellt und bemängelt.

Die Kritiker der Ehrenamtlichen in Essen oder sonstwo sollten ihre Richtung wechseln und dorthin ihre Kritik äußern, wo sie auch hingehört ... in die Landesparlamente und ganz besonders in den Bundestag. Welch beschämender Zustand für dieses Deutschland, für diese Regierung, die ununterbrochen in die Medien blökt, wie wirtschaftlich gut es diesem Land geht, wie gering die Arbeitslosigkeit ist und dass es sich um ein Land handelt, indem „WIR GUT UND GERNE LEBEN" (*populistischer* Slogan eines Wahlplakats der CDU)! Dabei bezeichnet der Paritätische Wohlfahrtsverband jeden sechsten Deutschen als arm. In NRW ist sogar jeder Fünfte arm mit weiterhin steigender Tendenz. Zu den Risikogruppen zählen Alte, Alleinerziehende mit Kindern und unsere Neubürger ohne Integrationsabsichten.

---

[1] www.focus.de – Nach Aufnahmestopp für Ausländer – Essener Tafel mit Parolen beschmiert – Chef droht damit hinzuschmeißen
[2] www.stern.de – Kanzlerin Merkel kritisiert Essener Tafel – und wird selbst dafür heftig angegriffen
[3] www.wormser-zeitung.de – Gedränge bei der Tafel in Worms: Fast 400 Asylbewerber wollen sich mit Lebensmitteln verpflegen

„Um diesen Missstand zu beseitigen,[1] wurde 2011 – unter dem Druck eines harschen Urteils des Bundesverfassungsgerichts – das Bildungspaket eingeführt: Auf Antrag können Hartz-IV-Kinder Zuschüsse für Mittagessen, Sportverein, Musikschule, Klassenfahrten bekommen oder bei akuter Gefahr des Sitzenbleibens Nachhilfe erhalten – insgesamt summieren sich die Zuschüsse auf höchstens 250 Euro im Jahr. Laut Armuts- und Reichtumsbericht ist das Problem damit gelöst.

Das Ergebnis: Viele Leistungen werden kaum genutzt, weil die Beantragung zu kompliziert, die Hürden zu hoch – oder die Zuschüsse zu niedrig sind, um etwa tatsächlich Musikunterricht bezahlen zu können. Vieles aus dem Paket ersetzt zudem nur, was zuvor aus anderen Töpfen gezahlt wurde. Noch dazu ist das Paket ein Bürokratiemonster, wodurch ein hoher Teil der Ausgaben gar nicht den Kindern zugutekommt: Für zuletzt 570 Millionen Euro Förderung im Jahr entstanden Verwaltungskosten von mehr als 182 Millionen Euro.“

Ich plädiere für ein „Flüchtlingslager“ für unsere Politiker irgendwo auf dem „platten Land“ ohne Kontakt zu ihren Geldquellen, ausgestattet mit einem Harz IV-Satz zur Ideenschmiede zwecks Überflüssigmachung der Tafeln.

Wir sind das historisch einzigartige Experiment

05. März 2018

...von Deutsch auf Multikulti

Am Abend des 20. Februar 2018[2] durfte der deutsche Bürger offiziell aus den Tagesthemen erfahren, dass wir Deutschen Teil eines Experiments sind. Unser Land wird geplant oder bewusst umgebaut von Deutsch auf MULTIKULTI.

---

[1] www.spiegel.de – Armuts- und Reichtumsbericht - So verharmlost die Bundesregierung die Kinderarmut
[2] www.ardmediathek.de – tagesthemen vom 20.02.2018, ab 26:20 (Min:Sek)

Wörtlich war aus dem Munde des bei Caren Miosga zugeschalteten Gastes zu hören:*„…dass wir hier ein historisch einzigartiges Experiment wagen, und zwar eine monoethnische und monokulturelle Demokratie in eine multiethnische zu verwandeln." Und dann ergänzte Miosgas Gesprächspartner Yascha Mounk, ein in Amerika lebender deutscher Politikwissenschaftler noch: „Das kann klappen, das wird, glaube ich, auch klappen, dabei kommt es aber natürlich auch zu vielen Verwerfungen."*

Nett zu erfahren, dass wir die Objekte eines Experiments sind und dazu noch historisch einzigartig. Was das allerdings mit Demokratie zu tun hat, erschließt sich mir nicht. Welche „Gott-Väter" haben denn den Plan dazu entworfen und welches Marionettentheater sorgt für die Durchführung des Experiments? Merkel und ihr Clan, Timmermans und der EU-Clan und all die Gesinnungsmissbrauchten, Ehrenamtlichen, Ausgenutzten, Christenmenschen, die man gerne mit Dankesworten überschüttet, wenn sie nur das Denken einstellen.

Der Politikwissenschaftler Yascha Mounk hat ein neues Buch auf dem Markt mit dem Titel „Der Zerfall der Demokratie". Und so durfte der Klugschreiber am 20. 2. in den Tagesthemen sein Gesicht in die Kamera halten und Dinge sagen, die schon viele andere kluge Köpfe ohne Harvard-Zusatz hinter ihrem Namen längst zu Papier gebracht haben. Doch eine zusätzliche Wahrheitsverkündung hatte Mounk im Wort-Gepäck, die er im Merkel-Sprech mit dem diffusen WIR wie ganz nebenbei und selbstverständlich verkündete. *„…dass WIR hier ein historisch einzigartiges Experiment wagen, und zwar eine monoethnische und monokulturelle Demokratie in eine multiethnische zu verwandeln."*

IHR vollführt also an uns ein historisch einzigartiges Experiment! Nett, dass man das mal erfährt! Jeder, der das bisher behauptet hätte, wäre als Verschwörungstheoretiker beschimpft und in die rechte Ecke gestellt worden. Aber ein Harvard-Dozent ist schließlich Formulierungsexperte!

Mir sind die Begriffe für dieses Experiment seit Jahren bekannt. Es begann mit Multikulti, führte bei Wulff über die bunte Gesellschaft zu der Aussage „Der Islam gehört zu Deutschland", heißt bei Renaud Camus „der große Austausch". Alles natürlich schöner als der plumpe Begriff der „Umvolkung", den die Leipziger CDU-Abgeordnete in den Mund nahm und damit die gesamte Politiker-Elite zum Aufschreien brachte. Wem diese Begriffe zu einfach, zu rechts, zu links oder nicht intelligent genug klingen, der kann auch das ebenfalls US-amerikanische Schlagwort „diversity" (Vielfalt)[1] benutzen, wie es der Holländer Frans Timmermans in seiner Europa-Rede tat. In Berlin heißt ein Bildungsprogramm „Eine Welt der Vielfalt e.V.", gefördert durch die Abteilung der Senatsverwaltung für Integration und Migration. Der Werbeslogan dazu: „Unterschiedlichkeit und Vielfalt und zugleich DIVERSITY". An klugen Sprüchen und Formulierungen für die Transformation der deutschen Gesellschaft mangelt es den linken Gesellschaftsexperimierern nicht. Wenn der Bürger sich nur daran hält, seine Worte mainstreamgetreu und in political correctness zu formulieren, damit das Bürgerkontrollorgan nicht zuschlägt und ihn mit der Zensur des Herrn Maas aus dem Internet befördert.

Der Wecker, der den Dornröschenschlaf dieses Volkes zu beenden sucht, hat inzwischen die Lautstärke einer Sirene angenommen. Und doch ist die Schmerzgrenze bei der Mehrzahl noch immer nicht erreicht. Zu befürchten bleibt, dass die über Jahrzehnte per Medien politisch und gesellschaftlich eingesetzte Verblödungsmaschinerie beim Volk schon ganze Arbeit geleistet hat und die Hoffnung auf Erkenntnis der Masse nur ein Wunschtraum bleibt.

Nun denn: Ring frei zur vierten Runde Amtszeit einer Kanzlerin, die längst nicht mehr meine ist!

---

[1] www.sezession.de – Kleiner Traktat über die Vielfalt (Martin Lichtmesz, 1. 4. 2011)

Statt eines Nachwortes: Günter Eich „Wacht auf!"

19. Januar 2018

Günter Eich – aktueller denn je

„Wenn es mir gelänge, den Hörer aus seiner Sofaecke aufzuschrecken, so wäre mein Ziel erreicht. Insoweit würde ich auch Proteste begrüßen, eben als ein Zeichen der Beunruhigung. "

Ein Satz des Literaten Günter Eich, der heute nicht deutlicher formuliert werden kann. Damals, das war die Zeit nach dem 2. Weltkrieg unter Konrad Adenauer, als die Wunde des Nationalsozialismus und der deutschen Schuld mit Konsum, Wirtschaftswunder und Verdrängung übertüncht wurde. So konnten Richter, Juristen, Politiker, Polizisten, Lehrer und andere Berufsgruppen trotz ihrer national-sozialistischen Vergangenheit ihre zweite uniformlose Karriere machen. Lehrpläne und Studieninhalte forderten lieber die Beschäftigung mit Napoleon, Bismarck und Ludwig XIV. statt mit Hitler und seinem Völkermord.

Heute können 40 Prozent aller jungen deutschen Menschen mit dem Thema Nationalsozialismus nichts mehr anfangen. Ihnen sagen die Worte Auschwitz und KZ gar nichts mehr – eine Tatsache, die unseren desolaten Bildungszustand widerspiegelt. Hat nicht Deutschland, hat nicht Europa eine friedensfördernde Aufgabe, die ohne Kenntnis über den schlimmsten Völkermord des letzten Jahrhunderts und ohne eine über die Generationen andauernde Erinnerungskultur nicht bewältigt werden kann? Eichs Gedicht „Wacht auf" ist Teil seines Hörspiels „Träume",[1] das 1951 bei den Hörern einen Skandal auslöste. Viele verstanden nicht, warum Eich nicht Träume über Liebe, Lust und Leidenschaft, sondern über Abtreibung, Mord und Tod hervorbrachte. Das aber war die Absicht des Autors. „Dichter, die niemanden erschrecken, sind zu nichts anderem wert, als dass

---

[1] www.de.m.wikipedia.org – Träume (Günter Eich)

man sich über sie unterhält," sagt Günter Eich im Vorwort zu seinen Träumen. Recht hat er, denn nur Extremes, Freches und Fremdes weckt den Menschen, der es sich im „Friede-Freude-Eierkuchen-Modus" bequem gemacht hat.

Das ist heute wieder der Fall. „Wacht auf!" kann man nur in die Nation brüllen, die in ihrer „Ich-Realität" auf den Mainstream-Zug aufgesprungen ist, weil da eine Meinung nicht erst gebildet werden muss, sondern gleich mit den entsprechenden Argumenten übernommen werden kann. Warum denn selber denken, wenn man fertig gedacht bekommen kann?

Wacht auf!
(Günter Eich, 1907 – 1972)[1]

Wacht auf, – denn eure Träume sind schlecht!
Bleibt wach, – weil das Entsetzliche näher kommt.

Auch zu dir kommt es, der weitentfernt wohnt
von den Stätten, wo Blut vergossen wird,
auch zu dir und deinem Nachmittagsschlaf,
worin du ungern gestört wirst.
Wenn es heute nicht kommt, kommt es morgen,
aber sei gewiß.

Oh, angenehmer Schlaf
auf dem Kissen mit roten Blumen,
einem Weihnachtsgeschenk von Anita, woran sie drei Wochen gestickt hat,
oh, angenehmer Schlaf,
wenn der Braten fett war und das Gemüse zart.
Man denkt im Einschlummern an die Wochenschau von gestern Abend:
Osterlämmer, erwachende Natur, Eröffnung der Spielbank in Baden-Baden,
Cambridge siegte gegen Oxford mit zweieinhalb Längen, –
das genügt, das Gehirn zu beschäftigen.

Oh, diese weichen Kissen, Daunen aus erster Wahl!
Auf ihm vergißt man das Ärgerliche der Welt, jene Nachricht zum Beispiel:
Die wegen Abtreibung Angeklagte sagte zu ihrer Verteidigung:
Die Frau, Mutter von sieben Kindern, kam zu mir mit einem Säugling,
für den sie keine Windeln hatte und der
in Zeitungspapier gewickelt war.
Nun, das sind Angelegenheiten des Gerichtes, nicht unsre.
Man kann dagegen nichts tun, wenn einer etwas härter liegt als der andre.
Und was kommen mag, unsere Enkel mögen es ausfechten.

---

[1] www.youtube.com – Günter Eich – Wacht auf, denn eure Träume sind schlecht

Ach, du schläfst schon? Wache gut auf, mein Freund!
Schon läuft der Strom in den Umzäunungen, und die Posten sind aufgestellt.

Nein, schlaft nicht, während die Ordner der Welt geschäftig sind!
Seid mißtrauisch gegen ihre Macht, die sie vorgeben für
euch erwerben zu müssen.
Wacht darüber, daß eure Herzen nicht leer sind, wenn mit
der Leere eurer Herzen gerechnet wird!
Tut das Unnütze, singt die Lieder, die man aus eurem Mund nicht erwartet!
Seid unbequem, seid Sand, nicht das Öl im Getriebe der Welt!

*Die entscheidenden Veränderer der Welt sind immer gegen den Strom
geschwommen.*
(Walter Jens, deutscher Journalist)

*„Man kann in einem Diktaturstaat leben und dennoch frei sein, unter
einer Bedingung: Man muss die Diktatur be-kämpfen. Der Mensch,
der seinen Kopf zum selbständigen Denken benutzt und dessen Herz
unbestechlich bleibt, ist frei. Der Mensch, der für das kämpft, was ihm
richtig scheint, ist frei. Dagegen kann man im demokratischsten
Lande der Erde unfrei sein, wenn man feige, stumpf und innerlich
träge ist.“*

Ignazio Silone, ital. Schriftsteller und Politiker, 1900 - 1978

Barbara Erdmann

Gebürtige Gladbeckerin; Studium der Pädagogik (Deutsch, Religion, Musik); Dirigentin mehrerer Orchester und Kinderchöre; Buchautorin von Sachbuch über Lyrik, Roman und Humor bis Ratgeber; Vorträge über Bildung und Erziehung in Deutschland; Studium der polnischen Sprache an der Adam Mickiewicz Universität in Poznan; in Polen tätig in Sachen Literatur, Kultur und Bildung; Lesungen, Vorträge, Gastunterricht an deutschen und polnischen Institutionen und Schulen; Beisitzerin an der AMU Poznan für studentische Prüfungen in der deutschen Sprache; Gründerin und Leiterin des politischen BürgerTisches im Brauhaus Kirchhellen (Bottrop, Gladbeck, Dorsten), Initiatorin des ehemaligen kulturTREFFsauerland; verheiratet, zwei Töchter; wohnhaft in Gladbeck und Poznan.

Ich bin überzeugte Demokratin. Die Scheindemokratie, in der wir inzwischen leben, macht mich zornig.

„Die Vernunft kann sich mit größerer Wucht dem Bösen entgegenstellen, wenn der Zorn ihr dienstbar zur Hand geht.“
Papst Gregor I. (6. Jahrhundert)

www.denk-blog.de

www.b-erdmann.de

Erschienene Bücher von Barbara Erdmann:

„Hoffnungswind" (Lyrik & Prosa) Jahn & Ernst Verlag 1988, ISBN 3-925 242-43-0

„Deutschlands kaputte Kinder" (Sachbuch) BoD 2003, ISBN 3-8330-1013-4

„Kinder wieder ganz machen" (Sachbuch) BoD 2005, ISBN 3-8334-2774-4

„Polen – meine zweite Haut" (Foto-Lyrik-Prosa, zwei-sprachig) BoD 2008, ISBN 978-3-8370-2676-4

„Posen – meine zweite Haut" (Foto-Lyrik-Prosa, zwei-sprachig) BoD 2008, ISBN 978-3-8370-5883-3

„… hätte aber die Liebe nicht …" (Lyrik) Geest-Verlag 2009, ISBN 978-3-86685-169-6

„Im Labyrinth der Liebe" (deutsch-polnische Lyrik) Sorus-Verlag 2009, ISBN 978-83-89949-63-9

„Und weiter fließt die Oder" (deutsch-polnische Geschichten) Sorus-Verlag, ISBN 978-83-89949-91-2

„Deine letzte Träne" (biographischer Roman) BoD 2010, ISBN 978-3-931300-30-2

„Pisspottschnitt und Zöpfe"(Erzählungen) Shaker Media 2012, ISBN 978-3-86858-869-9

„AMOR – bitte kommen!" (Ratgeber für Singles) Edition Paashaas Verlag, 2013, ISBN 978-3-942614-51-1

„Ein Mensch seine Frau sieht ROTH" (illustriertes LACH-Buch) BoD 2014, ISBN 978-3-7357-1790-0

„Schleudertrauma gratis – Kopfschüttelgeschichten" BoD 2017, ISBN 9 783744 815147

„Die Asche der Demokratie – Theatersaison 2016/17" BoD 2017, ISBN 9 783743 189737